本册项目背景

教育部哲学社会科学研究重大专项"构建中国农林经济管理学自主知识体系研究
（2024JZDZ063、2024JZDZ064、2024JZDZ059、2024JZDZ061、2024JZDZ065、
2024JZDZ062、2024JZDZ060）

浙江省习近平新时代中国特色社会主义思想研究中心课题研究成果

浙江省哲学社会科学规划课题成果

全国影响力建设智库专项重大课题"中国农村发展中标识性概念创新与实践互动研究"
（ZKZD2024001）

自主知识体系丛书 手册系列 | 任少波　总主编

Books of Independent Knowledge System　Handbook Series

Handbook of
Chinese Agricultural
Economics & Management

中国农业经济管理学
手册

钱文荣　郑淋议　主编

ZHEJIANG UNIVERSITY PRESS
浙江大学出版社
·杭州·

图书在版编目（CIP）数据

中国农业经济管理学手册／钱文荣，郑淋议主编.
杭州：浙江大学出版社，2025.3(2025.9 重印). --（自
主知识体系丛书）. -- ISBN 978-7-308-25781-7

Ⅰ. F322-62

中国国家版本馆 CIP 数据核字第 2025BH4496 号

中国农业经济管理学手册

钱文荣　　郑淋议　主编

出 品 人	吴　晨
总 编 辑	陈　洁
特邀总监	褚超孚
项目统筹	徐　婵
责任编辑	葛　超
责任校对	黄梦瑶　张培洁
封面设计	程　晨
出版发行	浙江大学出版社
	（杭州市天目山路 148 号　邮政编码 310007）
	（网址：http://www.zjupress.com）
排　　版	大千时代(杭州)文化传媒有限公司
印　　刷	杭州宏雅印刷有限公司
开　　本	710mm×1000mm　1/16
印　　张	29.75
字　　数	502 千
版 印 次	2025 年 3 月第 1 版　2025 年 9 月第 2 次印刷
书　　号	ISBN 978-7-308-25781-7
定　　价	168.00 元

总　序

习近平总书记指出:"加快构建中国特色哲学社会科学,归根结底是建构中国自主的知识体系。"这一科学论断体现了扎根中国繁荣发展哲学社会科学、探索人类文明新形态的规律性认识,为新时代我国高校哲学社会科学勇担历史使命、服务中国式现代化建设提供了根本遵循。

在"两个大局"交织演变的时代背景下,党和国家对哲学社会科学发展提出了更高的要求,期待其在理论引领、学理阐释、话语传播、智力支撑等方面发挥更大的作用。当代中国正经历着我国历史上最为广泛而深刻的社会变革,以及最气势恢宏的理论与实践创新,亟须加快哲学社会科学体系的自主性、引领性建构,建立起具有时代特征的学科体系、学术体系和话语体系,以反映中国国情和历史深度,进而指导中国现实发展,推动文明交流互鉴。

建构中国自主知识体系是为人类文明不断创造和积累新知识,为人类文明新形态不断开辟理论新视野和实践新高度的战略之举。所以,我们需要在人类知识图景的历史与时代视野中通达普遍性意义,在新的时代条件下凝练基于中国经验、中国道路、中国问题的学术概念、理论和思想,提出体现中国立场、中国智慧、中国价值的理念、主张和方案。

学术思想是自主知识体系核心的理论集成,既要有"致广大"的世界视野,也要有"尽精微"的现实关怀。没有宏阔普遍的世界历史作为参照,学术思想难以作为独特经典影响时代发展;没有经国序民的家国情怀作为底蕴,学术思想难以成为治理良策"为人民做学问"。对此,我们一方面要沿循学科化逻辑,聚焦人类知识共同的创新突破需求,借鉴其他国家优秀的学术创新成果,不断推进世界的中国学研究,以"人类知识的总和"为视野建构自主知识体系;另一方面也要立足中国式现代化的实践图景,科学阐释中国式现代化实践中的重大思想、典型案例、创新经验等,为当代中国人"安身立命"的现世生活提供智识支持。

为回应总书记的关切,浙江大学提出要建成服务中国自主知识体系建构的战略基地,系统谋划推出"自主知识体系丛书",包括手册系列、案例系列、外译系列。手册系列提炼中国特有范畴与独创性理论,案例系列聚焦中国式现代化的伟大实践,外译系列推动中国学术思想和优秀传统文化"走出去"。

其中,手册,即学科手册,正是浙江大学探索建构自主知识体系的一个重要突破口。学科手册,是一种集工具查阅、学科知识脉络梳理和学术前沿拓展等功能于一体的著作方式,面向专业领域之外更广泛的阅读受众,旨在提供特定学科领域的学科历史、知识结构、研究方法和研究前景的评述性介绍,具有学术意义、育人意义和传播意义。

我们认为,学科手册具有以下特性:

一是兼具权威性和前沿性。手册的编写者是该学科领域具有重要影响的专家学者,与一般的教科书相比,手册的回溯性较弱,时新性较强,在学科定位、理论依据、研究范畴、基本概念、研究路径、价值追求等方面都作出积极的探索,进行深度呈现和"讲解",并且关注学术前沿动态,随着学科发展不断修订、及时更新。

二是兼具通用性和创新性。手册兼顾全球视野和中国特色,建立东西方学术之间的交流对话,凝结共识;手册既有历史叙述又有理论阐释,尤其注重对学科基本规范概念的再阐释、对标识性概念的再提炼;手册"又泛又新",强调在评述介绍中提出引领学术话语走向的新议题。

三是兼具整体性和独特性。与偏向条目式编排的大部分辞典类实用型工具书不同,手册更加重视在体系上呈现出对学科内容的全景式的整体观照,以紧密的内部逻辑关系构建章节,以独特的学术视角切入研究内容,相互勾连,在构建完整知识生态体系的同时呈现出多样化的研究思路、学术观点和研究体系。

学科手册作为中国自主知识体系的重要载体,在一定程度上构成了自主知识体系建构的基础材料。其所呈现的国际通行的学科知识框架和研究规范,为学术对话、知识传播提供了必要条件,可以作为自主知识体系建构工作的一个突破口。编写学科手册本身就是总结中国经验、凝练中国方案、建构自主知识体系的过程。

中国式现代化道路和人类文明新形态的伟大实践不仅为理论创新、学术发展注入了强大活力,也为建构中国自主的知识体系提供了广阔空间。面对世界格局深刻变化的背景,"自主知识体系丛书"手册系列与时俱进,在习近平新时代中国特色社会主义思想指导下,紧扣服务中国自主知识体系建构这一核心任务,以中国实践为着力点,以铸魂育人为出发点,聚焦重大前沿问题,总结经验、提炼观点,做出独创性贡献,希望本系列手册能为中国自主的知识体系建构和话语创新添砖加瓦,以此回答"世界怎么了""人类向何处去"的中国之问、世界之问、人民之问、时代之问。

感谢全国哲学社会科学工作办公室、教育部对浙江大学哲学社会科学发展的指导,感谢浙江省委宣传部、浙江省社会科学界联合会的大力支持,感谢学校社会科学研究院、本科生院、研究生院、出版社等相关职能部门的有力组织,感谢各位作者的辛勤付出以及校内外专家学者的宝贵建议。书中难免有不尽完善之处,敬请读者批评指正。

任少波

二○二五年三月

前　言

党的二十大报告指出："从现在起,中国共产党的中心任务就是团结带领全国各族人民全面建成社会主义现代化强国、实现第二个百年奋斗目标,以中国式现代化全面推进中华民族伟大复兴。"作为中国式现代化的重要组成部分,农业农村现代化直接关系到对世界百年未有之大变局的有效应对、中国式社会主义现代化进程的质量成色、中华民族伟大复兴的历史使命。扎实推动农业农村现代化,解决好新时代"三农"问题,离不开强有力的学科支撑。作为一门综合运用经济学、管理学、农学等跨学科知识专门研究"三农"问题的应用型学科,中国农业经济管理学根植于"三农"领域的广袤实践,理应在扎实推动农业农村现代化的上下求索中进一步展现作为。

农业经济管理学顺时而生、因时而变,自诞生之日起,一直承载着关注"三农"问题、呼应社会需求的重大使命。无论是从 1909 年亨利·泰勒(Henry Charles Taylor)教授在美国威斯康星大学麦迪逊分校建立全球第一个农业经济学系算起,还是从 1921 年约翰·卜凯(John Lossing Buck)教授在金陵大学创建中国第一个农业经济及农场管理系算起,农业经济管理学科因应时代发展,助力农业农村现代化转型,已然走过波澜壮阔的百年历程,在近现代史上谱写了光辉的"三农"篇章。而不同时期"三农"发展的历史使命也反过来推动着农业经济管理学科的不断发展。农业经济管理学从萌芽、生根到兴起、繁荣,每个阶段的发展都与特定时段"三农"问题的时代关照与丰富实践紧密相关,"三农"实践不仅为农业经济管理学发展提供了研究素材和知识养料,也引领和推动了农业经济管理学术研究的议题转换。可以说,农业农村现代化的过程实际上也是农业经济管理学不断发展和完善的过程。正是农业经济管理学与"三农"领域广袤实践的深度交融与互促互进,推动了"三农"事业的稳健前行。

与西方的农经学科作为应用经济学的一个分支相比较,中国的农业经济管理学科更加具有交叉学科的特性,有着自己独特的内涵。它是以马克思主义理论为指导,并在中国农村传统优秀文化和历史积淀的基础上,合理借鉴现代西方相关理论,在中国农业农村改革发展实践中形成的马克思主义"三农"理论中国化的知识体系,是研究农产品(服务)的生产流通消费、农民福利改善、农村及区域发展、涉农产业发展等农业农村相关领域经济社会活动的客观规律、微观管理决策和宏观管理政策的具有特殊性的交叉学科,具有鲜明的学科特色。第一,农业生产是经济再生产与自然再生产交织的过程,农业生产与组织方式在很大程度上受自然资源环境条件影响:土地不可再生,水资源分布不均,无法在地区间、季节间自由流动;农业生产季节性强,分散生产者在产品供应和要素需求上表现出高度的同步性,产品和要素供需易季节性失衡。第二,在现代经济转型过程中,农业产值占国民经济比重快速下降,而农村劳动力流动约束性强,转移速度较慢,农业劳动生产率相对较低,农民的经济地位和福利改善面临挑战,易引发社会、文化和政治问题。第三,农村作为具有自然、社会、经济特征的地域综合体,不仅承担生产、生活功能,而且在生态环境改善和支撑文化保护与传承等方面具有不可替代的作用,但经济转型和城市化发展过程中,农村发展不充分、城乡发展不平衡问题突出。第四,随着经济发展和收入增长,居民的需求转型升级,农业不仅要直接供给食物,而且需通过不同阶段的加工,以不同的形态、方式供应加工品,带动休闲旅游等涉农服务业发展。涉农产业链复杂,与居民的营养健康息息相关,其发展面临许多新的挑战。因此,农业经济管理学的研究内容不仅包含特定条件下的涉农产品和服务的生产、流通、分配、消费及营养健康问题,更包含农村地区经济、社会、生态、文化和治理等相关理论和决策问题。作为一门交叉学科,农业经济管理学的教学科研既要应用经济学和管理学的基本原理与方法,又要涉及农学、食品科学、地理学、环境科学,以及社会学、政治学、法学、人类学等相关学科的理论知识。农业经济管理学的研究方法注重理论研究与政策研究相结合、实证分析与规范分析相结合、定性分析与定量分析相结合,整个学科采用跨学科合作的方式研究农业经济管理领域的理论和现实问题。

理论和实践推动使然,梳理中国农业经济管理学的发展脉络与趋势特征,归纳中国农业经济管理学的理论基础与研究方法,追踪该领域的议题变化与学术前沿,进一步推动新时代中国农业经济管理学高质量发展势在必行。正是基于这样的考虑,我们于2023年6月启动了本书的编写工作。本书兼顾常识性与学术性,属于农业经济管理学领域的通识类学术读物,主要面向关心"三农"事业发展和农业经济管理学科发展的高校师生、科研工作者和教育工作者。整个手册分为 4 个部分 22 章。其中，第一部分为学科发展与趋势，旨在清晰呈现国内外农业经济管理学科的发展脉络与趋势特征；第二部分为理论基础与借鉴，旨在为涉农科研工作者提供扎实有效的理论借鉴；第三部分为研究方法与应用，旨在为涉农科研工作者提供科学有力的方法参考；最后一部分为学术前沿与展望，旨在系统展示近10 年涉农学术研究的议题变化与最新进展。通过此书，读者不仅能够深入了解中国农业经济管理学的历史变迁，也能够精进有关的学术研究，从而助力新时代中国农业经济管理学高质量发展。

钱文荣　郑淋议
二○二四年八月

目　录

第一部分　学科发展与趋势

第一章　中国农业经济管理学发展脉络 …………………………………………（3）
　　一、古代农业经济管理学的萌芽 …………………………………………（3）
　　二、近代农业经济管理学的兴起 …………………………………………（4）
　　三、现代农业经济管理学的发展 …………………………………………（5）

第二章　国外农业经济管理学发展脉络 …………………………………………（8）
　　一、国外农业经济管理学发展历史 ………………………………………（8）
　　二、国外农业经济管理学发展现状 ………………………………………（9）

第三章　农业经济管理学发展趋势 ………………………………………………（15）
　　一、中国农业经济管理学研究议题演变 …………………………………（15）
　　二、国外农业经济管理学研究议题演变 …………………………………（18）

第二部分　理论基础与借鉴

第四章　理论基础:马克思主义指导下的农业经济管理理论 ………………（23）
　　一、马克思主义经典理论与农业经济管理学的早期发展 ………………（23）
　　二、马克思主义中国化与农业经济管理学的创新发展 …………………（45）

第五章　微观经济学与农业经济管理理论 …………………………………（65）

　　一、消费者理论、生产者理论与农户模型 …………………………………（65）

　　二、供需理论与农产品价格周期性波动原理 ……………………………（69）

　　三、要素市场理论与中国农村要素市场的改革逻辑 ……………………（70）

　　四、政府干预理论与农业支持政策的逻辑 ………………………………（73）

　　五、资源配置理论与农场规模决策模型 …………………………………（76）

　　六、外部性理论与农村公共物品投资逻辑 ………………………………（77）

第六章　宏观经济学与农业经济管理理论 …………………………………（80）

　　一、国民收入决定理论与农业农村发展研究 ……………………………（80）

　　二、消费函数理论与农村消费研究 ………………………………………（82）

　　三、经济增长理论与农业增长原理 ………………………………………（84）

　　四、开放经济理论与全球化背景下的农业农村发展逻辑 ………………（87）

　　五、比较优势理论与农业资源配置原理 …………………………………（89）

　　六、新结构经济学理论与农业经济结构演变规律 ………………………（91）

第七章　发展经济学与农业经济管理理论 …………………………………（94）

　　一、发展经济学理论的内涵与历史发展 …………………………………（94）

　　二、农业技术转型理论 ……………………………………………………（99）

　　三、农业国工业化理论 ……………………………………………………（102）

　　四、二元经济结构理论与农村新型城镇化的逻辑 ………………………（104）

　　五、农村人力资本理论 ……………………………………………………（107）

第八章　制度经济学与农业经济管理理论 …………………………………（110）

　　一、制度经济学简介 ………………………………………………………（110）

　　二、制度变迁理论与中国农地制度改革的逻辑 …………………………（117）

　　三、产权理论与农村集体产权制度改革的逻辑 …………………………（120）

　　四、交易成本理论与农地产权界定逻辑 …………………………………（124）

　　五、契约理论与农地流转中的契约选择原理 ……………………………（130）

　　六、企业理论与农业企业化原理 …………………………………………（133）

　　七、集体行动理论与农村公共事务治理原理 ……………………………（135）

第三部分　研究方法与应用

第九章　统计学与农业经济管理研究 …………………………………（141）

一、统计学基础知识 …………………………………………………（141）

二、统计数据的描述 …………………………………………………（146）

三、参数估计 …………………………………………………………（151）

四、假设检验 …………………………………………………………（154）

五、相关与回归分析 …………………………………………………（156）

第十章　计量经济学与农业经济管理研究 …………………………（162）

一、线性回归模型 ……………………………………………………（162）

二、离散选择模型 ……………………………………………………（167）

三、匹配方法 …………………………………………………………（171）

四、面板数据分析方法 ………………………………………………（175）

五、双重差分法 ………………………………………………………（179）

第十一章　大数据、机器学习与农业经济管理研究 ………………（185）

一、大数据 ……………………………………………………………（185）

二、机器学习 …………………………………………………………（190）

第十二章　理论分析与农业经济管理研究 …………………………（200）

一、质性研究方法 ……………………………………………………（201）

二、数理研究方法 ……………………………………………………（208）

第四部分　学术前沿与展望

第十三章　农业生产与人类发展 ……………………………………（221）

一、总体介绍 …………………………………………………………（221）

二、主题分布与研究侧重 ……………………………………………（222）

三、国内外领域重点问题研究进展 …………………………………（224）

四、研究评述与展望 …………………………………………………… (231)

第十四章　气候变化与资源环境 …………………………………… (233)
　　一、总体介绍 ………………………………………………………… (233)
　　二、主题分布与研究侧重 …………………………………………… (234)
　　三、国内外领域重点问题研究进展 ………………………………… (236)
　　四、研究评述与展望 ………………………………………………… (247)

第十五章　技术进步与农业经济增长 ……………………………… (254)
　　一、总体介绍 ………………………………………………………… (254)
　　二、主题分布与研究侧重 …………………………………………… (255)
　　三、国内外领域重点问题研究进展 ………………………………… (256)
　　四、研究评述与展望 ………………………………………………… (264)

第十六章　农产品供应与食物消费 ………………………………… (267)
　　一、总体介绍 ………………………………………………………… (267)
　　二、主题分布与研究侧重 …………………………………………… (268)
　　三、国内外领域重点问题研究进展 ………………………………… (269)
　　四、研究评述与展望 ………………………………………………… (276)

第十七章　农业食物系统转型与食物安全 ………………………… (278)
　　一、总体介绍 ………………………………………………………… (278)
　　二、主题分布与研究侧重 …………………………………………… (279)
　　三、国内外领域重点问题研究进展 ………………………………… (280)
　　四、研究评述与展望 ………………………………………………… (290)

第十八章　农村劳动力转移与农民市民化 ………………………… (293)
　　一、总体介绍 ………………………………………………………… (293)
　　二、主题分布与研究侧重 …………………………………………… (294)
　　三、国内外领域重点问题研究进展 ………………………………… (295)
　　四、研究评述与展望 ………………………………………………… (302)

第十九章　农村土地制度与农民权益保护 …………………………（305）

　　一、总体介绍 ………………………………………………………（305）

　　二、主题分布与研究侧重 …………………………………………（306）

　　三、国内外领域重点问题研究进展 ………………………………（309）

　　四、研究评述与展望 ………………………………………………（330）

第二十章　农民合作与组织发展 …………………………………（335）

　　一、总体介绍 ………………………………………………………（335）

　　二、主题分布与研究侧重 …………………………………………（335）

　　三、国内外领域重点问题研究进展 ………………………………（337）

　　四、研究评述与展望 ………………………………………………（344）

第二十一章　乡村建设与乡村治理 ………………………………（347）

　　一、总体介绍 ………………………………………………………（347）

　　二、主题分布与研究侧重 …………………………………………（348）

　　三、国内外领域重点问题与研究进展 ……………………………（350）

　　四、研究述评与展望 ………………………………………………（357）

第二十二章　城乡二元结构与城乡融合发展 ……………………（360）

　　一、总体介绍 ………………………………………………………（360）

　　二、主题分布与研究侧重 …………………………………………（361）

　　三、国内外领域重点问题研究进展 ………………………………（363）

　　四、研究评述与展望 ………………………………………………（373）

参考文献 ……………………………………………………………（377）

后　记 ………………………………………………………………（457）

第一部分

学科发展与趋势

第一章
中国农业经济管理学发展脉络

一、古代农业经济管理学的萌芽

中国古代农业经济思想对现代农业经济管理学科发展、中国"三农"问题、乡村全面振兴有着重要意义和价值。中国是最早诞生农耕文明的国家之一,中国农业经济思想最早可以追溯到春秋战国时期。孔子的教育思想具有丰富的农业经济思想,如德政、富农、轻徭薄赋、仁义、生态保护、人与万物和谐相处等(周兰英,2010)。孟子认为"诸侯之宝三:土地、人民、政事",强调土地在诸侯统治中的地位。孔孟著作体现了儒家关于土地制度、农业生产经营、农村发展、农民教育等方面的思想。儒家强调农业重要地位,强调小农经济的精耕细作、改良农业技术;法家主张重农抑商、奖励耕战、废除井田等;道家主张休养生息、顺应自然等;农家以重视农业生产得名,主张农业是衣食之本、与民同耕等。

中国古代农业经济思想提倡以农为本,重农抑商,涉及土地制度及其改革、税赋、生态、减灾救荒等方面。古人也撰写了诸多有关农业生产的著作。这类农书没有受到近现代农业科学技术、农业经营管理科学影响,是中国自己总结的传统农业生产技术和农业经营管理经验,最早可以追溯到战国时期的《神农》《野老》(已失传)等。《汉书·艺文志》是中国著录农书的开始。到宋代,社会经济与雕版印刷术的发展推动了农书著录刊刻普及。王毓瑚的《中国农学书录》收录了542种农书,《中国古农书联合目录》收录了643种,涉及综合类与专业类农书两大类。此外,《氾胜之书》《齐民要术》《陈旉农书》《王祯农书》《农政全书》被誉为中国古代五大农书。

二、近代农业经济管理学的兴起

20 世纪 20 年代前后,随着公派留学人员的归国以及西方学者的涌入,近代农业经济管理学思想传入中国。1913 年,从日本东京帝国大学农科学成归来的许璇目睹祖国农业之衰败、农村之凋敝及农民之困苦,深感推行农业教育的重要性与迫切性,在北京大学校农科大学讲授农业经济学、农业政策、农业金融及农业合作等课程,开了中国农业经济管理教育的先河。随后,卜凯博士于 1920 年受邀到金陵大学农学院任教,讲授农业经济学、乡村社会学及农场管理学等课程,率先将欧美农业经济管理学思想引入中国。

随着农业经济管理教育的开展以及农业经济研究的深入,从事中国社会现实问题研究的中外学者们达成一种共识,即中国的工业化远未展开,农业人口和农村经济的比重占绝对优势,中国问题的关键是农村问题(何宛昱,2020)。当时农村经济形势日益恶劣,加上世界经济危机的冲击,国内乡村矛盾激化,农村成为关注焦点,学术界形成研究"三农"问题的第一个高潮,建立起三大理论学派(张雪英,2008;郑京辉,2013;刘金海,2021):一是以卜凯为代表的现代农业经济学派,又称"技术派",强调农业生产技术的推广应用,提倡通过发展农业经济来解决中国农村发展问题。1921 年,卜凯教授创建了中国第一个农业经济及农场管理系,即金陵大学农业经济及农场管理系。卜凯教授于 1921—1925 年、1929—1933 年先后两次组织开展中国农家大型调查,出版《中国农家经济》《中国土地利用》两部农经著作。这两部著作是新中国成立前许多农学院培育农经人才的标准教材(殷晓岚,2002)。同时,部分西方学者在考察中国农村现状、研究中国农村经济问题的同时,出版了一系列著作,如贝克(O. E. Baker)的《农业与中国的将来》、泰勒(F. B. Taylor)的《中国农村经济研究》,这为西方现代农业经济学在中国的传播创造了良好条件。此学派代表人物还包括许璇、董时进、唐启宇、徐澄、乔启明、杨蔚、刘澜涛、应廉耕、崔毓俊、沈宪耀等。

二是以陈翰笙为代表的马克思主义农业经济学派,强调要变更不合理的土地制度和生产关系,提倡通过研究中国农村社会性质,寻找解决中国农村发展问题的方法。此学派直接服务于中国革命实践,兴起的直接原因是中国大革命的失败。1929 年陈翰笙回国后,主持了规模空前的农村社会经济调查,对于我国在建立新中国前仍然处于半殖民地半封建社会这一社会性质论断的提出,提供了强有力的实践调查证据(叶恒,2013)。陈翰笙早期所组织撰写的农村调查报告及论文被编辑成《解放前的中国农村》,这是一部农经史上里程碑式的重要文献。崔晓黎(1990)、侯建新(2000,2013)等学者利用陈翰笙主持的调研的材料进行了近代农业经济学及农村经济社会的研究。此派代表人物还包括于寅生、钱俊瑞、薛暮桥、孙冶方、张锡昌、姜君辰等。薛暮桥以20世纪30年代农村调查研究为起点,广泛研究了农业农村经济、货币和价格、社会主义经济理论、计划和市场、经济体制改革、经济管理和宏观调控、劳动工资和收入分配、地区发展战略等,主持出版了《中国农村经济常识》《〈中国农村〉论文选》《解放前的中国农村》等,极大地推动了农经学科的发展(陈守合,2019)。

三是以梁漱溟为代表的"乡村建设派"及以晏阳初、李景汉为代表的定县社会调查和平民教育运动,其通过推广乡村教育与改造实践活动来提高农民文化素质,推动农村发展。梁漱溟在延续传统士大夫知识再生产机制的基础上,对儒家学说进行了改造,在"新儒学"的基础上发展出了基于社会新构造的"新治道",提出中国应该走自己的道路,即基于教育运动的乡村建设之路。梁漱溟乡村建设思想对今天的乡村全面振兴仍具有重要意义。

此外,这一时期部分研究机构及科研院所纷纷开展了对农业经济管理学的初步研究,部分农学家及农业经济学家发表了众多关于农村经济发展、土地制度等问题的著作。其中,章植1930年出版的《土地经济学》被认为是中国学者撰写的第一部土地经济学著作,具有鲜明的中国特色和重大学术价值。此时的农业经济管理学研究虽未成规模,发展缓慢,但为中国农业经济管理学的发展奠定了坚实的基础。

三、现代农业经济管理学的发展

(一)从新中国成立到改革开放:缓慢发展

1949年新中国成立后,伴随着农村经济恢复,中国的农业经济管理学研究得以重新发展。此时,土地改革、社会主义道路建设以及农业的社会主义改造成为新中国成立之初所面临的关键问题。因此,1949—1978年,中国农业经济学的研究主要围绕土地制度改革、社会主义改造和农业合作社等问题开展。土地与农业生产息息相关,20世纪50年代的土地改革实现了"耕者有其田"。但苏星(1965)

指出,尽管这在一定程度上解放了农村生产力并激发了农民的生产积极性,但是从长远来看,由于农民个体经济规模狭小,生产资料单薄,劳动生产率极低,难以持续地实现扩大再生产,这就决定了中国的农民个体经济无法在中长期发展中找到更好的出路。因此,王思华(1956)提出对农业进行社会主义改造,建立农民合作社,通过互助合作的形式,将以生产资料私有制为基础的个体农业经济,改造成生产资料公有的农业合作经济,发展集体经济。在"文化大革命"期间,中国农业经济处于停滞甚至倒退的状态,农业经济管理学的研究也处于停滞状态。

这一阶段中国农业经济管理学的发展具有鲜明的时代特征和政治特色,主要以理论探讨和案例研究为主,研究工具单一,研究方法落后,政治性较强。此时,农业经济管理学的研究依旧十分分散,百废待兴,学科发展在艰难摸索中前行,尚处于初步发展阶段。

(二)从改革开放到现在:蓬勃发展

1978 年至今,家庭联产承包责任制等一系列政策得以实行,中国经济发生了天翻地覆的变化。通过经济体制与市场体制改革,一条具有中国特色的社会主义建设道路逐步确立,中国与世界的距离拉近,这使得中国农业经济管理学的发展进入了新阶段。在这一阶段,农业经济管理学得到了长足发展。20 世纪 50 年代以来,农业经济管理学逐渐分解为农场管理学、农业生产经济学、农产品运销学、农业技术经济学、农产品贸易学、农业金融学、土地经济学、农村发展和农工商联合企业管理学、农业政策学等更加专业的学科(钟甫宁等,2013)。在吸收西方农业经济管理学经验的基础上,具有中国特色的农业经济管理学逐渐形成,重点研究农业经济理论与政策、农业资源与环境经济、农村与区域发展和食物经济管理四个方面,重点关注家庭联产承包责任制、农产品入市定价、乡镇企业、专业合作社、农业补贴、农业技术进步、土地规模经营、土地制度改革、城乡二元经济结构、农业保险、农村金融、农村贫困与反贫困、农村社会医疗保障、农村公共品供给、生态资源和环境、粮食、民生保障等问题。

祁春节和李崇光(2010)将改革开放以来中国农业经济管理学的发展分成三个阶段:①1978—1991 年是学习引进阶段。在这一阶段,相关研究机构逐步恢复正常,学术界大量引进国外理论和方法,农经学术研究活跃。②1992—2001 年是消化吸收阶段。一些新的学术机构逐渐建立起来,新的研究成果不断涌现。③2002年至今是跟踪模仿阶段,国际学术交流与合作不断扩大。

改革开放以后,中国农业经济管理学研究的数量较前一个阶段有了大幅度的增加。陈秋红和朱侃(2019)基于1978—2017年农业经济管理学高被引论文关键词大数据,利用文献计量软件分析了改革开放40年中国农业经济管理学研究文献的发展特征及演进规律。1978—2017年,CNKI收录农业经济管理学的期刊文献高达132597篇,年度文献整体上呈井喷式增长,高被引论文3994篇,研究内容聚焦关键领域,研究广度、深度得到拓展,研究范畴得以拓宽。耿献辉等(2020)利用可视化分析软件分析了1955—2019年的农业经济管理期刊论文,揭示了不同时期农经学科研究变迁的逻辑。政府智库、高校主导了大部分农经学科研究,各学科间的合作趋势加强,农经研究呈现从生产关系研究向生产力研究、从规范研究向实证研究、从农业生产研究向"三农"研究变迁的特征。

农经学科已经形成门类齐全、布局合理的学科体系和覆盖面广、反映学科动态的课程体系(祝福恩,2006)。定量分析方法不断得到优化,定性与定量分析相结合,使农经学科研究愈加严谨,极大地提高了研究结论的可信度。农经学科逐步成为一个交叉学科,具有鲜明的时代特征、中国特色(冯开文等,2016)。农业经济管理学科建设的快速发展、农业经济理论研究的不断深入,极大地推动了中国"三农"问题的解决,推动了农业经济、农村社会的发展,农业区域布局规划的确立、农村体制机制改革实施、农业农村扶持政策体系构建等都离不开农业经济学科发展的推动,其为国民经济有序、平稳、可持续的发展提供了强有力的支撑(张俊飚和颜廷武,2019)。

第二章
国外农业经济管理学发展脉络

一、国外农业经济管理学发展历史

农业经济管理学作为一门科学,是随着资本主义的发展和农业生产的商品化而逐渐形成的,至今已有大约 200 年的历史了。农业经济管理学思想最早起源于 18 世纪以魁奈(Quesnay)为代表的重农主义和以斯密(Smith)、李嘉图(Ricardo)为代表的古典经济学,认为只有土地和农业才是超过生产费用的"纯产品"或剩余的唯一源泉。之后,新古典主义和新古典政治经济学开始对农业部门进行延伸研究,特别是农业生产领域。19 世纪中叶,《皇家委员会报告》中便出现了"农村经济学"和"农业经济学"这两个名词。19 世纪末,美国农业大萧条再次引起了经济学学者对农产品营销和农业组织管理问题的广泛关注。鉴于农业发展对当时整个美国经济发展的重要影响,美国农业经济学家托马斯·亨特(Thomas Hunt)于 1892 年在俄亥俄州立大学开设了"农村经济学"课程,重点研究农场管理。随后,美国经济学家托斯丹·凡勃伦(Thorstein Veblen)于 1899 年在芝加哥大学也开设了农业经济学相关课程,着手研究农场管理等农业相关问题,并尝试将工业企业管理中提高效率的一些方法引入农业生产(陈风波,2013)。

随着农产品国际贸易不断扩大,农业政策层出不穷,如何提高农场主收入和农产品供给引起了大量经济学学者的关注,农业经济管理学迎来了第一次大繁荣。20 世纪初,大量美国大学纷纷成立农业经济系,涵盖农场管理、农村经济或农业经济学等专业学科,并关注农场管理、农产品市场营销、土地经济学和农场信贷等方面。以威斯康星大学为例,其于 1909 年成立了全球第一个以农业经济为方向的专业系,即现在的农业与应用经济系。此后第二年,美国成立了农业管理协会,即如今的农业与应用经济学会(AAEA)。德国农业经济学家特奥多尔·布林克曼(Theodor Brinkmann)于 20 世纪初出版了其重要著作《农业经营经济学》,集中讨论了农业集约化和农业经营制度两大主题,促使西方农业经济学理论和方法形成了较为完整的研究体系。牛津大学于 1913 年成立了农业经济研究所,从事农业经济问题的研究,并领导成立了国际农业经济学家学会(IAAE)。1948年,法国高校也开始成立农业经济行业学会和农业经济系,后该系被并入国家农业科学研究院,而后者与欧洲农业经济学的其他先行者,包括哥廷根大学、基尔大学、瓦赫宁根大学、帕多瓦大学等引领了欧洲农业经济学会的成立(Runge,2006)。

20 世纪 50—70 年代,美国农业技术快速发展以及二战后经济复苏和农产品国际市场扩张为美国农业发展提供了新的发展机遇,并带来了对农业经济管理学学科研究的大量需求。美国农业经济管理学学科范围不断扩大,不但包括生产经济学、市场营销、价格分析、农业政策、土地经济这些传统领域,还包括了商业农业、自然资源发展与环境、社区发展等方面(Halvorson,1975),学科内容更加丰富。此后,在 20 世纪 70—80 年代,由于各个美国高校在农业经济管理领域研究侧重点的不同,大量美国大学农业经济学系开始改名,并将资源、环境、食物等词汇加入其中,如农业与资源经济学、食品与资源经济学等,相应的课程设置和教学内容也开始包含与农业发展相关的其他方面,如农业企业管理、食品管理、乡村社会等。相应地,Agribusiness(农商)领域逐渐引起农经学者的广泛关注,重点研究农产品冷藏、加工和运输等问题。而到了 20 世纪末期,部分大学则干脆将农业经济系并入了应用经济系。美国大学农业经济系名称的变化,在一定程度上反映了农业经济管理研究内容的变化,这些变化与社会经济发展带来的新问题、新需求息息相关(仇焕广等,2018)。从目前这些高校农业经济管理的研究领域来看,其大致可以分为农业生产、市场与政策研究,资源与环境经济政策研究,发展经济研究,农商与食物经济研究等几个方面。

二、国外农业经济管理学发展现状

农业经济管理学属于重要的应用型学科之一,其发展状况随着现实客观需求的变化而变化。农业经济管理学作为复合型学科,下设众多子学科,包括农业经济学、农业经济技术、农业供应销售、农业资源与环境经济学等,涵盖了有关农业经济发展的多个方面。作为农业大国,美国开设农业经济管理相关学科的高校比例大约占到 1/5,农业经济管理领域的研究水平处于世界前列(崔晓琳,2016)。而作为亚洲发达国家,日本的农业资源禀赋、文化传统同中国的现实情况更为类似。中国也有必要借鉴日本农业经济管理学科的发展经验。因此,鉴于美、日农业的发达程度及其在国际农业经济发展中的代表性,我们分别以美国和日本的大学为代表,分析农业经济管理学的国际发展现状及发展经验。

(一)美国农业经济管理学发展现状

1. 美国农业经济管理学分布

美国农业经济管理学主要分布在各个高等院校的农学院,目的是培养农业经济管理专业人才,研究农产品生产经营、涉农企业、食品科学、资源环境等相关问题。其农业经济管理学的具体分布特点如下。

学科发展与产业发展相适应。由于农业经济管理学自身的特点,美国各所高校农业经济管理学的发展分别体现了高校所处地区的产业特色。例如玉米产业带附近的州立大学的农业经济管理学重点关注玉米生产、加工、销售等产业链相关知识与问题。养殖业集中区附近高校的农业经济管理学则主要研究与畜牧业和养殖业相关的加工、运输、冷藏等学术问题,而位于蔬菜、瓜果等经济作物产业发达地区的高校,其农业经济管理学的学科建设与课程体系则侧重于蔬菜瓜果的生产、加工、冷藏和销售等相关问题的研究。

学科发展与区域特征相一致。在美国,不同区域具有不同的农业生产特点,而各区域高校开设的农业经济管理学则与之相适应,换句话说,各区域高校农业经济管理学的学科发展与当地农业实践需求相匹配。例如得克萨斯州位于美国南部,主要发展畜牧业和瓜果蔬菜业,相应地,当地高校农业经济管理学则包含较多的畜牧、园艺等相关课程与知识。而在渔业产业发达的东部沿海地区,地方高校农业经济管理学则更多涉及渔业等相关理论知识。在林业发达的北部地区,其高校的农业经济管理学则更为重视林业发展等相关研究。总之,农业经济管理学的区域特征明显。

学科发展与人才培养相结合。正如前文所提到的,农业经济管理学属于应用型学科之一,因此,美国开设的农业经济管理学尤为重视学科实践和人才培养(金龙勋等,2014)。一方面,各州高校农业经济管理学在校本科生培养方案和课程设置不但包含各类通识课程、基础课程和学科专业课程,还与区域农业相关产业特点相结合,包含社会专业技术人才应该掌握的专业知识与专业技能等相关课程。

另一方面,美国各地政府高度重视农业经济管理学人才的培养,通过出台相关法律法规和设立专款为当地培养农业经济管理相关的社会专业技术人才提供支持。各高校农学院为当地和周边地区培养了大批各类农业生产技术人才和农产品营销技术人才。此外,各州还在当地建设社区大学,根据当地农业生产特色和需求培养相关农业推广人才,指导当地农民进行农业生产和销售等。

2.美国农业经济管理相关专业设置

美国高校学科专业目录分为学科群、学科和专业三个级别,学科群下设不同学科,与我国一级学科相当,学科下设不同专业,与我国二级学科类似(孙芳和丁玎,2021)。美国的农业经济管理作为一级学科,下设农业经济与经营、农业经济学、农业供应销售等相关专业。但随着农业发展及外部环境的变化,农业经济管理学的研究领域不断扩展,部分美国高校相应的专业名称也随之不断调整,并形成各自的专业特色。一项对美国高校农业经济管理学的相关调查统计表明,58所学校中31%的高校仍然保持了"农业经济系"的名称,22%的高校则在农业经济学名称中添加了"资源"这个词,另外还有9所高校则干脆将农业经济学改为应用经济学(陈风波,2014)。如今,美国农业经济管理学相关专业具体调整状况如下。

一是保留农业经济学名称,但扩展了研究范围与内容。虽然部分美国高校对名称进行了调整,但多数美国学校仍然坚持使用原名称,保持该学科最初的内涵与研究特色。然而,随着农业经济的不断发展,农业产业链不断延伸,农村生产生活面貌也发生了巨大的改变,部分美国高校如密苏里哥伦比亚大学、艾奥瓦大学等虽然保留了农业经济学这一专业名称,但教学内容不断被扩充,研究范围和领域不断拓展,从农业生产拓展到农业企业、农产品市场与农业经济贸易、农业产业链、乡村社会等领域(崔晓琳,2016)。部分高校则将农业资源与环境、农业加工与营销、食品经济研究等相关课程纳入农业经济管理学科的教学中,拓展了课程内容与方向,如科罗拉多州立大学、休斯敦大学、加利福尼亚艺术学院等。以加州大学戴维斯分校为例,其农业经济管理学本科生和研究生的核心课程均增加了资源与环境经济学、农产品市场与贸易等相关内容。

二是将农业经济管理专业名称更改为农业与资源经济学、食品与资源经济学等。随着资源、环境对农业经济发展的制约以及世界各国对农业可持续发展的重视,农经领域相关学者认为农业经济发展不能以牺牲资源、环境为代价,而必须在促进农业可持续发展的基础上,加强对环境的保护。因此,部分高校开始强调对农业环境保护及相关领域的研究,相应地,在学科名称设置方面也添加了资源、环境等词,并相应地调整教学内容。另外,随着农业产业链向农产品加工、销售等环节延伸,农业生产和农产品营销之间的关系变得越来越紧密。就美国而言,食品产业中农业生产环节以外部门创造的附加值和就业机会大概是农业生产部门所创造的两倍(陈风波,2014)。因此,农产品质量安全、农产品流通、农产品加工技术、食物经济学等相关领域也逐渐成为农业经济管理学另一重要研究方向。因此,部分高校将专业名称改为农业与资源经济学或食品与资源经济学等,如密歇根州立大学将农业经济系改名为农业、食物与资源经济系,佛罗里达大学将农业经济系改名为食品与资源经济系。

三是将农业经济管理专业并入应用经济学系。由于农业经济管理属于应用经济学的范畴,因此,为了在保持传统农业经济管理研究特点的同时,扩展研究对象和研究范围,提高研究领域的包容性,部分高校将农业经济管理专业并入应用经济学系或更名为应用经济学,并同时开设食品管理、农业企业管理等专业方向。例如:康奈尔大学本科应用经济管理专业包括商学、食品产业管理、农场管理与金融学、农业与应用经济学等;明尼苏达大学开设了农业与食品企业管理和应用经济学两个本科专业(孟令彤,2014);威斯康星大学、得克萨斯理工大学开设了涉农企业管理、农业与应用经济学专业,并招收对应的硕士研究生和博士研究生(周应恒和卢凌霄,2009)。值得一提的是,这些高校虽然将农业经济管理专业并入了应用经济学系,但农业经济研究仍占较大比例,不过其比重呈现不断下降的趋势。

(二)日本农业经济管理学发展现状

1.日本农业经济管理学分布

日本农业管理经济学发展起步较早。早在20世纪前后便引入了欧美的农业经营学、农政学和农业经济学等课程。日本农业经济教育的体系化、正规化始于1919年,当年北海道帝国大学首次开设了农业经济管理相关学科,自此该大学成为日本农业经济管理学教育的发源地和研究重镇。之后,随着大量农业政策的实施和农业部门的迅速发展,日本社会对农业经济管理相关研究的需求不断增加,因此日本其他高校纷纷设立农业经济管理相关学科,教授农业经济管理相关内容,并出现大批学者从事相关研究。例如,1922年宇都高等农林学校开设了农政经济学科,1924年京都大学设立了农林经济学学科,1925年东京大学增设了农业经济学学科,1939年东京农业大学也设立了农业经济学学科等。不过,大多数高校通常更认可"农业经济学"这一学科或专业名称(王学君,2017)。

日本农业经济管理学专业主要分布在国立大学,通常隶属于大学中的农学部(王学君,2017)。日本大学的学部相当于国内高校中的系或学院,学生于各学部毕业后学历相当于国内的本科。不过就农业经济管理学专业的设置而言,部分国立大学单独开设农业经济管理相关学科,其他高校则将其放置在其他学科下面。例如七所旧帝国大学中,京都大学和北海道大学专门设立了农业经济管理相关学科,而东京大学、九州大学分别将相关专业设置在环境资源科学学科和生物资源生产学科之下。东北大学和名古屋大学则分别开设了资源环境经济学专业和食品生产管理学专业。

日本私立大学通常不会开设农业经济管理学相关专业,这些专业仅在少数私立大学出现,如东京农业大学分别在国际食料情报学部和生物产业学部增设了食料环境经济学和地域产业学,而农业经济管理学则依托于这两个学科。不过,大多数日本私立大学的经济学院通常会聘用从事农业经济管理学相关研究的教员,这些教员一般会开设一些农业经济管理学相关课程以供学生修读,比如早稻田大学、庆应义塾大学都采用这种做法。

2.日本农业经济管理相关专业设置

下面分别以九州大学和东京农业大学为例,分析日本国立大学和私立大学中农业经济管理相关学科的设置和课程教学等情况。

九州大学:日本九州大学农业经济学专业隶属于农学部下的生物资源生产学科。在本科四年的教育阶段,学生通常在进入学部学习的前两年不会确定专业,而是先修读农学院的共通课程(数学、物理、化学、外语等)以及选修入门的专业课程(生物学、植保学、动物医学、经济学等),从而广泛积累通用基础知识和农业基础知识。从第三学年开始,意向为农业经济学的学生才开始明确专业,并按规定完成农业经济学专业必选课,如农业经营学、食品产业经济学、环境经济学等。当然,有志于攻读研究生学位的学生,则可以去经济系选修相关的研究方法类课程,如计量经济学等。在第四学年,学生基本上不用再选修课程了,其主要精力用于毕业论文写作、找工作等方面。

东京农业大学:日本东京农业大学北海道分校的农业经济管理学隶属于国际食料情报学部下的食料环境经济学和生物产业学部下的地域产业学,属于两个学部共建学科。其中食料环境经济学下的农业经济管理学建设侧重经济、经营,主要开设食品科学、食品加工等课程,而地域产业学下的农业经济管理学建设侧重农业资源、农业技术等相关课程。在本科生教育方面,日本东京农业大学与九州大学类似,四年本科生教育分为综合教育和学科专门教育两大模块。其中,综合教育模块相关课程主要集中在第一学年,包括法学、政治、生物、英语等共通课程。而在第二学年和第三学年,学生则主要学习学部专门课程和学科专门课程,包括经济学、计量生物学、环境政策论、食品产业和农业综合企业等。第四学年则主要要求学生完成毕业论文。

总体来看,日本九州大学、东京农业大学与美国各高校农业经济管理学科建设现状类似,专业课程中食品产业管理和资源环境经济学的相关课程占大多数,表明食品科学与资源环境经济学确实是目前国际农业经济管理学发展的重点方向和主流趋势。

第三章
农业经济管理学发展趋势

一、中国农业经济管理学研究议题演变

（一）研究对象的演变

农业经济管理学研究不同于一般的经济学、管理学研究，但与现代经济学一样，表现出了从研究人类经济行为向研究几乎人类所有行为类型拓展的发展趋势（李谷成和罗必良，2019）。农业经济管理学的研究对象是农业部门社会经济活动的客观规律、宏观管理政策和微观管理决策。我国宏观经济社会环境发生了巨大跃迁，但我国农业经济管理学始终围绕"三农"问题展开。农业经济管理是以服务"三农"发展为特色的学科，将农业、农村和农民的发展作为最重要的出发点和落脚点。

鉴于中国至今仍存在突出的"三农"问题，中国的农业经济管理研究领域大大超出了"农业经济管理学"名称所给定的范围（陈随军，2004）。农业生产的根本特点是经济再生产与自然再生产交织在一起，决定了相关学科不同于一般的部门管理，也不能简单地应用一般的经济管理原理。对农业生产的研究需要不同学科交叉进行。农业经济管理学融合了现代经济学的思维模式和理论，并逐步成为一个交叉学科，研究领域更加宽泛，研究内容更加丰富，研究热点日益突出，且具有鲜明的时代特征和中国特色（冯开文和陶冶，2017）。随着经济社会的发展，于晓华和郭沛（2015）指出，中国农业经济管理学面临着转型问题，需要从"以政策研究为重心"转变为"以市场研究为重心"，成为适应时代发展的"产、学、研"一体的新型学科。

(二)研究方法的演变

作为一门独立的学科,中国农业经济管理学的研究方法更加多元。尤其是改革开放后,农业经济管理学的研究方法也进入与农村经济体制相适应的变革状态,相关研究机构逐步恢复正常,学术界大量学习引进国外理论与方法(祁春节和李崇光,2010)。钟甫宁在中国农业经济学研究生教育70周年庆典暨农业和农村发展国际学术研讨会上称,自20世纪80年代中后期开始,国内自己培养的研究生逐渐成为教学和科研的主力,与新一代归国学人一道成为农业经济管理研究生教育的中坚力量。农业经济管理学研究方法与国际接轨(周应恒和陈希,2006),前沿研究方法,如随机对照试验(RCT)、机器学习等,能够被同步引入国内(李谷成和罗必良,2019)。农业经济管理从以定性分析为主逐步发展成为一套包括案例研究、比较分析、实证计量等在内的更加多样的方法体系。现代数理经济知识不断得到加强,量化分析方法不断发展,使得农经研究越来越严谨和科学,大大提高了研究结论的可信度。

农业经济管理学的研究运用经济学等相关理论构建数理模型,对相关问题通过调查获取数据(常用数据如农村固定观察点、农调队、中国家庭追踪调查、中国家庭金融调查等)进行实证研究,逐步走向主流的研究范式和研究方法。研究方法可以概括为理论分析、实证分析以及理论与实证相结合三大类。首先,在理论上,农业经济管理学以经济学和马克思主义政治经济学为基础,形成了自身的基本原理,如以科学技术是第一生产力为核心的经济增长理论、诱导性技术进步原理等,这些理论和方法也获得了广泛的认同和应用。其次,在实证分析上,一方面,研究者在不断优化与改进已有研究手段,突出体现在计量经济学模型的发展成熟及其应用范围的持续扩展;另一方面,研究者不断尝试使用新方法,表现为开发新模型、运用新理论、引入空间多角度分析以及多学科综合运用等,如结构方程模型(包括借助线性和非线性优化模型的比较静态分析和动态优化模型)以及基于数理统计的计量经济模型方法等。

总体来说,在理论分析中,既有建立命题的理论归纳,又有理论上的逻辑演绎;在实证研究中,既有实证归纳研究,又有实证演绎分析(张俊飚和颜廷武,2019)。例如,南京农业大学农业经济管理学学科坚持学术导向的实证研究,强调理论结合实际,研究生学位论文必须用规范的实证方法研究从现实生活中提炼出来的科学问题,而不是讨论原则意义、个人观点,也不是简单的实地调查、就事论事的具体实施方案或对策建议（钟甫宁，2017）。具体来说，农业生产与农产品贸易研究大多从产业组织的角度运用均衡和局部均衡的理论进行引力模型的实证分析；资源与环境经济研究主要运用计量经济模型进行定量评估；农业生产与农产品贸易研究通常采用结构方程模型；农业技术与农户行为研究主要采用定性分析和定量分析方法。比如，属于管理学范畴的农业企业管理研究多采用定性分析，而农户行为研究多采用定量分析（于晓华和郭沛，2015）。

（三）研究问题的演变

1949—1978年，也就是从新中国成立到改革开放前，农业的主要作用是为城市产业工人提供便宜的食物。随着经济起飞和城市化的推进，食物需求不断增加。食物价格上涨会推动产业工人工资增长，影响非农产业资本积累和经济起飞，导致"食物问题"。因此，政府通常会制定政策，抑制食物价格上涨，从农业中榨取资本以促进非农产业扩张，同时推进城市化进程（于晓华和郭沛，2015）。1955—1978年，我国农业经济管理研究侧重劳动力与劳动者、生产队和人民公社、社会主义集体所有制等生产关系研究，整个国民经济中农业与工业之间的关系以及如何发展农业生产等问题成为考察文献的热门关键词（耿献辉等，2020）。

改革开放以后，我国工作重心开始转向经济建设，在国民经济调整过程中开始注重对农业发展的宏观调控。尤其是1982—1986年五年的中央一号文件均是"三农"主题，这五个中央一号文件也成了中国农村改革史上的专有名词——"五个一号文件"（李谷成和罗必良，2019）。我国不断调整优化农业结构和区域布局，由以粮食生产为主的种植业经济向多种经营和农林牧渔全面发展转变，农民的生产经营自主权得到了极大扩展，逐渐适应了从依据国家计划组织生产向自找市场销路的转变。农村经济被再次激活，农村改革动力无论是在宏观还是在微观层面都得到极大释放，为农业与农村发展奠定了坚实基础。当时农业经济管理研究主要围绕经济体制改革和社会经济重大问题展开，在宏观领域，以经济体制改革和政策研究为主（李谷成和罗必良，2019）。1979—2001年，我国农业经济管理研究的高频关键词是劳动者、乡镇企业、粮食和财政管理等。进入21世纪后，我国以"多予、少取、放活"为方针，推进城乡一体化、农民减负增收等各项农业农村改革事业，使农业农村现代化发展水平进一步提高。加快培育、支持农民专业合作组织、农业产业化龙头企业、新型职业农民等新型农业经营主体发展，更加重视提高农产品质量安全和提升农业综合生产能力。全面深化农业农村综合改革成为解决我国农业农村现代化发展矛盾的根本出路。2002—2019 年，影响因素、农民工、农产品、粮食安全、农民收入、农民专业合作社、新农村建设、技术效率、劳动者成为高频关键词（耿献辉等，2020）。近 20 年来农经学者的主要议题有农村土地流转、生产效率、农业收入、农业投资、农业劳动参与及劳动力转移等与农业生产要素投入与使用相关的议题。

中国农村实现从脱贫攻坚走向乡村振兴。随着改革开放和城镇化的快速推进，农业问题逐渐表现为"相对贫困问题"。从事农业的人受限于土地规模，收入无法和城市居民相比，陷入相对贫困。政府应采取必要的措施提高农民收入，一种常用的政策手段是对农业进行补贴（于晓华和郭沛，2015）。陈秋红和朱侃（2019）基于 CNKI 期刊全文数据库 1978—2017 年农业经济学高被引论文关键词大数据，借助文献计量软件 CiteSpace 发现：热点主题包括"工业化、城镇化、农业现代化""土地利用与管理"以及"农业组织与经营"等；潜在热点包括城乡融合发展、土地产权制度的创新与改革、"互联网＋"现代农业、农村信息化与智慧农村以及相关社会保障体系建设等。2019 年"中国农业经济理论前沿论坛"以"乡村振兴：经验、启示与展望"为主题，并突出了农业与农村发展、农业要素及其配置、农地与农业经营制度以及农业资源与环境等热点（李谷成和罗必良，2019）。农业经济管理学的重点研究领域从过去发展到现在，基本上延续了农业经济理论与政策、农业资源与环境经济、农村与区域发展、食物经济管理等 4 个方面（张俊飚和颜廷武，2019）。

二、国外农业经济管理学研究议题演变

早期的重农主义和古典经济学主要关注农业生产领域，包括农业生产、土地投入转化、地租等相关问题的研究，强调农业生产在国家和社会经济发展中的核心地位，是创造财富的关键因素，主张政府应优先支持农业而非工业。而后于 19 世纪初出现的新古典主义和新古典政治经济学也同样强调对农业生产领域的研究。19 世纪 70 年代到 90 年代，美国农业大萧条的出现，导致涉农业经济学家开始关注农产品营销和农业组织管理等问题，特别是农业合作社等相关问题（Runge，2006）。20 世纪初，国际上以明尼苏达大学为代表的众多大学纷纷成立农业经济学系，此时农业经济管理学也迎来了大繁荣。大量农业经济管理学学者不但关注理论研究，如成本和需求函数、多市场均衡等，而且逐渐开始运用实证分

析等方法对农产品需求、农产品价格等进行定量分析（Carstensen，1960）。

20 世纪中期，发达国家农业生产过剩问题愈发严重，农业部门持续收缩，因此大量国家选择开放农产品出口以解决农产品过剩等问题。此时，国际农业经济管理学界的研究方向也相应地由封闭环境下的农业经济问题转向开放经济环境下的农业经济问题（Myers et al. ，1987；Cochrane & Runge，1992；Hertel，1997）。另外，该时期农业经济管理学在研究方法上也更强调定量分析，除了更加广泛地运用统计学方法，还进一步运用了数学模型，如采用传统宏观模型预测全球农业经济格局（Myers et al. ，1987）、运用可计算一般均衡模型研究农产品贸易（Hertel，1997）、对不同贸易与农业政策进行模拟分析（Cochrane & Runge，1992）等。与此同时，大量农业经济管理学学者也不断拓宽研究视野，逐渐从研究发达国家农业经济问题转向关注发展中国家的农业发展问题，尤其是如何促进落后的发展中国家实现工业化（Lewis，1954；Schultz，1964）。另外，20 世纪后期，随着发达国家农业生产技术的不断进步，在农产品产量呈现明显增长的同时，农业生产中化肥、农药等化学用品的大量使用所带来的环境问题日益突出，全球变暖、水资源耗竭等现象层出不穷。在这种发展趋势下，政府及农经学者开始关注农业的可持续发展问题，农业发展相关研究方向也由农业生产、农业政策、土地经济、农业行为调整等问题转向农业生产中的资源环境等问题（Halvorson，1975；Caswell et al. ，1990；Chambers & Quiggin，1996）。

20 世纪 70 年代以来，国际农业经济管理学主要关注以下四个议题（Gardner & Rausser，2001，2002；Runge，2006；Evenson & Pingali，2007；Pingali & Evenson，2010；陈煌，2020）：一是农业生产与供给，如技术变迁与创新、技术采纳与机械化、土地制度与回报、人力资本与金融、农业组织与结构（Peterson，1969；Schmitz & Seckler，1970；Binswanger，1974；Lin，1992；Chavas，2001）。二是农产品营销与消费，如价格及其空间分布与稳定性、期权与期货、供应链组织与管理、营销组织与利润（Schroeter & Azzam，1991；Garcia & Leuthold，2004）。三是农产品贸易与经济发展转型，如贸易格局与政策、粮食安全与食物援助、市场转型、农业农村发展政策、农村劳动力、农业与宏观经济间的双向影响（Johnson，1977；Yao，1999；Karp & Perloff，1993）。四是农业资源与环境，包括农业活动的环境影响、农业与生态系统、气候变化对农业的影响、水和土壤的质量与管理、环境政策和产权问题（Caswell et al. ，1990；Chambers & Quiggin，1996；Deschênes & Greenstone，2007）。

　　近 20 年来,随着农业经济管理学学科的研究范围不断拓展以及传统农业经济学研究式微,国际农业经济管理学研究前沿主要集中在以下几个方面(Lybbert et al.,2018):①传统农业经济学方面。由于西方发达国家的规模化农业生产已经趋于成熟,产品和要素市场较为完善,传统的微观农户研究逐渐减少,主要集中在土地制度改革、土地生产力、技术采纳及成本收益分析、农业保险参与和设计、技术性贸易壁垒等领域(Grundke & Moser,2019;Bevis & Barrett,2020)。②农业发展经济学方面。目前部分农业经济管理学家研究的区域由西方发达国家转向亚洲、非洲等地区的发展中国家,以减贫为出发点,重点关注农村金融、健康、教育、劳动力转移等农村发展问题,并试图为改善当地贫困状况提出有效的减贫方案和政策建议(Adamopoulos & Restuccia,2014;Gollin et al.,2014;Banerjee et al.,2015;Carletto et al.,2017;Mo et al.,2020)。③农业资源与环境经济学方面。由于环境的承载能力有限,农业不断发展所带来的土壤破坏、水资源污染等环境问题进一步凸显。因此,保护环境的同时如何促进农业可持续发展成为农业经济管理学研究的另一个重点。目前相关研究主要集中在气候变化对农业的影响、农业发展中的环境约束、环保政策的效果、水资源管理等方面(Burke & Emerick,2016;McArthur & McCord,2017)。

第二部分

理论基础与借鉴

第四章

理论基础:马克思主义指导下的农业经济管理理论

中国农业经济管理学是以马克思主义理论为指导,并在中国农村优秀传统文化和历史积淀的基础上,合理借鉴现代西方相关理论,在中国农业农村改革发展实践中形成的马克思主义"三农"理论中国化的知识体系。本章重点介绍其理论基础,即马克思主义"三农"理论及其中国化过程。

一、马克思主义经典理论与农业经济管理学的早期发展

(一)马克思主义理论关于农业农村发展的相关论述

马克思主义创始人马克思、恩格斯对于与农业、农村、农民相关的问题有大量论述,他们肯定了农业的基础性地位,强调农业合作发展的必要性,主张对农民进行教育,认为应该消除城乡对立,实现城乡一体化发展。马克思土地产权理论更是一个科学的理论体系。

1.马克思、恩格斯关于农业基础性地位的论述

马克思、恩格斯在农业问题上强调了农业的基础性地位和作用,揭示了提高农业劳动生产率的诸多因素。马克思主义产生之前的重农主义虽然也强调农业的重要性,但其立论基础为抑制工业和商业的发展。马克思、恩格斯对此进行了深刻批判,他们指出,工业和商业是现代社会的基础,农业已经被工业超越成为非决定性的生产部门(何增科,2005)。"人们早就确信,任何一个国家,如果没有使用蒸汽发动机的机器工业,自己不能满足(哪怕是大部分)自身对工业品的需要,那末,它现在在各文明民族中就不可能占据应有的地位。"(马克思和恩格斯,1972c)故而,马克思、恩格斯关于农业基础性地位的思想是以充分重视工业化和商品化为前提的,其思想可概括为以下内容。

第一，农业生产是人类生存、繁衍和发展的首要条件。马克思和恩格斯（1960）指出，我们首先应当确定一切人类生存的第一个前提，也就是一切历史的第一个前提。这个前提就是人们为了能够"创造历史"，必须能够生活。但是为了生活，首先就需要吃喝住穿以及其他东西。为了创造足够的生产基础，马克思进一步提出要提高农业劳动生产率，以获取足够多的农业劳动剩余。因为食物的生产是直接生产者的生存和一切生产的首要条件，所以在这种生产中使用的劳动，即经济学上最广义的农业劳动，必须有足够的生产率，使可供支配的劳动时间，不致全被直接生产者的食物生产占去，也就是使农业剩余劳动，从而农业剩余产品成为可能（马克思和恩格斯，1974）。

第二，农业劳动是其他劳动独立、分化的前提和基础。农业劳动所产生的农业剩余为其他劳动的产生和发展提供了基础。此处的其他劳动包含两个方面：一是从宏观角度来看，足够的农业剩余产品使得工业等国民经济部门的分离成为可能。马克思和恩格斯（1972b）明确指出，农业劳动是其他一切劳动得以独立存在的自然基础和前提，因此只有当农业劳动生产率达到一定程度后，农业和工业、商业才能实现合理分工。二是从微观角度来看，超出农业劳动者个体所需要的生产率是其他一切人类劳动的基础，无论是其他物质的或精神的劳动都需要以足够的食物为前提。马克思和恩格斯（1979）将其表述为社会为生产小麦、牲畜等所需要的时间越少，它所赢得的从事其他生产，物质的或精神的生产的时间就越多。

第三，农业生产率决定工业化和城市化的速度和规模。农业人口向城市和非农产业转移的速度和规模受到农业劳动生产率的制约，因为农业劳动（这里包括单纯采集、狩猎、捕鱼、畜牧等劳动）的这种自然生产率，是一切剩余劳动的基础，因为一切劳动首先而且最初是以占有和生产食物为目的的（马克思和恩格斯，1974）。

由此可知，马克思、恩格斯特别强调农业是人类生存的生物性条件，是工业发展的基础性产业，是文明进步的现实性基石，故而他们高度重视提高农业劳动生产率的意义，并且在《工资、价格和利润》《资本论》《经济学手稿》等著作中从农业劳动的主体素质、农业劳动的自然条件、农业劳动的社会条件等方面详细论述了影响和提高农业劳动生产率的因素。这些理论不仅开创了马克思主义的农业基础性地位理论探索的先河，而且对社会主义国家提高农业劳动生产率起到了实践指导作用（张晓雯，2011），尤其是对始终将"三农"问题作为全党工作重中之重，强调发挥"三农"的"压舱石"作用，全面推进乡村振兴以实现共同富裕的中国具有特殊导向意义。

2. 马克思、恩格斯的农业现代化思想

马克思、恩格斯关于农业现代化的思想来自社会"现代化"观念。马克思所处的 19 世纪正是工业革命蓬勃推进的时代，他们深刻认识到资本主义和现代化之间的潜在联系，即一方面资本主义推动了生产力的巨大发展，另一方面资本主义本身的生产关系又在制约着生产力的进一步提高。根据马克思的观点，社会"现代化"的关键在于生产关系的变革，因此马克思主义农业现代化的核心内容是处理农业生产力与生产关系的矛盾，主张变革不适应农业发展的农业制度。马克思、恩格斯通过考察英、法、德、美等资本主义国家的发展过程，形成了一系列包括农业现代化在内的社会"现代化"思想。其农业现代化的思想可以被概括如下。

第一，农业商品化替代自给自足的自然经济。农业现代化的过程就是在农业生产、加工、流通中商品经济替代自然经济的过程。在马克思和恩格斯看来，农业社会是一种自给自足的自然经济，家庭内部的手工劳动和城市作坊手工业劳动是农业延伸出来的附属产业，农业生产者进行农业劳动的首要目的是获得并消费农产品，而不是进行交换；农民在从事种植和畜牧的同时，兼营各类小手工劳动，虽然能够自给自足，但生产力水平低下，商品交换的市场范围很小；同时农民阶级人身依附于地主阶级，后者通过超经济强制手段来攫取徭役地租和实物地租。他们认为农业商品经济促进了农业生产的地区分工和劳动专业化水平的提高，极大地推动了农业服务业和农产品加工业的发展。从一定意义上讲，农业商品化的过程就是农业现代化的过程，农业商品经济和充分的国内外市场是发展现代农业的基础条件。

第二，农业资本化替代一家一户的传统小农。在研究英国资本原始积累的过程中，马克思发现随着农业商品经济的发展，大租佃农、大土地所有者、产业资本家等通过横向或纵向的扩张形成了一个新的阶级，却"农业企业家阶级"（或称"农业资本家阶级"）。农业资本家将自身掌握的资本投资于农业，其主要目的在于收回成本并赚取不低于社会平均劳动所得的利润。马克思认为，工业的不变资本与可变资本的构成比例长期高于农业，导致农业的劳动生产率长期低于工业，单位农产品的价值高于单位工业品，在资本有利可图的情况下，城市产业资本源源不断地流入农业。农业资本家为了获得更大的利润，开始推动农业生产成本的降低和农产品产量的提高，从而推动农业劳动生产率的提高。马克思明确指出，农业资本化和企业化经营推动着农业生产力的突飞猛进，促进了现代化规模农业的发展。

第三，农业工业化替代人力畜力的劳作模式。在工业革命开始之后，以蒸汽机等为核心的机器被推广到整个工业部门，机器是提高劳动生产率，即缩短生产商品的必要劳动时间的最有力的手段。农业工业化来自两个方面，一是机器工业设备武装农业，二是农业劳动者的技术培训（张德化，2012）。马克思认为，在农业领域内，就消灭旧社会的堡垒——"农民"，并代之以雇佣工人来说，大工业起了最革命的作用……最墨守成规和最不合理的经营，被科学在工艺上的自觉应用代替了，换言之，即在占领城市产业之后，机器工业也将逐步占领农业部门，并由此引发"农业革命"——农业机械化、良种化和化肥化。机器工业在农业领域的应用加速了小农经济的解体（何增科，2005），而小块土地所有制按其性质来说排斥社会劳动生产力的发展、劳动的社会形式、资本的社会积聚、大规模的畜牧和科学的累进的应用……生产条件越来越恶化和生产资料越来越昂贵是小块土地所有制的必然规律。

综合来看，马克思、恩格斯关于农业现代化的思想萌发于资本主义农业生产。农业的商品化、资本化和工业化交织在一起形成了西方资本主义农业社会化大生产，这种生产方式同以前的奴隶制、农奴制等形式相比，都更有利于生产力的发展，有利于社会关系的发展，有利于更高级的形态的各种要素的创造。因而这种高级的社会形态又创造了新的社会条件，推动了社会主义农业合作经济的产生和发展。

3. 马克思、恩格斯的社会主义农业合作思想

为了推动劳动生产力的发展，小农经济向规模农业转变是必然趋势。对小块土地的所有者或租佃者——尤其是所有者来说，这块土地通常既不大于他以自己全家的力量所能耕种的限度，也不小于足以养活他的家口的限度。以改造小农、发展现代农业为目标，马克思和恩格斯提出了社会主义农业合作的思想。他们认为，根据土地所有制及其规模的差异，可实行两种类型的农业合作经济：一是土地国家所有基础上的农业工人合作社；二是土地集体所有基础上的农民合作社（张占耕，2021）。

（1）土地国家所有的农业工人合作社

马克思和恩格斯在《共产党宣言》《论土地国有化》等著作中提出了与社会主

义制度相适应的社会主义计划农业,其与资本主义市场农业相对立。社会主义计划农业的基础是社会主义土地国家所有制,这一制度是马克思认为无产阶级革命在大土地私有制占优势的国家或地区取得胜利后应该实行的制度。马克思和恩格斯(1964)明确指出,社会的经济发展、人口的增加和集中——这些情况迫使资本主义农场主在农业中采用集体的和有组织的劳动并使用机器和其他发明——将使土地国有化愈来愈成为一种"社会必然性",抗拒这种必然性是任何拥护所有权的言论都无能为力的。马克思认为土地国有化是符合经济发展规律的制度安排,将有利于促进无产阶级取得伟大的解放。他强调土地国有化是无产阶级在资本主义发达地区掌握政权后的唯一选择,社会运动将做出决定,土地只能是国家的财产……土地国有化将使劳动和资本之间的关系彻底改变,归根到底将完全消灭工业和农业中的资本主义生产方式。只有到那时,阶级差别和各种特权才会随着他们赖以存在的经济基础一同消逝,靠他人的劳动而生活将成为往事(马克思和恩格斯,1964)。

　　那么在土地国有的制度之下,农业经济生产如何安排便需要进一步讨论。在《英国工人阶级状况》的序言中,恩格斯提出了土地国有化后社会在共同占有土地的基础上实行共同耕种。在《共产主义信条》和《共产主义原理》中,他进一步明确说明要让工人在国营工场、国营工厂,以及国营农场工作组织劳动或者让无产者在国家的田庄、工厂、作坊中工作。农业工人合作社的最早思维形态来自恩格斯对部分学者主张分割大规模土地给小农耕种的批判,恩格斯强调现存的大土地所有制将给我们提供一个良好的基础来由组合工作者经营大规模的农业,只有在这种巨大规模下,才能应用一切现代辅助工具、机器等等,从而使小农明显地看到基于组合原则的大规模经济的优越性。在这方面走在其他一切社会主义者前面的丹麦社会主义者,早已认清这一点了。

　　农业工人合作社的思想随后被恩格斯逐步完善,他的核心主张为把国有土地租给农业工人合作社耕种,以此来挣脱传统农业的生产关系束缚和避免小农被资本主义私有制剥削。恩格斯将小农户分为封建的农民、佃农、自营小农和农业短工,同时指出农业短工在中等和大规模地产具有主导地位的地区占有人数上的优势(苑鹏,2015)。在《德国农民战争》的序言中,恩格斯指出,农业工人只有首先把他们的主要劳动对象即土地本身从大农民和更大的封建主的私人占有中夺取过来,变作社会财产并由农业工人的合作团体共同耕种时,他们才能摆脱可怕的贫困。恩格斯在《法德农民问题》中对农业工人合作社的思想进行了更加清晰和具体的阐述,他讲到的小农,是指小块土地的所有者或租佃者——尤其是所有者……这个小农,像小手工业者一样,是一种工人……一句话,小农,同过了时的生产方式的任何残余一样,在不可挽回地走向灭亡。他们是未来的无产者。

从上述内容可知,在土地国有制下农业工人合作社的思想主要来自恩格斯,理解其内容需要明确以下几个要点:第一,农业工人合作社的基础是土地国有制,在土地国有的基本制度下,恩格斯认为应该将土地租给农业工人,这意味着土地所有权与使用权的分离。第二,农业工人合作社不是农民合作社,因为马克思和恩格斯主张在大土地私有制占优势的国家和地区实行土地国有的制度安排,这意味着在社会主义国家不存在农民土地私有的制度安排。第三,社会主义计划农业是农业工人合作社的运行制度安排,农业工人合作社本身是社会主义在一定阶段上经济内容的重要组成部分。

（2）土地集体所有的农民合作社

在恩格斯的社会主义构想中,在大土地私有制占优势的国家和地方实行土地国有化,其农业经营的组织形式为农业工人合作社。那么在小土地私有制占优势的国家和地区应该实行何种土地制度及相应的农业经营组织制度呢?

作为小农国家开展无产阶级革命的代表,巴黎公社运动虽然未能对改造农民小土地私有制度进行探索,但对马克思开展相关思考具有重要意义。马克思认为法国小农已经处于没落时期,不再符合社会经济发展需要,其特征表现为几个方面:一是农艺学的发展导致小农生产方式遭到淘汰,二是农民内部产生了无产阶级,三是农民在资本主义剥削下已经没有土地的实质所有权了。因此马克思主张无产阶级革命需要争取农民的支持,让农民能够一方面免遭地主的剥夺,另一方面不至于为了所有权的名义而遭受榨取、苦役和贫困的煎熬;能够把他们名义上的土地所有权变成他们对自己劳动果实的实际所有权;能够使他们既享受应社会需要而产生的,而目前则作为一种敌对因素不断侵犯着他们利益的现代农艺学之利,又保留他们作为真正独立生产者的地位。他们既然能立即受惠于公社共和国,必将很快地对它产生信任(马克思和恩格斯,1963)。马克思在这里提出了对待小农的主要态度和立场。

通过对巴黎公社经验的进一步总结和发挥,马克思在1874—1875年撰写的《巴枯宁〈国家制度和无政府状态〉一书摘要》中明确指出,无产阶级革命后将以政府的身份采取措施,直接改善农民的状况,从而把他们吸引到革命方面来;这些措施,一开始就应该促进土地私有制向集体所有制的过渡,让农民自己通过经济的道路来实现这种过渡(马克思和恩格斯,1964)。并且对于那些以农民土地私有制为主的地方,无产阶级政权应当能够变通地直接为农民做很多事情,吸引他们到革命方面来,促进土地私有制向集体所有制过渡(马克思和恩格斯,1964)。但是马克思并未明确指出如何将这种经济道路落实。

在马克思逝世后,恩格斯经过长时间的独自探索,提出在土地规模和经营规模相对较小的国家发展社会主义农业的路径:使农民小土地所有制过渡到集体所有制,通过农民合作社开展农业生产经营(朱炳元等,2008)。

合作社这一组织形式在 19 世纪 60 年代的西欧蓬勃发展,同时在丹麦产生了以共同耕作为基础的农业生产合作社。恩格斯在《社会主义者报》上对该农业生产合作社的经验进行了介绍,得到了社会主义者的广泛关注。显而易见的是,恩格斯此处分析的合作社经验已经不是土地国有制度下的农业工人合作社,而是土地集体所有的农民生产合作社。这种以共同耕作为基础的农民合作社的意义不仅在于吸引小农户开展无产阶级革命运动,同时也是在为社会主义高级阶段的土地国有化做准备。恩格斯在《法德农民问题》中详细阐述了农民合作社的问题,他指出农业工人、小农、中农和大农,都应该组织成合作社,但是这些合作社在性质上是有差别的。作为"新的生产方式"的小农、中农和大农的合作社,都有利于降低资本主义剥削农民致其破产的可能性;尤其是小农户组成的合作社,通过把各小块土地结合起来并且在全部结合起来的土地上进行大规模经营,能够极大地展现农业经营效益。理解其关于土地集体所有制下农民合作社的思想还需要明确以下几点内容:第一,农民合作社是讲求经济效益的。农民合作社需要节约劳动力,不断扩大生产规模。恩格斯认为,实现农民合作社扩大生产的方式有两种,一是从横向上扩大土地经营规模,二是在纵向上开展工商业的多种经营。第二,农民合作社需要国家提供帮扶。在经济上,农民合作社与国家间是等价交换关系,信贷等经济活动是联系双方的经济杠杆,国家需要从社会整体利益上给予合作社低息贷款、有偿机器和化肥等各种优惠政策,恩格斯对此提出了包括绝不能剥夺小农、坚持自愿、坚持示范、坚持教育、坚持国家帮助等在内的一系列具体原则(郭铁民和林善浪,1998)。第三,农民合作社具有多种组织形式。合作社的成员之间具有不同的权利和义务,这说明农民合作社内部存在着多种所有制形式和多种经济成分。在分配方式上,恩格斯坚持合作社以按劳分配为基本原则,同时不排斥其他分配方式。第四,农民合作社是向共产主义过渡的中间环节。在向完全的共产主义经济过渡时,必须大规模地采用合作生产作为中间环节,这一点马克思和恩格斯都没有怀疑过。因此恩格斯认为农民合作社有多个发展等级：一是从中农和大农的合作社发展为全国大生产合作社，二是农民合作社及其个别社员的权利和义务发展到跟整个社会其他部分的权利和义务处于平等的地位，三是由各个独立的小规模农民合作社发展为全国性的农业大生产合作社。

4. 马克思、恩格斯关于社会主义城乡一体的思想

马克思、恩格斯对未来社会主义建立之后如何实现城乡一体发展，解决城市和农村问题提出了全面的、可操作的思想。马克思和恩格斯在《共产党宣言》中明确地指出了共产主义社会的特征，构建了城乡一体、全人类自由发展的美好蓝图："代替那存在着阶级和阶级对立的资产阶级旧社会的，将是这样一个联合体，在那里，每个人的自由发展是一切人的自由发展的条件。"

马克思在《资本论》中指出，一切发达的、以商品交换为媒介的分工的基础，都是城乡的分离。可以说，社会的全部经济史，都概括为这种对立的运动（马克思和恩格斯，1972a）。按照马克思、恩格斯的理论，城乡分离是与社会的分工紧密联系的，随着生产力发展到一定历史阶段，手工业和商业等逐渐从农业生产中分离出去，生产关系发生变化，社会分工的深度和广度都有所扩展，进而导致了工农的分离、城乡的分离。

城乡分离带来的后果是显而易见的，其引发了阶级的对立，制约了生产力的进一步发展，居民第一次被划分为两大阶级，这种划分直接以分工和生产工具为基础。城市本身表明了人口、生产工具、资本、享乐和需求的集中，在乡村里看到的却是完全相反的情况：孤立和分散（马克思和恩格斯，1960）。因此，实现城乡融合，缩小乃至消弭城乡差距是社会发展到更高阶段、实现全人类的自由发展的必然要求，而城乡分离形成的本质意味着城乡对立问题是无法在资本主义私有制下解决的。

（1）消除城乡差别的制度和物质基础

在对城乡分离、对立问题有了充分剖析，以及对未来发展趋势进行合理研判的基础上，马克思、恩格斯认为，消除城乡差别必须建立在公有制的基础上，同时需要生产力发展到一定的历史阶段。消除城乡差别与共产主义的终极奋斗目标是一致的，城乡融合统一是社会发展的必然趋势。在《共产党宣言》中，马克思和恩格斯明确提出，把农业和工业结合起来，促使城乡之间的对立被逐步消灭。

然而值得注意的是，城乡差别是由社会分工发展造成的，而消除城乡差别却

需要在生产力进一步发展的基础上实现;社会分工促进了生产力发展,但社会分工也同样使得剥削者从事脑力劳动、精神生产,被剥削者从事体力劳动、物质生产,进而造成阶级对立、城乡对立。资本主义造就了城乡对立,却也为消除城乡对立创造了物质前提。

对此,马克思和恩格斯(1972a)指出,农业和工场手工业的原始的家庭纽带,也就是把二者的早期未发展的形式联结在一起的那种纽带,被资本主义生产方式撕断了。但资本主义生产方式同时为一种新的、更高级的综合,即农业和工业在它们对立发展的形式的基础上的联合,创造了物质前提。资本主义生产使它汇集在各大中心的城市人口越来越占优势,这样一来,它一方面聚集着社会的历史动力,另一方面又破坏着人和土地之间的物质变换,也就是使人以衣食形式消费掉的土地的组成部分不能回到土地,从而破坏土地持久肥力的永恒的自然条件。这样,它就同时破坏了城市工人的身体健康和农村工人的精神生活。但是资本主义生产在破坏这种物质变换的纯粹自发形成的状况的同时,又强制性地把这种物质变换作为调节社会生产的规律,并在一种同人的充分发展相适合的形式上系统地建立起来。

为此,如何既避免资本主义道路带来的城乡分离、城乡差距拉大的弊端,又不损害生产力发展,成为马克思、恩格斯城乡一体化理论需要着重解决的问题。

(2)城乡融合统一的设想和实现路径

马克思、恩格斯反对城乡分离不可避免的谬论,驳斥了认为消除城乡差距是空想的观点,并对其可能性与必要性进行了论证。在马克思、恩格斯看来,资本主义制度造成工业在城市集中,从而使城乡分离,差距拉大,破解的关键在于使人口和工业尽可能平均分布。正如马克思和恩格斯(1971)所论述的那样,大工业在全国的尽可能平衡的分布,是消灭城市和乡村分离的条件,所以从这方面来说,消灭城市和乡村的分离,这也不是什么空想。的确,文明在大城市中给我们留下了一种需要花费许多时间和努力才能消除的遗产。但是这种遗产必须被消除而且必将被消除,即使这是一个长期的过程。城乡融合统一需要统筹城乡发展,把城市的工业生产和农村的农业生产有机结合起来,优势互补。

为了实现城乡融合统一的设想,必须消灭资本主义制度,以计划手段,也就是制定统一的总计划并以此安排、协调生产力,才可能实现令工业以适合其自身和其他生产要素的保持或发展的原则,平衡地在全国分布。马克思和恩格斯(1971)指出,要消灭这种新的恶性循环,要消灭这个不断重新产生的现代工业的矛盾,又只有消灭工业的资本主义性质才有可能。只有按照统一的总计划协调地安排自己的生产力的那种社会,才能允许工业按照最适合于它自己的发展和其他生产要素的保持或发展的原则分布于全国。实现城乡的融合不是消灭其中一个,而是令二者协调均衡发展。农村落后于城市的客观现实意味着要致力于发展农村生产力水平,减少城乡差距。

针对生产力发展离不开社会分工,而社会分工会带来城乡分离的矛盾点,恩格斯敏锐地提出,必须使他们(指农业剩余劳动力)就在农村中从事工业劳动,而这只有大规模地利用蒸汽或水力来经营,才能对他们有利,也就是虽然机器和大规模的农业生产造成了农业剩余劳动力问题,因此他们应该转移到工业中去,但却不需要转移到城市中去,可以在农村中从事工业生产。这也意味着人不必拘泥于城乡、工农之间旧的、程式化的分工,而是可以亦工亦农,得到自由的、全面的发展。在这个组织中,一方面,任何个人都不能把自己在生产劳动这个人类生存的自然条件中所应参加的部分推到别人身上;另一方面,生产劳动给每一个人提供全面发展和表现自己全部的,即体力的和脑力的能力的机会,这样,生产劳动就不再是奴役人的手段,而成了解放人的手段,因此,生产劳动就从一种负担变成一种快乐(马克思和恩格斯,1971)。此外,城乡融合统一不仅意味着产业的融合,也意味着人在城乡间的自由流动,城乡之间应该存在畅通无阻的、双向的流通。

5. 马克思主义的土地产权理论

马克思土地产权理论是一个科学的理论体系,其核心思想主要见诸《共产党宣言》《政治经济学批判(1857—1858年草稿)》《资本论》等著作。若采用当下流行的经济学分类,这一理论体系大致可分为两大板块,即马克思制度经济学和马克思产权经济学。其中,制度经济学主要包括马克思土地所有制理论和马克思土地制度变迁理论,产权经济学主要包含马克思土地产权权能理论、马克思土地产权细分理论、马克思地租理论、马克思土地产权市场交易理论与马克思土地权益保护理论。从宏观角度来讲,马克思土地所有制理论是整个理论体系的逻辑起点,马克思土地制度变迁理论反映土地制度演进的生成图景,土地所有制的制度形态不仅可以分为私有制和公有制,也可以分为以法律规范为核心的正式制度和以习俗、习惯为核心的非正式制度。从微观角度来讲,马克思的土地产权权能理论是整个理论体系的微观基础,地租是土地产权市场交易的实现形式,土地产权权能的"分离—组合"是土地产权市场化运作的实践形态,合法土地的权益保护是土地产权市场化运作的基本要求。

（1）马克思土地所有制理论

马克思在对苏格兰、英国、亚细亚、日耳曼、印度、阿尔及利亚等多个国家或地区的土地制度考察的基础上，将世界上普遍存在的土地制度归纳为土地私有制和土地公有制两种主要类型。对于土地私有制和土地公有制，马克思认为，随着生产力和生产关系的变化，前者终将被后者取代。对此，马克思对土地私有制进行了深刻的剖析以及对土地公有制进行了科学的展望。马克思和恩格斯明确指出，从一个较高级的经济的社会形态的角度来看，个别人对土地的私有权，和一个人对另一个人的私有权一样，是十分荒谬的。甚至整个社会，一个民族，以至一切同时存在的社会加在一起，都不是土地的所有者。他们只是土地的占有者、土地的受益者，并且他们应当作为好家长把经过改良的土地传给后代。土地作为财富之母，即一切财富的源泉，其最终归属将是土地国有化。在马克思和恩格斯（1964）看来，社会的经济发展，人口的增长和集中，迫使资本主义农场主在农业中采用集体的和有组织的劳动以及利用机器和其他发明的种种情况，将使土地国有化越来越成为一种"社会必然"，这是关于所有权的任何言论都阻挡不了的。社会的迫切需要将会而且一定会得到满足，社会必然性所要求的变化一定会进行下去，迟早会使立法适应这些变化的要求。

（2）马克思土地制度变迁理论

马克思基于唯物史观分析方法，将国家纳入土地制度变迁的过程，建立了以国家为主体的土地制度变迁理论。在该理论模型中，马克思认为土地制度变迁既受生产力的影响，又与国家相联系。而且，国家被认为是制度变迁的关键主体，它通常出于收益最大化的考虑，主动推进包括土地产权制度在内的制度变迁，尽管在人类没有法律制度之前，个体行为的调节机制主要依赖习惯、习俗等非正式制度安排（洪名勇，2012）。诚如马克思所指出的，公社所有者的关系不是由法律调节，而是由当地习俗调节的……在乡民、牧民等之间发生纷争时，应根据当地习俗加以解决，而这些习俗的约束力也是当时最新的著述都承认的，公社法庭都采用这些习俗。因此，国家在推动土地制度变迁时的一个普遍做法就是承认当地的习俗、习惯，并将其吸收到国家的成文法之中，从而实现非正式制度向正式制度的转变（钱文荣和郑淋议，2019）。这从马克思收集有关印度继承的规定就可以看出，从被西方发现的时候起，印度就有在卡西克占有地内儿子继承父亲的这种习惯存在。相关规定对这种情况不做任何改变，总督、各个省的委员会和省督对财产不得随意剥夺和转让给另一些人,继续按照原有的法律和习惯办理。事实上,马克思在对原始土地公有产权制度、奴隶社会土地私有产权制度、封建社会土地私有产权制度、资本主义土地私有产权制度和社会主义土地公有产权制度进行系统考察的基础上,不仅探讨土地公有产权制度和土地私有产权是如何起源的,而且还用他与恩格斯创立的唯物史观系统研究了土地制度是如何从原始公有产权制度向奴隶社会土地私有产权制度、封建社会土地私有产权制度、资本主义土地私有产权制度变迁的,资本主义土地私有产权制度又是如何向社会主义土地公有产权制度变迁的。在马克思看来,土地制度由原始公有演变为奴隶制私有、封建私有、资本主义私有和社会主义合作社集体所有、国家所有及共产主义无土地制度的过程,是土地制度自身不断扬弃和发展的过程。

(3)马克思土地产权权能理论

马克思笔下的土地产权是指由土地终极所有权以及由其衍生出来的占有权、使用权、收益权、处分权、转让权、抵押权等权能组成的权利束。具体而言,土地终极所有权是指所有权主体把土地当作他的意志支配领域而加以保持,以及排斥他人并得到社会公认的权利。马克思特别强调土地终极所有权必须具有排他性,一些人垄断一定量的土地,把它作为排斥其他一切人的、服从自己私人意志的领域。土地占有权是指经济主体实际掌握、控制土地的权利。不过,私有财产的真正基础,即占有,是一个事实,是不可解释的事实,而不是权利。只是由于社会赋予实际占有法律的规定,实际占有才具有合法占有的性质,才具有私有财产的性质。土地使用权是土地使用者依据一定的规则对一定土地加以实际利用的权利,这既包括可以独立行使的权利,也包括经由产权细分与组合形成的权利。土地收益权是指土地产权主体依据自己享有的相应权能而获得一定收益的权利,比如土地所有者凭借自己对土地的终极所有权权能而拥有索取租金的权利,租地农场主依据自己在一定时期内对土地的占有权、使用权等权能而取得经营利润的权利。土地处分权是指土地所有者在事实上或法律上决定怎样安排、处分土地的权利。土地转让权是经济主体以一定的方式将土地所有权或使用权让渡给第三方,同时签订契约并获得相应收益的权利,主要包括出租、买卖和转让等权利。马克思指出,对于土地出租而言,一切地租形式上,支付地租的人都被假定是土地的实际耕作者和占有者,而土地买卖则是指"土地的买者把这个资本正好付给了卖土地的人"。

(4)马克思土地产权细分理论

马克思笔下的土地产权所包含的权利可以统一,全属于同一主体;也可以分离,分属于不同主体。换言之,产权主体既可以持有土地产权的某一项权能,也可以同时持有多项土地权能,甚至拥有完整的土地产权(郑淋议等,2019)。在马克思看来,土地产权本身属于权利束的集合。一方面,土地产权既可能只包括终极所有权,归属一个产权主体;另一方面,土地产权也可能出现权能分离与组合的情形,由此形成土地所有者与使用者、占有者相分离的多元化土地产权主体格局。其中,土地终极所有权是所有权能的核心,它是土地产权最为基本的权能,其他一系列权能均由土地终极所有权派生和演化而来,并形成多元主体共存的分离与组合模式。在不同的生产方式下,土地产权的分离与组合模式主要包括三种:第一,在小生产模式中,土地终极所有权及其派生权能组合在一起,归属同一产权主体;第二,在土地私有制模式中,土地终极所有权与派生权能相分离,土地产权主体变得多元;第三,在土地公有制模式中,土地终极所有权与部分派生权能分离,土地权能的分离与组合意味着土地产权的权能既可以全部集中起来,由一个产权主体行使,又可以分离出独立运作的一项或几项权能。需要说明的是,这种分离与组合并非无规则可循,其基本原则是分离和独立后的土地产权既要在经济上获得实现,又要使土地产权的分离和独立形成新的经济关系(洪名勇,2011)。

(5)马克思地租理论

土地所有者凭借土地所有权获得地租,地租是土地所有权在经济上的实现。马克思(1975)指出,地租是以地价形式投入土地的资本的利息,是土地所有权在经济上借以实现即增值价值的形式。在马克思看来,地租可以分为绝对地租和级差地租两类(洪银兴和葛扬,2005),其中绝对地租的本质在于在生产上使用土地时,不论是用于农业还是用于原料的开采,土地所有权都会阻碍投入土地的各个资本之间的这种平均化过程,并攫取剩余价值的一部分,否则这一部分剩余价值是会进入平均化为一般利润率的过程的。通常来讲,绝对地租产生主要有三个条件:其一,土地所有权的存在,土地所有者能够凭借其对土地的占有而要求收入;其二,土地租赁关系的存在,土地所有权与使用权发生分离,土地所有者可以获得经济补偿;其三,商品经济的存在,土地作为一种生产要素进入生产过程(焉香玲,2010)。与此同时,级差地租是与土地自然力条件的差别相联系而在生产经营中取得的超额利润,土地的差异性和有限性构成了级差地租形成的自然基础。在此基础上,产权主体通过经营权的垄断,就能够获得级差地租。马克思强调,级差地租总是产生于支配着一种被垄断的自然力的个别资本的个别生产价格和投入该部门的一般资本的一般生产价格之间的差额。进一步地,级差地租又分两种情况讨论:把等量资本投入肥力、位置不同的等面积土地,会产生不同的利润,从而形成利润上的级差,转化为级差地租 I;对同一块土地连续投资形成前后不同的生产率而产生出超额利润的差别带来级差地租 II(焉香玲,2010;何鹏飞,2020)。

(6)马克思土地产权市场交易理论

土地不是劳动产品,本身没有任何价值。但在商品经济条件下,土地与任何其他商品并无明显差异,能买卖,也有价格(洪银兴和葛扬,2005)。诚如马克思所指出的,资本化的地租即土地价格,因此土地也像任何其他交易品一样可以出售。换言之,在经济社会发展过程中,随着商品化和市场化程度的不断加深,土地作为一种重要财产,不可避免地要参与市场化的配置过程。不过由于土地不能移动,土地市场配置的实质是土地产权的市场配置,土地产权可以"借助于商品的各小部分的所有权证书,商品能够一部分一部分地投入流通"。因此,马克思认为,随着资本主义商品经济的发展,土地产品的市场需求增大,对土地的直接需求也会增大。小块土地所有制对社会劳动生产力发展以及技术进步的排斥,使得土地的细碎化与社会化大生产之间的矛盾不断激化,这就决定了土地产权必然要实现商品化流通,才能顺应社会大生产的趋势。在市场条件下,土地产权在地租的作用下,丧失了不动产的性质,纯粹地变成一种交易品进入市场,并通过市场机制与其他财产进行优化重组。因此,土地产权就如资本和劳动力一样,变成了支配无酬劳动、无代价劳动的凭证。土地要素的市场化配置,在马克思看来,主要有两种实现方式:一是部分土地产权的出租和转租,只发生使用权的转移;二是土地产权的买卖,发生所有权转移(洪名勇,1998)。其中,土地产权的买卖又可以通过两种方式实现,其一为直接进行土地买卖,其二为对土地的股权进行交易处理(杨梦露,2016)。

(7)马克思土地权益保护理论

马克思土地权益保护理论是人民的理论,在马克思看来,私有制是不可取的,终将被公有制替代,土地需从资本家那里返还到全体劳动人民手中。农民土地私有制只具有有限正义,保障农民土地权益不应超越劳动正义的界限,作为一国土地权益的根本主体,劳动者更应是土地权益的直接所有者。诚如他在《资本论》中所讲的,从一个较高级的、经济的社会形态的角度来看,个别人对土地的私有权,和一个人对另一个人的私有权一样,是十分荒谬的。甚至整个社会,一个民族,以至一切同时存在的社会加在一起,都不是土地的所有者。进一步地,马克思还强调土地产权的排他性行使。在马克思看来,经济主体在行使土地的某项或多项权能时,必须排除他人干涉,即合法的土地权益应当受到法律保护。诚如马克思在谈及土地终极所有权的前提时讲到的,一些人垄断一定量的土地,把它作为排斥其他一切人的、服从自己私人意志的领域。这表明不受法律保护的土地产权其本质是脆弱的,土地产权需要具有一定的排他性。此外,不同生产方式下的土地所有权本身是不同阶段土地权益分析的前提,土地权益关系实际上承载着丰富的社会关系,它不仅包含土地所有者与土地使用者之间的关系,也包含土地使用者之间土地利用的关系,还包含地租获得者之间的利益纠纷关系,更包含土地利益分配过程中量的决定问题。

(二)马克思主义的早期传播对中国农业经济管理学发展的影响

中国的农业研究源远流长,但是,直到20世纪初农业经济管理学才以农业理财学的形式出现在中国教育体系中。20世纪二三十年代,随着中国农村经济的凋敝和农村社会的发展,农业经济管理逐渐成为学术研究的热门方向。随着马克思主义思想在中国的广泛传播和中国社会的深刻变革,一大批学者利用马克思主义思想的基本原理和方法,针对中国农业农村发展中的实际问题,进行了深入的研究。其中,以陈翰笙为代表的马克思主义农业经济学派学者,立足中国发展现实,注重社会调查,采用理论与调查相结合的方式,重点针对中国农村的生产关系和这些生产关系相关的种种问题,进行了大量的理论研究和实证检验,形成了一系列的成果,为中国农村发展改革和农业经济管理的学科发展奠定了基础。随着新中国的发展与改革进程的推进,刘崧生等农业经济管理学家,在我国农业农村现代化战略、农村土地制度改革、国家粮食安全、农村包容性发展等关乎国计民生的重点研究方向上进行了重要的学术探索,并在推进农业经济管理学的健康发展进程上作出了卓越的贡献。本部分将分别梳理各位学者的核心学术思想及其对学科建设的贡献,力图理清不同学者对中国农业经济管理学发展的影响。

1. 陈翰笙

陈翰笙是农村调查中的马克思主义学派的代表人物之一,是学术界的宗师,在包括农业经济管理在内的多个学术领域有重大建树,被誉为中国"当代经济学之父""马克思主义农村经济学先驱"。

在20世纪二三十年代,中国学术界展开了一场关于当时中国农村社会性质的重要辩论。1922年中国共产党第二次全国代表大会明确提出中国社会的半殖民地半封建性质,并提出反帝反封建的民主革命纲领。然而,另一派(斯大林派)

主张中国是半殖民地的资本主义社会,否认封建社会的存在,从而削弱了反封建任务的意义(范世涛,2013)。1927年,中国共产党在第一次国内革命战争中遭遇失败,部分人士将其归因于党未能准确把握中国社会性质,以及错误的政策和方针(侯建新,2000)。在这一背景下,以陈翰笙为代表的先进知识分子以马克思主义学说为基本分析立场,开展了一系列农村调查,试图通过扎实的第一手材料和严谨的理论探讨解释中国农业落后和农民贫困的原因,与斯大林派进行辩论。1933年,陈翰笙在上海组织成立了中国农村经济研究会,接着创办《中国农村》月刊。

陈翰笙力倡社会调查的研究方法,他认为研究缺乏切实可信的资料是制约中国农村社会经济研究的重要短板(张雪英,2008)。1929年初,陈翰笙受邀担任中央研究院社会科学研究所副所长。尽管任职时间短,但在此期间,他开展了广泛的调查活动。陈翰笙(1934)考虑到江南、河北和岭南是中国工商业比较发达同时农村经济变化得最快的地方,因此精心选择了无锡农村、保定农村和广东岭南农村等作为重点调查地区。他采用科学严谨的调查方法,利用大规模的调查团队收集了详细的统计数据,深入分析了中国农村的阶级结构和生产关系,确立了中国社会的半殖民地半封建性质,他强调中国社会中存在的不合理生产关系是导致农村问题的根源,认为唯有通过彻底的土地革命,打破旧有的生产关系和社会结构,才能找到农村发展的唯一出路(陈翰笙,1984;孟庆延,2018)。这些观点和实地调查阐述了土地革命在中国的必然性,对中国农村的现代化进程起到了重要推动作用。

陈翰笙透过土地问题中的土地所有与土地使用问题的表象,关注到以二者为基础构成的社会与政治关系中的剥削与支配才是关键(张雪英,2008)。陈翰笙通过科学的调查方法,深刻理解了中国农村社会的发展实际,提出了以马克思主义为指导的科学世界观与方法论在解决农村问题中的重要性,建立了中国农村经济经验研究的马克思主义研究范式(范世涛,2020)。

2. 薛暮桥

薛暮桥是中国经济学派的奠基者之一,其思想对中国的经济发展,尤其是农业经济管理领域产生了深远的影响。20世纪30年代,薛暮桥积极参与了中国社会性质论战,他深受陈翰笙等人的影响,高度重视社会调查方法在研究农村经济问题中的应用,并成为半殖民地半封建社会性质的坚定支持者。1934年,在陈翰笔的指引下，薛暮桥担任《中国农村》首任主编，积极输出批判农村改良主义、呼吁土地制度改革的学术观点，对马克思主义中国化与农业经济管理研究作出了突出贡献。薛暮桥(1937)认为，中国农村的社会关系并非资本主义的雇佣关系，而是封建社会的地主与农民之间的剥削关系，这种生产关系仍然阻碍着资本主义生产力的自由发展，据此支持了中国农村仍处于半封建社会阶段的观点。

计划经济时期，薛暮桥提出商品的价格主要由商品的价值决定，但各类商品的供求关系，会在一定程度上使价格背离价值。计划经济体制通过对一些重要产品进行统一定价，摒弃了市场自发调节的作用，导致这些产品的价格基本不受供求关系的影响，这种方法会妨碍生产的发展和人民生活的改善，只能作为临时举措，不适宜长期使用。对于大多数次要的农产品和小商品，薛暮桥建议国家允许其价格随着供求关系的变化而自由涨落，以保持供求之间的平衡（周建波和孙淮宁，2011）。

1978年，薛暮桥率先突破传统社会主义理论的束缚，对所有制升级、消灭个体经济等做法提出异议，批评了"一大二公"的传统社会主义思想（范世涛，2013），并指出，无论是封建社会管理小农经济的老经验还是"保持社会主义纯洁性"的空想社会主义，都是不可能实现现代化的。

改革开放后，薛暮桥对计划经济体制下形成的僵化价格体系进行了深刻的反思，呼吁价格改革，将农产品收购价格和粮、油、棉以及各种副食品的销售价格列入亟须改革的四类不合理价格之中（周建波和孙淮宁，2011）。

3. 钱俊瑞

钱俊瑞是一位著名的马克思主义经济学家，他的思想深深植根于马克思主义经典理论，他积极参加中国革命，对革命贡献较大，在学术方面，他对中国农业经济管理学的发展作出了重要贡献。

20世纪30年代，他进行了多次实地农村调查，并发表了大量农村经济方面的文章，这一时期，其思想主要集中在揭露农民负担沉重、剖析农业恐慌和主张农业改造三个方面。

针对农民所面临的沉重负担问题，钱俊瑞指出中国农村的地租负担异常沉重，远远高于资本主义国家，使农民生活困苦，无法进行简单的再生产；同时，他揭示了帝国主义金融资本、国内地主富农等利用高利贷剥削农民的行为，这不仅加剧了农民的贫困，甚至导致农民破产；此外，苛捐杂税和军阀混战等因素也加重了农民的负担,使得他们难以摆脱贫困(钱俊瑞,1998)。针对农业恐慌的特性问题,钱俊瑞认为,中国农业恐慌不是由于生产过剩,而是生产力极度衰落的结果。农民的贫困和落后的生产方式导致了农产品的销路不畅,形成了虚假的过剩现象,此外,世界经济恐慌、列强侵略以及军阀混战等外部因素也极大地加剧了中国农业恐慌的程度,并与民族工业的衰退相互交织、相互加剧(钱俊瑞,1998)。针对农业改造问题,钱俊瑞认为中国农村的主要矛盾是农民与地主阶级的矛盾,并提出通过土地革命进行农业改造的方案(钱俊瑞,1998)。

钱俊瑞将马克思主义经典著作与中国农村实际情况相结合,他的调查成果为后来中国农村经济管理学的研究方法与实践奠定了一定的基础。他在分析中国农村的生产关系和社会结构时,提出了深刻见解,为理解中国农村经济问题的本质提供了新的视角和思路。

4. 姜君辰

早在 20 世纪 30 年代初,姜君辰与陈翰笙等人便发起成立中国农村经济研究会,从事中国农村经济发展的研究工作。在计划经济时期,姜君辰鼓励农业合作社发展农业多种经济(副业)(姜君辰,1958)。姜君辰认为在保证粮食生产的前提下,充分发展农业多种经济对提高农民生活水平和积累国民财富是必要的也是可能的。一方面,由于我国幅员辽阔,自然条件良好,资源物产丰富,因此,要做到地尽其利、物尽其用需要发展农业多种经济。另一方面,由于农业生产的季节性特征,农村劳动力季节性分布不均,发展农业多种经济有利于充分利用农闲季节中剩余的农村劳动力。此外,在 20 世纪五六十年代,优先发展重工业是当时发展国民经济的根本方针,但没有农业的快速发展就没有工业的快速发展。鉴于当时副业产值占我国农业总产值的三分之一左右,因此为增加农业生产积累,提高农民收入水平,充分发展副业经济尤为重要。

改革开放后,由于家庭联产承包责任制的实施,农业生产水平迅速提高,农产品生产规模不断扩大,而农村商品流通的限制,如农副产品加工、储藏和运输等能力低下,导致了严重的农产品难卖问题。另外,农业生产水平提高导致农业收入水平提高,进而导致农村消费水平和消费结构发生了巨大的变化。消费水平急速提高,消费结构也由生产资料消费转向生活消费资料,而工业品供应不足,也进一步限制了农村的消费。此时,姜君辰聚焦农产品和工业品的城乡流通问题,提出要畅通城乡流通体制和加强相关基础设施建设(姜君辰等,1980)。

5.朱道华

朱道华是我国早期著名的农业经济管理学家,对中国农业现代化、农业和农村发展战略理论及农经学科建设方面作出了重要贡献。

在农业现代化路径上,朱道华(1981)认为实现我国农业现代化涉及的因素很多,需要借鉴国外农业现代化的经验并引进必要的先进技术、技术装备和管理方法。但由于我国国情的特殊性,如,(20世纪80年代)我国是拥有十亿人口、八亿农民的社会主义大国;地大物博,自然资源总量丰富,但相对资源较少;经济基础薄弱,但劳动力资源丰富;现代农业科学技术落后,但有丰富的精耕细作的传统技术;地区条件差异大,发展很不平衡等。因此绝不能照抄照搬国外的一切,必须走契合自己的中国式农业现代化道路,建立起一个具有发达的农业、富庶的农村和良好环境的社会主义农业体系。而关于农业现代化的标志,朱道华则认为是在提高土地生产率的基础上提高农业劳动生产率(朱道华,1981),这就要求实现农业生产的现代化、农业生产条件的现代化和农业生产管理的现代化(朱道华,1982)。

朱道华还对我国的农业发展战略进行过深入研究。朱道华(1983)认为在确定我国农业发展战略的过程中要遵循两个基本依据——客观规律和中国的国情,二者缺一不可。客观规律方面,朱道华认为现代农业有三个方面的基本特征:生产工具从人畜力操作的简单农具,逐步过渡到应用农业机械进行生产;生产技术从直接生产经验积累的传统技术,发展为运用建立在自然科学基础上的农业技术体系;生产组织从狭小的、缺乏社会分工的自给自足农业,演变为高度社会化的农业生产系统。中国的国情方面,第一,十亿人口、八亿农民的大国;第二,农业资源总量丰富,但按人口计算的相对量少;第三,我国还是一个发展中国家,整个国民经济基础薄弱,但已建立起一个较完整的初步的工业体系;第四,现代农业科学技术落后,但有丰富的传统技术;第五,地区条件差异大、发展很不平衡;第六,我国是在半殖民地半封建社会的基础上建立起社会主义制度的。因此,建设现代化农业的战略措施包括:(1)农业生产结构改革。根据农业内部的相互制约关系和我国资源的条件,我国农业生产的发展必须从单纯着眼于15亿亩耕地转向全部国土,从单纯抓粮食转向同时抓多种经营,走农林牧副渔全面发展的道路。(2)农村产业结构改革。我国农业不仅要走农林牧副渔全面发展的道路,还必须走农工商综合经营的道路。(3)农业生产的地区结构和企业经营结构的改革。农业现代化的发展,要求地区、企业的经营结构走向专业化生产,不断提高农业生产社会化水平。(4)农村劳动力结构的调整。目的是解决农村过剩劳动力的出路问题。(5)农业技术结构的改革。一方面是尽可能地推广适用的先进技术,既包括有机的,也包括无机的;另一方面是要强化我国的传统技术。(6)农村能源结构的改革。一方面强调农业要充分利用生物能源,另一方面也要把农业作为石油等能源分配的重点产业部门之一,使农业发展速度加快,从而使整个国民经济的发展速度加快。(7)土地利用和农业集约经营的发展方向。一方面,充分利用一切可以利用的土地资源,扩大农业用地(包括适当的开荒),保护好已有的耕地和各类农业用地,提高土地利用率。另一方面,应在讲求经济效益的前提下,力求提高农业集约化水平,不断提高土地生产率。(8)提高农业的经济效益和增加农业投资。在提高土地生产率和劳动生产率的过程中,还必须重视提高资金生产率。要力求在少占用资金、降低单位产品成本的基础上生产出更多的农产品。所以我们要十分重视加强农业中的经济核算、农产品成本核算和开展农业技术经济的研究,迅速地将研究成果运用到农业生产中去。

朱道华还对农经学科改革作出过重要贡献。朱道华提出要根据社会对农业人才的需求以及毕业生去向的变化来调整专业和系的设置,因此主张按照模糊专业、按系招生和基础加模块的路子进行教学体制改革。模糊专业是指把基础相同的邻近专业的界限模糊化,并扩大原有专业的服务范围,纳入适应新形势需要的邻近专业;按系招生是指一个系内的专业界限模糊化,学校按系而非专业招生;基础加模块是指在学习学科基础知识和掌握基本技能的基础上,设计多个专门方向供学生选择,提高学生在工作中的应变能力。

6. 刘崧生

刘崧生是新中国成立后最早留学归国并参与新中国建设的学者之一,对中国农村改革发展和农业经济管理学科建设作出了重要贡献。

在社会主义初级阶段农村经济发展规律的问题上,刘崧生等(1988)认为社会主义初级阶段的农村仍需承担为国家积累资金、吸纳农村剩余劳动力及孕育商品经济的任务。相应地,农村经济发展需经历资金积累阶段、非农产业反哺阶段和农业与非农产业协调发展阶段。由于兼业具有分散风险的作用,因此,随着农村经济的发展,农业生产方式应该经历兼业再到专业化规模经营的过程;而农业技术发展路径则会因与耕地规模关系的变化,经历生物化学技术为主到机械技术为主再到生物化学技术为主的历程；城市化要经历先"非农业化"再"城镇化"，最后实现同步推进的历程。

此外，刘崧生在我国农村改革发展、农业技术推广、粮食安全和农村劳动力流动等诸多重大农业和农村经济问题上提出了前瞻性的见解和论述，丰富了农业经济科学理论体系（刘崧生和汪荫元，1982；王荣等，1987；刘崧生等，1987）。

刘崧生认为农业经济管理工作是加速农业现代化不可或缺的方向。随着生产力的发展和经济基础的变化，上层建筑中不相适应的部分也需要适时地得到调整，为了实现农业现代化，农业经济管理也需要贡献相应的力量。基于此，刘崧生在农业经济管理学科建设和发展上也作出了卓越的贡献。刘崧生不仅编著了我国第一部社会主义农业经济学教材《社会主义农业经济学》，详尽阐述了农业在国民经济中的地位和作用，提出了关于农业经济研究对象、农业生产特点及其规律的诸多重要观点，为我国农业经济管理学教学和研究的进一步发展奠定了基础，而且在组织上也为农经学科的建设做了许多重要的开创性工作。刘崧生先生参与了中国农经学会的创建并担任副理事长，并作为国务院学位委员会农经学科评议组的召集人，招收了中国首批农业经济博士研究生，为推动我国农经学位授予工作的健康发展作出了重要贡献（顾焕章，2003）。

7. 孙冶方

孙冶方是中国著名的经济学家和马克思主义者，早年参与革命工作，并在苏联莫斯科中山大学留学，接受了政治经济学的启蒙教育。孙冶方对中国经济改革有着深远的影响，尤其是他对社会主义经济中价值规律的重要作用的观点，推动了中国经济学界的思想解放。

从1956年起，孙冶方把他在苏联的学习经历写成了各种学术报告，其中包括《把计划和统计工作放在价值规律的基础上》《从"总产值"谈起》等著名学术报告。他用市场社会主义视角下的改革理念在当时的中国经济学界和学术界做出的研究报告，对之后的社会主义经济论产生了深远的影响（孙冶方，1956）。

孙冶方的前沿研究，比如"利润核算""总产值""价值规律"，在当时备受争议（孙冶方，1959）。1963年他针对陈伯达、张春桥等人的自然经济谬论写的内部研究报告指出应当分清社会主义企业利润和资本主义企业利润的界线，反对用对待资本主义企业利润的态度来对待社会主义企业利润。必须努力扭转亏损，增加利润，恢复社会主义利润指标的名誉。这导致他被当作"利润挂帅"的活样板而受到政治批判,在"文革"期间入狱 7 年。出狱后他继续从事研究,并且在中共十一届三中全会后起草《社会主义经济论》大纲(孙冶方,1983),该大纲为中国改革开放政策的出台提供了很多理论上的依据,大纲运用了马克思主义基本理论观点,并且写出了在中国如何具体地运用和发展,对农业经济管理学发展有着指导性的意义。

此外,孙冶方还对改革统计体制有着积极的贡献。20 世纪 60 年代,因为国民经济上的盲目性和唯意志论带来了大灾难,党中央和国务院作出了加强统计工作的决定。为此,他对如何加强统计工作给出了几点建设性建议;之后又提出了"统计要独立"的观点,让统计工作更好地发挥作用,一定程度上为农业经济管理学铺好了研究的道路;他还强调过统计工作不仅为国民经济计划编制和国民经济研究提供了资料,而且对计划和经济学研究成果起监督检查作用(孙冶方,1956;孙冶方,1980;李成瑞等,1981)。

8. 严瑞珍

严瑞珍教授是中国著名的农业经济学家和农村发展经济学家,他的研究工作主要集中在农业与农村产业结构调整、农业产业化理论等方面。他是一位在农业经济学和农村发展领域作出了杰出贡献的学者,他的工作不仅推动了农业经济管理研究,也影响了中国农村经济的改革和发展。

严瑞珍教授在农业经济管理学领域的研究,特别是在工农业产品价格剪刀差、农业产业化理论等方面的创新观点,为中国农业政策的制定、工农业协调发展、社会主义市场经济体制的完善作出了理论贡献(严瑞珍等,1990)。

此外,他基于如何根据稳定与发展的需要构建协调各级政府、集体、失地农民、企业等相关主体的利益分配机制已经成为非常重要的问题,提出了协调相关主体的利益应当遵循社会稳定标准和社会公正标准。然后,通过对国家征地模式、集体土地直接非农化模式和国家征地并部分返还的模式进行比较,他探讨了利益分配特征及其效应,并且提出了有关政策建议。

严瑞珍还在扶贫上有着系统性的研究。在战略上,他初期提出了多个扶贫战略,如"持续性"扶贫战略、"综合性"扶贫战略、"区域补偿性"扶贫战略、"依靠农业"扶贫战略、"群众参与性"扶贫战略等,以及对这些战略的实施提出"严格的、客观的、不是走过场的监督、检查及评估制度是扶贫项目成功的关键"的观点(严瑞珍,1997);在扶贫机制上,他强调了扶贫项目的实施等应由贫苦农民、农民组织及社会组织自主组织和实施,政府不要过多干预,才能充分发挥市场机制(严瑞珍,1998);在扶贫的各种疑难问题上,他通过不同的角度给中国扶贫道路提供了具有中国特色的政策建议或扶贫方法(严瑞珍,1990;严瑞珍,1996;严瑞珍,1997;严瑞珍,1998;严瑞珍,1999)。

二、马克思主义中国化与农业经济管理学的创新发展

(一)马克思主义指导下的中国"三农"理论创新

1. 治国理政的"重农"思想

马克思、恩格斯在阐述"三农"思想时,是在高度重视工商业的基础上强调农业现代化的,但中国的国情有所不同,中国在很长的历史时期内是一个以农民为人口主要组成部分的农业大国,因此以毛泽东为代表的中国共产党人在调查基础上揭示了农业的基础地位,将农业视为国民经济的基础。毛泽东在《关于正确处理人民内部矛盾的问题》(1957)中指出我国有五亿多农业人口,农民的情况如何,与我国经济的发展和政权的巩固关系极大。除了强调农民问题,毛泽东同样强调了农业基础地位和农村问题,他认为全党一定要重视农业。农业关系国计民生,农业是轻工原料主要来源,农村是轻工业的主要市场,农村是重工业的重要市场(毛泽东,1977)。毛泽东提出了农、轻、重的发展思路,他在《论十大关系》中阐述道,要适当地调整重工业和农业、轻工业的投资比例,更多地发展农业、轻工业,他同样指出党在这个过渡时期的总路线和总任务,是要在一个相当长的时期内,基本上实现国家工业化和对农业、手工业、资本主义工商业的社会主义改造(毛泽东,1977)。改革开放后,中国探索出了一条以农村改革推动全方位改革开放的改革发展之路。

2. 以人民为中心的发展观和农民主体论

马克思主义是代表无产阶级和最广大人民根本利益的理论,《共产党宣言》指出改造旧世界、创建新世界的根本目的即落脚点是每个人的自由发展是一切人的自由发展的条件,其强调,过去的一切运动都是少数人的或者为少数人谋利益的运动。无产阶级的运动是绝大多数人的、为绝大多数人谋利益的独立的运动。中国共产党把马克思主义一般原理运用于中国,力争实现以人民为中心、为人民谋幸福的历史使命,在政治、经济、文化、社会、生态等各方面取得了许多成就。

把人民对美好生活的向往作为奋斗目标,是党和国家坚持以人民为中心的重要体现。进入生态文明新时代,习近平总书记强调指出,良好生态环境是最普惠的民生福祉①。党的十九大报告强调,既要创造更多物质财富和精神财富以满足人民日益增长的美好生活需要,也要提供更多优质生态产品以满足人民日益增长的优美生态环境需要。我们过去累积了较为严重的生态环境问题,实质上是全国各地围绕 GDP 和财政税收的增长,开展不计资源消耗和环境污染成本的粗放发展的经济增长竞赛的结果,为此我们付出了惨重的环境成本和社会成本。人民群众对环境问题高度关注,生态环境在群众生活幸福指数中的地位必然会不断凸显。环境保护和治理要以解决损害群众健康的突出环境问题为重点。

农民主体论认为农民不仅是中国革命的主力军,同时也是中国社会主义建设的主力军。而要发挥农民的主体作用,还需要不断提升广大农民的素质。针对如何教育农民,毛泽东(1955)在《关于农业合作化问题》中,强调要重视农民的文化教育,第一步就是扫除文盲,毛泽东亲自制定了扫盲标准,开展扫盲运动,采取夜校和冬学两种形式,对提高农民文化素质有重要作用。而加强农民职业技能教育,是毛泽东农民教育思想的重要一环。新中国成立后,毛泽东把农业现代化与农民的职业技能教育结合起来,他认为中国农业未来的发展方向就是机械化,农民必须适应这一要求,不断提高自身的素质,跟上科技的发展。今天,广大农民的素质较新中国成立初期相比已经有了相当大的提高,但新时代对农民有着新的要求,农业科技的日新月异、农业经营的市场化等新的变化,要求农民要适应新的形势才能有更好的发展。

3. 城乡融合发展的新理念

马克思、恩格斯认为,资本主义制度造成工业在城市集中,从而使城乡分离,城乡差距拉大,破解的关键在于使人口和工业尽可能平均分布。大工业在全国的尽可能平衡的分布,是消灭城市和乡村的分离的条件,所以从这方面来说,消灭城市和乡村的分离也不是什么空想。的确,文明在大城市中给我们留下了一种需要花费许多时间和努力才能消除的遗产。但是这种遗产必须被消除而且必将被消除,即使这是一个长期的过程。城乡融合统一需要统筹城乡发展,把城市的工业生产和农村的农业生产有机结合,优势互补。

---

① 习近平.推进生态文明建设需要处理好几个重大关系[J].求是,2023(22):4-7.

城乡关系是人类经济社会发展中最基本最重要的一对关系。城乡关系处理是否得当,是发展中国家现代化进程顺畅与否的决定性因素。新中国成立前夕,公私兼顾、劳资两利、城乡互助、内外交流的政策在 1949 年 9 月被写入《中国人民政治协商会议共同纲领》。除了强调重视农业基础地位、"农轻重"和"工农并举"外,此阶段我国强调在城乡协调发展中做到三方面:一是城乡互助,推动农村援助城市,城市支援农村。二是发展城市的同时也要兼顾农民的利益,以农养工需注重减轻农民负担。毛泽东在《论十大关系》中指出,我们对农民的政策不是苏联的那种政策,而是兼顾国家和农民的利益,他强调了建设社会主义时兼顾农民利益的重要性(毛泽东,1976)。三是在方法论上坚持统筹兼顾。城乡必须兼顾,必须使城市工作和乡村工作,使工人和农民,使工业和农业,紧密地联系起来。

4. 以生产关系动态调整促进生产力发展的思想

生产关系必须适应生产力发展的要求与上层建筑必须适应经济基础的要求,是马克思主义的基本理论之一,也是不以人们主观意志为转移的客观规律,是不能违背的,否则就要遭受失败。我国以农村为突破口实行改革开放,确立了对社会主义初级阶段与最大的发展中国家的判断,着力发展生产力,促使生产关系适应生产力发展的需要,取得了举世瞩目的成就。中国社会主义农业的改革和发展,从长远的观点看,要有两个飞跃。第一个飞跃,是废除人民公社,实行家庭联产承包为主的责任制。这是一个很大的前进,要长期坚持不变。第二个飞跃,是适应科学种田的生产社会化的需要,发展适度规模经营,发展集体经济。这是又一个很大的前进,当然这是很长的过程。"两个飞跃"的思想清晰地规划了我国农业发展的前景和工作要求。

中国的社会经济存在双重转型,一是社会经济发展转型,即社会经济从传统型向现代型的转变,也就是从农业的、乡村的、封闭半封闭的传统型社会经济,向工业的、城镇的、开放的现代型社会经济的转型;二是社会经济体制的转型,即从传统的、封闭的计划经济体制和城乡分割的"二元社会体制"向现代的、开放的社会主义市场经济体制和城乡一体化的社会体制转型。我国农村改革开放的过程,在很大程度上就是两个转型的过程,也是不断地调整生产关系以促进生产力发展的过程。整个中国的改革是从农村起步,就是一条以农村改革推动城市改革进而推进城乡一体化改革的实践路径。农村大发展大进步的每一步都是由改革推动的。

5.效率公平统一的发展观和共同富裕理论

党的十八大以来,以习近平同志为核心的党中央高度重视增加农民收入、促进农民农村共同富裕。农民增收的重要性体现为"增加农民收入是'三农'工作的中心任务"。而农民增收的途径是发展现代农业、提升农村经济、增强农民工务工技能、强化农业支持政策、拓展基本公共服务、提高农民进入市场的组织化程度。多途径增加农民收入,具体来说是要增加农民的家庭经营收入,增加外出务工经商农民的工资性收入,通过加大农业补贴力度增加农民的转移性收入,深化农村集体产权制度改革以增加农民的财产性收入,以实现不断缩小城乡居民收入差距,让广大农民尽快富裕起来的目标。同时还要重视农民专业合作社在促进农民增收中的重要作用,农民专业合作社是促进农户增加收入、发展现代农业的有效组织形式。农民农村共同富裕的思想有其自身的建构逻辑和实践方针,依靠"三农"内生动力与"三农"外部拉力合力共同促进农民增收是其主要路径逻辑,实现农民农村共同富裕与国家整体层面共同富裕的有机统一是其价值逻辑(李程丽,2018)。

步入新发展阶段,党的十九届五中全会首次将"全体人民共同富裕取得更为明显的实质性进展"纳入 2035 年远景目标,是新时代共同富裕内涵不断丰富、目标要求不断深化的重要表现。习近平同志就扎实推动共同富裕发表了一系列重要论述,开创性地回答了为什么要共同富裕、什么是共同富裕、怎样扎实推动共同富裕等一系列重大理论和实践问题,形成了目前我国新发展阶段推动共同富裕的根本遵循和行动指南。我国要促进农民农村共同富裕,就要巩固拓展脱贫攻坚成果,全面推进乡村振兴,加强农村基础设施和公共服务体系建设,改善农村人居环境。

6."绿水青山就是金山银山"的财富观

自然是人类生存发展的基础与前提,是哺育人类文明的摇篮。因此,人类不能把自己凌驾于自然之上,必须尊重自然、顺应自然、保护自然,把人类作为人与自然环境的有机统一体的一部分来看待。要把生态环境放在更加突出的位置,像保护眼睛一样保护生态环境,像对待生命一样对待生态环境。同时,要坚持山水林田湖草是生命共同体的系统思想,人的命脉在田,田的命脉在水,水的命脉在山,山的命脉在土,土的命脉在树,要统筹兼顾,系统治理生态环境。为此,在生态文明新时代,要进一步唤醒人类尊重自然、顺应自然、保护自然的意识和情感,在经济发展中系统、科学、整体地开展全方位、全地域、全过程的生态环境保护建设。

从历史上看，每一次大的财富观的改变都带来了经济社会大的变革与进步。重商主义的金银就是财富的观点，引发近代贸易的变革；被誉为 20 世纪人类最伟大的发明之一的 GDP，成为工业文明时代风行的衡量国家财富累积的手段，改变了经济增长的方式。"绿水青山就是金山银山"，是生态文明新时代的一个新财富观的特征和要求。绿色发展的路径就是把生态环境优势转化为生态农业、生态工业、生态旅游等生态经济的优势，这样绿水青山也就变成了金山银山。

7. 坚持巩固农村基本经营制度和集体所有制实现形式多元化理论

坚持、巩固和完善农村基本经营制度是党的各项农村政策的根基，对于我国走中国特色社会主义道路以及解决"三农"问题有着不可替代的重大战略意义。我国高度重视农村基本经营制度的巩固与完善，2013 年 12 月中央农村工作会议指出，农村基本经营制度是党的农村政策的基石。坚持党的农村政策，首要的就是坚持农村基本经营制度。农村基本经营制度作为中国特色社会主义市场经济体制的一项基础性制度安排，在复杂的国内国际经济环境下，事关农业现代化的顺利推进、农村社会的稳定和农民福祉的增进。坚持农村基本经营制度是实现农业现代化和农村全面小康目标的制度保证，也是坚持中国特色社会主义基本经济制度的内在要求（苑鹏，2017）。正因如此，习近平同志深刻指出，坚持农村基本经营制度，不是一句空口号，而是有实实在在的政策要求，即坚持农村土地农民集体所有、坚持家庭经营基础性地位、坚持稳定土地承包关系[①]。习近平同志指出，坚持农村土地农民集体所有"是坚持农村基本经营制度的'魂'。农村土地属于农民集体所有，这是农村最大的制度。农村基本经营制度是农村土地集体所有制的实现形式，农村土地集体所有权是土地承包经营权的基础和本位。坚持农村基本经营制度，就要坚持农村土地集体所有"[②]。

8. "人民主体、多元参与、精准治理"的反贫困理论

人民主体是贫困治理的动力源。人民是历史的创造者，是决定党和国家前途命运的根本力量。党和国家充分发挥人民群众的首创精神，支持贫困群众探索创新扶贫方式、方法。消除中华民族千百年来存在的绝对贫困，全面建成小康社会，

---

① 习近平. 论坚持全面深化改革. 北京：中央文献出版社，2018：70-71.

② 习近平. 论坚持全面深化改革. 北京：中央文献出版社，2018：70-71.

必须动员全社会的力量参与(燕连福和李晓利,2021)。随着市场化改革深入,"政府、市场与社会"多方联动的机制逐渐建立。在"政府、市场和社会"联动减贫中,"政府"在农村减贫中的协调、组织和维持秩序方面具有优势。"市场"具有扶贫资源配置优化和效率提升的优势,是"造血式"扶贫的主要作用渠道,能有效培育脱贫人口的可持续发展能力。"社会组织"具有渠道优势、专业化优势和技术带动的减贫优势,在全党全社会参与脱贫攻坚的形势下,社会组织力量能通过带动贫困人口生产技术提高、精细化帮扶以促进贫困人口能力提升、精准解决贫困人口发展中的现实问题,配合政府与市场实现最优的减贫成效(杨灿明,2021)。

精准治理即由"大水漫灌"向"精准滴灌"转变,形成以精准扶贫为核心,包括目标体系、责任体系、工作体系、政策体系、投入体系、动员体系、动力体系、监督体系、考核评估体系在内的扶贫制度"四梁八柱"(燕连福和李晓利,2021)。2015年中央扶贫开发工作会议指出,坚持精准扶贫、精准脱贫,重在提高脱贫攻坚成效。关键是要找准路子、构建好的体制机制,在精准施策上出实招、在精准推进上下实功、在精准落地上见实效。我国注重解决好"扶持谁"的问题,确保把真正的贫困人口弄清楚,把贫困人口、贫困程度、致贫原因等搞清楚,以便做到因户施策、因人施策;注重解决好"谁来扶"的问题,形成中央统筹、省(自治区、直辖市)负总责、市(地)县抓落实的扶贫开发工作机制,做到分工明确、责任清晰、任务到人、考核到位。

9. 中国特色社会主义乡村振兴理论

党的十九大报告提出要实施乡村振兴战略,把"产业兴旺、生态宜居、乡风文明、治理有效、生活富裕"确定为乡村振兴的总要求。实施乡村振兴战略,是党的十九大作出的重大决策部署,是全面建设社会主义现代化国家的重大历史任务,是新时代做好"三农"工作的总抓手。乡村振兴战略是中国特色社会主义建设事业中的一项重大历史任务,是一项涵盖经济、社会、政治、文化、党建和生态等各领域的系统工程。农村是中国传统文明的发源地,乡土文化的根不能断。2017年12月召开的中央农村工作会议深刻阐释了中国特色社会主义乡村振兴道路的重要内容,一是必须重塑城乡关系,走城乡融合发展之路;二是必须巩固和完善农村基本经营制度,走共同富裕之路;三是必须深化农业供给侧结构性改革,走质量兴农之路;四是必须坚持人与自然和谐共生,走乡村绿色发展之路;五是必须传承发展提升农耕文明,走乡村文化兴盛之路;六是必须创新乡村治理体系,走乡村善治之路;七是必须打好精准脱贫攻坚战,走中国特色减贫之路。乡村振兴是"五位一体"总体布局在农村的具体落实,是新农村建设的升级版。新农村建设注重走符合农村实际的路子,遵循乡村自身发展规律,充分体现农村特点,注意乡土味道,保留乡村风貌,留得住青山绿水,记得住乡愁。

(二)马克思主义指导下的中国农村改革实践经验

农村改革是中国改革的重要组成部分,它在服从于整体改革的同时,又为整体改革提供服务和动力,这是中国农村改革从基本经营制度改革向全面深化改革推进的基本逻辑主线(魏后凯和刘长全,2019)。从改革实践来看,中国农村改革的基本经验可归纳为四个方面。

1. 小农户对接大市场

党的十九大报告明确指出要构建现代农业产业体系、生产体系、经营体系,完善农业支持保护制度,发展多种形式适度规模经营,培育新型农业经营主体,健全农业社会化服务体系,实现小农户和现代农业发展有机衔接。破解小农户与大市场的难题,实现小农户与现代农业的有机衔接是马克思主义理论中国化的重要体现,也是顺应我国基本国情的必然选择,更是提升小农户竞争力、维护小农户根本利益的关键举措。小农户对接大市场的主要经验如下。

(1)家庭承包经营与统分结合的双层经营体制

我国农村基本经营制度是以家庭承包经营为基础、统分结合的双层经营体制(李宝值和钱文荣,2024)。这一制度自改革开放以来,经历了从家庭联产承包责任制到统分结合双层经营体制的转变,有效地结合了家庭经营的灵活性和集体经营的规模优势,在推动中国农业现代化和农村经济发展等方面发挥了重要作用。

家庭承包经营的核心在于将土地的使用权承包给农户,使其自主安排生产经营活动。在这种制度下,农户可以根据自身的实际情况选择要种植的作物,合理安排劳动力和生产资料,从而最大限度地发挥个体的主观能动性和创造力。同时,家庭承包经营有效地调动了农民的积极性,使其能够更加灵活地应对市场需求的变化,提高了农业生产的效益和质量。然而,单纯的家庭承包经营在某些方面也存在局限性,如:家庭经营规模较小,难以形成规模经济;农户相对缺乏技术、资金和市场信息,制约了农业现代化的发展(周振和孔祥智,2019)。为了解决这些问题,统分结合的双层经营体制应运而生。

统分结合的双层经营体制是一种在保留家庭承包经营基础上的集体经济组

织形式。其核心思想是将家庭承包经营与集体统一经营有机结合起来,即在统分结合体制下,土地仍由农户承包经营,但在技术推广、农资供应和市场销售等方面由集体经济组织统一管理和协调。这一体制设计既保持了家庭承包经营的灵活性和自主性,也利用了集体经济的组织优势和规模效应,从而提高了农业生产的整体效率和竞争力(周振和孔祥智,2019)。

家庭承包经营与统分结合的双层经营体制是中国农村经济体制改革的重要探索和实践。这一体制充分发挥了家庭经营和集体经济的各自优势,有效促进了农村经济的发展,提高了农民的收入水平。然而,随着市场经济的发展和农业现代化进程的推进,这一体制也面临着新的挑战和要求,因此,我国需要不断调整和完善该体制,以适应新时代的发展需求。只有通过不断改革创新,才能进一步激发农村经济发展的内生动力,实现农业现代化和乡村振兴的目标(杨一介,2015)。

(2)巩固与完善农村基本经营制度

回顾改革开放以来的改革经验可知,实现小农户对接大市场,需进一步稳固和完善农村基本经营制度。首先,《中国农村经营管理统计年报(2017年)》数据显示,2017年我国耕地经营面积不足30亩的小农户数量超过了2.3亿户。这表明在未来较长一段时间内,家庭承包经营仍然是我国主要的农业生产经营模式。因此,在推进小农户对接大市场的进程中,必须坚持家庭经营的基础性地位,并在此基础上创新家庭农场、专业合作社以及农业企业等新型经营方式。其次,推动小农户与大市场的有机衔接,还必须借助农村基本经营制度改革,尤其是土地制度改革。土地制度是农村经济制度体系中最重要、最基础的制度。处理好农民与土地的关系,完善农村土地权利体系,是维护小农户合法权益的重要途径。现行土地制度中存在着产权主体不清、权责不清的问题。清晰的产权边界能够保障农户的土地权益(刘荣材,2007),有利于兼顾集体、小农户以及新型农业经营主体多方利益。因此,应该在坚持土地公有制的基础上,明晰土地产权。最后,落实农地集体所有权,稳定承包权,放活经营权,有助于小农户高效利用家庭土地资源,推动土地资源从农业生产效率较低的生产主体向农业生产效率较高的主体流转,促进新型农业经营主体的生成和发展,提高土地资源的配置效率。鼓励农户将土地流转给有经营意愿和能力的新型经营主体,发展多种形式的适度规模经营。

(3)加快培育多元化的农业新型经营主体

2017年,中共中央、国务院印发的《关于加快构建政策体系培育新型农业经营主体的意见》指出"在坚持家庭承包经营基础上,培育从事农业生产和服务的新型农业经营主体是关系我国农业现代化的重大战略"。培育多元化的农业新型经营主体是实现小农户和大市场有效对接的关键路径。首先,与传统小农经营相比,新型农业经营主体在经营规模、盈利能力和市场竞争力等方面具有明显优势,但也在土地流转、农业融资、服务体系等方面存在问题(张秀生和单娇,2014)。多元化的新型农业经营主体的培育要求进行适度规模经营,因此,完善农村土地流转市场,扩大土地流转规模是培育与发展新型农业经营主体的基础。其次,大多数新型经济主体因其规模化、市场化以及集约化程度高,对资金的需求更旺盛。因此,政府要继续加大对新型农业经营主体的财政扶植力度,加大金融扶持力度,探索多种形式的灵活的担保方式,为新型农业经营主体的经营发展创造良好的政策环境。

(4)建立和完善农业社会化服务体系

中共十七届三中全会强调"建立新型农业社会化服务体系。建设覆盖全程、综合配套、便捷高效的社会化服务体系,是发展现代农业的必然要求。加快构建以公共服务机构为依托、合作经济组织为基础、龙头企业为骨干、其他社会力量为补充,公益性服务和经营性服务相结合、专项服务和综合服务相协调的新型农业社会化服务体系……健全农产品市场体系,完善农业信息收集和发布制度,发展农产品现代流通方式"。因此,在培育多元化新型经营主体的同时,应当进一步促进农业社会化服务体系的全面发展,形成公共性服务与市场化服务相结合的新型农业社会化服务体系。农业社会化服务体系的建设涉及政府、市场、新型经营主体等多部门和多主体,是一项复杂且系统的工程。因此,在建立和完善农业社会化服务体系的过程中,应当首先明确政府部门、市场以及经营主体的目标与权责。其次,培育新型服务主体,比如农机服务组织、专业技术协会、专业咨询管理公司、专业合作社等,帮助小农户解决技术、管理经营、运输配送、产品营销等专业化问题,为小农户提供产前、产中以及产后的配套服务,帮助农户实现与大市场的有机对接(孔祥智,2009)。再者,党的十八届三中全会指出"让市场在资源配置中起决定性作用"。因此,在完善农业社会化服务体系建设时,必须以市场为主导,充分发挥各个服务主体的比较优势,针对不同的经营主体提供有特色的差异化的服务,鼓励服务主体以多种方式开展服务,以实现资源的最优化配置。

(5)进一步创新农产品流通方式,鼓励农产品电子商务

长期以来,我国农业发展面临着农产品生产流通过程中交易环节繁多、产业链整合度不高、小农户市场议价能力较低、农户生产和市场需求之间经常性错位、

农产品供需不平衡等问题的困扰(胡雅淇和林海,2020)。2019年中央一号文件指出,"继续开展电子商务进农村综合示范,实施'互联网＋'农产品出村进城工程",这是实施数字乡村战略的重要手段和措施。互联网会降低农户进入市场的信息与销售壁垒,扩宽农产品的销售渠道(吴晓婷等,2021)。小农户能够通过互联网获取更多的供需信息,增强与消费者之间的信息联系,买卖双方直接联系起来,降低了交易成本。采用农产品电子商务,有助于小农户消除中间商的价格压榨和信息不对称,帮助小农户获得较高的农产品出售价格,实现小农户持续增收。

在新时代,解决小农户与大市场的矛盾是从传统农业向现代化农业转变过程中亟须解决的问题之一,是提高农产品的竞争力与农产品流通市场的效率,减少农产品生产与流通成本,持续提高农民收入,发展农村经济的必然选择,是实现乡村振兴的关键举措(何永林和曹均学,2018)。长期以来,小农经营存在着土地经营规模小、劳动力老龄化、技术采纳率低等诸多问题,这造成了小农户无法有效地与大市场对接。完善农村基本经营制度与土地权利体系,推动土地流转市场的高速发展,培育与发展多元化的市场经营主体和服务主体,创新农产品流通模式,这些举措对于解决小农户与大市场的矛盾具有重大意义。

2. 农村工业化

发展农村工业是推进国家现代化战略的重要组成部分。1958年起,以毛泽东同志为主要代表的中国共产党人,明确在农村发展工业,突破在农村仅鼓励发展手工业的产业布局,这是一种基于工业的地区布局,是一种服务农业发展、推进农村现代化发展、促进城乡协调和国家现代化发展的战略构想。虽然几经波折,但在农村集体经济组织的统筹和积累机制下,农村工业仍然获得了一定的发展。改革开放以来,在搞活政策下,城市工业通过促进城乡经济联合、走农工商综合经营道路两个路径向农村扩散,成功走出农村工业化和城乡"两条腿"工业化发展道路,这对于破解"三农"问题、促进国家现代化建设有着不可磨灭的贡献,对新时代促进农村第一、二、三产业融合发展,进而全面推进乡村振兴具有重要启示意义(郑有贵,2021)。农村工业化的发展历程带来的历史经验如下。

(1)制度创新是经济社会发展的重要动力

改革开放初期,面对产业门类不全,设施、人才、技术水平落后的局面,农村工业化是通过农村集体建设用地的制度创新实现的,拉开了乡镇企业作为农村经济发展的"第二个奇迹"的序幕。

改革开放以来我国农村的工业化进程和集体土地的资本化密切相关。农村集体利用自己的土地创办企业,降低了创业门槛,为农村乃至国家经济发展作出了重要贡献。然而,集体土地产权的模糊性和规划管理控制的薄弱,引发了农村集体土地利用的一系列问题(田莉和罗长海,2012)。农村集体土地的所有者即土地所有权的主体不够明确,甚至存在真空状态。乡、村、村民小组在不同程度上都是农村集体土地所有权的代表,导致农村集体土地产权的主体模糊。此外,集体土地所有权是一种受到严格限制的所有权,国家对其用途、流转、处置进行严格的管制。土地所有权缺乏完整性、明晰性、排他性、可转让性和权能责任利益的对称性,以及所有权主体的混乱,使得国家所有权的代表——政府,较之集体所有权处于强势地位。在此背景下,出现了珠江三角洲模式、苏南模式和温州模式三种典型的农村集体用地的制度创新。

(2)市场化主导和政府职能转变相结合是改革的基本逻辑

随着经济体制改革的不断深入,市场体系被不断引入和完善,乡镇集体企业原有的灵活机制优势不再,反而暴露出越来越多的问题。首先,由于企业产权不清,经营者和生产者缺乏积极性,资金依赖贷款,个人不敢投资,企业不能上规模。企业失去了向心力和凝聚力,导致生产者"跳槽"离厂,企业的短视行为也日益严重。其次,乡村政府和乡镇企业关系复杂,公款吃喝、滥用企业资金者"厂外办厂"等问题,在一定程度上扭曲了资源的有效配置,乡镇企业产权制度的改革势在必行(苑鹏和杜志雄,2003)。经过大范围的股份合作制改革,以及之后进行的股权结构改革,乡镇企业又焕发了活力。

中央政府在20世纪90年代初所倡导的股份合作制的改革模式逐步成为乡镇企业改制的首选模式,特别是中共十五大报告中对股份合作制给予了充分的肯定后,以股份合作制为重点的乡镇企业产权改革达到了高潮。20世纪90年代后期以来,山东、浙江、江苏等地许多实行了股份合作制的乡镇企业又出现了二次改革。改革的核心是调整企业内部的股权结构,股权逐步向以企业经理为代表的经营层集中,形成经理持大股的局面,即在企业的股权构成中,经理个人(或以经理为核心的经理阶层)拥有企业一半以上的股份,或者虽然没有达到50%以上的股份,但是却可以达到控股从而控制企业决策的目标(苑鹏和杜志雄,2003)。

因此,市场是有效的资源配置方式,市场的发育和完善将大幅提升资源配置的效率,必须坚持市场在资源配置中的决定性作用,但是政府也必须适时适当地提供引导和支持,这样才能避免出现因市场失灵而造成大量社会资源浪费的情况。

(3)农村工业化需要进一步转型升级

农村工业化的发展历程和历史经验表明,在要素充足的情况下,以乡镇企业为代表的农村工业化取得过辉煌成就,之后出现成本和管理等问题而进行转型。随着经济社会的发展,包括农民工返乡创业、农村电子商务发展、产业集群升级和特色小镇建设在内的农村经济发展的新趋势表明,农村继续工业化存在新的合理性。而交通基础设施的完善、专业市场及物流网络体系的发展和电子商务的普及,使得 20 世纪农村工业化过程中出现的乡镇企业成本劣势得到缓解。农村独特的环境甚至为生产要素的柔性组织提供了便利,如自家宅基地的利用、自有资金和亲友帮助等因素的存在提高了企业生产的柔性程度,生产经营者可以快速整合生产要素从事生产,甚至可以根据市场需求情况随时选择停产,而无须支付任何包括租金、利息和人工在内的因停产所造成的费用(刘刚和崔鹏,2017)。因此,农村地区可以充分利用当地自然资源禀赋,发展适合当地的新"乡镇企业",推进农村工业化的转型升级,实现乡村振兴。

3.农村反贫困

党的十九届四中全会提出,新中国成立 70 年来,我党领导人民创造了世所罕见的经济快速发展奇迹和社会长期稳定奇迹,中华民族迎来了从站起来、富起来到强起来的伟大飞跃。概括起来,我国农村反贫困的经验有以下几个方面。

(1)坚持中国共产党的领导是基本原则

坚持党的领导是我国农村反贫困事业取得成功的根本性保障。从建立新中国让农民摆脱剥削压迫,到实行改革开放让绝大多数农民摆脱贫困,再到实行大规模的扶贫开发让现行标准下农村贫困人口全部脱贫,农村反贫困的每一个历史环节,都离不开党的正确领导,从决策部署到实施考核,从总揽全局到协调各方,从选派扶贫干部到动员全社会,农村反贫困的每一个工作环节,都离不开党的精心策划(许彩玲,2021)。在反贫困的严峻形势面前,中国共产党高瞻远瞩,把扶贫开发作为国民经济和社会发展的重要任务,列入国民经济和社会发展的中长期规划,并且成立了从中央到地方各级的贫困地区经济开发领导小组,专门负责扶贫开发工作,形成了一个以政府为主导、主要依靠行政组织体系、自上而下的管理型治理结构(陈标平和胡传明,2009)。

（2）坚持人民至上是贫困治理的基本价值导向

党和国家始终把"以人民为中心"作为减贫理念和根本宗旨，人民至上是百年减贫奇迹的主要思想理念牵引（杨灿明，2021）。第一，中国共产党之所以能成功地带领农民解决绝对贫困问题，主要归因于其"全心全意为人民服务"的根本宗旨，我党始终把维护人民的利益作为贫困治理的出发点。这种宗旨意识使扶贫工作能够得到社会广泛的拥护和支持，举国上下形成共识、步调一致（王亚华，2021）。第二，人民主体是贫困治理的动力源。人民是历史的创造者，是决定党和国家前途命运的根本力量。中国共产党充分发挥人民群众的首创精神，支持贫困群众探索创新扶贫方式、方法。第三，人民共享是贫困治理的重要理念。以人民为中心的发展思想，不是一个抽象的、玄奥的概念，不只停留在口头上、止步于思想环节，而体现在经济社会发展各个环节。党和国家注重让发展成果更多更公平地惠及广大贫困群众，新时代脱贫攻坚所强调的"全面建成小康社会，一个也不能少；共同富裕路上，一个也不能掉队"，充分践行了人民共享发展成果的理念（燕连福和李晓利，2021）。第四，人民满意是贫困治理的最终标准。检验贫困治理成效，最终要看人民权益是否得到了保障、生活是否得到改善、人民群众是否得到了实惠。其价值判定标准是人民利益的实现程度和人民群众对扶贫成效的满意度（燕连福和李晓利，2021）。

（3）持续发展是减贫的物质基础

我国在扶贫工作上，始终把经济发展放在首位，为持续减贫打下了坚实的物质基础。社会主义制度的建立从制度上消除了贫困产生的根源，经济发展则是解决生产力水平低下导致的大规模贫困问题的核心力量（袁红英，2021）。在中国共产党的领导下，土地包产到户使农民增加了农业经营性收入，乡镇企业增加了非农业经营性收入，外出务工增加了工资性收入（何秀荣，2018），益贫式的经济增长通过机会平等、充分就业等方式推动了贫困群众的收入增加，经济增长与贫困发生率呈现出负相关关系（汪三贵，2018）。特别是1978年以来，我国政府始终将发展作为执政兴国的第一要务，坚持以经济建设为中心，实行对外开放和体制改革并举的基本路线，实现了经济的平稳快速增长（陈标平和胡传明，2009；袁红英，2021）。

4.城乡融合发展

理顺城乡关系，促进城乡一体化，是农村改革的主线。我国城乡融合的具体经验如下。

(1)农业税费改革和农业补贴政策

一是彻底改革农业税。破除城乡二元结构,构建新型城乡关系,让农民充分分享发展成果,增加农民福祉,是农村改革的重要目标之一。新中国成立以来,"城市偏向""重工业优先发展"等政策使得大量农业剩余流入工业和城市,农村发展资金不足,农民难以享受到国家发展的成果(林毅夫和陈斌开,2013)。2000年开始,我国试点农业税改革,减轻农民身上的担子,标志着国家与农民之间的关系向"多予少取"转变。2004年中央一号文件《中共中央 国务院关于促进农民增加收入若干政策的意见》提出当年农业税税率总体上要降低1个百分点。2006年全面取消了在我国已经延续千年之久的农业税,提升了广大农民的获得感。

二是农业补贴政策体系。新型城乡关系中的"多予"首先体现在国家大力增加农业投入(魏后凯和刘长全,2019;魏后凯,2020)。为调动农民粮食生产积极性、扭转粮食产量连年下滑的局面,国家逐步建立起包括农业补贴制度、最低收购价制度和临时收储制度等在内的农业支持保护政策体系。2001—2006年,为保护农民种粮积极性,国家先后推出种粮农民直接补贴、农作物良种补贴、农机具购置补贴和农资综合补贴。2004年,中央财政开始对农业保险试点给予支持,减少农业风险给农民带来的损失。2005—2007年,国家先后启动稻谷和小麦最低收购价执行预案、玉米临时收储制度,消除价格波动风险,稳定农民粮食生产的收入预期,同时加大对畜牧业等非粮食生产的支持,增加农业科技投入,促进现代农业发展。

(2)户籍制度改革

户籍制度改革。曾经严格控制大城市规模的户籍制度,导致了城乡发展严重割裂,阻碍了城市化进程。为促进城乡人口合理流动,加快农业转移人口市民化进程,2001年以来,国家从中小城市试点,逐步推动户籍制度改革。2001年3月,国务院批转公安部《关于推进小城镇户籍管理制度改革的意见》,正式统一小城镇的城镇常住户口登记,取消小城镇常住户口的计划指标管理。2006年1月,《国务院关于解决农民工问题的若干意见》提出"中小城市和小城镇要适当放宽农民工落户条件",为农民工落户小城镇和部分中小城市扫清了障碍。2011年2月,国务院办公厅发出《关于积极稳妥推进户籍管理制度改革的通知》,进一步提出解决中小城市和建制镇外来人口落户问题。研究表明,农民工外出务工有利于农民收入增加、缩小城乡差距(孙文凯等,2007)。因此,户籍制度的改革不仅破除了农民前往城市的制度障碍,而且推动了城市化进程。

（3）土地制度改革

土地制度改革。改革开放以来,随着城市化、工业化以及农业现代化的迅速推进,城乡发展进入新的阶段,中国农村土地制度面临改革新挑战:一方面,既要实行最为严格的耕地保护制度,确保国家粮食安全;另一方面,又要在符合规划用途的前提下,满足城市化、工业化进程中的用地需求。可以说城乡中国能否转型成功并进入城市中国阶段,很大程度上在于中国农村土地制度改革是否能够满足多方主体的用地需求和达到主体博弈的利益均衡。在新的历史阶段,如何通过农村土地制度改革,推进城乡一体化,是全面深化改革的重要考量。

党的十八届三中全会在《中共中央关于全面深化改革若干重大问题的决定》中提出,“要健全城乡发展一体化体制机制”,“在坚持和完善最严格的耕地保护制度前提下,赋予农民对承包地占有、使用、收益、流转及承包经营权抵押、担保权能,允许农民以承包经营权入股发展农业产业化经营”,“在符合规划和用途管制前提下,允许农村集体经营性建设用地出让、租赁、入股,实行与国有土地同等入市、同权同价……完善对被征地农民合理、规范、多元保障机制”等。2015 年 1 月,中共中央办公厅联合国务院办公厅联合印发了《关于农村土地征收、集体经营性建设用地入市、宅基地制度改革试点工作的意见》,强调要“坚守确保土地公有制性质不改变”“耕地红线不突破”“农民利益不受损”三条底线,在试点的基础上,稳妥推进农村土地征收、集体经营性建设用地入市、宅基地制度“三块地”改革。

作为农村经济中的基础性制度安排,土地制度改革的持续深化对中国农业发展成就的取得乃至经济的快速增长起到十分关键的作用。据林毅夫的一项早期研究测算,在 1978—1984 年,各项农村改革对农村经济产出增长贡献率总和达到48.64％,其中,家庭承包制度的贡献率为 46.89％(Lin,1992)。实际上,改革开放四十多年来,土地在中国经济高速增长中长期扮演着发动机的角色,正是对土地制度的改革促进了经济权利的有序开放,进而形成了创造中国经济奇迹的制度力量(刘守英,2018)。

（4）公共服务均等化

教育、医疗和养老等领域的社会事业改革深刻影响了农村发展(黄茂兴和叶琪,2021;魏后凯等,2020)。新型城乡关系中的“多予”的另一重要体现是农民平等享受社会基本公共服务与社会保障的权利开始得到实现。一是公共财政对农村义务教育的全面保障。2005 年《国务院关于深化农村义务教育经费保障机制改革的通知》,逐步将农村义务教育全面纳入公共财政保障范围,免除农村义务教育阶段学生全部学杂费,对贫困家庭学生免费提供教科书并补助寄宿生生活费。2006 年全国人大常委会修订《中华人民共和国义务教育法》,在法律上明确义务教育不收学费、杂费,标志着中国农村义务教育事业改革取得了突破性进展。截至 2017 年底,全国实现义务教育发展基本均衡的县累计达到 2379 个,占全国总数的 81%;有 11 个省份整体实现了义务教育均衡发展目标。二是新型农村合作医疗制度的建立和全覆盖。2002 年,中共中央、国务院发布《关于进一步加强农村卫生工作的决定》。2003 年,国家启动新型农村合作医疗制度试点。2009 年底,新型农村合作医疗制度已经实现全覆盖。三是新型农村社会养老保险的建立和全覆盖。2009 年,国务院颁布《关于开展新型农村社会养老保险试点的指导意见》,试点建立个人缴费、集体补助、政府补贴相结合的新型农村社会养老保险制度。至 2012 年,全国所有县级行政区全部被纳入新农保覆盖范围,农村居民人人享有养老保险成为现实。四是农村最低生活保障制度的建立。2007 年 7 月,国务院发布《关于在全国建立农村最低生活保障制度的通知》,决定当年在全国建立农村最低生活保障制度,到年底时,这项制度已经在全国范围内普遍建立。2008 年,我国以乡镇机构、农村义务教育和县乡财政管理机制改革为主要内容的农村综合改革取得重要成效。以义务教育的普及、新农合的建立、新型农村社会养老保险和最低生活保障制度为主的农村综合改革,极大改善了农村居民的生存和发展环境,有力推动了城乡一体化进程。

(三)马克思主义理论指导下中国农业经济管理学的创新发展

马克思主义始终是我们党和国家的指导思想,是我们认识世界、把握规律、追求真理、改造世界的强大思想武器,也为中国农业经济管理学的发展创新提供了理论指引与思想源泉。

1.马克思主义理论指导下的中国农业经济管理学发展原则

回望过去,作为一门基础性、综合性、交叉性学科,农业经济管理学根植于我国"三农"领域的广袤实践,始终以服务"三农"发展为己任。面向未来,农业经济管理学理应继续以马克思主义理论为指导,以时代发展需求为根本遵循,自觉担负起全面助推农业、农村、农民现代化的历史使命。

(1)以农业基础地位论为前提,坚持"农业强国"战略下的农业现代化

马克思、恩格斯强调,农业生产是人类生存、繁衍和发展的首要条件,农业劳动是其他劳动独立、分化的前提和基础,农业生产率决定工业化和城市化的速度和规模,这些重要思想不仅构成马克思主义农业基础地位论,还为中国农业经济管理学在农业领域的发展提供了理论前提。

中国要强,农业必须强,要把加快建设农业强国摆在优先位置,大力推进农业现代化。因此,中国农业经济管理学在农业领域的发展必须以农业基础地位论为前提,服务农业强国战略目标,全力助推农业现代化。

(2)以城乡一体化发展为指引,坚持"和美乡村"视野下的农村现代化

社会生产力的不断发展导致城乡分离,马克思、恩格斯反对认为城乡分离不可避免的谬论,驳斥了认为消除城乡差距是空想的观点,并对其可能性与必要性进行了论证。在马克思、恩格斯看来,资本主义制度造成工业在城市集中,从而使城乡分离,差距拉大,破解的关键在于使人口和工业尽可能平均分布。

重视城乡一体化发展一贯是党和国家工作的重点内容,对此,必须推进城乡发展一体化,形成以工促农、以城带乡、工农互惠、城乡一体的新型工农城乡关系。要建设宜居宜业和美乡村,实现乡村由表及里、形神兼备的全面提升,这是实现农村现代化的内在要求。因此,中国农业经济管理学在农村领域的发展必须以城乡一体化发展为指引,坚持"和美乡村"视野下的农村现代化。

(3)以农民全面发展为宗旨,坚持"共同富裕"目标下的农民现代化

在马克思、恩格斯看来,农业发展需要工业作为动力,但不应以剥削农民为代价,而是通过建立无产阶级政权的方式,对工业和银行进行国有化改造,进而获得改造农业的力量。并且,对农民小土地私有制进行改造,发展农业集体经营。对农民进行社会主义改造,在帮助小农逃离资本主义政权压榨的同时,建立坚实的工农联盟,以实现农民全面发展。

促进农民全面发展,要加大对农业的支持力度,通过富裕农民、提高农民、扶持农民,让农业经营有效益,让农业成为有奔头的产业,让农民成为体面的职业。要更加重视促进农民增收,让广大农民都过上幸福美满的好日子,一个都不能少,一户都不能落。因此,中国农业经济管理学在农民领域的发展需要以农民全面发展为宗旨,坚持"共同富裕"目标下的农民现代化。

2.马克思主义理论指导下的中国农业经济管理学发展方向

在马克思主义理论的指引下,中国农业经济管理学历久弥新。其不仅深植于

马克思主义经典理论,而且与中国的国情农情紧密结合,锚定新时代"三农"发展的战略目标,在中国式现代化进程中蓬勃发展、日益壮大。我国在明确学科发展原则的基础上,明晰学科发展方向,使其不断推陈出新、焕发新机。

(1)以农业现代化为目标,助力农业"三产"协同

党的二十大报告明确提出要加快建设农业强国,为农业现代化发展指明了方向和目标。建设农业强国不仅是实现中国农业现代化进程中不可或缺的一环,而且是社会主义现代化强国的坚实基础。稳定粮食和重要农产品供应能保障国家粮食安全,促进农民增产增收。此外,农业还承担生态涵养、休闲观光、文化传承等多重功能,农业现代化不仅可以丰富人民的精神文化生活,也能够满足人民对美好生活的向往,以农业现代化推动经济社会全面进步,为实现全面建设社会主义现代化国家的目标提供有力支撑。

建设真正的农业强国需要发展现代农业,关键在于构建完善的现代农业产业体系、生产体系和经营体系。未来研究要聚焦于将农业的"三产"体系有机融合以推动农业现代化。这需要深入探讨"三产"体系的基本内涵、"三产"体系间的相互联系,以及"三产"体系与农业强国之间的内在逻辑。从"三产"理论的发展与实践应用角度切入,全面总结农业现代化实践中的成功经验和失败教训,以此为基础构建新的"三产"理论研究框架,有助于更好地理解和把握"三产"体系在农业现代化进程中的作用,为实现农业强国的目标提供理论支撑和实践指导。

(2)以农村现代化为目标,助力农村"三生"融合

在城市化与工业化快速发展的同时,农村优质劳动力流失、生态环境恶化、老龄化与空心化等问题突出,农村现代化建设明显滞后。针对新时代城乡发展不平衡、农村发展不充分这一关键问题,党的十九大报告明确提出了"产业兴旺、生态宜居、乡风文明、治理有效、生活富裕"的乡村振兴总要求,将统筹城乡发展,全面推进农业农村现代化放在社会主义现代化建设的重要位置。

建设宜居宜业乡村是展现农业农村现代化的核心窗口,农村的生产、生活、生态融合发展是其中的必然要求。促使乡村"三生"融合发展、建设和美乡村是实现农村现代化的重要内容,学界应从乡村生产、生活、生态发展面临的利益矛盾、体制障碍入手,结合相关的实践措施,总结"三生"融合发展的主要模式,揭示内在的机理。

(3)以农民现代化为目标,助力农民全面发展

农民在社会、经济和政治层面一直扮演着重要的角色,作为"三农"工作的主体,"三农"问题的短板,其发展问题不容忽视。实现农民现代化对于农业农村现

代化和共同富裕具有重要意义。

农民是传统"三农"问题的核心，更是农业农村现代化发展目标下的核心对象。如何促进农民发展，在巩固反贫困成果的基础上进一步提高其收入水平、幸福感与获得感，从而实现物质与精神多维度的共同富裕是实现农民现代化的重要内容。这要求在研究中从中国反贫困经验入手，总结各历史阶段农民发展的模式和路径选择，为促进农民现代化发展提供新的政策建议。

3.马克思主义理论指导下的中国农业经济管理学的发展道路

新时代背景下，中国农业经济管理学要坚持以马克思主义理论中的农业基础地位、城乡一体化发展和农民全面发展为发展原则，明确以助力农业、农村、农民的全面现代化为学科发展方向。在以上发展原则和方向指引下，中国农业经济管理学需要在马克思主义理论指导下，以"溯源—提炼—发展"的分析逻辑，确立面向未来的学科发展道路。

(1)以农业经济学理论和实践创新，推动农业"三产"协同发展

首先，溯源农业经济学理论和研究实践，需要全面梳理总结国内外农业发展主流理论、研究范式及其局限与挑战，分析评价主流理论在中国式农业现代化实践指导方面的局限；其次，提炼农业经济学在中国式农业现代化视域下的理论和实践创新，需要对中国式农业现代化理念、内涵与政策演变，中国式农业现代化创新思想与理论内核，中国式农业现代化实践经验与发展道路三个重要方向展开深入辨析；最后，发展出有助于推动农业"三产"协同的中国农业经济管理学研究新范式。

(2)以农村经济学理论和实践创新，推动农村"三生"融合发展

首先，溯源农村经济学理论和研究实践，需要全面总结当前农村地域研究中所采用的主要研究范式，并结合中国具体国情和实践经验，深入分析面向农村经营管理的主流理论以及研究范式，并总结其在新时代中国的实践运用中所存在的局限性及不足之处；其次，提炼农村经济学在中国式农村现代化视域下的理论和实践创新，需要对中国农村现代化发展的各个阶段、各类政策、典型案例进行深入分析，明确中国农村现代化在各种发展水平下所适用的农村经济学理论与实践；最后，发展出有助于推动农村"三生"融合的中国农业经济管理学研究新范式。

(3)以农民经济学理论和实践创新，推动农民共同全面发展

首先，溯源农民经济学理论和研究实践，需要全面梳理总结农民发展主流理

论、研究范式,以及其在当前中国国情下的局限性;其次,提炼农民经济学在中国式农民现代化视域下的理论和实践创新,需要明确何为中国式农民现代化理论,结合改革开放以来农民发展的实践经验和新时代背景下中国式农民现代化的远景展望,探索中国式农民现代化创新思想与理论内核以及中国式农民现代化实践经验与发展道路;最后,发展出有助于推动农民共同全面发展的中国农业经济管理学研究新范式。

第五章

微观经济学与农业经济管理理论

中国农业经济管理学是一个开放包容的学科，它以马克思主义理论为指导，但同时也合理借鉴现代西方相关理论。本章介绍西方的微观经济学相关理论在中国农业经济管理学中的应用。

微观经济学是一门研究个体行为和经济现象的学科，主要关注单个消费者、企业及市场的经济行为和决策过程。微观经济学通过分析供需关系、价格机制、资源配置以及市场结构等，探讨如何有效地满足有限资源与无限需求之间的矛盾。研究领域包括消费者行为理论、生产者行为理论、市场结构、博弈论、公共选择理论、福利经济学等多个方面。微观经济学不仅为个人和企业决策提供了理论依据，也为政府制定经济政策和市场监管提供了科学方法。通过详细的理论分析和实证研究，微观经济学帮助我们更深入地理解经济现象的本质和运行规律，从而推动经济效率和社会福利的提升。

本章深入探讨了农业经济管理学相关研究中所涉及的多个微观经济学理论，包括消费者理论、生产者理论、农户模型、供需理论、要素市场理论、政府干预理论、资源配置理论以及公共物品与外部性理论等。本章概述了上述理论在农业经济管理学研究中的应用情况，有助于读者更好地理解农业市场的运作机制和政策效应。

一、消费者理论、生产者理论与农户模型

中国农业的基本特征是户均农业经营规模狭小，农村家庭专门从事农业生产所得收入甚微，因此家庭内部劳动力分工现象普遍，出现大量的外出务工劳动力和兼业农民。总体而言，中国农民在经济社会中扮演着三个经济角色：生产者、消费者和劳动者。不同角色下的农民会根据不同理论做出"最理性"的决策。

(一)作为消费者的农户——消费者选择理论

消费者选择理论描述了消费者如何在有限的预算下,做出最优决策以最大化自己的满足感。消费者在预算约束下,会选取某种商品组合,使得每个商品的边际效用与价格的比值尽可能相等,且总消费不能超过预算。该理论有效地回应了经济学中的一大基本问题:面对稀缺资源,消费者如何做出决策。

在农业经济管理学领域,扮演消费者角色的农户通常被假设为理性的消费者,会运用消费者选择理论进行消费决策。消费者选择理论是经济学中一种用以描述消费者如何在有限的收入和无穷的欲望之间达到平衡的模型,该理论假设消费者是理性的,其目标是在预算约束下购买一系列商品和服务以实现效用最大化,对于农户而言,这一系列商品可能用于生产性消费和生活性消费。

同时,农户还会考虑到各种商品和服务带来的边际效用,也即消费额外一单位商品增加的满足感。一般地,根据边际效用递减规律,一个商品的边际效用会随着消费量的增加而逐渐减少。因此,消费者的最优消费选择处在无差异曲线与预算约束线的切点上。

两种产品:C_a with price P_a(agriculture good)[C_a 价格为 P_a(农产品)]

C_m with price P_m(manufactured good)[C_m 价格为 P_m(制成品)]

可支配收入:y

农户家庭特征:Z^c

目标函数:$\underset{C_a,C_m}{\mathrm{Max}}(C_a,C_m;Z^c)$,utility function(效用函数)

约束条件:$P_aC_a+P_mC_m=y$,budget constraint(预算约束)

理解农户作为消费者在面对消费决策时如何处理和权衡各种因素,可以为农业政策制定提供理论依据,进而更好地促进农业和农村经济发展。

(二)作为生产者的农户——利润最大化理论

利润最大化理论认为企业的主要目标是实现最大利润。根据这一理论,企业尝试调整生产量和价格,以使利润达到最大化。当边际成本等于边际收益时,企业达到了其利润最大化的目标。

在农业经济管理学领域,扮演生产者角色的农户通常被假设为理性的生产者,其行为动机被假设为追求利润最大化。尽管在实际生活中农户的生产行为可能受到社会、文化和个人等复杂因素的影响,但利润最大化理论仍为解释农户如何做出生产活动的决策提供了一个有效的理论框架。

　　利润最大化的理论模型基于厂商理论,在农业生产活动中,农户需要考虑如何合理分配所拥有的有限资源,如土地、劳动力、资金、化肥、种子等生产要素,以产出各类农产品。在决策过程中,农户通常根据市场价格、固定要素(私人资产和公共物品)、技术制约来确定每种要素的投入量。而达到利润最大化的条件是,在没有违背资源限制的前提下,该资源组合使得边际成本等于边际收益。

　　一种产出的农产品: q_a with price P_a[q_a 价格为 P_a]

　　两种要素: x with price P_x[x 价格为 P_x]

　　　　　　　l(labor)with price w[l(劳动力)价格为 w]

　　固定要素和农户特征: Z^q(fixed capital,farm size)[Z^q(固定资本,农场规模)]

　　目标函数: $\underset{q_a,x,l}{\text{Max}}\pi = P_a q_a - P_x x - wl$,profit(利润)

　　约束条件: $g(q_a,x,l;Z^q)=0$, production function(生产函数)

　　农户利润最大化理论不仅有助于理解和预测农产品供给,也对农业政策的制定、农业生产技术的推广以及农业发展规划等具有重要意义。

(三)作为劳动者的农户

　　当农户作为劳动者时,消费者选择理论扩展到了劳动供给决策,也即农户如何在闲暇时间和收入之间做出选择,此时农户既是消费者,也是生产者,他们的工作时间决定了其收入,而收入又进一步影响其消费决策。此时,农户面临着"劳动—闲暇"抉择,即选择更长时间的工作以获得更多的收入,还是选择享受更多的闲暇时间。当边际机会成本等于边际报酬时,作为劳动者的农户找到了其最优工作时间,此时他们的效用最大化。

　　闲暇时间: c_l

　　工作时间: l_s

　　总的时间禀赋: E

　　劳动者特征: z^w

　　目标函数: $\underset{c_l,y}{\text{Max}}u(c_l,y;z^w)$,utility function(效用函数)

　　约束条件: $y=wl^s$,income equation(收入议程)

　　　　　　　$c_l+l^s=E$,time constraint(时间约束)

　　农户作为劳动者的视角拓展了消费者选择理论,不仅解释了农户如何最大化个人效用,也解释了农户如何调整工作时间和闲暇时间以最大化长期福利。同时也说明为了提高农户福利,政策制定者不仅需要关注农户的收入,也需要关注农户的休闲需求,只有真正了解农户的需求和偏好,才能提供切实有效的支持和服务。

【例 5-1】 刘帅和钟甫宁(2011)基于农户模型,分析了实际价格和粮食可获性对农户生产决策的影响。首先,文章指出农户作为生产者和消费者,在农产品市场上面临的实际价格与市场价格存在差异,这主要由运销成本造成。其次,文章强调了农户在追求家庭效用最大化时,不仅考虑收入最大化,还要考虑粮食安全。基于此,作者构建了包含实际价格和粮食可获性因素的农户生产决策理论框架,并使用中国山西、云南、贵州和安徽四省 6 个县、11 个乡(镇)的 579 个农户的实证数据进行检验。结果表明,实际价格和粮食可获性是影响农户种植结构决策的重要因素。最后,文章提出为了提高农户收入并保障粮食安全,政策制定应充分考虑农户面临的实际价格和当地市场的粮食可获性;此外,改善交通条件和市场基础设施对于优化资源配置和提高农业生产效率至关重要。

(四)Lancaster 商品特性理论

在 Lancaster(兰卡斯特)提出微观效用理论之前,经济学界通常认为需求是对商品数量的需求,而 Lancaster 认为需求是对商品的品质/质量的需求,进而提出品质决定效用,并把商品视为多种属性的组合,该理论对传统的商品效用理论提出了挑战。

根据 Lancaster 的效用理论,消费者效用并非源自商品本身,而是由商品属性所决定的,且理性消费者的决策目标是最大化效用。因而,当其面对一组具有不同属性的产品时,消费者会根据预算约束选择能够带来最大效用的产品(属性组合)。这一理论能够更有效地识别消费者之间的不同需求,以及市场中商品的异质性。

然而,Lancaster 的效用理论也存在一些限制。首先,由于特性是多元的、模糊的,因此对商品特性的定义和测量可能会存在偏差。其次,模型假设消费者知道自己的需求,并可以为最大化效用理性选择最佳的商品特性组合,然而在现实中,消费者的行为可能会受到价格、收入和广告等其他因素的影响。尽管存在这些限制,但 Lancaster 的效用理论不仅在理论上开创了新的研究视角,也为实践者和研究者提供了新的研究工具和框架。

消费者对农产品的支付意愿和购买选择也是农业经济管理学领域的重要研究模块。

【例 5-2】　吴林海等（2014）基于 Lancaster 的效用理论,将可追溯猪肉视为具有食品质量安全属性（可追溯信息、质量认证、外观、价格）的组合,消费者在预算约束下选择效用最大的可追溯猪肉产品。研究运用选择实验方法,结合混合模型和潜在类别模型,分析了消费者对可追溯猪肉属性的偏好和支付意愿。混合模型考虑了消费者偏好的异质性,允许可追溯信息、质量认证和外观属性的系数随机分布,而潜在类别模型则进一步区分了消费者的不同偏好类型。通过这种分析框架,研究得出了消费者对不同可追溯猪肉属性的偏好程度和支付意愿,为完善可追溯食品消费政策提供了依据。

二、供需理论与农产品价格周期性波动原理

供需理论是微观经济学的核心理论之一,解释了商品和服务的价格如何通过供求关系达成平衡。其基本原理是:需求是消费者对商品和服务的欲望和购买能力,需求量与价格呈负相关关系;供给是生产者提供的商品和服务,供应量与价格呈正相关关系。当供需达到平衡时,市场就会形成一个价格,使得消费者愿意购买的数量等于生产者愿意销售的数量。需求曲线、供给曲线分别刻画了需求和供给:需求曲线向下倾斜,反映了随着价格上升,消费者购买量减少的趋势;供给曲线向上倾斜,反映了随着价格上升,生产者愿意提供更多产品的趋势;曲线相交的点即为均衡价格和均衡数量。在实际市场中,政策、技术等因素都可能导致供需曲线的移动,从而引发价格和数量的变化。

蛛网理论属于供需理论的分支,用于解释市场价格和数量波动,其基本假设是:生产者的供给决策基于他们预期的市场价格,但此预期则基于最近一期的市场价格;这种滞后的反应可能导致市场供需不断波动,形成一个类似蛛网的波动模型——当价格高时,生产者增加生产,导致供应过剩、价格下降;当价格低时,生产者减少生产,导致供应不足、价格上升,如此循环往复。

蛛网理论尤其适合解释生产周期长、反应时间慢、呈周期性变化的商品市场,如农产品市场。蛛网理论对农业市场的影响主要体现在以下两个方面:一是价格波动的特征,由于多数农产品的生产周期较长,不能即时反映市场需求变化,因此

农业市场往往受蛛网理论影响较大。以谷物市场为例，如果去年的谷物价格很高，农民可能会增加今年的种植面积，导致供应过剩，价格下降；然后，因价格下降，农民又可能减少明年的种植面积，导致供不应求，价格再次上升——这种周期性的供需和价格波动，即蛛网理论刻画的模式。二是对农业政策的影响，蛛网理论可以提供关于价格稳定和农民收入保障等方面的政策建议。

然而，蛛网理论并非普适，特别是当农民能对市场有较好的前瞻性预测，或者存在市场调节机制时，蛛网效应可能会被削弱。

【例 5-3】 宋长鸣（2016）在蛛网理论的基础上，运用可变参数模型对猪肉价格的循环波动进行了实证分析。文章将非线性非均衡蛛网理论与可变参数模型相结合，通过估计价格对前期价格的一阶导数来判断价格序列是否趋于收敛。具体实证策略上，利用 X-12-ARIMA 季节调整模型分离出猪肉价格的季节性和随机波动，然后用 HP 滤波法得到猪肉价格循环波动子序列。实证结果表明，猪肉价格波动不具备稳定的条件，有发散的趋势，这与"猪周期"现象相符。基于此，文章提出了平衡市场支持政策、推广生猪价格指数保险和试点生猪期货交易等政策建议，以稳定猪肉供给和价格。

三、要素市场理论与中国农村要素市场的改革逻辑

要素市场理论是微观经济学的重要组成部分，主要探讨生产要素，如劳动力、土地、资本等的供需关系，以及如何通过价格机制对这些要素资源进行有效配置。要素市场的基本运行原理同样基于供需理论，然而，与商品市场相比，要素市场通常存在更多的市场不完全性和失灵。因此，实际中要素价格的形成过程和要素市场的配置往往比理论更为复杂。

（一）农村土地市场

土地市场是将土地作为交易商品的特殊市场。在这个市场中，供给方是土地所有者，他们将土地出售或出租；需求方包括开发商、企业和个人，他们需要土地进行建筑开发或农业生产。在土地市场中，价格集中反映需求和供给之间的关系。需求方对土地的需求取决于土地的位置、可建设性、周边的资源和设施配套；土地的供应则取决于政策规定和土地所有者的决策。当需求大于供给时，土地价格上升；反之则价格下降。

在中国,农村土地市场与城市土地市场在多个方面存在显著区别,具有特殊性:第一,在交易对象方面,农村土地市场交易的是农民的承包经营权;第二,在交易主体和交易方式方面,农村土地市场由农民或农村集体经济组织自主决定土地的流转,流转形式主要包括出租、转包、联营和承包等;第三,在遵循的政策和法规方面,农村土地市场主要遵循《中华人民共和国土地管理法》和《中华人民共和国农村土地承包法》;第四,在土地用途方面,农村土地市场的土地主要用于农业生产和农村建设。另一方面,由于农村土地的土地价值受到投资、城市规划、城市化进程等影响较小,其价格波动通常小于城市土地市场。

农村土地市场中,需求方通常包括农民、农业企业和开发商,他们从事农业生产或者用于农村建设开发;供给方主要是具有土地使用权的农民或农村集体经济组织。在合法的前提下,在农村的土地市场相关主体可以通过转让、租赁、股份合作等各种方式进行土地的流转。中国的土地制度决定了农村土地市场受到政策严格管控,比如中国的农村土地承包经营权可以流转,但土地所有权仍归属集体,农民只有土地使用权,这从一定程度上也限制了农村土地市场的发展。

【例 5-4】　钱文荣等(2021)通过政策文本的对比分析,总结了改革开放以来中国农村土地要素市场化改革的三个主要阶段:改革探索期、改革发展期和改革深化期。在改革探索期(1982—1991 年),市场在土地资源配置中发挥辅助性作用,政策上开始允许土地使用权的有偿转让。在改革发展期(1992—2012 年),市场在土地资源配置中发挥基础性作用,承包地市场化改革明显,集体经营性建设用地和宅基地市场化改革逐步推进。在改革深化期(2013 年至今),市场在资源配置中发挥决定性作用,承包地"三权分置"、集体经营性建设用地入市和宅基地流转等改革措施全面展开。文章强调,土地要素市场化的本质是土地转让权的赋予,这对于提高土地资源配置效率具有理论和现实上的双重重要性。未来的改革需要培育有效市场和建设有为政府,以深化土地产权制度和土地管理制度改革。

(二)农村劳动力市场

劳动力市场是指劳动力供求关系在一定区域范围内形成的市场,主要由求职者(供给方)和雇主(需求方)构成。供给方将劳动力(时间、技能、经验等)提供给需求方,作为报酬,需求方支付工资。劳动力市场的特点是弹性大,其运行状态直接影响到就业率和工资水平。在供大于求的情况下,就业率降低,工资水平可能下跌;而在需大于供的情况下,就业率可能上升,薪酬水平可能提高。劳动力市场的改进和发展有利于推动经济增长,促进社会公平,对减少贫困、提高生活水平具有重要作用。政府通常根据劳动力市场的实际情况,制定最低工资、福利制度等相关政策,以保护劳动者权益,维持劳动力市场的正常运行。

农村劳动力市场是指劳动力供求关系在农村一定的区域范围内形成的市场。在这个市场中,农民或农民工作为劳动力的供给方,提供时间、技能和经验;而雇主或工程项目负责人则作为需求方,获取劳动力来支撑他们的生产行为。农村劳动力市场的特点是季节性和地域性强。由于农业生产的季节性,很多农民会选择兼业;地域性则表现为农民工流入城市和经济发展较好的地区。

随着城市化进程加速推进,当前的农村劳动力市场不仅关乎农民增收、农村稳定,还关系到城市建设和社会和谐。因此,优化农村劳动力市场结构,提高其运行效率,保障其健康发展,对维持农村经济社会的可持续发展、推进农业现代化、实现乡村振兴具有重要意义。

【例 5-5】 苏会等(2024)通过晋南 S 镇的案例分析,探讨了农业转型背景下农村劳动力在农业生产领域内部就业的内在逻辑及其社会效应。研究发现,随着规模经营的发展和种植结构的调整,农业生产环节分工的深化和多样化生产延长了农忙时间,为农村劳动力提供了更多的就业机会。农户为了提高工作搜寻效率和议价能力,开始形成合作,并逐步形成了成熟的雇工市场。此外,雇工通过学习技术和积累经验,实现了从"参与分工"到"参与生产"的转变,采取多元化生计策略,实现农业就业收入最大化。农业转型带来的农业就业增加对社会产生了促进乡村治理结构重塑和县域城镇化发展等一系列积极效应,实现了城乡之间的良性互动。因此,乡村振兴战略的实施应重视农业转型对劳动力的吸纳能力,拓宽农业就业空间,实现小农户与现代农业的有机衔接。

(三)农村信贷市场

信贷市场是借款和贷款行为发生的市场。在这个市场中,债权人(通常是银行或其他金融机构)通过提供资金给债务人(如企业、家庭或政府)以满足其投资、消费或经营等需求。信贷市场的特点是风险性高,由于借款人可能无法按时偿还贷款,银行在贷款时需要对借款人的信用进行评估,并根据其信用风险制定相应的利率。因此,信贷市场通常形成风险和利率的对照,贷款的风险越高,银行设置的利率越高。信贷市场在整个经济体系中发挥着重要作用,它为企业和个人提供了获取长期或短期贷款的可能性;此外,信贷市场也是货币政策的主要传导渠道之一,通过调整政策利率,央行可以影响整个信贷市场的利率水平,进而影响投资和消费行为,调控经济运行。

农村信贷市场是在农村区域内,贷款人(银行、小额贷款公司等金融机构)和借款人(农民、农村企业)之间进行资金融通的平台。其主要作用是为农民和农村企业提供短期或长期的融资服务,支持农业生产和农村经济发展。农业生产的季节性、不确定性以及农民缺乏规范的信用记录,导致农村信贷市场面临市场主体多样化、供需情况复杂和风险较高等问题。因此,农村信贷市场具有信贷条件审核严格、利率较高的特点。

农村信贷市场为农民购买生产资料进行农业生产和农村经济活动提供了资金支持;同时,农村信贷市场的发展和完善也是推动农村金融改革和创新,提高农村资金利用效率,培育新型农业经营主体的重要途径。

【例 5-6】　黄祖辉等(2007)通过改进的意愿调查法和假想式问题研究方法,对中国农户的信贷需求进行了实证分析。研究发现,与主流观点相反,样本地区农户对正规和非正规信贷的需求主要表现为消费性需求,而非生产性需求。这一结果挑战了传统农业信贷补贴政策的基本假设,即农户对正规信贷的需求以生产为主。文章指出,因信贷可得性问题,农户在信贷合约和意愿调查中可能会隐藏其真实的贷款用途,导致贷款人对农户信贷需求的误解。研究建议,农村金融政策应正视农户的消费性信贷需求,扩大贷款范围,增加消费贷款种类,并探索有效的消费性贷款发放方式,以促进农村经济的可持续发展。

四、政府干预理论与农业支持政策的逻辑

微观经济学中的政府干预理论主要涉及政府如何通过政策调整影响市场运作,以纠正市场失灵或实现资源配置的公平与效率。然而,政府干预并不总是正面的,过度干预可能会导致资源配置效率下降、阻碍市场竞争、产生"寻租"行为等问题。因此,政府需要在效率和公平、干预与放任之间寻求平衡。

"三农"领域的政府干预同样是为了纠正市场失灵、优化资源配置和保障社会

公平。在纠正市场失灵方面,由于信息不对称、外部性等问题,农村经常出现市场失灵的现象,政府通过提供信息、实行农业补贴政策和颁布环保法规等方式纠正市场失灵。在优化资源配置方面,政府通过引导资源向效益较高的农业生产领域流动,优化农业资源配置,提高农业生产效率。在保障社会公平方面,政府通过农业保险、农业扶贫、农村社保等社会政策,帮助农民抵御风险,保障其基本生活和农业生产,从而在一定程度上缩小城乡收入差距,实现社会公平。

(一)农业价格支撑政策

鉴于农业在国民经济中的基础性地位,政府通过价格支持、补贴等手段保护农业,确保国家粮食安全和农民收入稳定。农业价格支撑政策是政府为了保障农民的生产积极性和农产品市场的稳定,对农产品价格进行人为干预的一种经济措施。主要通过设定农产品的最低收购价、行政指导价或补贴,保证农民的收入不会低于一定水平,从而激励农民进行生产。所设定的价格一般高于自由市场的均衡价格,便得农民能获得更多的收益。然而,农业价格支撑政策也可能导致稻谷、玉米等重要农产品的库存增加,产生财政负担,因此需要精准把握价格的设定,避免出现资源浪费和价格扭曲的情况。

【例 5-7】 许庆等(2020)利用 2016 年和 2017 年全国农村固定观察点调查数据,研究了农业支持保护补贴对规模农户种粮行为的影响。研究发现,农业支持保护补贴主要通过促进规模农户转入更多土地显著扩大了规模农户的粮食播种面积,而对农户的种植结构影响不显著。这表明农业补贴改革在提高种粮积极性、促进粮食生产方面取得了一定效果。研究建议,应继续加大对农地经营者的补贴支持,以解决农地流转不畅问题,促进规模经营,保障粮食安全。

(二)农业风险管理

农业面临自然风险、市场风险和政策风险等多重风险,政府通过提供农业保险、信贷支持等手段帮助农民管理风险。农业风险管理主要包括以下几个环节:一是风险识别,即识别农业生产过程中可能出现的生产风险、市场风险和财务风险等;二是风险评估,即预测每种风险可能带来的损失程度和发生的可能性,从而帮助农民和农业企业更好地理解和管理风险;三是风险处理,即根据风险识别和评估结果,采取购买农业保险、调整种植结构、建立风险准备金等一系列手段减轻风险的影响；四是风险监控，即周期性地进行风险识别和评估，对已采取的风险处理措施进行监控并根据实际情况随时调整。在现代农业管理中，建立一套有效的农业风险管理机制，对于保障农业生产稳定、提升农民收入以及推动农业现代化具有重要意义。

【例 5-8】　王向楠（2011）通过实证分析探讨了农业贷款和农业保险对中国农业产出的影响。研究发现，农业贷款和农业保险均显著促进了中国农业产出的增加，特别是在农业生产风险较大的地区，农业保险对产出的促进作用更为显著。然而，农业贷款和农业保险之间并未产生协同效应。文章建议，应加强金融机构对农业领域的贷款支持，推行政策性农业保险，尤其是在风险较高的地区，并整合农业信贷和保险资源以提高协同效应，从而进一步推动中国农业发展。

（三）农业扶贫政策

农业扶贫政策是针对农村贫穷地区，尤其是贫困农户出台的一系列助力措施，旨在提高农户的生产水平和生活水平。中国的扶贫政策是实现乡村振兴、全面建设社会主义现代化国家的重要抓手。截至 2020 年底，中国共有 98.99％的贫困县全部摘帽，55.75 万个贫困村全部出列，770 万名贫困人口全部脱贫，这标志着中国在 2020 年完成了消除绝对贫困的目标，为全面建设社会主义现代化国家奠定了坚实基础。在脱贫攻坚的过程中，中国政府积极打造具有中国特色的农村扶贫模式，从贫困县、贫困村和贫困户三个层面着手，依靠完善的农村保障体系，通过产业扶贫、金融扶贫、社会保障制度扶贫、教育扶贫、基础设施扶贫、科技扶贫、健康扶贫和生态补偿扶贫等多种扶贫方式，建立全方位、全面的农业扶贫政策体系，实现农村经济的可持续发展。

未来中国的农业扶贫政策可能从持续发展农业产业链、筑牢乡村治理体系、推广现代农业科技、加强农村生态环境建设等方面展开，着重关注农业、农村、农民的可持续发展。

【例 5-9】　胡晗等（2018）以众多扶贫手段中的产业扶贫策略为例，基于陕西省 863 户贫困户的调查数据，使用 Probit 模型和粗略精确匹配方法评估产业扶贫政策的效果。实证结果显示，产业扶贫政策显著增加了贫困户参与农业种植和畜禽养殖的概率，同时提升了农业种植收入、畜禽养殖收入和家庭总收入,但对商业经营和外出务工收入影响不显著。由此可见,产业扶贫政策在帮助贫困户增收、脱贫方面效果良好,贫困户在该政策引导下将时间更多地分配给农业种植、畜禽养殖活动,同时减少了外出务工的时间,即生计模式向农业转移。研究建议加强贫困地区的防灾能力,创建并提升当地农林品牌价值,并培育新型农业经营主体,以实现持续脱贫。

五、资源配置理论与农场规模决策模型

在微观经济学理论中,资源配置理论的核心思想是通过有效利用有限的资源,充分调动市场主体的积极性,以实现社会总福利的提高。在理想的市场结构下,价格系统发挥着最重要的资源配置功能,通过供求关系决定各种资源的最终使用。

资源配置理论在农业经济管理学中的一个重要应用是农场规模理论。农场规模理论主要探讨农场的适宜规模、规模效应以及规模与农场效率之间的关系。资源配置理论在农场规模决定中的应用主要体现在投入决策、产出决策、价格机制、规模选择等方面。在投入决策方面,农场可以根据投入产出的边际效果和边际成本,确定最优的投入组合。在产出决策方面,农场可以根据市场价格和自身的生产函数,确定最优的产出组合。在价格机制方面,一方面,市场价格决定了农场的收入;另一方面,市场价格又反映了各种资源的稀缺程度,农场根据价格信号,调整资源的投入,以实现利润最大化。在规模选择方面,有且只有农场规模达到适宜程度,投入和产出的比例最优,资源才能得到有效利用,农场的经济效益才能最大化。

农场规模理论为理解和研究农场经营管理、提升农业效益以及制定农业政策等提供了重要的理论依据。近年来,随着科技的发展和农业的现代化,农业规模化、集约化经营成为大势所趋,农场规模理论也在实践中不断发展。

【例5-10】 郭熙保和冯玲玲(2015)通过经济学均衡理论分析了发达国家家庭农场规模变化的决定因素。文章首先设定了家庭农场规模的理论框架,认为非农工资的提高和资本价格的下降会导致农业机械化程度提升,进而推动农场规模的扩大。在此基础上,选取了美国、加拿大、澳大利亚等国家的农场规模数据进行实证分析,探讨了人均GDP、劳动资本价格比、制造业

与农业工资比以及农业机械数量等因素对农场规模的影响。研究结果表明，经济发展水平、技术进步水平、工资比以及资本价格比是影响家庭农场规模的主要因素。此外，文章指出，美国在实现工业化后，农场规模的变化不再由劳动资本价格比和制造业农业工资比决定，而是受到其他因素的影响。上述发现为中国家庭农场的健康发展提供了政策启示。

六、外部性理论与农村公共物品投资逻辑

(一)公共物品理论

公共物品理论主要研究公共物品的特性、供给方式及其对社会福利的影响，重点关注如何有效地提供和配置公共物品以提升社会福利。公共物品具有非排他性和非竞争性这两大特性。在供给上，由于无法掌握所有消费者的真实需求、存在"搭便车"行为等问题，公共物品的供给通常无法依靠市场，而是需要政府的公共投入。

农业中的公共物品是指具有非排他性(无法阻止任何人使用)和非竞争性(一个人使用不会减少其他人的使用量)的资源或服务，如清洁水源、气候稳定、土壤健康、病虫害控制、农业政策和法规、农业知识与技术等。

【例 5-11】 张林秀等(2005)通过公共物品理论分析了中国农村社区公共物品投资的决定因素。文章首先提出了两个理论假说：一是中央和上级政府应向欠发达地区提供适当的转移支付和补助，以弥补分权化提供公共物品可能造成的问题；二是如果一个地区对公共服务的需求更高，分权化提供可以使该地区的公共投资项目更多。基于上述假说，文章使用多元回归分析方法，探讨了目标要素(人均收入、少数民族人口比例、地形等)、需求要素(村集体企业个数、自营工商业户比例、外出务工劳动力比例等)以及其他要素(村庄治理、社会关系等)对农村公共物品投资的影响。研究结果表明，工商业活动多的村庄公共投资活动水平相对较高，而外出务工人员多的村庄公共投资较少。此外，上级政府的公共投资更多地投向贫困地区、偏远山区、农业生产条件差的地区或少数民族地区，有助于统筹区域发展和减少区域差异。

(二)外部性理论

公共物品的存在通常与外部性问题密切相关。当一个商品或服务的生产和

消费影响到未参与交易的第三方,且这种影响没有包含在市场价格中时,就产生了外部性。公共物品常常关联着正外部性,比如,公园的建设和维护虽然需要大量资金,但能给社会带来环境优化、休闲娱乐等效益,这些是单纯市场交易难以体现的。正外部性使得市场价格无法完全反映商品或服务的社会价值,从而导致了资源分配的失灵;当正外部性存在时,市场价格低于商品或服务的社会价值。负外部性导致市场价格无法完全反映商品或服务的社会成本,从而对非市场参与者产生了负面影响;当负外部性存在时,市场价格低于商品或服务的社会成本。正外部性问题往往通过政府提供公共物品来化解,负外部性问题则可能需要政府进行干预以避免公共资源的超量使用。

外部性问题的解决可以帮助提升公共物品的供给效率。在发生外部性的市场中,市场机制可能无法实现资源的有效配置,而公共物品的供给,尤其是由政府供给,可以纠正这种失灵,并提升整体社会福利。

在农业经济管理学中,正外部性是指农业生产活动或农产品的市场价格低于其社会价值,也即其为社会带来的利益超出农民的个体收益,比如环境保护、美化景观和食品安全等。因此需要政府颁布相应的政策以鼓励这些正外部性的产生。

【例 5-12】 李世刚和尹恒(2012)运用正外部性理论探讨了县级基础教育财政支出的外部性问题,并评估了"以县为主"体制的有效性。文章利用县级财政数据,采用空间计量模型分析了县级政府间在基础教育财政支出上的竞争和互动关系,发现相邻县级政府间的教育财政支出存在显著的负相关关系,即一个地区的教育支出增加会导致邻近地区的相应支出减少,这表明外溢效应是影响县级基础教育财政支出的主要外部性机制,即教育投入的收益不仅惠及本地区居民,也会惠及周边地区,导致县级政府在基础教育财政支出上存在不足。因此,文章建议上级政府应承担更多的基础教育支出责任,以提高公共支出效率,并纠正基础教育财政支出偏低的状况。

在农业经济管理学中,负外部性是指农业生产活动或农产品的市场价格低于其社会成本,也即农业生产活动对外部环境和社会造成了负面影响,比如环境污染、资源耗竭和生物多样性的损失,因此需要政府颁布相应的环境保护政策和可持续发展战略进行纠偏。

【例 5-13】 刘勤(2011)运用负外部性理论分析了海洋空间资源性资产生态效率流失的问题。文章指出,在海洋空间资源性资产的开发利用过程中,开发不当、过度利用和保护不足等行为导致了环境破坏和资源浪费等负外部性的产生。上述问题不仅影响了海洋生态环境的可持续性,也降低了资源利用的效率,从而造成了生态效率的流失。为了提升海洋空间资源性资产的生态效率,文章提出了构建市场配置与政府调控相结合的资源配置机制、海洋空间资源性资产开发与环境保护双赢的海洋环境治理机制,以及监督与反馈体系等对策建议。

第六章
宏观经济学与农业经济管理理论

宏观经济学是一门研究经济系统整体行为和表现的学科,主要关注总体经济发展状况如国内生产总值(GDP)、经济增长和经济结构转变等。同时,宏观经济学还涉及政府如何通过财政和货币政策来影响经济的稳定和增长。宏观经济学的发展历经多个阶段,包括古典宏观经济理论、凯恩斯主义、新古典宏观经济学、新凯恩斯主义宏观经济学以及现代宏观经济理论的新兴领域等,每个阶段都有其独特的理论体系和分析方法,反映了经济学家对经济现象理解的深化和对政策工具运用的创新。

本章深入探讨了在农业经济管理学相关研究中所涉及的多个宏观经济学理论,包括国民收入决定理论、消费函数理论、经济增长理论、开放经济理论、比较优势理论以及新结构经济学理论。本章概述了上述理论在农业经济管理学研究中的应用情况,为读者提供参考。

一、国民收入决定理论与农业农村发展研究

(一)国民收入决定理论内涵

国民收入决定理论解释了国民收入的构成以及影响因素。这一理论通常通过总需求和总供给模型来分析问题,强调消费、投资、政府支出和净出口对国民收入的影响。1936 年约翰·梅纳德·凯恩斯(John Maynard Keynes)在其所著的《就业、利息和货币通论》中首次提出了国民收入决定理论。凯恩斯认为,国民收入取决于消费和投资。具体来看,消费量的决定性影响因素是收入(即绝对收入消费理论)和消费倾向;而投资取决于利率(负相关)和资本边际效率(正相关)。其中,消费倾向一般被认为是比较稳定的,因此国民收入的波动主要受投资的影响。

　　国民收入决定理论有短期决定与长期决定两个研究视野。短期视野的代表性观点即凯恩斯主义。凯恩斯主义学派认为，在短期或经济萧条时期，总供给始终处于充分或是基本无法改变的状态，因此，短期视野下的国民收入应该由有效需求决定。这一表述反映在供求关系图中就等于供给曲线是一条平行于横轴的直线。长期视野的代表性观点来自古典和新古典经济学派。与凯恩斯主义学派所持观点相反，长期视野下生产要素的需求被认为处于充分状态，总需求无法改变，而供给不足。因此国民收入应该取决于供给情况。更前沿的观点则认为，在长期中，一个经济体在既定生产要素状态下的生产能力是固定不变的，长期产出就取决于技术进步与要素的总供给，而价格不再具有黏性，能对供给与需求的变动作出反应。

　　对国民收入决定理论的分析主要有以下三类模型：简单的国民收入决定模型、IS-LM 模型和"总需求-总供给"模型（AD-AS 模型）。其中，简单的国民收入决定模型是指在价格水平既定、利息率既定和投资水平既定的条件下，分析总需求决定国民收入水平的模型。IS-LM 模型则是由英国现代著名的经济学家约翰·希克斯（John Richard Hicks）和美国凯恩斯学派的创始人汉森（Alvin Hansen）在凯恩斯宏观经济理论基础上概括出的一个经济分析模式，即"希克斯-汉森模型"，也称"希克斯-汉森综合"或"希克斯-汉森图形"。"总需求-总供给"模型则是指将总需求与总供给结合在一个坐标图上，用以解释国民收入和价格水平的决定，考察价格变化的原因及社会经济如何实现总需求和总供给的均衡，是新古典学派用于分析国民收入决定的重要工具，是对简单的国民收入决定模型和 IS-LM 模型的补充和修正。

　　除了总供给、总需求，货币政策、市场预期等也会影响国民收入。米尔顿·弗里德曼（Milton Friedman）在《货币数量论研究》中就提出货币供应对经济活动和国民收入的影响更大，强调了货币政策在国民收入决定理论中的重要性。罗伯特·卢卡斯（Robert E. Lucas Jr.）在其 1972 年所著的《预期和货币中性》中提出了理性预期理论，质疑了凯恩斯主义的有效性，强调了市场预期的重要影响。

　　国民收入决定理论具有重大的现实意义，它为政策制定者提供了刺激经济的工具。同时，国民收入决定理论作为宏观经济学的核心，为分析各种宏观经济问题提供了一种重要的分析工具。宏观经济学中的失业、通货膨胀、经济周期和经济增长等问题的分析均可以运用国民收入决定理论。

(二)国民收入决定理论与农业农村发展研究

国民收入决定理论中的关键因素如消费、政府支出与进出口等同样在农业经济管理学相关研究中广泛存在。在消费方面,现有研究认为中国居民长期消费不足尤其是农村居民消费长期低迷制约了我国经济进一步增长与结构转型。因此,部分农经相关研究聚焦如何提高农村居民消费水平以促进我国经济发展。在农产品进出口方面,虽然我国农产品贸易额逐年增长,但贸易逆差却持续扩大。从农产品贸易结构来看,传统优势农产品如水果蔬菜等出口增长乏力,甚至开始出现下降趋势,而由于国内外市场价差增大,谷物等农产品进口大幅度增加(陈劲松,2013)。在财政支出方面,张楠等(2021)的研究表明中国财政支出对脱贫攻坚起到了重要的作用,各种财政工具显著收缩了农村相对贫困的广度、深度和强度。另外,中国实施的大规模农业补贴政策能够显著提高目标农作物产量、播种面积、相关农业资本投入以及农业全要素生产率等(王欧和杨进,2014;高鸣等,2016)。

【例 6-1】 全面消除绝对贫困、取得脱贫攻坚战伟大胜利是中国在人类反贫困史上的里程碑式成就,而提炼中国经验无疑可以为其他发展中国家提供有益借鉴。张楠等(2021)利用中国家庭金融调查数据,通过构造综合贫困线、国际相对贫困线和脆弱性调整贫困线三种相对贫困标准,评估了一系列财政工具的减贫效应与效率。研究发现,中国财政分配体系对实现精准扶贫发挥了重要作用,各种财政工具的综合利用显著收缩了农村相对贫困的广度、深度和强度。就减贫效率而言,转移支付和基本社会保险对农村相对贫困的瞄准较好,配置效率较高,而整个财政系统的 FI/FGP(财政致贫/财政增益)减贫效率在 57% 左右,仍有一定提升空间。因此,作者建议建立科学的扶贫瞄准机制,提高基本公共服务可及性和利用效率,并加快建立以直接税为主的税制体系,减少间接税对贫困人口的致贫效应。

二、消费函数理论与农村消费研究

(一)消费函数理论内涵

消费函数理论关注个人消费行为与收入水平之间的关系。它最先由凯恩斯在《就业、利息和货币通论》一书中提出,即可支配收入与消费之间存在一种相当稳定的关系,而这个关系可被表示为消费函数。

凯恩斯认为,影响人们消费的因素可以分为两大类:主观因素和客观因素。主观因素包括人的心理特征、社会习俗与社会制度,而后两者在短时期内不会有重大变动。客观因素包括利率与财政政策的变动等,短期内也不会有太大改变。因此,凯恩斯认为消费主要取决于总收入的变化和人的边际消费倾向。边际消费倾向是消费增减量与可支配收入增减量之比值,表示每增加或减少一个单位的可支配收入时消费的变动情况(臧旭恒和张欣,2018)。它是与"边际储蓄倾向"相对应的概念,由于消费倾向和储蓄倾向之和等于1,故边际消费倾向与边际储蓄倾向之和也恒为1。边际消费倾向存在递减规律。总之,在凯恩斯理论中,收入是具有决定性意义的因素,收入变化决定了消费变化,但两者不是一一对应的关系,边际消费倾向弥补了两者变动关系间的差距,是一项常数。整个公式的经济含义是:消费等于自发消费与引致消费之和。

除了凯恩斯的消费函数模型,弗里德曼还提出了永久收入假设模型来分析消费。弗里德曼的《货币数量论研究》认为消费取决于永久收入而非短期收入,该模型假设人们会根据长期收入来进行消费规划,以更好地平衡当前和未来的消费水平。弗里德曼认为永久性收入是无法被直接观察出来的,它必须从消费行为中被推导出来。对社会整体来说,永久性收入可以被看作是当前及过去测得的收入的加权平均数,这一加权平均数受到稳定长期趋势的向上调整,同时它所具有的权数将随时间推移而下降(Friedman,1956)。

其他的消费函数理论还包括杜森贝里的短期消费函数、库兹涅茨的长期消费函数、莫迪利安尼的生命周期函数、适应预期的消费函数模型等。

(二)消费函数理论与农村消费研究

消费函数理论已经不断被证实,并在农业经济管理学相关研究以及农业农村政策的制定中被广泛运用。现有研究表明,消费不足已成为制约中国经济增长的一个关键因素,而我国的消费不足主要表现为农村居民消费不足。尤其是城乡二元结构的制约,严重限制了农村市场的消费活力。根据消费函数理论,农村居民消费水平主要受到收入水平和收入结构的影响。一方面,由于农村整体收入水平较低,农村居民预防性储蓄动机及其强度是影响农村居民消费的重要因素(易行健等,2008)。朱玉春(2013)运用灰色关联分析模型探究了农村居民收入水平对消费结构的影响,发现收入提高显著改善了农村居民的消费结构,以生存型消费资料为主导的消费结构开始向以享受型、发展型消费资料为主导的消费结构转变。

另一方面,在中国农村改革不断深化的背景下,农民创收来源愈加丰富,收入结构也呈现出多元化趋势,此时农村居民的消费行为不但会受到总收入水平的影响,还会受到收入结构变化的广泛影响(周建等,2013)。杭斌等(2005)从预防性储蓄的角度研究了农户持久性收入提高与农户消费水平之间的关系,发现农民增加的持久收入中有更大的比例变成了储蓄。此外,就宏观层面而言,我国农村消费还存在广泛的不平等。具体而言,东部地区和中西部地区之间农村消费水平存在着较大差异,并且区域内部同样存在明显的消费不平等现象(曲兆鹏等,2008)。刘灵芝和马小辉(2010)对整个农村经济内部的收入分配结构与消费倾向进行了研究,发现农村的总体收入水平和消费层次低下,但平均消费倾向较高。农村中等收入以上农户的平均消费倾向与收入分配效应下的平均消费倾向比较相近。

【例 6-2】 为探究如何快速启动农村消费、缩小农村消费差异,周建等(2013)利用浙江省农村微观调查数据和动态面板数据模型对消费与收入的结构效应的理论机制进行了深入分析。与消费函数理论相一致,文章发现不同收入影响对不同类商品的消费,不同个体消费差异依赖于收入的结构性差异。具体来看,农户适应性预期的总消费和各类消费增速是由各自消费和收入的结构效应以及预防性储蓄动机等因素共同决定的,消费和收入之间存在着明显的结构效应。例如,工资性收入占比增长率对总消费、家庭设备、交通通信、文教娱乐、医疗保健、其他类的影响显著;经营收入占比增长率对总消费、交通通信、文教娱乐、其他类的影响显著;财产收入占比增长率对交通通信的影响显著;转移收入占比增长率对总消费、医疗保健的影响显著。

三、经济增长理论与农业增长原理

(一)经济增长理论内涵

经济增长理论是经济学中的一个重要分支,旨在解释长时期内产出和生产率的增长趋势,并研究影响经济增长的因素及其机制。自古典经济学时期以来,经济学家们一直在探讨经济增长的原因和方式。但真正系统化和理论化的经济增长理论始于 20 世纪,随着对经济长期稳定性和可持续性问题的日益关注,经济增长理论的研究变得更加深入。特别是随着第二次世界大战的结束和战后经济的快速恢复，人们开始关注长期增长问题。此后，经济增长理论经历了几个重要阶段。

1. 哈罗德-多马模型

英国经济学家罗伊·哈罗德（Roy Harrod）和美国经济学家多马（Evsey D. Domar）于20世纪上半叶先后提出了相似的经济增长模型，并被合称为哈罗德-多马模型，这一模型强调了投资对经济增长的关键作用（Harrod，1939；Domar，1946）。哈罗德和多马等学者认为，储蓄和投资决定了资本积累的速度，而资本积累则是长期经济增长的基础。用公式表示为：

$$G = S_d / C_r \tag{5-1}$$

其中，G 为产出增长率或经济增长率，即 $G = \Delta Y / Y$（ΔY 表示产出增量，Y 表示产出）；S_d 为储蓄率，即 $S_d = S/Y$（S 表示储蓄）；C_r 为"资本—产出"比，即 $C_r = I/\Delta Y$（I 表示投资，且 $I = S$）。

哈罗德-多马模型认为经济增长的根本动力在于物质资本积累。该经济增长理论把凯恩斯的短期静态分析长期化和动态化，从而开创了凯恩斯主义的经济增长理论。但哈罗德-多马模型假定资本报酬率为常数，隐含资本和劳动在经济增长过程中不可相互替代的假定，与实际经济增长状况差距较大。

2. 新古典增长理论

为克服哈罗德-多马模型的缺陷，以索洛为代表的新古典增长理论于20世纪中后期出现（Solow，1956）。该模型放松了资本和劳动不可替代的假定，强调技术进步和资本积累是推动经济增长的主要驱动力，用公式表示为：

$$Y = \gamma K^a L^\beta; \quad sf(k) = nk \tag{5-2}$$

其中，$\alpha + \beta = 1$，Y 表示产出，K 为资本投入，L 为劳动投入，γ 为技术进步，α、β、γ 均为常数。$f(\cdot)$ 为齐次线性生产函数，$f(k)$ 为人均产出，n 为人口增长率，k 为资本劳动比，s 为储蓄率。

新古典增长理论强调劳动和资本都是经济增长的推动因素，且认为劳动与资本可以相互替代并可通过价格机制来调节。但该模型将技术进步因素视为外生变量，忽视了经济增长在各国间长期存在的差异性。

3. 新增长理论

新增长理论的诞生通常以罗默（Paul M. Romer）和卢卡斯分别于1986年和

1988 年发表的论文《递增收益与长期增长》及《论经济发展机制》为标志。与之前的经济增长理论不同的是,新增长理论还没有一个为多数经济学家共同接受的基本理论模型,而只是由具有相似观点的增长模型组成的集合体。

新增长理论模型主要强调以下几点:(1)经济增长由经济系统发展内生演变而来,而不是外部力量推动的结果;(2)技术进步是内生的且具有溢出效应,是经济增长的重要决定因素,政府政策和创新激励机制可以促进技术进步和经济增长;(3)在没有政府干预的情况下,处于均衡状态下的均衡增长率通常低于社会最优增长率。

除了以上几个主要阶段,还有一些其他重要的经济增长理论,如制度经济学强调良好的制度环境对经济增长的重要性,认为有效的市场制度和产权保护可以促进资源配置和创新,从而推动经济增长。总的来说,经济增长理论的演进反映了经济学家对经济增长问题认识的不断深化,经济增长理论的不断发展和完善,有助于人们更好地理解经济增长的本质,也为政策制定者提供了重要参考。

(二)经济增长理论与农业增长原理

农业部门是国民经济中重要的生产部门,是国民经济的基础部门。农业生产活动是人类生产活动的起点,农业经济发展状况将直接影响工业部门和第三产业部门的发展。农业经济增长问题是农业经济管理学研究的重点,因此,经济增长理论也被广泛运用到农业经济增长问题研究当中。

根据新古典增长理论,农业的长期增长取决于两方面,农业生产要素投入和农业全要素生产率。农业生产要素投入相关研究主要着眼于劳动力、土地、资本和中间投入要素等。叶明华和庹国柱(2015)研究了各传统农业投入要素与粮食产量的关系,发现传统农业投入要素依然是促进粮食产量长期增长的重要因素,但由于农业技术进步和规模化的推进,各传统农业投入要素对粮食生产的贡献率发生了结构性调整,其中农业劳动投入的重要性下降,而农业机械和农田灌溉面积的贡献率在上升。高晶晶和史清华(2021)基于 1995—2016 年的全国微观农户数据,测算并比较了土地、劳动力、化肥、农药、地膜、种苗、机械等各主要投入要素的产出弹性及产出增长贡献,发现在时间序列上,中国农户的农业生产方式已经历了由主要依靠劳动力等传统农资演变为主要依赖化肥等化学农资的替代和转变过程。

就农业全要素生产率的相关研究而言,龚斌磊(2018)利用增长核算表解析了

1990—2015 年中国农业增长的内部结构,发现中国农业增长中投入要素的贡献率已经降低,其中,劳动力和土地的贡献率低于化肥和农机,而生产率的贡献率却在提高。吴亚玲等(2022)探讨了中国农业全要素生产率演进与要素错配问题,发现 2003 年以来农户农业全要素生产率提高缓慢,农业生产领域内部存在严重的要素错配问题,在对劳动力、土地、资本和中间投入等要素重新进行有效配置后,农业总产出大致可上升 40%—50%。

另外,制度因素同样被认为是影响农业经济增长的重要因素。特别是改革开放初期,家庭联产承包责任制的实施极大提高了农业生产水平。Lin(1992)利用传统生产函数和随机前沿分析法发现,该阶段我国农作物总产出增长超过 42%,而其中从生产队体制转变为家庭联产承包责任制的体制转变导致的生产率提高就贡献了约一半。王国运和陈波(2022)则关注了新一轮农地确权对农业经济增长的影响,发现在不增加其他生产要素投入的情况下,仅此产权制度改革本身即可使中国狭义农业总产值显著增长约 1%。Chari et al.(2021)研究了农村土地承包法实施效果,发现农村土地承包法的实施显著促进了农村土地租赁活动,这导致了农业产出和生产率分别提高了 8% 和 10%。

【例 6-3】　根据新古典增长理论,农业投入要素和农业全要素生产率是农业经济增长的源泉。龚斌磊(2018)根据生产函数,利用增长核算表和 31个省份的农业投入和产出宏观面板数据,研究了不同时期投入要素和生产率对中国农业增长贡献率的变化情况。结果发现,我国农业增长速度自 2000 年以来有所放缓,且投入要素对农业增长的贡献率逐渐降低,而生产率的贡献率逐渐增高。就投入要素之间的比较而言,劳动力和土地的贡献率低于化肥和农机的贡献率。就生产率内部而言,技术进步的速度非常稳定,但因为农业总体增长放缓,技术贡献率和重要性日趋提高。因此,作者认为在投入要素增长乏力的情况下,遏制农业资源的快速流失、提高生产率是未来我国农业增长的方向。

四、开放经济理论与全球化背景下的农业农村发展逻辑

(一)开放经济理论内涵

开放经济理论是经济学中的一个重要分支,主要关注一个国家与全球经济的

交互方式,特别是在国际贸易和国际金融中的行为。开放经济是与封闭经济相对立的概念。在开放经济中,要素、商品与服务可以较自由地跨国界流动,从而实现最优资源配置和最高经济效率。一般而言,一国经济发展水平越高,市场化程度越高,越接近于开放经济。在经济全球化的趋势下,发展开放经济已成为各国的主流选择。

开放经济有三个层次:(1)产品市场开放,即存在产品贸易的进出口;(2)资本市场开放,即允许资本自由流动;(3)要素市场开放,特别是劳动力要素可以自由流动。开放经济理论的开创性模型包括 Mundell-Fleming(蒙代尔-弗莱明)模型、Dornbusch(多恩布什)模型和 REDUX(跨时均衡汇率动态)模型等,为理解开放经济条件下的宏观经济学提供了重要的理论工具。

开放经济理论在中国的发展与创新,对于中国发展更高层次的开放型经济、建设现代化经济体系具有重要意义。裴长洪(2016)提出中国特色开放型经济理论的理论框架包括:完善互利共赢、多元平衡、安全高效的开放型经济体系;构建开放型经济新体制;培育参与和引领国际经济合作竞争新优势;完善对外开放战略布局;积极参与全球经济治理和公共产品供给。

(二)开放经济理论与全球化背景下的农业农村发展逻辑

开放经济理论在农业经济管理学中的应用,涉及如何理解并利用全球化和区域一体化的趋势,以促进农业和农村经济的发展。在开放经济条件下,农业与世界市场的关联度不断提高,国际国内两个市场的相互作用不断加深,农产品国际贸易不断增加,这为农业发展创造了新的机遇,也提出了新的要求。农业发展战略和农业政策的制定与实施也应综合考量国内国际市场动态、全球农业政策、国际贸易法规以及其他国际经济因素,以有效地适应开放经济环境。

在开放经济条件下,国内外农产品市场之间存在着高度的整合关系,这种关系主要是通过国际贸易建立的。由于市场高度整合,中国主要农产品价格在很大程度上受到国际价格影响(王孝松和谢申祥,2012),因而当国际农产品价格波动的驱动因素(包括石油价格的不稳定性、生物能源的进一步开发使用、自然灾害、主要出口国的出口管制政策等)活跃时,需警惕国内农产品价格波动及其影响。

开放经济对于农业政策调整提出了更高的要求。传统的农业产业政策在开放经济中面临新的挑战,需要政府积极参与国际农业合作和多边贸易谈判,实施差异化的贸易与引资战略,加强农业标准化建设,通过制定相关的产业发展政策、贸易鼓励政策等来提高农业的国际竞争力,保障国内农业的健康发展。

此外,开放经济有助于提升农业生产能力,促进农业绿色发展。开放经济下农业合作范围的扩大和农业产业结构的优化,有助于提升农业生产能力。发展中国家进口发达国家的农产品时,产品中新的培育方法、加工生产理念、营销策略等对进口国的生产者产生积极的示范效应和技术溢出效应,促进进口国粮食生产能力的提高。从绿色发展的角度看,农产品进口可节约国内资源、减轻环境压力,从而产生环境利好效应(黄季焜,2018),贸易开放程度的提高也能够有效地提升中国的农业绿色生产率水平。

【例6-4】 根据开放经济理论,国内外市场之间存在着高度的整合关系。姜楠等(2006)对于开放经济体系下汇率变动对农产品价格的影响进行研究。作者基于美国等发达国家的经济发展情况,建立了一个涵盖农产品市场、非农产品市场、货币市场与外汇市场的开放经济模型,进行了数学分析和图形解释。研究发现,在开放经济体系下,当外汇市场的随机干扰出现时,汇率对农产品价格的影响视农产品价格效果与利率效果的相对大小而定。若价格效果大于利率效果,则汇率与农产品价格呈正方向变动;若价格效果小于利率效果,则汇率与农产品价格呈反方向变动。这一发现为政府在面对外汇市场干扰时利用政策调整农产品价格提供了理论依据。

五、比较优势理论与农业资源配置原理

(一)比较优势理论内涵

比较优势理论由英国经济学家大卫·李嘉图在其1817年出版的经典著作《政治经济学及赋税原理》中提出,用以解释国际分工和国际贸易的基础。李嘉图的比较优势理论是在亚当·斯密的绝对优势理论基础上发展起来的。绝对优势理论认为,一个国家应该出口它能够以比其他国家更低的成本生产的商品。而比较优势理论则进一步指出,即使一个国家在生产任何一种商品时生产效率都不如另一个国家,两国仍然可以通过国际贸易获得利益,只要每个国家专注于生产它们相对效率更高的商品(林毅夫和李永军,2003)。

比较优势理论强调了国际贸易中的互利性,指出了各国通过专业化生产和贸易可以实现资源的最优配置,提高全球的经济效率。规模不断扩大的产品贸易和

要素流动有利于一个国家或地区按照自己的资源和要素禀赋选择合适的技术和产业结构,从而按照比较优势原则积极主动地参与国际分工,发挥贸易对经济增长的引擎作用(蔡昉和王德文,2002)。

(二)比较优势理论与农业资源配置原理

比较优势理论为农业经济管理学提供了一种分析框架,通过这一理论,农业经济管理学能够深入探讨各国或地区在农业上的相对优势,指导农业政策制定,为农业资源配置、农产品国际贸易、农业结构优化和可持续发展提供科学依据。

从农业资源配置的角度来看,比较优势理论强调根据各地区的自然资源禀赋、劳动力素质、科技水平等因素,该理论的应用有助于合理分配和利用农业资源。例如,根据比较优势原则,可以调整农业地域分工,因地制宜,扬长避短,合理开发地区农业资源(刘书楷,1994)。

在农产品国际贸易方面,比较优势理论指出,各国应专注于其具有比较优势的农产品生产和出口,以提高国际竞争力。例如,中国与东盟国家在农业生产和农产品贸易中存在较大差异,但通过建立自由贸易区,可以优势互补,扩大双边农产品贸易,增强在国际市场中的竞争优势。此外,结合比较优势与竞争优势,可以实现由潜在比较优势向现实竞争力的转化,提升农产品的国际竞争力。贸易开放程度和全球化进程的变化,会引起农产品比较优势的变化,如中国加入 WTO 之后,不同农产品的比较优势变化明显。因此,在挖掘和提升国际农业生产贸易整体比较优势时,应当依据变动中的比较优势侧重不同种类的农产品。

关于农业结构优化和农业可持续发展,比较优势理论提倡根据各地区的比较优势进行农业生产布局的科学规划,如推进我国农产品区域化布局的改革建议。此外,通过比较优势原则调整农业结构、进行农业区域布局、发展特色农业,是提高我国农业竞争力的重要任务。比较优势理论强调充分利用农业资源的现有优势,并不断促进新的优势形成,是我国农业可持续发展的关键。

近年来,对于农业比较优势的研究已从关注单一因素转变为关注多因素,从注重外生优势转变为内生与外生优势并重。已有研究表明,农业综合比较优势与农产品出口贸易额之间存在正相关性。同时,内生比较优势,如技术创新、规模经济、需求规模和差异产品等,对农产品出口贸易的影响更大,说明内生比较优势的重要性日益凸显(王世军,2007)。在充分利用外生比较优势的基础上,努力培育内生比较优势,是提升农业竞争力的重要途径。

【例 6-5】 姜开宏等(2004)应用比较优势理论研究区域土地资源的配置问题。作者应用土地利用效益来衡量土地利用的比较优势,用 1999—2001 年的平均数据来计算江苏省 54 个县(市)土地利用的效益和比较优势。理论推导表明,按照区域土地利用的比较优势来配置土地资源,能够提高土地利用的总福利水平。计算结果表明,苏南地区在建设用地的利用上具有比较优势,而苏北地区在农地利用上具有比较优势,江苏省区域土地利用格局并没有完全发挥其比较优势。因此,作者认为依据地区的比较优势,将建设用地指标更多地配置给苏南地区,并将确定基本农田保护区面积和增加耕地的指标更多地配置给苏北地区,有助于协调经济发展与耕地保护的矛盾,以有限的耕地资源换取最快的经济发展速度。

六、新结构经济学理论与农业经济结构演变规律

(一)新结构经济学理论内涵

新结构经济学理论强调经济结构的内生变化和政府在引导产业升级与结构转型中的作用。这一理论由经济学家林毅夫提出,主张以历史唯物主义为指导,采用新古典经济学的方法,关注经济体在特定时点的要素禀赋及其结构,以及这些因素如何影响经济体的生产力水平、产业和技术选择、交易费用的基础设施和制度安排等经济结构及其变迁。新结构经济学强调发展中国家应该从自身的要素禀赋结构出发,发展具有比较优势的产业,以实现可持续增长、消除贫困,并缩小与发达国家的收入差距(林毅夫,2011)。

不同于传统结构主义(或称政府干预主义)片面强调"市场失灵",也有别于新自由主义片面强调"政府失灵",新结构经济学采取了一种折中办法,强调经济发展是一个产业、技术、基础设施和制度结构不断变迁的过程,在这个过程中既要有"有效的市场",也要有"有为的政府"(林毅夫,2012)。

新结构经济学在国际学术界获得了高度评价,被视为继"结构主义"和"新自由主义"之后的第三代发展经济学理论。它不仅为理解和解决现代经济学问题提供了新的视角和方法,还对发展中国家的政策和实践产生了重要影响。

(二)新结构经济学与农业经济结构演变规律

新结构经济学为理解和促进农业发展和农村经济提供了新的视角和方法。

它强调了根据每个地区的特定禀赋条件来调整产业结构,认为这样能促进经济增长和产业升级。在新古典经济学理论的基础上,通过因势利导框架引入政府产业政策助力的经济思想,是符合中国农业发展的实际和客观要求的。北京大学新结构经济学研究中心与《中国农业经济评论》于 2017 年联合举办了"新结构经济学及其在农业发展上的应用——纪念林毅夫教授回国执教三十周年国际会议",可见新结构经济学对于中国农业发展的深刻影响。

根据新结构经济学,一个经济体的产业结构会随着发展阶段的不同而改变(林毅夫,2019),农业经济结构的发展演变也符合这一规律,要素禀赋结构对我国农业现代化产生了深远影响。随着工业化和城镇化的不断发展,社会分工和社会结构也开始出现新的分化,市场经济要素逐步向乡村社会流动。以农户生产经济组织转变为例,在宏观层面,各地要素禀赋结构存在巨大差异,经济发展水平受自然资源条件约束存在异质性,导致农业产出结构与就业结构发生调整;在微观层面,不同农户所拥有的土地面积、有效劳动力人数、劳动技能以及资本积累存在差异,各要素投入之间的替代关系改变,农户据此重新组合要素投入,引起农户生产经营组织转变,新型农业经营主体产生。中国农村社会经济结构通过"农业要素禀赋结构—比较优势—产业、技术、软硬基础设施变动—新型农业经营主体发育—农地流转方式选择"这一作用路径对农村土地流转方式产生影响。

新结构经济学的相关思想能够为乡村振兴战略提供有益的支撑和帮助(余航等,2019)。乡村振兴战略的落脚点应该放在缩小城乡差距上,而这离不开产业政策的实施;地区内部的资源整合和生产率的有效提升需要依赖最基础的市场机制发挥作用。新结构经济学强调"找准赛道"和产业政策"因势利导"的重要意义,在该理论的指导下,乡村振兴战略就像是将一个农业地区重新推回到正确良性循环轨道的"推力"一样。充分发挥"有效市场"与"有为政府"的作用,提高农业生产效率,减小城乡差距,可以推动乡村经济振兴。完善"硬"的基础设施和"软"的制度,立足农业文化遗产地固有的优势资源禀赋,将比较优势逐步放大,形成"虹吸效应",打造遗产地区域经济"增长极",有助于推动乡村文化振兴。

【例 6-6】 余航等(2019)基于新结构经济学理论框架,从诱致性变迁和强制性变迁的角度重新审视了农业土地流转与农业生产率变化之间的关系。其认为中国城乡二元结构长期存在且收敛缓慢的事实表明诱致性变迁下的农村内部资源配置还不足以充分推动城乡收敛。文章利用 1986—2017 年农村固定观察点数据集测度了中国农业全要素生产率,检验了农业土地流转与农业生产率变化之间的关系,发现农业土地流转市场中存在"无效流转"的情况,即土地从农业生产率高的农户流向农业生产率低的农户,表现为对农业生产的负面冲击,平均农业全要素生产率下降。随后,文章以农业补贴政策作为强制性变迁因素,检验了农业补贴的异质性影响,发现农业补贴能够缓解平均农业全要素生产率的下降。这一结果为新结构经济学强调"有为政府"和产业政策的引导性作用提供了经验支持。

第七章

发展经济学与农业经济管理理论

发展经济学理论的演进历程既是理论不断创新与完善的过程,也是各国在探索发展道路上积累历史经验的过程。从传统的经济增长理论到当今强调可持续发展的概念,发展经济学的范畴已经不再局限于简单衡量经济增长,更注重全面、包容和可持续性方面的发展。在这一过程中,学者们不断反思与探索,以适应全球经济格局的变化。本章将聚焦于发展经济学核心理论,并探讨其演变、现状及未来走向。同时,审视不同学派观点与主张,并重点梳理应用于农业经济管理领域的四大理论:农业技术转型理论、农业国工业化理论、二元经济结构理论以及农村人力资本理论,旨在为读者呈现一个全面而清晰的发展经济学理论图景。

一、发展经济学理论的内涵与历史发展

(一)发展经济学的内涵

1.经济发展的含义

在阐述发展经济学内涵之前,我们需要对经济发展有一个清晰的了解。尽管不同时代对于经济发展的理解可能存在差异,但其核心意义都指一定时期内国家或地区在经济方面所取得的进步和增长。在传统时代,即近代以前,经济发展往往被简单地理解为国家或地区的物质财富积累和增长。这一时期的经济发展侧重于传统自给性农业和手工业的发展,主要以农产品生产和手工业生产为主要经济活动。经济发展的标志主要是国家粮食产量的增加、手工业产品数量增加以及贸易规模扩大。在近代,经济发展的含义逐渐扩展到工业化进程,指一个国家的经济从以传统农业为中心的缓慢增长形态转变为以现代工业为中心的迅速增长形态。工业化时代的经济发展不仅包括农业和手工业的发展,还着重于工业生产

的增长和技术创新的推动。当一个国家完成工业化后,经济发展进一步指向以产业结构高度化为主要内容的整体经济现代化。它一般包括工业结构的重化学工业化,现代建筑业、交通运输业、商业金融保险业以及服务业等第三产业的迅速扩张,同时也包括在现代技术条件下的农业改造。在当代,发展的含义主要指科学技术驱动下的现代化进程。此外,当代经济发展还强调了人类生活质量提升和社会福利增进等方面(刘义圣和李建建,2008)。

从经济发展的内涵看,经济发展不等同于经济增长。经济增长通常指国内生产总值或国民收入的增加。经济发展不但包括了经济增长,而且涵盖了经济结构的转型、人民生活水平的提高、社会福利的增进以及环境可持续性等方面。经济增长是实现经济发展的手段之一,经济发展需要有持续的经济增长来支撑。经济增长所创造的财富和资源可以为经济发展提供基础,但经济发展也要求经济增长能够与社会、环境的可持续发展相协调。

2.发展经济学研究的问题

增长经济学主要研究发达国家的经济增长问题。而发展经济学主要关注发展中国家的经济发展问题,涵盖了经济、社会、政治、文化等多个方面,旨在探讨和解决发展中国家和地区面临的经济增长、贫困、社会不平等、环境破坏等重要问题,如资本积累问题、外资利用问题、技术进步问题、人口流动与就业问题、工业化问题、农业发展问题、计划化问题、经济结构问题,以及对外贸易发展战略问题。发展中国家的经济发展,首先是经济增长。因此,增长经济学的一些理论直接成为发展经济学的原理。虽然一些经济增长理论,比如资本形成理论中的哈罗德-多马增长模型,是以发达国家为背景的,但是在解释发展中国家的经济增长问题时也适用。

发展经济学有广义和狭义两方面的含义(张培刚,1989)。广义的发展经济学包含了增长经济学,是用于研究发达国家经济增长和发展中国家经济发展的理论。狭义的发展经济学主要研究农业国家或者发展中国家的经济增长和经济发展。本章探讨的发展经济学理论是狭义发展经济学中的理论,即研究发展中国家经济发展问题的理论。

(二)发展经济学理论的历史演变

自 Rosenstein-Rodan(1943)将"发展"引入经济学的讨论后,发展经济学演变为一门新兴的经济学分支(Bell,1987),其发展历程可以归纳为三个发展阶段。

第一个发展阶段是 20 世纪 40 年代末期至 60 年代中期,这一阶段的发展经济学理论以结构主义发展经济学理论为主流思想。第二阶段是 20 世纪 60 年代末期至 70 年代末期,这一阶段主流的发展经济学理论是新古典主义发展经济学理论。第三个阶段是 20 世纪 80 年代至今,这一阶段的发展经济学理论以新古典政治经济学理论为主流思想。在这三个阶段,主要出现的三大流派分别是结构主义发展经济学理论、新古典主义发展经济学理论和新古典政治经济学理论。本节将对上述三大流派进行梳理,并分析它们各自的基本特点。

1. 结构主义发展经济学

结构主义发展经济学理论,又称非均衡发展理论,兴起于 20 世纪 40 年代末,是最早研究发展经济学理论的先驱。主要代表人物有罗森斯坦-罗丹(P. N. Rosenstein-Rodan)、纳克斯(R. Nurkse)、刘易斯(A. Lewis)、辛格(H. W. Singer)、赫希曼(A. O. Hirschman)、缪尔达尔(G. Myrdal)、钱纳里(H. B. Chenery)、普雷维什(R. Prebisch)等。主要的发展经济学理论有罗森斯坦-罗丹的大推进理论、钱纳里的结构转化理论、刘易斯的两部门剩余劳动理论、纳克斯的贫困恶性循环理论、纳尔逊(R. Nelson)的低水平均衡陷阱理论和缪尔达尔的循环积累因果关系理论。

结构主义经济学家认为发展中国家具有"结构刚性",这一经济结构特点制约了其经济发展。该"结构刚性"不仅体现在发展中国家的二元经济和技术结构上,还反映在其社会结构中,要实现经济快速增长,必须积极推动工业化进程,并采取进口替代工业化发展政策以及政府干预措施(马颖,2002)。刘易斯将结构主义发展经济学的研究内容概括成 14 个问题,分别是两缺口模式、不平衡增长、剩余劳动力转移、荷兰病、二元经济、隐蔽性失业、结构性通货膨胀、经济依附、适用技术、指导性计划、大推进、增长极、上升的储蓄率、低水平均衡陷阱(谭崇台,1999)。为了解决这些发展经济学问题,结构主义的发展经济学理论主要有以下三种观点:一是强调物质资本积累的重要性与必要性,即"唯资本论";二是强调工业化的重要性与必要性,即"唯工业化论";三是强调计划化的重要性和必要性,即"唯计划论"。

然而,在现实情况中,结构主义发展经济学理论所体现的政策特点,如强调物质资本形成而轻视人力资本形成、重视工业化而忽视农业进步、强调计划管理而轻视市场机制、着眼内向发展而忽略对外开放,并没有使发展中国家的经济快速发展。20 世纪 60 年代中期,实施进口替代工业化战略的发展中国家甚至产生农业凋敝、工业竞争力缺乏、国内资源配置不合理、国民经济效率低下、失业率上升、人民生活水平提高缓慢以及收入差距过大等结构失衡问题(张培刚,2001)。与此相反,那些注重市场机制并实行出口导向工业化战略的发展中国家,则取得了经济迅速发展的成果。此外,在 20 世纪 70 年代,随着发达国家经济陷入严重滞胀,凯恩斯主义经济政策逐渐失去影响力。强调市场和价格机制的自由主义思潮开始崛起,并在西方经济学理论中重新受到关注。因此,结构主义发展经济学逐渐式微并面临危机。

2. 新古典主义发展经济学

20 世纪 60—70 年代,拉美、南亚和非洲国家采用政府干预、进口替代和贸易保护政策等结构主义发展经济理论,在经济发展中遭遇困境;相比之下,东亚国家转向出口导向政策后取得了惊人的经济发展成就。这一对比促使发展经济学家开始反思结构主义的理论观点与政策主张,并开始重视市场和价格机制,基于新古典主义框架解释发展中国家的经济问题。由此,发展经济学理论进入第二阶段,即新古典主义发展经济学。主要的代表人物有舒尔茨(T. Schultz)、哈伯勒(G. Haberler)、梅勒(J. Mellor)、拉坦(V. Ruttan)、明特(H. Myint)、格里芬(K. Griffin)等。主要的代表性理论有市场均衡理论、自由贸易理论和渐进发展理论等。

新古典主义发展经济学对结构主义发展经济学的修正主要可以概括为以下四个方面。一是否定了结构主义中发展中国家农民是非理性的这一观点。新古典主义发展经济学家坚信,无论是来自发达国家还是发展中国家的农民都具备追求利润最大化的理性特征。二是修正了重工轻农的思想,重视农业发展。大多数结构主义发展经济学理论都体现了重工轻农的思想,发展经济学家重新认识到农业进步对经济发展具有重要作用,意识到农业和工业之间存在相互依存关系。三是重新重视了市场的重要性。"价格—市场"机制不仅可以有效优化资源配置,刺激经济增长,而且可以在完成政策目标的同时避免直接政策导致的低效率问题。四是强调了对外贸易政策对经济发展的重要性。自由贸易能盘活尚未利用的资源、闲置土地和劳动力,并刺激农民的欲望,同时提供新的投入以改善国内交通、通信和公共服务。

除了上述理论层面的修正,新古典主义发展经济学的研究方法也开始从早期的宏观分析转向微观分析,从长期分析转向短期分析,并且更加重视宏观经济的微观基础。20 世纪 70 年代,拉美国家实施价格自由化,东亚国家采取外向型经济政策的相对成功,在实践上证实了新古典主义发展经济学的理论观点和政策建议的可行性。

然而,新古典主义发展经济理论也存在一定的局限性。发展中国家的经济参与者面临着信息不完全、高昂的交易成本以及不完善的市场等现实情况,这些现实条件与新古典主义理论的交易费用为零且信息完全的假设有着巨大差异。与此同时,新古典主义理论更加偏重短期和静态分析,无法全面考虑到发展的多种因素。因此,其分析具有局限性且难以为所有国家提供理论指导。此外,新古典主义经济学主要基于对西方发达国家经济发展过程的总结,在解释发展中国家的经济发展问题时存在明显不足。在实际情况中,信奉价格自由化和金融自由化的拉美国家很快面临巨大的金融风险和外债危机,经济社会畸形发展,导致社会出现"有增长、无发展"。这表明,忽视发展中国家的具体国情,盲目移植发达国家的市场体制将扭曲市场资源配置功能,并加剧社会经济动荡,无法真正促进发展中国家的经济发展。因此,在面对这一实践时,新古典主义发展经济学遇到了挫折,发展经济学理论再度陷入困境。

3. 新古典政治经济学

自 20 世纪 80 年代以来,新古典政治经济学崛起,发展经济学家开始结合发展中国家的具体情况,充分应用新古典经济学的分析方法,并且结合新制度经济学的相关理论和分析方法,以探索经济发展的动力源泉、揭示其历程并研究相关问题,实现了制度理论与经济发展理论的有机融合。新古典政治经济学派的代表人物有科斯(R. H. Coase)、布坎南(J. M. Buchanan)、塔洛克(G. Tullock)、奥尔森(M. Olson)、克鲁格(A. Krueger)、阿尔钦(A. A. Alchian)、德姆塞茨(H. Demsetz)、威廉姆森(O. Williamson)、张五常、林毅夫等。主要的理论有公共选择理论、集体行动理论、寻租理论、产权理论、交易成本理论等。

制度研究的兴起源于两方面:一方面是国家之间经济发展的差异逐渐拉大,这一经济发展上的差异不仅体现在发达国家和发展中国家之间,也体现在不同的发展中国家之间;另一方面,新古典增长理论假定各种制度因素既定且外生,经济增长来自外生技术和要素投入的变化,这不适合分析制度背景复杂的发展中国家的经济发展(谭崇台,2002)。正如奥尔森(1993)在他的著作《国家兴衰探源》中所说,这些理论追溯了江河源头的小溪与潮流,但没有解释注入这些源头的雨水是怎样形成的。同时,它们也没有说明经济发展的渠道是如何被堵塞的,即某些国家的经济发展为什么受到阻碍。这两方面的原因使得经济学家开始回顾及反思发展中国家的发展历程,从而提出了新的观点,在合理配置资源的同时有效利用已配置的资源,在正确制定政策的同时提出合理地执行政策的制度安排。因此,结合制度分析是新古典政治经济学的最主要的特征。

除了制度安排这一最主要的特征之外,新古典政治经济学在研究层次和研究方法上也有很大的不同(刘义圣和李建建,2008)。在研究层次上,新古典政治经济学家不仅研究宏观发展战略,而且更加关注研究发展中国家的微观经济问题。例如,他们在贝克尔的家庭经济学的基础上,提出了新家庭经济学,并且利用该理论探讨了发展中国家生育率对人口增长、教育的影响等微观经济问题。在研究方法上,新古典政治经济学家更加注重通过类型学和计量经济学的方法研究经济发展问题。

二、农业技术转型理论

在现代发展经济学理论中,农业技术转型理论扮演着关键角色。该理论聚焦于探讨农业生产中技术的应用和变革对农业部门的生产效率、农民的生计以及国家经济发展所带来的影响。农业技术转型不仅仅是指农业生产方式的改变,更涉及对整个社会经济结构和发展模式的深远影响。农业技术转型理论最早可以追溯到 20 世纪 60 年代,美国经济学家舒尔茨提出了改造传统农业理论。舒尔茨的改造传统农业理论中明确提出农村发展需要农业技术进步,但是该理论中并没有指出技术进步的方向。速水佑次郎和弗农·拉坦的诱致性技术变迁理论明确指出了农业技术进步的方向。本节将概述改造传统农业理论和诱致性技术变迁理论。

(一)改造传统农业理论

1964 年,美国经济学家西奥多·舒尔茨发表了重要著作《改造传统农业》。该书的中心思想是如何将落后的传统农业改造成高生产率的现代农业,主要围绕三个方面展开:一是分析了传统农业的基本特征,二是分析了传统农业不能成为经济增长源泉的原因,三是探讨了如何改造传统农业。舒尔茨认为,传统农业是以农民世代相传的同样的生产要素和技术为基础的农业。它的基本特征是农业技术长期停滞,即农业生产要素和技术条件长期保持不变。农民没有增加传统生产要素的动力,传统生产要素的供给和需求处于长期均衡的状态。在传统农业中,资源配置处于均衡状态,即资源配置是有效率的。因此,舒尔茨驳斥了两种关于传统农业的流行且影响深远的观点。一种观点是传统农业中生产要素配置效率低下。舒尔茨根据帕那加撒尔和塞纳普尔的资料,证明了传统农业中的农民对市场价格的变动能做出迅速而正确的反应。另一种是著名的隐蔽失业理论。舒尔茨分析了这一理论的历史渊源和理论基础,并且根据印度 1918—1919 年流行性感冒的相关劳动力和农业产量数据证明了在传统农业中,农业劳动力的减少必然使农业产量下降。

与此同时,舒尔茨认为,传统农业落后的原因在于来自农业生产的收入流来源价格较高,即资本的收益率低。因此,在这种情形下,农民不可能增加储蓄和投资,传统农业长期停滞的均衡状态无法被打破,无法成为经济增长的源泉。因此,改造传统农业的关键在于引入现代农业生产要素。首先,要运用以经济刺激为基础的市场方式改造传统农业,通过农产品和生产要素的价格变动刺激农民,调动农民积极性。其次,农场的规模要适度,不宜过大。最后,需要投入新的技术和生产要素,对农民进行人力资本投资。

舒尔茨的改造传统农业理论重视了农业在经济学中的作用,将发展农业视为经济增长的源泉之一。此外,该理论首次将人力资本投资引入农业发展范畴,对农业长期发展作出了重要贡献。

(二)诱致性技术变迁理论

诱致性技术变迁理论于 20 世纪 70 年代初由日本农业发展经济学家速水佑次郎(H. Yujiro)和美国农业发展经济学家弗农·拉坦提出,用以说明农业发展和技术进步道路。速水佑次郎和拉坦充分肯定了舒尔茨的改造传统农业理论,并在舒尔茨的基础上做出了相应的改善。他们认为,改造传统农业理论强调了加速农业发展的重要意义,并且指出农业快速发展的关键在于引入现代农业生产投入,但没有指出引入现代农业投入的技术方向。速水佑次郎和拉坦认为,农业快速发展取决于农业技术进步,农业技术进步有两种表现形式,以替代劳动力为主的机械技术进步和替代土地为主的生物化学技术进步。一个国家选择哪一种农业技术进步道路取决于该国资源禀赋情况和产品需求的动态增长。因此,诱致性技术变迁理论中技术进步被视为内生因素,是市场机制作用的结果,而非科技知识进步等外部因素的结果。

诱致性技术变迁理论的机制可以概括如下。农业技术的变化是由相对要素价格的变化和产品需求的增长"诱致"的。由于相对要素价格的变化实际上暗含了产品需求的变化,农业技术进步可视为仅由要素价格的相对稀缺性的变化所引起。相对要素价格的差异会使农业技术向节约相对稀缺而价格相对高昂的要素变迁。具体而言,在人口密度大且人口增长迅速的国家,土地相对于劳动力而言是稀缺要素。因此,土地价格(地租)相对于劳动力价格(工资)变得昂贵,农业技术向替代土地的方向发展,走上生物化学技术进步道路。相应地,在人口密度小而非农部门迅速扩张的国家,劳动力相对于土地而言是稀缺要素,劳动力价格相对于土地价格变得昂贵,农业技术向替代劳动力的方向发展,走上机械技术进步道路。

以上机制体现了诱致性技术变迁的需求方面,其成立的基础性要求是市场机制是完善的,即市场价格能有效反映要素稀缺性的变化,从而诱致相应的技术变迁。在诱致性技术变迁的供给方面,该理论假定农民、公共研究部门和农业投入供给商之间存在一种有效的相互影响,从而使农民对新技术的需求与研究部门和供给商的新技术供给相一致。

此外,速水佑次郎和拉坦不否认一般科学技术进步对农业技术进步的促进作用,他们认为这类新技术的采纳速度和对生产率的影响受到资源供给和产品需求条件的影响,而后者是通过要素和产品市场反映出来的。当然,诱致性技术变迁理论也存在一定缺陷,即要求市场机制完善且健全,这降低了该理论在市场机制不完善的发展中国家的适用性。但该理论仍然对发展中国家有一定的借鉴意义,即发展中国家应根据本国的资源条件,探索适宜的农业技术变迁道路。

【例 7-1】　现代信息技术发展极大地推动了中国电子商务的发展,推动了中国产业结构转型升级。农村电子商务的蓬勃发展已被视为推动农业农村现代化的新动力。淘宝村(镇)这类新型农村商业模式的出现,不仅促进了农产品的线上销售和农民收入的提升,更使部分村庄实现了从传统农业向现代化电商服务业的跨越。汪阳洁等(2022)通过构建电商模式下农产品两期交易模型、结合两轮农户跟踪问卷调查数据,探讨了农村电子商务发展对农产品市场均衡的影响,研究结果证实农村电子商务发展增强了农民的议价能力、扩大了农产品的销售规模、提高了农产品的销售利润,但农村电子商务规模的进一步扩大能否持续这种正面影响,则取决于农产品自身的保鲜特性和农民线上经营的额外成本,保鲜难度和额外成本的提高可能会抑制农村电子商务规模扩大的正面效应。

【例 7-2】 党的十八大以来,"绿水青山就是金山银山"理念已经成为指导新时代"三农"工作的主要理论源泉。朱竑等(2023)认为"绿水青山"向"金山银山"转化的经济学实质是生态环境正外部性在经济利益维度上的内部化,欠发达地区多数只能以特色产业发展来实现这种内部化,实现的过程具有阶段性和波动性特征,需要完善的制度机制进行约束和管控。朱竑等(2023)同时以云南省丽江市玉龙纳西族自治县 S 村玛咖种植为典型案例,分析了欠发达地区以特色农业实践实现生态产品价值转化的过程、路径和制度逻辑,阐释了绿色发展模式推动的"绿水青山"向"金山银山"转化,并指出制度体系和市场惯性共同作用于生态产品与地方品牌之间的回馈关系,促进了落后地区产业升级。

三、农业国工业化理论

最早研究农业国工业化问题的是法国经济学家威廉·吕彼克(1938),他在1938 年发表了《农业国家的工业化:一个科学的问题》。随后,罗森斯坦-罗丹(1943)在其论文《东欧和东南欧的工业化问题》中也探讨了农业国工业化问题。而最早系统性地研究农业国工业化问题的是张培刚教授。他在博士论文《农业与工业化》中首次提出了农业国工业化理论,旨在探讨以农业为主的经济落后国家如何通过工业化来实现经济增长和发展。该理论的核心观点是,农业国家或经济落后国家,要想实现经济起飞和经济发展,就必须全面(包括城市和农村)实行"工业化"。在农业国工业化理论中,他提出了自己关于"工业化"的定义,工业化是一系列基要的生产函数连续发生变化的过程。他进一步对这一定义做出解释,这种变化可能最先发生于某一个生产单位的生产函数,然后再以一种支配的形态形成一种社会的生产函数而遍及整个社会。

张培刚认为,他对工业化的定义不同于原本人们关于工业化的狭隘定义。他认为,工业化不仅包含工业部门的机械化和现代化,也包括农业部门的机械化和现代化。对于工业化的广义理解源自他对农业与工业化的认识,认为农业与工业是相互依存的关系。他在《农业与工业化》一书中写道,在任何经济社会中,农业和工业之间总保持一种密切的相互依存关系,虽然在经济演进过程中,其方式屡经变易。他认为,农业国家的发展道路在于实现工业化。工业化最初的主要动力源自农业本身,农业的发展对工业化的启动具有至关重要的基础作用,并在工业化进程中扮演着重要的促进角色。工业化的推进也将影响或改变农业在经济结构中的地位,并对农业生产本身产生深远影响。张培刚特别强调了农业在工业化和经济发展中的核心作用,"农业还可以通过输出农产品,帮助发动工业化。几十年来,桐油和茶叶等农产品曾在中国对外贸易中占据输出项目的第一位。这项输出显然是用于偿付一部分进口机器及其他制成品的债务。但全部输出额比起要有效地发动工业化所需要的巨额进口来,实嫌太小"。与此同时,他还强调了基础设施和基础工业的重要性。

此外,张培刚还研究了影响农业国工业化的因素,提出五种发动和制约工业化的重要因素。一是人口,包括人口的数量、组成和地理分布;二是资源或物力,包括其种类、数量和地理分布;三是社会制度,关于人的和物的要素所有权的分配;四是生产技术,着重于发明的应用;五是企业家的创新管理才能,即改变原有的生产要素的组合或应用新的生产要素的组合。

【例7-3】 罗必良和耿鹏鹏(2024)在阐述农业新质生产力的理论脉络、基本内核与提升路径文章的生产力理论演变部分提到了农业国工业化理论。他们认为传统的工业化理论并不符合经济发展的本质。而农业国工业化理论对工业化的重新定义,不仅强调了城市的工业化,更强调了农村的工业化。城市工业化发展、科技进步与农业农村发展、农业经济增长是相互关联的结构性体系。因此,他们认为科学技术、工业制造的成果应作为生产要素融入农业生产函数应用于农业改造中,从而促进农业长期稳定内生增长。

【例7-4】 徐建国和张勋(2016)则通过理论模型推导,验证了农业国工业化理论中城市工业化和农业工业化的联动发展。他们借鉴并拓展了农业生产率与结构转型的相关理论,构建了一个包含农业生产率、劳动力转移以及资本深化的一般均衡模型。该理论模型表明农业生产率的提高使劳动力转移到城市部门,并且提高了资本回报率,促进城市部门的资本深化。资本积累过程中农业机械等农业生产资料的生产、改进又进一步推动农业生产率的提高,从而形成正向反馈的循环机制。在此基础上,他们通过 1987—2010 年中国省级面板数据运用双向固定效应模型和中介效应模型进行了实证验证,证实了工业农业联动发展的逻辑链条。

四、二元经济结构理论与农村新型城镇化的逻辑

二元经济结构理论是发展经济学的重要理论之一。它指出了发展中国家普遍存在的以传统生产方式为主的农业部门和以现代生产方式为主的工业部门。最早提出"二元结构"的是荷兰社会学家伯克(J. H. Boeke),他研究发现印度尼西亚社会是一个典型的二元社会(Boeke,1953b)。在农村主要依靠劳动力生产,而在城市则主要依靠机器生产。伯克的二元结构思想为后来研究发展中国家的经济学家们提供了新的视角。二元经济结构理论实际就是指城乡二元经济结构。这种二元结构不仅存在于发展中国家,也在发达国家的早期发展阶段存在,尽管当时没有学者在这一转变过程中明确提出二元结构理论。但是这一转变与后来的二元结构理论十分相似。中国作为典型的发展中国家,城乡二元结构特征尤为突出。本节将概述二元经济结构理论的发展历程。

(一)刘易斯模式

刘易斯是最早系统阐述发展中国家二元经济结构理论的发展经济学家。他在 1954 年发表的论文《劳动无限供给条件下的经济发展》中明确提出了二元经济结构思想,被称为"无限剩余劳动供给"模式或者刘易斯模式(Lewis,1954)。他认为发展中国家一般存在着二元经济结构:一个是以土著方法进行生产、劳动生产率很低、劳动收入仅足糊口的传统农业部门;另一个是以现代化方法进行生产、劳动生产率较高、工资水平较高的城市工业部门。在农业部门中,存在着大量边际生产率为零或负数的"剩余劳动",这部分劳动者形式上虽然在劳动,实际上处于"伪装失业"的状态。而在工业部门中,劳动者已实现了充分就业,其工资水平又高于农村劳动力收入,从而农村过剩劳动力有流向城市工业部门的自然趋向。在现行固定的工资水平上,工业部门能得到它所需要的任何数量的劳动力,即工业部门的劳动力供给具有完全的弹性。因此,只要农业部门中存在"伪装失业",只要农业部门和工业部门的劳动力收入保持差距,农业部门的过剩劳动力就会对工业部门形成源源不断的无限供给。工业生产的扩大不会引起工资上涨,因为雇用

来自农业部门的过剩劳动力而累积起来的利润可以转化为投资,使工业生产进一步发展,再吸收更多的农业部门的过剩劳动力。农业部门由于过剩劳动力的逐渐消失,劳动生产率和劳动者收入将逐渐提高,这一过程一直持续到农村过剩劳动力被吸收殆尽,工农两部门工资水平相等而止。其结果将是工业化逐步实现,农业生产率不断提高,国民经济得到发展。

不少经济学家认为刘易斯模式存在局限性。在现实情况下,不可能存在无限供给的劳动力,城市部门也不可能有无限吸纳劳动力的能力。与此同时,刘易斯模式忽视了农业部门的发展。虽然如此,刘易斯模式下的二元经济结构理论仍然对发展经济学作出了巨大贡献。该理论首次阐述了发展中国家农业和工业部门结构上的巨大差异,将经济增长过程与劳动力转移有机结合。

(二)刘易斯-费-拉尼斯模式

1964 年,拉尼斯(G. Ranis)和费景汉(C. H. Fei)基于刘易斯模式,在其论文《一个经济发展理论》中提出了他们的模式(Ranis & Fei,1961)。他们首先指出了刘易斯模式中的缺陷,一是没有充分重视农业部门发展的重要性,二是没有留意农业部门劳动力向工业部门转移的先决条件,即由于劳动生产率的提高,农业出现剩余产品。他们在分析了这两个缺陷后拓展了刘易斯模式。拉尼斯-费模式把二元经济结构的演变分为三个阶段。第一阶段类似于刘易斯模式,农业部门存在着隐蔽性失业,劳动边际生产率为零或接近于零,劳动力供给弹性无限大。在第二、第三阶段中,农业部门逐渐出现了生产剩余。这些生产剩余可以满足非农业部门的消费,从而有助于劳动力向工业部门移动,因此,农业对促进工业增长的作用不仅在于消极地输送劳动力,还在于积极地为工业部门的扩大提供必不可少的农产品。上述两个模式合称为刘易斯-费-拉尼斯模式。

刘易斯-费-拉尼斯模式极大地丰富了二元结构理论,受到许多发展经济学家的赞赏,该模式证明了工业部门和农业部门在结构和经济上的差异以及劳动力流动过程在连接两个部门中的重要作用。但是,也有不少发展经济学家认为该模式存在局限性。农业部门存在剩余劳动力与工业部门存在充分就业,工业部门的工资在农业部门存在剩余劳动力的情况下一直保持不变,这些情况与现实发展中国家的情况不相符。

(三)乔根森模式

乔根森(D. W. Jorgenson)在 1961 年的论文《二元经济的发展》中提出了新的

二元经济结构模式(Jorgenson,1961)。不同于刘易斯-费-拉尼斯模式假定农业部门存在剩余劳动力和工业部门工资恒定,乔根森模式采纳了新古典主义的分析框架。他首先假定发展中国家的经济可划分为以工业部门为代表的现代部门和以农业部门为代表的传统部门。其次,他假定农业没有资本积累,在土地固定的情况下,农业产出是劳动的函数,工业产出则只是资本与劳动的函数。再次,由于技术进步,假定两个部门的生产随时间的流逝而自动增加,技术进步则是中性的。最后,假定人口增长率存在一个"生理最大量",不可无限扩张。

乔根森模式最初假定不存在工业部门,农业产出为劳动(总人口)的函数。在达到生理最大量之前,人口增长率取决于人均农业产出的增长,人均农业产出的增长取决于技术进步,而人口的同比率增长抵消了技术进步的影响,从而使人均农业产出保持不变。这种人口增长而人均产出不变的状态被称为低水平均衡陷阱,此时所有的人口都必须从事农业,不存在劳动力流动的问题。乔根森定义人口增长率达到生理最大量的人均农业产出水平为临界人均收入水平。当人均农业产出的增长超过这一收入水平时,人口的增长就不再能抵消人均收入的增长。此时产生农业剩余,触发了劳动力转移的条件。

在分析工业扩张和劳动力转移的实际过程时,乔根森进一步假定:当人口增长达到生理最大量之后,农业总产出的增长与总人口的增长始终保持同步性,人均粮食消费是不变的,且等于临界人均收入水平,即所有粮食都被消费掉,所有工业利润都用于再投资。在劳动力转移的实际过程中,他认为劳动力转移的规模与农业剩余的规模成比例,即农业剩余在总农业产出中的比例等于工业部门劳动力在总人口中的比例。因此农业剩余越大,劳动力转移的速度越快,工业部门的扩张也就越快。

【例7-5】 夏柱智和贺雪峰(2017)基于城乡二元结构理论探讨了中国特色城镇化背景下的农民生计问题,并且阐述了该农民生计特征下的渐进城镇化过程。他们认为中国特有的制度安排,特别是户籍制度推动着城乡二元结构的形成。然而,随着工业化扩张和体制改革深化,城乡二元结构逐渐松动,允许农民有限度地流动,农业的剩余劳动力开始从农业部门转向现代部门,农民获得自由进城就业和居住的权利。农民作为"能动的主体"嵌入中国式城乡二元结构,通过以青年人进城务工、老年人留村务农的家庭代际分工为基础的半工半耕生计模式参与城镇化。这种生计模式下,农民得以在城乡之间双向流动，也保持了农民社会的有序分化和稳定，从而形成了中国特色的渐进城镇化。

五、农村人力资本理论

农村人力资本理论是发展经济学领域的重要理论之一，它关注的是农村地区人力资本的积累与影响。亚当·斯密、穆勒（J. S. Mill）、马歇尔（A. Marshall）最早提出将人的能力视为资本，但是他们并没有明确提出人力资本的概念，也没有将其纳入经济学的分析。舒尔茨于1959年在他的论文《人力投资——一个经济学家的观点》中最早提出了人力资本这一概念，他强调人力资本在经济发展中具有重要作用，并且主张人力资本投资应与物质资本投资并行。1961年，他在美国经济学年会上发表了题为"人力资本投资"的演讲，成为人力资本理论体系奠基的重要标志。在这次演讲中，他明确提出人力资本是促进国民经济增长的主要原因，而人力资本的形成主要有教育、培训和健康三个途径。具体来说，教育不仅能够提升个体的知识水平，还可以改进个体的思维方式，增强其问题解决能力、认知能力和思考能力。培训有助于个体掌握新的知识和技能，提高工作效率，并帮助其适应不断变化的经济环境。职业发展则鼓励个体持续进取，实现自我价值。组织通过重视员工培训、教育和职业发展，可不断提升整体人力资本水平。健康的个体更有利于从事生产活动，因此对健康进行投资也是人力资本投资中重要的一部分。在《人力资本投资》一书中，舒尔茨将人力资本投资范围和内容归纳为五个方面。一是卫生保健设施和服务，包括对人们预期寿命、体能、耐力、精力和活动水平产生影响的各种支出。二是职业培训，其中包括商业企业组织的传统学徒制度。三是正规的初等、中等和高等教育。四是非商业组织提供的成年人教育计划，尤其是农业领域的校外学习计划。五是个人及家庭进行迁移以适应不断变化的就业机会。

舒尔茨对人力资本理论的贡献在于他首次提出了人力资本理论，拓展了传统经济学对资本的理解，将注意力从物质资本转向了人力资本。同时，他深入研究了人力资本形成的方式与途径，并且定量研究了教育对经济增长的贡献。他的理论启发了后来发展经济学领域对人力资本的研究和探讨。当然，舒尔茨的人力资本理论存在一定局限性，忽视了微观分析。

贝克尔(G. S. Becker)在舒尔茨的基础上,进一步丰富和拓展了人力资本理论。他关于人力资本理论的观点集中在《生育率的经济分析》和《人力资本》这两部代表作中(Becker,1967)。他主要从微观层面开展对人力资本的研究。他认为人力资本首先是一种人格化的资本,体现为个体的能力与素质,与个体本身不可分割。因此,工作性质和类型等会对人力资本的利用产生影响,并意味着人力资本具有私有性质,其使用方式取决于个人选择。其次,人力资本生产率取决于拥有者的努力程度。因此,适当而有效的激励可以提高人力资本利用效率,这是与物质资本的最大区别。最后,人力资本价值由各项开支构成,在计量成本时除了考虑实际费用支出还必须计算"放弃收入",这是主要投入成本。贝克尔认为通过后天投资可以获得人力资本,并且其影响未来的生产率和回报。

贝克尔在人力资本理论方面的贡献主要体现在对人力资本进行微观经济分析。他提出了关于家庭生育行为的经济决策和"成本—效用"分析方法,引入了孩子直接成本和间接成本的概念,并探讨了家庭时间价值和时间配置、市场活动与非市场活动等新颖概念,具有创新性。此外,在人力资本形成方面,他对教育、培训以及其他人力资本投资过程进行了深入研究并取得重要突破,为该领域开辟了新的道路。追求效用最大化、市场均衡和稳定偏好是贝克尔丰富理论著述中一贯存在的核心思想。

丹尼森(E. F. Denison)在舒尔茨结论的基础上对人力资本要素在国民收入中的作用进行了计量分析。他得出结论,1929—1957年美国经济增长中23%的份额可以归因于对教育的投资。在他通过传统经济分析方法估算劳动和资本对国民收入增长所起的作用时,产生了大量未被认识的"残差",这些无法由劳动和资本投入来解释。他将"残差"中包含的因素划分为规模经济效应、资源配置和组织管理改善、知识上的延时效应以及资本和劳动力质量自身提高等方面,这些因素不论从理论还是实践角度都具有重要意义。

【例 7-6】 教育是农民积累人力资本的重要途径,科学合理地调整农村地区教育资源布局,有利于农村儿童长期人力资本积累。梁超和王素素(2020)从教育公共品配置角度切入,研究撤点并校对农村儿童人力资本积累的长期影响。两位学者利用截面双重差分模型和多元数据,研究发现撤点并校会对农村儿童接受高中教育产生显著正向影响,在排除入学年龄、学制差异、大学扩招、移民等因素影响后,结果仍成立。撤点并校不仅改善了政府教育支出绩效,还促进学校规模扩大,正向促进了农村儿童接受长期教育。

　　【例 7-7】　发展农村教育事业的主要目标是通过积累农村人力资本来有效地促进农民增收,地方政府对农村教育的投资,会影响其辖区内农民的竞争力和收入情况。骆永民和樊丽明(2014)基于 2001—2011 年 30 个省份的数据,采用静态、动态、空间及门槛面板回归模型,研究农村人力资本增收效应的空间相关性,结果表明农村人力资本对本省农民的工资性收入和非工资性收入的影响均显著为正,但对邻近省份农民两类收入的影响显著为负。这证实了农村教育在省域间表现为明显的"空间竞争"这一负面效应。

第八章

制度经济学与农业经济管理理论

经济学思想和理论的发展是不断解释经济现象和揭示经济规律的过程。随着经济学学科的发展,作为主流经济学的新古典主义经济学,因其理论假设与实际经济运行之间的差距备受争议。在此背景下,制度经济学应运而生,并试图在对新古典主义经济学的批判基础上构建一种更为贴近现实的经济理论框架。

本章参考各位学者(洪名勇,2012;贾小玫,2020;王向东,2021)的制度经济学内容和框架,首先从新古典主义经济学的基本假设出发,简述制度经济学家对相关假设的批判和制度经济学流派的发展,以及制度经济学的研究假设和内容,并在此基础上着重描述制度经济学主要的理论及其在农业经济管理学研究中的经典应用。

一、制度经济学简介

(一)新古典经济学的假设

新古典经济学有"经济人"行为、理性人行为和稀缺性三个核心假设和一系列辅助性假设。

1."经济人"行为

经济学中所谓的"经济人"即具有计算能力、创造性和追求最大利益的个体。其中,生产者追求利润最大化,而消费者追求效用最大化,二者行为不同但均追求个体利益最大化,因此帕累托将具有这种行为倾向的个体归纳为"经济人",并视其为全部经济分析的前提假设。

2.理性人行为

理性人行为亦称最大化行为,指人们的行为目标是追求个人利益的最大化,或者说在决策中,人们总是选择能够为他们带来最大利益的那一个。因此,"经济人"也就是理性人,"经济人"的行为也就是理性行为。经济理性行为作为一种行为方式假设,其基本含义是指行为人对自己的支付具有完全信息,并且在既定条件下具有选择使自己获得最大效用的意愿和能力。

3. 稀缺性

稀缺性是指一种基本事实,即无论个体如何努力,所能够获取的资源总量均无法完全满足其需求。价格在资源稀缺性配置中具有重要的作用。当价格过低时,资源需求量可能会增加,导致资源的稀缺性程度上升;相反,当价格过高时,需求可能会减少,从而降低了资源的稀缺性水平。

4. 经济自由

经济自由是国家繁荣和强大的关键保证(Hayek,1948;Hayek,1960)。然而,经济自由主义并非反对政府在经济中的作用,而是强调必须正确地界定和限制政府的经济作用。一般而言,政府的经济作用只体现在提供国防、维护法律和秩序、环境保护、进行宏观经济调控以及弥补市场失灵等公共物品的范围内。

5. 完全信息

完全信息假定,即假定经济主体具有进行最优决策所需的一切相关信息,或者说决策者获取信息的成本为零。

6. 正确的市场价格

正确的市场价格假定,即假定市场价格能够反映供、需双方所有的相关信息。这意味着,供给方的一切变化,如生产成本、生产技术、供给量等的变化,或需求方的一切变化,如消费者的收入、偏好、预期等的变化和替代品、互补品的价格变化等,都会反映在市场价格的变化中。

7. 零交易成本

零交易成本假定,即假定企业的全部成本就是其在生产中使用生产要素的成本,可以忽略企业发现相对价格的成本,或企业制定和执行交易合同的成本。

8. 制度外生

制度外生假定,这种假定无须考察社会制度对消费者或企业行为的影响,因为消费者和企业所遵循的是目标函数最大化的边际均衡条件。清晰界定的私人产权可以完全消除生产或消费的外部性,因而是最有效率的制度,不存在研究制度效率的必要性。

(二)制度经济学的挑战

1. 对"经济人"假设的挑战

(1)威廉姆森的挑战

在经济学中,"经济人"假设认为个体追求自我利益最大化的动机是强烈而公开的,他们没有损人之心,因此不会说谎、欺骗或违背承诺。在这种假设下,"经济人"之间的竞争被认为可以通过惯例和伦理来调节,而无须依赖契约和法律。然而,威廉姆森(Williamson,2002)接受有限理性假设,认为"经济人"的自利行为常常会演变成机会主义。由于信息不对称,一些人可能会利用有利的信息条件来欺骗对方,只要他们是"经济人",就可能不择手段地追求个人利益。机会主义者的行为增加了交易成本,但是由于有限理性和信息不对称,机会主义倾向才能转化为实际的机会主义行为。因此,机会主义倾向假设实际上是对自我利益最大化假设的重要补充,使其更加贴近现实情况。

(2)诺斯的挑战

诺斯作为新制度经济学的杰出代表之一,针对新古典主义经济学中有关"经济人"的假设提出了独特的见解。诺斯指出新古典主义经济学未能解释人类的利他行为,认为为了更好地解释制度的稳定与变迁,需要超越个人主义的"成本—收益"计算原则(North,1990)。为此,他引入了诸如利他主义、意识形态以及自愿负担等非财富最大化行为因素,并将其纳入个人预期效用函数,从而构建了更为复杂、更接近现实的人性假设。诺斯强调了意识形态对"经济人"的约束作用,表明了对有限理性假设的认可,即在特定制度环境的约束下,"经济人"只能最大化其效用。他还强调了良好意识形态对降低社会运行成本的重要性。

2. 对制度外生的挑战

新古典主义经济学的基本假设包括将技术和制度视为外生变量,同时认为制度安排和市场交易不存在成本,由此推导出由市场来组织和引导经济的观点。然而,这一观点受到了新制度经济学的批评和反对。新制度经济学认为,在任何社会中,资源配置的实际决定因素是该社会的有组织结构,即制度。相对于新古典主义观点,新制度经济学强调市场对现行制度的影响相对较小,而更关注经济作为一种体制的组织和控制方式。

3.对个体主义方法论的挑战

在研究方法上,新古典主义是个体主义并具有个体主义的效率观,它将个人视作独立且自我的存在,拥有给定的偏好,效率被定义为资源配置到"最高的",即金钱上最划算的用途之上,社会效率是累加的,是个人效率的总和。而新制度经济学则认为个人和文化是相互关联的,效率既是私人和个体主义者的,也是社会和公共的。不同于个体主义,新制度经济学将包括公平和系统效率的可行性效率视为个人福利和社会福利的基本要求,坚持制度性个人本位主义。其最主要特征是结构个人主义,一方面,当事人决策时依赖的社会关系受现有的制度制约,另一方面,当事人会按自己的偏好改变自身所处的社会关系,并不是完全被动的、纯粹的社会人。

4.对经济模型的机械性和静态性的批评

新制度经济学认为新古典经济学的不足之处在于其经济模型具有机械性和静态性。在新古典主义经济学中,经济调整被假设为是瞬间完成的,因为他们相信只要市场得以充分发挥调节作用,经济就会最终趋向均衡,从而使经济过程变得不重要。瞬时完成调整的假设,导致其问题和模型具有机械性和静态性。

然而,新制度经济学认为,市场是在制度中形成和运作的,而制度是动态的、演进的。在现实经济中,由于受到有限理性、信息不完备性和交易费用的制约,每个决策主体都无法准确地知晓未来并采取最佳行为,只能根据对未来发展趋势和竞争对手可能采取的对策的预测,独立作出决策。这种决策过程是一种试验性的"试错"过程,即以过去的经验为基础,并根据对未来的预测进行调整以确定当前的策略。因此,制度(包括市场本身)的变迁不可避免地成为一个"路径依赖"的动态演进过程。

(三)制度经济学的基本假设与研究内容

1.制度经济学的基本假设

制度经济学的基本假设可以总结为以下几个主要的方面。

(1)有限理性

制度经济学摈弃完全理性,主张有限理性,认为人只能在有限程度上实现理性,而正是这种有限理性使各种制度规则的存在成为可能和必要(Simon,1959)。外在约束和内在约束使理性只能在有限程度上实现,内在约束表现为人的生理限制、知识限制、能力限制、动机限制;外在约束主要指环境的复杂性和未来的不确定性。

（2）资源稀缺

制度经济学沿用传统经济学中资源稀缺的假设,将制度本身也作为一种稀缺资源进行研究。相对于需求,资源总是稀缺的。资源稀缺导致资源在多用途中的选择问题,产生了机会成本概念。制度的稀缺性源于制度供给的有关约束条件、制度需求压力和制度的公共性等因素。

（3）机会主义

机会主义是指人们具有通过隐瞒、欺骗等不正当手段谋取自身利益的倾向。现实中,一些人可能是不诚实的,会掩盖偏好、歪曲数据、故意混淆是非。制度经济学假定所有人都是机会主义者,在制度经济学中,关于机会主义的具体表现最典型的是逆向选择问题和道德风险问题。

（4）信息不完全

出于未来不确定性和环境复杂性等原因,人们无法获取决策所需的一切信息。由于认识能力的限制,人们也不可能知道在所有时间、所有地点发生的所有情况,人们总是在信息不完全的情况下进行决策。

信息不完全包括信息不充分和信息不对称。在信息不充分条件下,信息也成为一种有价值的资源,通过市场被生产和交易;而信息不对称导致了委托代理问题。

2. 制度经济学的研究内容

制度经济学就是研究制度本身的产生、演变及其与经济活动（经济增长、收入分配、经济主体的行为等）关系的经济学分支学科。也就是说,制度经济学的研究对象由相互联系的两个方面构成:一是制度本身是怎样产生、演变的;二是研究制度及其变化与经济主体的行为、经济增长、收入分配等的相关性。

制度经济学就是既研究规则如何形成（其中也有一部分是研究人们制定或对待规则的行为）,又研究规则及其变化如何影响人们的行为及收入分配和经济增长（包含研究如何通过改变或修正规则而改变人们的行为、收入分配格局和对经济增长的影响）。如果说经济学是研究人类（选择）行为的科学,那么,也可以说,新古典主义经济学及其传统,就是研究在制度既定前提下的人类行为及其对资源配置和经济增长的影响,而制度经济学就是研究人们选择制度的行为,制度及其变迁对人们行为的影响，以及制度及其变迁通过影响人们的行为而如何影响资源配置和经济增长（洪名勇，2012）。

（四）制度经济学发展历程

20 世纪二三十年代之后，美国经济大萧条导致"供给创造需求"的萨伊定律彻底无法自圆其说，西方经济学在经济理论上陷入持久的危机。制度经济学派就是在批判传统的主流经济学——新古典主义的基础上发展起来的。制度经济学按其类型一般分为以凡勃伦、康芒斯（J. R. Commons）为代表的早期制度经济学，以加尔布雷斯（J. K. Galbraith）、缪尔达尔为代表的后制度经济学和以科斯、诺斯为代表的新制度经济学。

旧制度经济学起源于对传统经济学进行批判。其奠基人凡勃伦融合了达尔文的进化论、德国历史学派以及美国早期实用主义的分析方法，通过对资本主义的历史和现实进行深入研究，从经济学、人类学、文化学、生物学等多个视角探讨经济和社会问题，将经济分析的核心转向制度层面，形成了研究经济问题的制度主义方法。20 世纪初，凡勃伦的制度分析引起了学界广泛的关注。随后，在康芒斯的进一步发展和完善下，制度分析学派日益壮大。到了 20 世纪二三十年代，制度经济学成为美国经济学界的一个重要学派，不仅成为经济学界的主要思潮，也对政府的政策产生了重要影响。这一时期经济思想史上的这一事件被称为"制度主义运动"。

在 20 世纪 40 年代，凯恩斯主义的兴起导致制度学派及其他一些非主流学派被忽视。直到 60 年代，制度主义才重新兴起。在这一时期，出现了两个"新"制度经济学流派，分别是以加尔布雷斯、缪尔达尔等经济学家为代表的"Neo-institutional Economics"，以及以科斯、诺斯等为代表的"New institutional Economics"。为了区分这两支制度学派，一般将以加尔布雷斯等人为代表的制度学派称为后制度经济学，而将以科斯等为代表的制度学派称为新制度经济学。也有学者提出新的分法，即根据其理论关联，将前者称为"新制度经济学"，而将后者称为"新古典制度经济学"。考虑到新制度经济学的称谓已为大多数人所习惯，因此，仍采用前一种分法，将这两支制度学派分别称为"后制度经济学"与"新制度经济学"（徐桂华和魏倩，2004）。

后制度经济学派在很大程度上延续了早期制度学派的传统。这一学派的经济学家大多接受了主流经济学的教育，但在深入接触现实情况后，对主流经济学的假设和研究方法产生了不满,转向了制度主义分析。其中,缪尔达尔是最典型的代表之一,其学术观点由新古典主义向制度主义转变,因此被划分为"老缪尔达尔"和"新缪尔达尔"。这一学派认为,正统经济学的方法论过于狭隘,导致经济学变成了一种乏味的游戏,缺乏解决实际问题的能力。他们毫不客气地批评正统经济学在方法论上的失败,并认为这种失败在一开始就在方法论的门槛上显露出来了。

新制度经济学研究的核心问题是新古典主义经济学忽视的制度重要性,尤其是提出了交易成本的存在。新制度经济学的先驱科斯尖锐地指出,新古典主义经济学只是一堆工具,其研究对象是"没有躯体的血液循环"。他在获诺贝尔奖时的演讲中对新古典主义作了批评,认为亚当·斯密以后的经济学家主要致力于将"看不见的手"模型化,研究的是经济学家心中的理论框架,而不是现实中的体系。科斯将这种情况称为"黑板经济学"。

总之,早期制度经济学、后制度经济学和新制度经济学作为新古典主义的对立面出现。这三种形态的制度经济学从不同的角度和层面批评了新古典主义经济学的理论范式。它们都以制度为研究对象,并从对制度的分析出发,建立了自己的学说。然而,它们在研究制度的视角和方法上各有不同,具有不同的理论特色,但又具有一定的可比性。其中,早期制度学派和后制度学派的理论传承较多,而新制度经济学与前两者之间存在较大的差异(洪名勇,2012)。

(五)制度建设与经济增长

新制度经济学认为,制度建设与经济增长密切相关。在特定的制度安排下,决策者才能正确了解他们的立场及其行为的结果,土地、资本和劳动等生产要素才能发挥相应的作用,因此,制度对于经济增长和结构优化具有重大的影响。制度及其制度安排是否合理,对于一个国家或地区的经济增长至关重要。

(六)制度经济学与农业经济管理学

制度经济学与农业经济管理学在理论与实践中相辅相成。制度经济学相关理论遍布农业经济管理学研究的各个领域,制度经济学已经成为解释农业经济管理学研究实际问题的重要理论依据;对应地,农业经济管理学特定的研究对象和方向,使得制度经济学研究更好地落地生根,大量的理论创新和实践经验反馈到制度经济学,使得制度经济学进一步完善和发展。

二、制度变迁理论与中国农地制度改革的逻辑

(一)制度变迁的概念

制度变迁是指制度的替代、转换和交易的过程。制度有供给,也有需求。制度供给与需求相吻合称为制度均衡,反之则为制度非均衡。制度供给者在边际收益等于边际成本时达到制度均衡。制度变迁是"制度均衡—制度非均衡—制度再次均衡"的过程,即一种新制度产生并否定、扬弃或改变某种旧制度的过程,或者说是一种旧的制度经过修正、补充、废减等转变为一种新制度的过程。尽管短期内制度均衡可能存在并呈现一定的稳定性,但长期来看,制度非均衡是不可避免的。

(二)诺斯的制度变迁理论

诺斯(North,1990)认为,制度变迁是对构成制度框架的规则、准则和实施的组合所做的边际调整。他认为制度变迁是政府、团体和私人等主体,为了从创新中实现自身利益最大化,就是否进行制度创新、是否实施变迁,以及如何变迁等进行的博弈结果。制度变迁的诱致因素在于主体期望最大化地获取已有制度安排结构中主体无法获取的潜在利润。潜在利润主要来源于四个方面,一是由规模经济带来的利润,二是外部内部化带来的利润,三是克服对风险的厌恶,四是交易成本转移与降低带来的利润。

诺斯的制度变迁模型本质上是一种"滞后供给"模型,即在潜在利润的出现与将这些潜在利润内部化的制度创新之间存在时间差。制度创新往往滞后于潜在利润的出现。即使在预期收益大于预期成本的情况下,制度变迁中存在利益摩擦和阻力因素,也会导致制度变迁和制度创新的延迟。因此,制度滞后现象在经济发展史上是普遍存在的。

(三)诱致性制度变迁与强制性制度变迁

林毅夫(1994)对新制度经济学中的制度变迁理论作了归纳和区分,并将制度变迁理论划分为诱致性制度变迁与强制性制度变迁。

1. 诱致性制度变迁

诱致性制度变迁是指个人或群体在发现获利机会时,自发地推动当前制度安

排调整、替代甚至是新制度的创立的过程。也就是说,诱致性制度变迁的发生通常是因为制度不平衡,即人们在原有制度安排下无法得到获利机会,必须通过改变制度获利。从初始的制度均衡,到制度非均衡,再到制度均衡,周而复始,这个过程就是人类制度变迁的过程。导致制度不均衡的原因多种多样,主要包括制度选择集合的改变、技术和生产力的发展、要素和产品价格的长期变化以及其他制度安排的改变(林毅夫,1994;拉坦,1994)。诱致性制度变迁具有营利性、自发性和渐进性的特点。

2. 强制性制度变迁

强制性制度变迁是由政府命令和法律引入和实施的一种形式。不同于诱致性制度变迁,强制性制度变迁可能纯粹是因为政府在不同选民群体之间重新分配现有收入而发生的。其主体为国家,其基本功能包括提供法律和秩序,保护产权并收取税款。国家在使用强制力时具有较大的规模经济。作为垄断者,国家可以以比竞争性组织低得多的成本提供一定的制度性服务。此外,国家在制度实施及其组织成本方面也具有比较优势。凭借其强制力量,国家能够在制度变迁过程中降低组织成本和实施成本。

3. 诱致性制度变迁与强制性制度变迁的区别

诱致性制度变迁与强制性制度变迁在几个方面存在显著差异。首先,两者的主体不同。诱致性制度变迁的主体可以是个人、一群人或一个团体,而强制性制度变迁的主体则通常是国家或政府。这种差异不仅在于数量上的差异,更体现在其性质或属性上。诱致性制度变迁主体的形成主要基于共同的利益和经济原则,而国家作为强制性制度变迁的主体,其推动制度变迁的动因往往比竞争性组织或团体更为复杂。

其次,这两种制度变迁模式具有不同的优势。诱致性制度变迁主要依赖于一致性同意原则和经济原则。如果能够克服外部性和"搭便车"等问题,那么它将是制度变迁中最有效率的形式之一。而强制性制度变迁之所以具有优势,是因为它能够以最短的时间和最快的速度推进制度变迁,借助自身的强制力和"暴力潜能"等优势降低变迁成本。总之,这两种模式各有优势,并且彼此之间存在互补关系,而非替代关系。

最后,这两种制度变迁面临的问题也有所不同。诱致性制度变迁作为一种自发性变迁过程,其主要问题在于外部性和"搭便车"问题。而强制性制度变迁则面临着统治者的有限理性、意识形态刚性、官僚政治、集团利益冲突以及社会科学知识的局限等问题(卢现祥,2004)。

(四)制度变迁的内在机制

理论界研究制度变迁动力机制的理论观点也很多,不同的学派对此有不同的认识。概括起来,主要有以下几种观点:(1)经济增长推动说:舒尔茨等学者代表的经济增长推动假说认为,制度的变迁是由经济增长所引发的,经济增长作为制度变迁的动力源,驱动着社会制度的演变。(2)技术决定论:技术决定论将技术视为推动经济增长和制度变迁的动态原因,主张新的制度安排是由技术改进带来的成本效益变化导致的。凡勃伦、阿里斯和马克思等学者支持这一观点。(3)制度自我循环累积说:制度自我循环累积说认为,制度变迁本身是经济发展的动态原因,制度具有自我循环累积机制,对经济增长起着决定作用的是制度性因素而非技术性因素。只有能够提供个人刺激的有效制度才是经济增长的决定性因素,因此是制度决定技术。(4)技术与制度双线互动论:技术与制度双线互动说认为,制度变迁是技术变迁与制度变迁之间相互作用的结果,强调技术和制度之间的双向互动。不应将二者割裂开来,而应将其看作一个互动的过程。(5)预期利益偏好说:戴维斯和诺斯从外部收益的角度出发,认为制度是经济主体或行动团体之间的利益安排。外部收益的变化诱导人们努力改变制度安排,推动制度变迁的发生。(6)利益集团论:奥尔森认为,新的制度给人们提供了比旧制度更好的利益,因此人们希望或采取行动使制度发生有利于自己的变化,这种行动源自联合起来的利益集团。制度变迁的根源取决于利益集团的形成和发展,其对制度变迁的决定作用是至关重要的。

(五)制度变迁周期论

制度变迁可被视为一连串周期,包括制度僵滞阶段、制度创新阶段以及制度均衡阶段。每个周期的制度变迁完成后,便进入下一个周期。这一周期性的制度变迁主要由不同阶段所主导的利益集团决定:独占型利益集团主导制度僵滞阶段,创新型利益集团主导制度创新阶段,而分享型利益集团主导制度均衡阶段。

(六)制度变迁的路径依赖理论

诺斯(North,1990)提出,制度变迁与技术变迁过程相似,都存在着报酬递增和自我强化的机制。这种机制导致一旦制度变迁走上某一条路径,其既定方向将在以后的发展中得到自我强化。因此,过去所做出的选择决定了当前可行的选择。在确定的路径上,经济和政治制度的变迁可能进入良性循环轨道,迅速优化;或者可能沿着原来的错误路径下滑,甚至陷入无效率状态而导致停滞。一旦陷入锁定状态,脱身而出将变得十分困难。决定制度变迁路径的力量来自报酬递增和不完全市场两个方面。制度向量的相互联系网络会产生大量的递增报酬,而递增的报酬又使特定制度的路径保持下去,从而决定经济长期运行的轨迹。

格雷夫(2008)认为,制度变迁的主体是非正式的自我实施制度。这些非正式制度的选择受到多方面历史因素(如经济、政治、文化和社会因素)的制约和影响。因此,在具体分析非正式制度时,应高度重视历史在制度产生、存在和变迁中的作用。

(七)制度变迁理论与中国农地制度改革的基本逻辑

在农业经济管理学中,制度变迁理论的经典应用体现在农地制度变迁上。丰雷等(2019)构建了一个"中央—地方—个体"三者互动与共演的动态制度变迁分析框架,总结了新中国成立以来我国的农地制度变迁,认为中国农地改革经历了土地改革—人民公社—家庭联产承包责任制改革—不得调地、确权登记颁证—"三块地"试点改革等阶段,实质上是强制性和诱致性制度变迁的互动过程。中央、地方和个体分别承担了政策制定、实施创新和需求反馈的角色。当强制性和诱致性制度变迁互动良好时,中央能积极回应地方和个体的制度需求,并通过引导、地方创新、择优固化的机制进行及时调整,从而使制度具备较强的适应性,反之,制度就会缺乏适应性。

三、产权理论与农村集体产权制度改革的逻辑

(一)产权的概念

1.产权的法律概念

关于产权的法律概念,罗马法系和英美法系有不同的侧重。罗马法系认为,产权是指财产所有权,其中财产仅与有形的物品有关。实践中,由于财产所有权可能不完全,产权就不仅包括所有权人依法对自己的财产享有占有、使用、收益、处分的权利(狭义的财产所有权),也包括非所有人在所有人财产上享有的占有、使用以及一定程度的收益或处分的权利(财产他物权)。而在英美法系中,产权是一系列财产权利(产权束)的简称,包括财产的使用、收益、转让等权利,它不仅与

有形物品有关,也与无形物品有关,如专利、版权。

2.产权的经济概念

早期的经济学家在探讨产权的经济解释时,受到了罗马法系概念的影响,将所有权视为核心概念。康芒斯(1997)将产权与财产进行了区分,将产权定义为所有权,而财产则指物质实体。他从产权的角度将交易定义为个人间对物质所有权的让与和取得。随后,产权的经济解释主要以英美法系(普通法)为基础,许多经济学家提出了各自的理解。阿尔钦将产权定义为个人对资源使用的权利,是社会强制执行的选择某种经济品使用的权利(Alchian,1965)。社会通过产权制度将权利分配给个人,以确定特定个体如何从商品的不同用途中进行选择。产权的强度取决于实施它的可能性和成本,这又取决于政府、非正规社会行为以及通行的伦理和道德规范。德姆塞茨(1999)认为,产权是一种社会契约,意味着权利对所有者自身或他人的利益或损害。产权界定了人们如何受益和受损,以及谁需要向谁付费。弗鲁博顿和芮切特(2006)认为,产权不是指人与物之间的关系,而是指由物的存在和关于其使用所引发的人际相互认可的行为关系。产权安排确定了每个人相对于物的行为规范,共同体中通行的产权制度是一系列用来确定每个人相对于稀缺资源使用地位的经济社会关系。

从经济学的视角来看,对产权的理解可以概括为如下几个要点:第一,现代产权的经济解释主要基于英美法系的理论基础。第二,应将产权视为由人对物的使用所引起的人与人之间的相互关系,而非简单的人对物的关系。第三,需要强调产权是一组行为性权利,即一个"权利束",具有行使、转让、排他和限制他人使用等特征。第四,应当将财产所附权利的数量及其强度视为其经济价值大小的决定性因素,这意味着权利的明晰与权利的强度将影响资源配置和经济活动的效率。第五,应将产权体系视为一种社会制度,它在经济活动中发挥着重要的调节和保障作用(王向东,2021)。

(二)产权的基本构成

在产权的构成上,有"三要素说"和"四要素说"的争论。但是,总体来说,可以概括为所有权、占有权、使用权、收益权和处置权等主要基本构成要素(贾小玫,2020)。在不同的制度安排下,这几种权利的设置通常会有所不同。

1.所有权

所有权是指在法律框架下,产权主体将财产(即产权客体)视为自己的专有物,具有排斥他人随意侵犯的权利。这表明产权主体与客体间的拥有与归属关系,由此排斥他人违反其意志和利益侵犯其财产。

2.占有权

作为所有者,不仅要有对财产最高的排他的占有权、支配权,还要拥有在经济上对其进行利用和实现其价值的最高的排他的占有权、支配权。

3.使用权

使用权是指产权主体对财产进行使用的权利,其具体表现有三种情形:首先,是对财产进行使用但不改变其原有的形态和性质;其次,是部分改变财产的形态,但其根本性质并未改变;最后,是完全改变财产的形态,甚至使其原有的形态完全消失,并转变成其他存在形式。在土地等领域,后两种情形可以合称为开发权。

4.收益权

收益权是指获得资产收益的权利。收益权的所有者对财产的收益拥有排他权,而非对带来收益的资产拥有排他权。

5.处置权

处置权是指主体将物或者对象,以某种形式交给他人支配、占有和使用,从而带来财产主体的变化。其可以表现为两种形式的变化:第一,支配使用权主体的变化。财产所有者可以不对财产进行直接占有,而是将财产交给其他的代理人管理和经营。第二,所有权主体的变化。财产主体可以将财产进行变卖、捐赠或继承等,使得财产主体得以变化。

(三)产权的基本功能

产权的基本功能包括减少不确定性、外部性内部化、激励功能、约束功能、资源配置功能和收入分配功能。

1.减少不确定性

社会经济活动中,人们面临的环境总是复杂和多变的,充满了不确定性,从而增加人们经济交往过程中的交易费用。产权制度通过向人们提供一个日常生活的结构来减少不确定性,也就是说产权制度确定地限制了人们的选择集合(North,1981;North,1990)。

2.外部性内部化

从产权经济学的角度来看,外部性产生的一个重要原因在于产权界定不清,要使外部性内部化就必须明确界定产权,所以产权的一个重要功能就是使外部性内部化。

3. 激励功能

产权的范畴涵盖了权能和利益。一旦某一主体确立了其拥有的产权,不仅意味着其拥有特定的权利,同时也明确定义了其相应的利益,这种情况下,其行为受到了利益激励或刺激。激励因此成为一种驱动力,有效的激励能够充分调动主体的积极性,使其行为的收益或预期收益与所从事经济活动的数量和质量相一致。

4. 约束功能

产权的约束功能来源于产权的有限性。即任何财产的产权,其权能或作用空间有界区,利益有限。基于此,产权也就同时有了对产权主体的约束功能。

5. 资源配置功能

产权的资源配置功能是指产权安排或者产权结构直接进行资源配置或者驱动资源配置状态的改变。产权的资源配置功能主要表现在以下几个方面:一是相对于无产权或产权不明晰而言,界定产权就是对资源的一种配置。二是任何一种稳定的产权结构,都基本形成了一种资源配置的状态。三是产权的变迁意味着资源配置状态的改变。产权主体或者客体的变迁,意味着资源在不同主体之间的重新配置,当然这种重新配置资源不一定就能提高资源配置的效率。四是产权结构影响资源配置的方式。如高度集中的产权结构与分散的产权结构就可能导致两种不同的资源配置方式,前者可能以计划配置资源为主,后者可能更倾向于以市场配置资源为主。

6. 收入分配功能

产权的收入分配功能主要体现在以下几个方面:一是产权在不同主体之间的划分,本身就是获得收入的一种手段。二是产权是收入分配的基本依据。收入分配只能依据各自的生产要素或财产的产权进行,谁是财产的主体,谁就获得相应的收入,产权越多,收入也就越多。因此,不管是按劳分配还是按资分配,本质上都是按产权分配。三是产权的界定和明晰有助于收入分配的规范化。由于产权是收入分配的基本依据,因此,对产权的界定和明晰就是对收入或者收入依据的界定和明晰。只要产权规则是清晰的,则收入分配就是规范的。只要产权能够得到保护,收入分配就能够正常进行,收入也就得到了保护。

(四)产权制度安排与经济绩效

在新制度经济学范式下,不同的产权制度布局在经济表现上存在差异。产权作为一种可分割的实体,其权利束可以被细分和重新组合,从而形成多样化的产权结构。制度的不完备性导致了产权的残缺,进而导致了低效率的产生。在制度设计中,明的产权被视为专用权,而未明确的则被视为剩余权。对专用权而言,产权在结构上表现得越完整、越完全,对当事人的激励和约束就越充分,经济绩效也就越高。对剩余权而言,不仅要注意剩余索取权的有效配置,而且要注意剩余控制权的配置,通常应该赋予拥有剩余索取权的主体剩余控制权。

(五)产权理论与农村集体产权制度改革的逻辑

在农业经济管理学中,产权理论集中应用在农村土地制度改革、集体产权改革等方面,其中对农村集体产权制度改革的研究尤为重要。张浩等(2021)指出,农村集体产权制度改革面临农民财产权益难以保障和集体经济难以壮大的"两难"困境。明确界定农村集体资产的剩余索取权,并促进其与剩余控制权的匹配,是实现农村集体产权制度改革从"两难"到"双赢"的有效途径。基于对苏州吴中区的考察,研究发现,通过实施政经分开、设置多元化个人股(取消集体股)、股权固化和股份权能拓展等措施,能够清晰界定农村集体资产的剩余索取权,从而保障农民的财产权益。此外,通过完善"三会"等基层民主治理机制,可以最大限度地促进农民的剩余索取权与剩余控制权的匹配。同时,通过给予管理者激励性工资和长期性股权来赋予他们剩余索取权,并通过监督机制(降低信息不对称性和控制自由现金流)来约束管理者的剩余控制权,能够提高农村集体资产的利用效率,壮大农村集体经济。

四、交易成本理论与农地产权界定逻辑

(一)交易的概念

亚里士多德最早引入"交易"这一概念,并分析了交易的功能和类型,认为交易是财富获取的一种技术。康芒斯(1997)将交易视为人类经济活动的基本单位,强调交易的核心在于个体之间对物品所有权的让与和取得。Coase(1937)将交易与资源配置联系起来,并认为其成本和收益可被计量和比较。威廉姆森指出,交易源于物品或服务从一种技术边界向另一种技术边界的转移,将活动技术分为独

立的活动过程,每个过程可视为完成活动的一个阶段(Williamson,2002)。

概括而言,广义的交易指的是人与人之间相互影响的社会行为,可能发生在市场、企业内部或政治领域,其结果是建立、维持或改变相关的社会关系。而狭义的交易则指市场交易,即市场主体之间的经济活动,其形式表现为物品或服务的转移(包括信息或知识的转移),实质上涉及产权在经济主体之间的转移。一般而言,交易可从成本和收益的角度进行量化和比较,也可从不确定性、频率、资产专用性等维度或特征进行考察和分析(王向东,2021)。

(二)交易成本的概念

交易成本,即与交易相关的各种成本,又被称为交易费用。Williamson(2002)将交易成本比喻为经济世界的摩擦力。学界对交易成本有不同角度的理解,其可划分为不同的类型。

1. 市场成本论

交易成本的概念最早由科斯提出并阐释,科斯所说的交易成本主要是市场交易成本。在《企业的性质》(Coase,1937)一文中,科斯提出"市场的运行是有成本的",包括所有发现相对价格的成本、市场上发生的每一笔交易的谈判和签约成本以及利用价格机制存在的其他方面的成本。在《社会成本问题》(Coase,1960)一文中,科斯阐述道:"为了进行市场交易,有必要去发现谁希望交易,有必要告诉人们交易的愿望和方式,以及通过讨价还价的谈判缔结契约,督促契约条款的严格履行等,这些工作通常是花费成本的。"在诺贝尔经济学奖颁奖典礼的演讲中,科斯总结道:"谈判要进行、契约要签订、监督要实行、解决纠纷的安排要设立等,这些成本后来被称为交易成本。"

市场成本论认为,市场视角的交易成本是与市场交易相关的一切活动所引起的成本,包括:市场交易的准备活动及市场交易后的活动等。

2. 契约成本论

威廉姆森从契约的角度将交易成本分为事前和事后两部分(Williamson,2002)。事前的交易成本,包括契约的起草、谈判和维护等成本,其中维护成本尤为复杂;事后的交易成本,即签订契约后,为解决契约本身所存在的问题、从改变条款到退出契约、促使交易关系长期化和持续性等所花费的成本。威廉姆森对事后的交易成本进行进一步的界定,认为事后的交易成本具体包括交易偏离所要求的准则而引起的不适应成本、对事后偏离准则进行纠正而争论不休的成本、与规制机构建立和运作有关的成本、实现可信承诺的保证成本等。

马修斯认为,交易成本包括事前准备契约和事后监督及强制契约执行的成本;指出交易成本不同于生产成本,是实施一个契约的成本(Matthews,1986)。考特和尤伦认为,交易从契约角度看包括找到交易伙伴、在交易伙伴之间达成契约、契约实施三个阶段,相应的交易成本主要由搜寻成本、讨价还价成本和契约的履行成本三方面构成(Cooter & Ulen,2011)。

综合来说,契约成本论认为交易成本是指契约的准备、达成和履行成本。

3. 产权成本论

巴泽尔(1997)认为,交易成本是与产权的转让、获取和保护相关的费用。他强调,完全保护和完全转让产权的成本可能会高到使产权无法被完整界定的程度。诺斯认为交易成本是在日益专业化和复杂劳动分工的条件下维持一种产权体系所必需的一般管理成本(North,1990)。埃格特森(2004)认为,交易成本是个人在交换经济资产所有权并确立排他性权利过程中所发生的成本。他指出,与产权转让相关的成本为沉没成本,而与产权实施相关的成本则是可变的,且需由私人和政府共同承担。埃格特森进一步分析,交易费用在一定程度上与获取交易信息的成本有关。由于信息具有成本,个体间产权交易的各种行为会引发交易成本的产生。从产权角度看,交易成本可被定义为排他性权利界定与实施的相关成本。

4. 制度成本论

阿罗将交易成本简明地定义为经济制度的运行成本(Arrow,1969)。张五常认为交易成本永远是在两个人或更多的人之间产生的,是人与人之间的互动衍生出来的所有成本,可看作是一系列制度成本,包括信息成本、谈判成本、起草和实施契约的成本、界定和实施产权的成本、监督管理的成本和改变制度安排的成本,简而言之,即一切不直接发生在物质生产过程中的成本(Cheung,2000)。弗鲁博顿和芮切特(2006)认为,交易成本是建立、使用、维持和改变基础性正式制度所涉及的成本,以及与基础性正式制度相关联的非正式活动所引起的成本。

综合来说,交易成本就是制度的成本,包括制度的建立或修订成本、制度的运转或实施成本、制度的监督或维护成本(违反制度的惩罚等),以及制度的创新或变革成本。

（三）交易成本的决定因素

关于交易成本的成因，威廉姆森和诺斯等做过详尽的分析，具体来说可以总结为交易主体、交易客体、交易环境、交易过程、交易频率几个方面。

1.交易主体因素

威廉姆森认为影响交易成本大小的交易主体因素主要是人的因素，将交易的经济主体看作"契约人"，认为处于交易中的"契约人"有不同于"经济人"的特征，主要表现是有限理性和机会主义行为（Williamson，2002）。首先，有限理性使得个人无法完全收集订立契约所需的全部信息，无法准确预测未来的各种变化，更无法将这些变化预先纳入契约条款，这必然会增加交易成本。其次，机会主义行为，即通过狡诈手段谋取利益的利己主义行为，包括有目的的、有策略地利用信息、不利于他人的情境施加压力，按个人目标筛选和扭曲信息（如撒谎、欺骗等），会加大交易的不确定性，导致信息不对称问题，进而产生契约履行的风险。贺卫和伍山林（2003）强调，知识与经验的差异性是交易成本产生的重要原因。

威廉姆森、弗鲁博顿和芮切特等认为，交易主体之间的信任能够减少交易成本。威廉姆森指出，信任的重要作用在于能提供稳定的心理预期，从而降低由于彼此间信息不对称所产生的交易成本（Williamson，2002）；弗鲁博顿和芮切特（2006）认为，如果相互信任在社会中占主流，则监督和执行成本就会很低。有研究认为，信任在事前可以减少交易各方为获得交易机会而产生的搜集信息的成本，可以通过使交易各方更具有让步的灵活性以降低协商成本，在事后可以减少交易各方的监督和执行成本，减少耗费在事后讨价还价和争议上的资源投入（王向东，2021）。

2.交易客体因素

威廉姆森认为，影响交易成本的关键因素包括资产专用性、交易不确定性和交易频率（Williamson，2002）。其中，资产专用性指的是耐用人力资产或实物资产在特定贸易关系中的锁定程度。资产专用性越高，其重新配置于其他用途的难度也越大，转换用途会带来更大的损失，进而产生"可挤占准租金"并引发"敲竹杠"等问题。因此，复杂的事前激励机制和事后治理结构变得必要。

此外，正如巴泽尔（1997）所指出的，资产属性的复杂性对交易成本具有重要影响。巴泽尔认为，每种资产或商品都由一系列不同的属性组合而成，这些属性的水平因资产或商品的不同而异。测量这些属性的成本极高，因此难以全面或准确地衡量。这导致在每一笔交易中,都会有财富溢出到公共领域,从而产生攫取财富的潜在机会。个人为了攫取这些财富会投入资源,这种资源投入是导致交易成本高昂的重要原因。

3. 交易环境因素

威廉姆森指出,影响交易成本的环境因素主要是指潜在交易对手的数量(Williamson,2002)。在完全竞争市场中,交易对手众多,交易双方的相互依赖性较小,搜寻和等待成本低,机会主义行为发生的可能性小,契约容易被达成和履行,从而导致交易费用较低;而在垄断市场中,交易对手大幅减少,出现交易的小数目问题,搜寻和等待成本增加,契约谈判成功的概率降低,机会主义行为发生的可能性上升,导致交易费用显著增加。

此外,交易的环境因素还包括交易所处的制度环境。诺斯分析了制度对交易成本的影响,认为制度(包括正式规则、非正式规则及其实施机制)可以降低或提高交易成本(North,1990)。考特和尤伦指出,有些交易成本是法律制度的内生因素,因为法律规则可以减少私下交易的障碍。他们认为,法律一方面通过直接降低交易成本来促进私人交易,另一方面可以通过将权利分配给最重视权利的一方来避免不必要的交易成本(Cooter& Ulen,2011)。

4. 交易过程因素

影响交易成本的关键因素主要是交易过程中的不确定性。这种不确定性指的是交易主体无法准确掌握交易决策所需的信息,例如其他交易主体的行为和交易可能的结果。奈特(2005)提出,在一个确定的环境中,交易成本将不存在,并将不确定性分为风险和根本不确定性两类。贺卫和伍山林(2003)强调,事件的概率性和根本不确定性是交易成本产生的重要原因。人们会投入资源来应对事件的概率性,并发明各种制度来分摊风险,例如保险业的运作成本从社会角度看即为交易成本。

5. 交易频率因素

交易频率是指交易发生的次数,其对于交易成本的大小也具有重要的影响。通常,在重复性交易中,交易成本会随着交易频率的增加而递减;交易依赖于某种治理结构,多次发生的交易相对于一次发生的交易而言,其治理结构的确立和运转成本更容易为其带来的交易成本降低所抵消。

（四）交易成本的测量

交易成本的测量存在实际的困难,交易成本可以分为两部分,一是产生于市场且可以量化的成本,二是难以量化的成本,例如获取信息所花费的时间、排队等待以及监督和实施不完全所导致的损失。难以量化的成本使得准确评估特定制度所导致的总交易成本变得十分困难。交易成本难以测量的原因包括:(1)交易成本概念和内涵本身较为模糊;(2)某些交易成本本身难以测量,如灰色成本、暗箱操作成本;(3)生产和交易成本是相互关联的;(4)高昂的交易成本可能导致某些交易无法进行,无法测量未发生交易的成本;(5)不同个人和团体(具有不同的社会或政治关系等特征)可能面临非常不同的交易成本,准确测量交易成本需要考虑这种差异(罗必良,2006;卢现祥和朱巧玲,2006)。

正因为交易成本难以测量,交易成本曾长期处于"引而不用"的尴尬境地,直至后来该概念经由威廉姆森等被操作化后才有所改变。经验表明,对交易成本进行测量具有十分重要的意义,主要包括如下几个方面:①估测交易成本有助于新制度经济学进一步发展和融入主流经济学;②交易成本的估测是交易成本理论研究中的关键点;③交易成本的核算对科学地衡量经济效率、国民经济核算体系的合理变革和国家宏观经济的科学管理等方面都具有重要的意义(聂辉华,2004)。

（五）交易成本理论与农地产权界定逻辑

在农业经济管理学中,交易成本理论经常被应用在农村土地如何实现规模经营的探讨上,特别是进行土地确权从而促进其流转上。张五常在其提出的著名的佃农理论中强调,如果产权弱化,或是政府过度干预资源配置,资源配置将是无效率的。确定土地的私人产权,明晰产权制度,允许土地自由转让,是使生产要素与土地发挥最大效率的不二法门。罗必良(2017)将科斯的思想范式进一步拓展到农地产权的交易问题上,认为当农地交易存在交易成本时,一是通过产权的重新调整来改善效率,二是可以选择适当的产权交易装置匹配。城乡二元土地制度下,我国的农地产权界定模糊导致交易成本无法最小化,而农地流转的实现又依附于对农地产权的界定,可以说农地流转的交易成本更为复杂。例如,我国农地承包经营权的不完全性是现阶段农地市场发育缓慢的产权原因,而农地承包经营权的不完全性又与其法律属性不明确有关。不完全的农地承包经营权降低了农户农地经营收益和农地交易价格,提升了农地交易成本,降低了农地市场交易的净收益,最终减弱了农户的农地需求和供给(钱忠好,2002)。

五、契约理论与农地流转中的契约选择原理

(一)契约的概念

契约俗称合同、合约。在法学或法律领域,契约是指在平等主体之间自愿达成的一种协议。而在经济学范畴,所有的交易都可被视作一种契约关系,无论其性质为长期或短期、显性或隐性。在制度经济学理论中,契约与交易被视作共生概念,每一份契约反映为一项交易,而每一笔交易则对应着一份契约。

(二)契约的功能

契约作为一种社会调节机制,在人类社会中扮演着重要角色,其整体功能在于协调各种关系、维护社会秩序以及促进社会的永续发展。契约具有主动、积极、进取的特性,其基本功能在于维护缔约各方的合作关系,并鼓励他们在遵守承诺和承担责任的基础上追求更广泛的利益。具体而言,契约发挥着三方面的作用:第一,它能够协调独立的行动;第二,通过体现事前承诺的方式使得依赖未来事件的交易得以进行;第三,契约能够促进事前的投资和生产,从而有助于增加事后交易总剩余。

在构成上,契约包含多种条款,这些条款具有双重功能:第一,它们允许缔约各方确定交易利益的分配方式,以弥补他们的固定成本;第二,它们决定了当事人在契约执行过程中的履约激励机制,在契约自由的前提下,合同条款的确定阻止了利益分配因素对激励结构选择的干预。

(三)现代契约理论

1. 委托—代理契约理论

(1)信息不对称

新古典式的完全契约以完全信息、无交易成本为条件,而现实中信息是不对称的,信息获得有成本。信息不对称是指契约当事人一方所持有而另一方不知道的,尤其是他方无法验证的信息或知识。

(2)委托—代理问题

理想的契约要求代理人采取适当的行为,以同时实现自身效用最大化和委托人效用最大化。最优契约应满足以下条件:委托人和代理人共同分担风险;充分

利用所有可用信息；根据信息性质的差异调整报酬结构。理论上，最优契约可以协调委托人和代理人的利益。

然而，在现实中，最优契约很少能够达成，从而导致委托—代理问题（Laffont& Martimort，2009）。此问题源于代理人与委托人之间的信息不对称，代理人的目标偏离委托人的目标。具体而言，代理人在追求自身效用最大化的过程中，无法实现委托人效用最大化，进而损害委托人的利益。

（3）委托—代理问题的两个类型

委托—代理过程中会出现道德风险和逆向选择问题。道德风险是指由于事后的信息不对称产生的代理人和委托人之间利益和行动不一致的问题。逆向选择是指由于事前的信息不对称产生的代理人和委托人之间利益和行动不一致的问题。

（4）委托—代理问题的解决层次

委托—代理问题的解决涉及三个层次：第一层次，委托人如何设计一份契约使代理人能够实现委托人的预期效用最大化（机制设计理论）；第二层次，在所设定的契约条款下，代理人如何实现自身的预期效用最大化；第三层次，契约中的代理人是否愿意接受该契约。总而言之，这是激励与约束的问题。

2. 不完全契约理论

由于个人的有限理性，外在环境的复杂性、不确定性，信息不对称和不完全性，契约当事人或者契约仲裁者无法证实或者观察，从而导致契约条款的不完全性。聂辉华（2005）指出，不完全契约理论有交易成本分析和产权分析两个分支，前者强调事后治理，后者重视事前激励。

（1）不完全契约的交易成本分析

威廉姆森基于交易成本对不完全契约进行了详细分析，从交易的不确定性、交易资产的专用性和交易发生的频率三个维度进行考察，主张在契约不完全的情况下，通过比较各种不同的治理结构来选择一种最能节约事前和事后交易成本的制度（Williamson，1979）。

克莱因等研究了后契约机会主义行为，认为可以占用的专用性准租，是使用市场机制的一种特殊成本，要想解决这个问题，主要有两种办法：一是由政府或者其他外部机构通过法律实施明确的履约保证，二是由市场机制来履约（Klein et al.，1978）。

（2）不完全契约的产权分析

Grcssman & Hart(1986)、Hart & Moore(1990)、Hart(1995)从产权的角度对不完全契约进行了分析，主张通过某种机制来保护事前的投资激励，他们认为：①松弛性契约更具有事后灵活性，但妨碍事前专用性投资激励；②紧密型契约激励事前投资，但事后可能是低效率的；③最佳的契约是在事前效率和事后效率之间权衡取舍；④应设计一种机制保护事前专用性投资激励。

3. 关系性契约理论

关系性契约是一种特殊的不完全契约。关系性契约不对交易的内容条款进行详尽规定，仅确定基本的目标和原则，过去、现在和未来契约双方的个人关系在契约的长期安排中起着关键作用，交易嵌于复杂的关系之中。

关系性契约能够减少机会主义行为，激励专用性投资，且关系性契约能够替代正式契约，在正式约束不完善和市场规模较小的环境中，关系性契约是一种有效的契约方式，可保证交易在特殊环境下顺利进行（Baker et al.，2002；Malcomson，2013）。

（四）契约理论与农地流转中的契约选择原理

在农业经济管理学中，契约理论的研究主要集中在农户农地流转以及农产品生产、交易时的契约选择，其中，契约理论在土地流转相关问题上的研究较为经典。张五常在其佃农理论中探讨了地主与佃农之间的土地租赁契约及其对生产效率的影响（Cheung，2000）。契约形式多为分成租赁，即佃农将部分产出作为租金支付给地主。这种契约安排在不完全市场和信息不对称的情况下，通过共享风险和收益，激励佃农投入更多劳动和资本，提高农业产出。张五常强调，明确的契约条款和低交易成本是实现这一激励机制的关键，它有助于稳定租赁关系，优化资源配置，从而提高整体经济效率，这种契约形式在历史上有效地促进了土地的合理利用和农业生产的发展。罗必良和何一鸣（2015）进一步放松了佃农理论中的要素同质假设，利用博弈模型分析指出：低质量土地和高能力佃农的要素组合与分成契约匹配，定额租约则适用于高质量土地和低能力佃农的要素组合；并且，定额租约和分成契约分别是信息对称和不对称结构下的最优制度选择。

六、企业理论与农业企业化原理

(一)企业的本质

科斯在其研究中指出,企业可以被视为一种替代市场价格机制的形式(Coase,1937)。这种替代表现为一系列分散的契约被单一集中化的契约取代,其中长期契约取代了短期契约,企业家的指挥取代了价格引导的协调机制。在企业外部,生产活动受市场价格波动的引导,而在企业内部,生产活动则由企业家指挥。企业内部的"雇主—雇员"关系表现为长期的、权威性的契约关系,企业的长期性和权威性特征使其区别于短期、讨价还价的市场机制。

张五常提出,企业应被视为一种契约安排,将其仅视作市场的替代的观点并不全面(Cheung,1983)。实际上,企业是通过以要素市场契约替代产品市场契约的形式运作的。在企业内部,投入要素所有者通过转让一组明确定义的使用权来获取收入,而这种收入是基于对替代指标而非产品的衡量标准来确定的。企业的契约和定价安排与市场有所不同,但企业的本质并不能被明确界定。

威廉姆森和温特(2007)结合团队生产和长期契约的理论,认为企业是资源所有者之间的联合体,这些资源作为一个团队的价值超过了每个资源单独市场价值的总和。企业的价值依赖于持续的联合,分离任何一个资源都会减少团队的整体价值。此外,企业是相互专用资源之间长期契约的联结,是受契约关系约束的资源所有者的集合。这些契约关系依赖于资源之间的依赖性和独特性,不同程度的依赖性或独特性会促使各种预防性契约安排,如合资企业、共同基金和合作社等的出现。

(二)企业的产生

在专业化交换经济中,资源配置通常被假定为由价格机制来组织,然而,企业为何仍然存在? 科斯解释道,这是由于市场运作需要花费一定的成本,即价格机制本身是有成本的,包括发现相关价格的成本,以及每笔交易谈判和签约的成本(Coase,1937)。通过建立一个组织并允许某个权威(企业家)来配置资源,可以节省部分市场运行成本。也就是说,资源所有者直接组织生产和销售产品所获得的收益可能小于将资源使用权转让给企业家所获取的收益。此外,企业的存在还与不确定性和管制规则等因素有关。

张五常继承并发展了科斯的观点,提出了以下看法:首先,交易成本的存在决定了契约安排方式的选择,无论是市场还是企业。其次,市场上发现和谈判价格是有成本的,这些成本包括获取产品信息的成本、衡量交易特征属性的成本以及分解投入贡献的成本。企业的出现是为了降低这些价格发现和价格谈判的成本。最后,企业的本质是什么或不是什么并不重要,重要的是有着不同交易成本的组织经济活动的各种形式(Cheung,1983)。

威廉姆森和温特(2007)认为,企业本质上是一种针对交易的科层式治理结构。企业是一种统一(或一体化)的治理方式,将契约方原本各自独立的所有权统一起来,即一体化为一个企业。这种资源的共同所有权或所有权一体化,作为一个整体,是防范机会主义的一种方式。

(三)企业的边界

科斯提出,随着企业规模的扩大,企业内部组织交易的成本可能会增加,导致企业家难以实现利润最大化的生产要素安排,从而无法充分利用这些要素。企业的规模受到内部组织成本、资源利用能力和要素供给价格等因素的制约,规模的扩大可能会导致效率的降低。因此,科斯认为,企业的规模应定位于企业内部交易的边际成本等于市场交易的边际成本,或者等于其他企业的内部交易的边际成本的点上,即当边际组织成本等于边际交易成本时,企业达到最佳规模(Coase,1937)。

张五常从契约角度解释了企业规模。当产品市场交易成本(定价成本)的节约在边际上等于要素市场中的交易成本(代理成本)的增加时,企业的资源配置就达到了均衡,这一均衡即契约替代范围的均衡。契约的替代范围确定了企业的规模边界(Cheung,1983)。

(四)企业的联合和一体化

企业可以通过联合或一体化的方式进行扩张。当原本由两个或多个企业家组织的交易转变为由一个企业家组织时,企业联合就发生了。当原本在市场上由企业家之间完成的交易被纳入一个企业内部时,企业一体化就形成了。前者称为横向一体化,后者称为纵向一体化。

威廉姆森和温特(2007)认为,交易涉及的人力和物质资产用途越单一,即资产专用性越强,纵向一体化的可能性就越大。决定纵向一体化的主要因素是资产的专用性。实行纵向一体化的主要目的是节约交易成本,也与生产成本的节约相关。当企业规模较大时,自行生产的高成本问题会减轻,因此大企业比小企业更容易实现纵向一体化。纵向一体化的优点在于能适应一系列连续的变化,无须不断寻找、设计或修改临时协议。在纵向一体化的企业中,价格或产量的调整措施通常比临时协议的调整措施更为完善。

然而,纵向一体化也存在局限性。首先,选择性干预不可行,即实现调整收益而不产生任何损失是不可能的。其次,纵向一体化会削弱激励机制。当交易从市场转移到企业内部,激励效应通常会被削弱。

(五)企业理论与农业企业化原理

在农业经济管理学中,企业理论可以被概述为农业企业化,即为适应市场经济,农业生产逐渐走向市场化、规模化和深度开发化的渐次高度化过程(胡鞍钢和吴群刚,2001),主要形式有农民合作社、农业企业、家庭农场等。农业企业实现价值的途径主要是纵向一体化,选择动机是为了避免交易中的机会主义行为、降低市场交易成本,通过组织代替市场,实现农业企业实体边界扩张。在这个过程中,如何实现小农户与现代农业的有机衔接是最为关键的问题。叶敬忠等(2018)认为小农户和现代农业发展有机衔接的重点在于突破小农户的生产弱势、组织弱势和市场弱势,以土地规模化、组织规模化和服务规模化的方式将小农户引入现代农业发展的轨道。实践中衔接模式有以下几种:农户自主联合型、新农人＋小农户型等以人格化主体为带头对象,重在非正式的主体互动与约定,可在相对平等的原则上实现资源和经验共享的个人型衔接模式;合作社带动型、公司＋农户型等以组织化实体为中介对象,具有相对紧密的联结形式,在一定程度上可以克服小农户与大市场衔接障碍的组织型衔接模式;市场对接型、农业社会化服务型等以关系营造为主要方式,以农户或乡村、市场或城市为端点,有利于实现农户内部生产环节社会化和销售对接关系的系统化的关系型衔接模式。

七、集体行动理论与农村公共事务治理原理

(一)集体行动的困境

在集体行动和公共物品生产中,由于理性利己,集体中的每个成员都试图坐享别人努力的成果,选择做一个理性的"搭便车"者,当人人都成为"搭便车"者,就意味着没有人愿意承担集体物品的生产成本,公共物品也就无法被生产出来,此

时公共物品对每个人来说都是必需品,每个人却都无从获得它。个人选择"搭便车"是符合个体理性的最佳选择,而这种选择却导致了集体非理性的结果,个体理性与集体理性之间出现了难以逾越的沟壑。

"搭便车"是集体行动困境的中心问题,"搭便车"和集体行动的困境几乎是同一事物的不同称谓。个体理性在集体物品供给中的反应必然导致"搭便车"现象的出现。简而言之,个体理性加公共物品等于"搭便车"。

(二)走出集体行动困境的路径选择:选择性激励

1.选择性激励与集体理性的实现

奥尔森(1995)根据性质和作用的不同把选择性激励分为正面激励和负面激励,即社会奖励和社会制裁。奥尔森指出"社会制裁和社会奖励是'选择性激励',即它们属于可以用来动员一个潜在集团的激励:不服从的个人受到排斥,合作的个人被邀请参加特权小集团"。

选择性激励就是负责集体行动的组织根据集团中成员在集体行动中的表现,即成员在承担集体物品供给中的作用的有无和大小,有区别地给予一定的奖励或一定的惩罚,旨在激励集团中成员积极参与集体行动,一起承担集体物品的供给成本。选择性激励是奥尔森开出的诊治集体行动困境的药方,是使个人利益和集团共同利益相结合的黏合剂。对于实施选择性激励的形式,奥尔森认为经济激励是选择性激励的主要而非唯一的形式,声望、尊敬和友谊等社会激励也是重要的选择性激励形式。

如何实施选择性激励? 赵鼎新(2006)提出了三种方案:其一为"小组织原理"。当一个组织或社会网络的成员较少时,其中某一成员是否加入对集体行动的成败会有很大的影响。由于信息获得和相互监督很容易实现,不参加者得不到奖励,甚至会在组织中被边缘化。其二为"组织结构原理"。如果一个组织很大,那就必须分层,就像党组织一样,从中央到地方,从党委到总支再到支部,层层分级,到最后的支部一级,成员数就很有限了。这样就可以采用"小组织原理"。其三为"不平等原理"。就是组织内部在权力、利益、贡献和分配上都不能搞平均主义。比如,一个人在组织中获得的权力和荣誉有可能成为促使其为组织多作贡献的选择性激励。一个人如果能够独立为某组织取得某一公共物品提供一笔关键资金并从中获取荣誉,那么这个人就有可能独自为某一事业作出贡献。赵鼎新从组织行为学视角分解了奥尔森的选择性激励的实施机制,将选择性激励在实践层面具体化为可操作的规则(洪名勇,2012)。

2.选择性激励的保障:组织权力

选择性激励是联结个体利益与集体利益的黏合剂,但是大集团的集体行动需要数额巨大的激励成本,实施选择性激励本身面临着集体行动的困境。谁为选择性激励买单?对于作为负面激励的社会惩罚,如何保证其被公正、有效地实施?实施选择性激励离不开资源支持和强制力的保障,因此组织成了不可或缺的制度条件。

(三)集体行动理论与农村公共事务治理原理

在农业经济管理学中,集体行动理论集中应用于农村公共事务治理以及农村公共产品的供给上,其中,对人民公社解散的制度经济学解释较为经典。林毅夫在解释 1959—1961 年农业危机时指出,在集体成员自律的情况下,合作经营较个体经营更为高效。当集体成员拥有自由退出权时,出于对自身利益的保护,成员在一次性博弈中保持自律,避免偷懒。然而,随着合作社的发展,"搭便车"问题日益严重,使得自律的成员倾向于退出合作社,导致一些合作社解散。为了防止进一步瓦解,合作社取消了成员的退出权,自愿的集体化运动转变为强制性的运动,安全阀被取消。由于自律成员无法获得适当的激励,农业中普遍出现偷懒现象,最终导致农业危机的爆发(Lin,1990)。然而,贺雪峰(2006)认为,社员退出权无法发挥安全阀的作用。因为每个人的利益计算偏好(尤其是贴现率)不同,大多数人只关心眼前利益。在农业监督困难的情况下,偷懒行为普遍存在,成员会尽可能先"搭便车"。只要有一个人偷懒,就会引发连锁效应,最终导致合作社不可逆的瓦解。

第三部分

研究方法与应用

第九章
统计学与农业经济管理研究

经济社会发展的表现形式之一就是为人们提供了大量的数据资料,各式各样数据资料背后所隐含的经济学规律成为社会科学工作者关注的重点议题。为从大量数据资料中揭示出现象背后的真实逻辑,社会科学研究人员对统计学方法提出了客观需求。统计学是一门涉及数据资料的收集、整理、描述、分析和推断的科学,其核心是通过对客观世界产生的数据进行大量观察和处理,运用一系列的统计学方法,来揭示隐藏在数据资料背后的内在、本质的数量规律。并且,由于始终与数据相互联系、密不可分,统计学也可被称为"数据的科学"。

需要指出的是,统计学是计量经济学的基础,二者密不可分,并共同对农业经济管理研究有重要的影响。本章聚焦于农业经济管理研究中有关统计学的基础知识,主要包括统计学重要的概念、统计数据的描述、参数估计的基本介绍、假设检验的基本原理,以及相关性与回归分析,以此为后文计量经济学相关的知识要点做铺垫。同时,对于一些重要的知识点,会进一步结合农业经济管理相关研究的案例做进一步的解释。至于更为主流、现代的因果关系识别方法,将在后文计量经济学部分做更为详细的介绍。

一、统计学基础知识

统计学包含一些基础性知识,这对于理解统计学研究方法至关重要。本部分主要介绍统计学的核心概念、数据来源与分类、描述统计与推断统计等基础性知识。

(一)统计学的核心概念

统计学是围绕数据资料展开的,相应地,统计学涉及几个核心的概念,主要包括个体、总体、样本、随机抽样、变量等。

1. 个体

个体(individual)是我们研究关注的最小、最基本的单元。比如：研究全国农户的收入问题，那么农村地区每一个农户就是我们关注的个体；研究某一汽车厂商生产的汽车质量问题，生产线上的任意一辆汽车就是我们关注的个体；研究杭州市民对城市公共服务供给的满意度问题，任何一个在杭州市区生活、居住的个人就是我们关注的个体；等等。

2. 总体

总体(population)是我们研究关注的所有个体的集合。例如：农村地区所有的农户就是我们研究全国农户收入问题关注的总体；汽车生产线上的所有汽车就是我们研究某一汽车厂商生产的汽车质量问题关注的总体；所有在杭州市区生活、居住的常住人口就是我们研究杭州市区居民对城市公共服务供给满意度问题关注的总体；等等。

3. 样本

样本(sample)是从总体中随机选择出的一部分个体的集合，这部分个体构成总体中的一个样本。比如：为研究全国农村地区农户收入问题，在全国各个省、自治区、直辖市随机选择出部分农户作为总体的样本；为研究某一汽车厂商生产的汽车质量问题，随机在生产线上选择出部分汽车作为总体的样本；为研究杭州市民对城市公共服务供给的满足度，随机从杭州各个街道办事处选择出部分常住人口作为总体的样本；等等。

4. 随机抽样

在实际研究过程中，研究人员往往难以获取所关注研究对象的整体数据资料，这就需要从总体中进行随机抽样，来形成能够代表总体特征的样本。随机抽样可分为简单随机抽样、分层随机抽样、系统随机抽样等。其中，简单随机抽样是指总体中的所有个体都有相同的概率被抽取到；分层随机抽样是指针对总体所具有的某些特征将总体进行分类，从而按比例或非比例分层进行随机抽样；系统随机抽样是设置一个特定的抽样间距，先抽取第一个初始样本，随后按照等间距的办法依次抽取后续样本。

5. 变量

任何研究都需要有一个或几个具体的研究对象，这些研究对象的特征在统计学上就构成我们研究中的变量（variable）。研究变量有多种类型，如连续变量、分类变量等。举例来说：当关注农户收入时，我们可以通过不同的途径获取农户收入变量数据，这些数据是在某一区间连续分布的，这就是连续变量；当关注人口性别时，我们可以得到关于个体性别变量数据，从而将个体区分为男、女，形成性别的二分类变量；当关注杭州市民对城市公共服务满意度时，我们可以事先设定非常满意、比较满意、满意、不太满意和不满意五种类型，每一个体的选择结果便构成多分类变量；等等。

（二）数据来源与分类

在确定研究对象之后，往往需要收集与研究对象相一致的变量数据资料。数据是统计学研究方法的基础，缺乏与研究对象相一致的变量数据资料，无论何种统计学方法，都将陷入"巧妇难为无米之炊"的窘境。

1. 数据来源

统计数据可以通过不同的途径获取，一般而言，统计数据主要有直接获取与间接获取两种来源。

（1）直接获取数据

直接获取的数据也称为一手数据。在社会科学研究过程中，随着研究议题的不断深入、研究范围的不断聚焦，往往难以获得与自身研究主题直接相关的数据资料，而是需要研究人员通过自己独立设计，比如抽样调查、科学实验等，获取与研究对象相一致的变量数据资料，这便构成数据的直接获取途径。具体而言，直接获取数据需要研究人员独自设计调查问卷、面对面访谈记录数据、设计随机试验等，进而获取与研究主题直接相关的数据资料。

【例 9-1】　罗必良（2017）为研究农地确权的禀赋效应，其课题组于 2015 年初开展了全国性的农户调查，具体抽样方案是：基于多指标聚类分析，在全国抽取 9 个省，每个省在聚类分析基础上分别抽取 6 个县，每个县随机抽取 4 个乡镇，每个乡镇选择 2 个自然村，每个自然村抽选 5 个农户。最终，收集到 2704 户农户关于农地确权方面的数据资料集。

应当看到，直接获取数据的难度较大、成本较高。例如，为获取农村地区农户的收入数据，首先，需要设计调查问卷来囊括所有研究关心的议题；其次，需要对调查问卷的科学性进行反复斟酌并对问卷进行修改；第三，需要对调查样本的代表性进行充分讨论;第四,需要动员数量庞大的访问员进行入户调查;第五,需要对收集的数据进行严格的质量把控。但是,考虑到经费、数据质量等多种因素,直接获取数据并非所有科研工作者的首选。

(2)间接获取数据

不同于直接获取一手数据所面临的重重困难,统计数据的另一获取途径便是申请并下载政府机构、研究院所、高校、经济组织等机构收集整理的数据,这也被称为间接获取数据。与直接获取数据不同的是,间接获取的数据往往是专业部门搜集整理的数据,无论是数据规模,还是抽样设计的合理性,普遍优于研究者自行设计方法来收集的数据,这也为社会科学工作者提供了优质的数据来源。

一般来说,间接获取数据会根据研究议题的差异而选择不同的获取途径,比如,宏观经济议题所涉及的数据可以从中国国家统计局网站公布的各类统计年鉴、世界银行公布的各类公开数据、专业数据机构整理的各种统计数据等途径获取。例如:龚斌磊(2022)利用 1985—2015 年中国县级农业平衡面板数据,从多个维度实证考察中国农业技术扩散和生产率赶超情况及其传导机制。张启正等(2022)利用 1999—2019 年县级面板数据,分析了赣闽粤、陕甘宁、左右江、大别山、川陕五大重点革命老区的振兴规划对当地农业发展的影响。

微观经济议题可以申请下载各类微观调查数据,国内微观调查数据有:农业农村部全国农村固定观察点数据、浙江大学组织开展的中国农村家庭追踪调查(CRHPS)、中山大学组织开展的中国劳动力动态调查(CLDS)、北京大学组织开展的中国家庭追踪调查(CFPS)及中国健康与养老追踪调查(CHARLS)、西南财经大学组织开展的中国家庭金融调查(CHFS)、北京师范大学组织开展的中国家庭收入调查(CHIP)等等。例如:徐志刚等(2018)利用 2008 年和 2012 年两期农业部农村固定观察点数据,考察了新农保制度对农户土地转出的影响。耿鹏鹏、罗必良(2022)利用 2013 年和 2015 年两期中国家庭金融调查数据,论述了农地确权政策对农户土地流转交易行为和村社人际交往的影响。

2.数据分类

统计数据是由变量以及变量所对应的观测值构成的。在实际研究中,统计数据有多种形式,通过对统计数据进行分类,可以主要归结为截面数据、时间序列数据与面板数据等。

（1）截面数据

截面数据（cross-sectional data）是在特定的时间点，如在某一特定年份或其他特定的时间窗口内，针对研究关注的研究对象所对应的变量，形成的基于个体单位的变量集。但要说明的是，截面数据所对应的特定时间点并非要求所有个体数据信息都在同一时间段内。例如，如果想了解 2023 年某一特定村庄农户的收入信息，就需要在 2024 年的不同月份对村庄内的农户进行调查，这样所收集到的农户收入数据依然可称之为 2023 年农户收入的截面数据。

（2）时间序列数据

时间序列数据（time series data）是针对研究关注的研究对象的最小个体单元，通过跨期连续追踪来获取的统计数据集合。经典且直观的例子主要有：中国国家统计局每年会对外公布中国 GDP 总量数据，当我们收集到 2013—2023 年中国在各个年份的 GDP 总量数据后，便得到了 2013—2023 年中国 GDP 总量的时间序列数据。当然，时间序列数据会有不同时间频率，这里的时间频率既可以是年，也可以是月，还可以是日，等等，从而形成年份、月份、日度等时间序列数据。

（3）面板数据

面板数据（panel data）是针对我们研究关注的所有截面个体进行跨期连续追踪所形成的数据集合。例如，当我们想要研究教育的收入回报时，可以先随机选择出部分大学毕业生，进而每年对每一位个体的收入数据进行调查，这样形成的数据几乎就是大学毕业生收入的面板数据。需要指出的是，面板数据中的时间频率也可以是不同的形式，并且还可以存在不同的时间间隔。当所有个体均在相同的时间间隔内被追踪了相同的时期数，就构成平衡面板数据；否则，即为非平衡面板数据。在实际应用中，杨广亮和王军辉（2022）基于 2013—2019 年 4 期中国家庭金融调查面板数据，考察了农地确权对农地流转及农业规模经营的影响。郑淋议等（2023）利用 2013—2019 年 4 期中国农村家庭追踪调查面板数据，系统论述了农地确权对农业规模化经营的影响。Liu 等（2023）利用 2009—2018 年农业部农村固定观察点面板数据，考察了农地确权对农业生产率的影响。

（三）描述统计与推断统计

统计学有描述统计与推断统计两大分支，描述统计与推断统计在数据分析和解释方面发挥着不同的作用。一般而言，当研究者关注的核心议题可以得到整体的数据，描述统计则可以帮助研究者来揭示隐藏在客观事物背后的数量规律。但是,获得整体数据往往难度较大,现实可行性较低,研究者往往只能获得研究对象的一部分样本数据,此时,推断统计则可以帮助研究者利用有限的样本数据来推断整体的特征。

描述统计是对收集到的数据进行总结、整理、描述和展示的统计方法。它通过图形、表格和概括性的数字来揭示数据的特征,包括分布、中心趋势、离散程度等。描述统计的主要目的是提供对数据的直观认识,帮助人们了解数据的基本特征。常用的描述统计量包括均值、中位数、众数、标准差、范围等。

推断统计是通过对样本数据的分析来对总体特征进行推断的统计方法,它基于概率论,如大数定理、中心极限定理等,使用样本数据对总体参数进行估计、假设检验和预测。统计推断的主要目的是从有限的样本中获得总体的信息,使我们能够就总体参数(如均值、比例等)提出合理的猜测,并通过概率分布对这些猜测的可信度进行评估。

总体而言,描述统计关注数据本身的表现,推断统计则关注通过样本数据对总体进行推断的方法,二者共同构成了统计学在解释和理解数据中的重要工具。描述统计为推断统计提供了基础,在进行推断统计之前,需要先对样本数据进行描述性统计,以了解数据的分布和特征;描述统计和推断统计又常常结合使用,相互补充。描述统计提供了数据的基本信息,而推断统计则通过样本数据进行更深入的分析,得出关于总体的结论。

二、统计数据的描述

统计数据的描述通过一系列的统计量和图形,旨在概括和呈现数据的主要特征,从而帮助人们更直观地理解数据的分布、趋势和变化。在这个过程中,我们关注统计数据描述的三个主要方面,即数据分布的集中度测度、数据分布的离散度测度以及数据分布的偏度与峰度测度。这些方面的深入研究有助于对数据内在特性的全面把握,为进一步的数据分析和解释提供基础。

(一)数据分布集中度的测度

数据分布的集中度是衡量数据在整体上集中在何处的度量。这一概念提供了关于数据集中趋势的信息,同时反映了数据在中心位置附近的分散程度。通过集中度的测度,我们能更深入地了解数据集内部的分布模式,从而揭示数据整体的趋势和集中趋势的程度。

1. 众数

众数(mode)是数据集中出现频率最高的数值。一个数据集中可能具有一个众数或多个众数,甚至没有众数。作为描述数据集中趋势的重要统计量,众数在数据分析中扮演着关键角色。具体来看:(1)当数据集呈现单峰分布,即在直方图或频数分布图中存在一个峰时,该峰对应的数值即为众数。这种情况下,众数可直观地呈现为数据集中的"峰值"。(2)如果数据集呈现多峰分布,即存在多个峰,那么数据集中可能有多个众数。在这种情况下,数据被认为是多模态的,即存在多个众数。(3)有时,数据集中可能没有众数,特别是在数据分布相对均匀、没有明显峰值的情况下。(4)对于离散变量(如整数),众数是出现频率最高的数值。而对于连续变量,众数是某个区间内的数值,使得该区间的频率最高。

2. 中位数

中位数(median)是数据集中的中间值,按大小排序后位于数据集的中间位置。中位数将数据集分为两个相等的部分,使得有一半的观测值小于中位数,有一半的观测值大于中位数。对于包含奇数个观测值的数据集,中位数即为排序后位于中间位置的数值;而对于包含偶数个观测值的数据集,中位数则是中间两个数值的平均值。与此同时,中位数对极端值不敏感,即使在数据集中存在异常值,它仍能提供相对稳定的中心位置。在数据分布呈偏斜的情况下,中位数更能准确地反映数据的中心趋势,因为它不受极端值的影响。这使得中位数成为处理非正态分布或包含异常值的数据集时的一种偏好选择。

3. 均值

均值(mean)是一个数据集中所有数值的平均数,是描述数据集中趋势的重要统计量。计算均值的步骤是将数据集中的所有数值相加,然后除以观测值的总数量。

均值的计算公式为将所有观测值相加,然后除以观测值的总数量。对于一个包含 k 个观测值的数据集,均值的计算公式为:

$$\overline{x} = \frac{x_1 + x_2 + x_3 + \cdots + x_k}{k} \tag{9-1}$$

均值对数据集中的每个数值都非常敏感,因为它取决于每个观测值的具体数值。当存在极端值(离群值)时,均值可能受到极端值的影响而偏离数据集的真实中心。尽管均值在描述数据的中心趋势方面具有重要作用,能够提供一个代表性的数值,但其敏感性也使得数据集中每个数值对其产生相等的影响。

4.分位数

分位数是将一个数据集按照大小顺序分成若干等份的数值,用于描述数据的位置和分布。这一概念在统计学和数据分析领域得到广泛应用,为了解数据整体趋势、发现异常值等提供了关键信息。在分位数中,常见的包括中位数(二分之一分位数)、上四分位数(75th percentile)、下四分位数(25th percentile)等。其中,四分位数用于将数据集分为四等份,上四分位数(Q3)是大约有四分之三观测值小于的数值,下四分位数(Q1)是大约有四分之三观测值大于的数值,而中位数则是处于数据中间位置的数值。除了中位数和四分位数,其他百分位数(percentiles)也常用于描述数据的位置。例如,十分位数(10th percentile)是一个数据集中约有 10% 观测值小于的数值。

5.众数、均值和中位数的关系

众数、均值和中位数是描述数据集中趋势的关键统计量,它们之间的关系可以透过数据的分布形状进行解读:(1)在对称分布的情况下,众数、均值和中位数通常是相等的。典型例子是正态分布,其中这三者保持一致。(2)当数据集呈现右偏(正偏)分布时,众数<中位数<均值。原因在于右偏分布的尾部相对较长,导致均值受到较大值的影响而向右侧偏移。(3)在左偏(负偏)分布的情况下,众数>中位数>均值。原因在于左偏分布的尾部相对较长,导致均值受到较小值的影响而向左侧偏移。(4)在对称或近似对称的分布中,众数、中位数和均值通常是相等的,表示数据集中趋势相对均衡。综上所述,众数反映了数据集中出现频率最高的值,中位数是有序数据集的中间值,而均值是所有观测值的平均数。在理解它们的关系时,考虑数据的分布形状和偏度是非常有益的。

(二)数据分布离散度的测度

数据分布的离散度是用于度量数据集内部变异程度的关键概念,它反映了数据点在整个分布中的分散和集中程度。深入理解数据分布的离散度对于揭示数据内部的变异程度至关重要,为后续的分析和解释提供了基础。针对数据分布的离散程度,统计学中主要有极差、方差、标准差、离散系数等测度方法。

1.极差

极差(range)是一种简便的统计量,用于描述数据集中数值变化的总体范围,即最大值与最小值之间的差异。计算极差的公式为：

极差＝最大值－最小值

极差提供了对数据整体差异性的直观印象，然而，它对异常值较为敏感，因为仅考虑了最大值和最小值，未考虑其他数值的分布情况。在存在极端值的情况下，极差可能无法提供稳健的度量。

虽然极差在初步了解数据集变异性时被广泛使用，特别是在数据集相对较小或需要简单度量的情况下，但在深入分析中更常选择更稳健的度量方式，如方差、标准差或四分位距，以更全面地揭示数据的分散程度，这样的度量方法更能考虑数据的整体分布，减少异常值对度量结果的影响。

2. 方差和标准差

方差是衡量数据集中数值分散程度的关键统计量。它通过计算每个数据点与数据集均值的差异的平方和的平均值来评估数据的离散程度。方差越大，数据集内的数值分散程度也越大；方差越小，数值分散程度也越小。方差（S^2）的计算公式为：

$$S^2 = \frac{\sum\limits_{i=1}^{n}(x_i - \bar{x})^2}{n-1} \tag{9-2}$$

其中，n 为观测值数量，$\bar{x}$ 为均值，$n-1$ 为自由度。

方差的优势在于全面考虑了每个数据点与均值之间的距离，通过平方操作强调了那些偏离均值较远的数据点对方差的贡献。然而，由于方差计算中涉及平方操作，其单位是原始数据的单位的平方，可能难以直观解释。因此，人们更倾向于使用标准差，即方差的平方根，作为更直观的度量方式。标准差（S）的计算公式为：

$$S = \sqrt{S^2} = \sqrt{\frac{\sum\limits_{i=1}^{n}(x_i - \bar{x})^2}{n-1}} \tag{9-3}$$

综上所述，方差和标准差是深入了解数据分散程度的重要工具。方差在计算中使用平方操作，单位是原始数据的单位的平方。而标准差则是方差的平方根，拥有与原始数据相同的单位，更易于理解和解释。由于其更为直观的特性，标准差在实际应用中获得了更为广泛的使用。

3. 离散系数

离散系数是用于度量数据分布离散度的一种统计工具。其核心思想是将标准差标准化为均值的百分比形式,从而提供了相对于均值的相对分散程度的度量。具体而言,计算离散系数的方法是将标准差除以均值,再乘以 100,将结果表示为百分比。离散系数的计算公式为:

$$离散系数 = (标准差/均值) \times 100\%$$

离散系数以百分比的形式呈现,成为一个有效的指标,用于反映数据的相对分散程度。数值越大,说明数据分散度越高;反之,数值较小则表示数据相对较为集中。这种直观的百分比表示方式使得离散系数成为比较不同数据集离散度的有力工具,能够在不同单位或量纲的数据之间进行标准化,以实现更为公平的比较。

离散系数在比较不同数据集的离散度时显得尤为有用,因为它能够对不同单位或量纲的数据进行标准化处理,进而实现更为公平的比较。在实际应用中,离散系数通常被用于评估风险、分析财务数据的波动性,以及研究各种经济和社会指标的相对变异性。其通过以百分比形式表示标准差相对于均值的程度,提供了对数据分布相对分散程度的直观认识,使得研究人员能够更全面地理解和比较不同数据集的离散性。

(三)数据分布偏度与峰度的测度

在统计学中,偏度和峰度是两个关键的统计指标,用于揭示数据分布的形状和特征。这两个指标提供了关于数据对称性、尖峭度以及分布形态的重要信息,为研究者深入理解数据集的性质提供了基础。

1. 偏度与测度

偏度(skewness)是描述数据分布形状的重要统计指标之一,用于度量数据分布的不对称性。它的计算基于数据相对于其平均值的偏离程度,并分为正偏和负偏两种情况。正偏(positive skewness):当数据分布的尾部延伸到较大的值,即数据右偏时,偏度为正,正偏表示数据集中存在较多相对较大的值。负偏(negative skewness):当数据分布的尾部延伸到较小的值,即数据左偏时,偏度为负,负偏表示数据集中存在较多相对较小的值。

偏度的计算通常使用以下公式:

$$Skewness = \frac{n}{(n-1)(n-2)} \sum_{i=1}^{n} (\frac{x_i - \overline{x}}{s})^3 \tag{9-4}$$

其中，i 为每一观测值，n 为观测值数量，$\overline{x}$ 为均值，s 为标准差。

通过偏度的值，我们可以更好地理解数据分布的形状和对称性。正偏或负偏的偏度值越大，表示数据分布的偏斜程度越大。值得注意的是，正态分布的偏度为 0。当偏度接近 0 时，数据分布相对对称。在实际应用中，研究者经常使用偏度来判断数据是否符合正态分布，以及了解数据分布的偏斜情况。

2.峰度与测度

峰度（kurtosis）是描述数据分布形状的另一关键统计指标，用于衡量数据分布的尖峭或平坦程度。峰度的计算基于数据相对于其平均值的分布情况，通常分为正峰度和负峰度两种情况。正峰度（positive kurtosis）：当数据分布较为尖峭，尾部相对较重时，峰度为正。正峰度表示数据集中存在较多极端值，尾部的数据分布比较集中。负峰度（negative kurtosis）：当数据分布相对较平坦，尾部相对较轻时，峰度为负。负峰度表示数据集中的极端值相对较少，尾部的数据分布比较散开。

峰度的计算公式为：

$$Kurtosis = \frac{\frac{1}{N} \sum_{i=1}^{N} (x_i - \mu)^4}{\left(\frac{1}{N} \sum_{i=1}^{N} (x_i - \mu)^2 \right)^2} - 3 \tag{9-5}$$

其中，i 为个体，N 为总体，μ 为总体均值。

峰度的值有助于我们了解数据分布的形状，以及是否存在异常值。正峰度和负峰度的数值越大，表明数据分布的尖峭或平坦程度越大。

三、参数估计

在社会科学的研究中，由于研究人员通常难以获得总体的全部数据资料，取而代之的方法主要是通过对总体中的样本进行研究，以此推断总体的一些特征，这就是推断统计的核心思想。进一步说，推断统计主要涵盖了参数估计和假设检验这两个核心内容。在这里，我们将主要聚焦于参数估计的基本概念和方法。

（一）估计量与估计值

参数估计是指在获取不了总体数据资料时，利用样本统计量来估计出整体参数的统计学方法。举例来说,当我们想知道总体均值 μ,但又缺乏总体的数据资料,只有部分样本数据资料时,那么我们可以用样本均值 $\bar{x}$ 来估计出总体均值 μ。同样的道理,总体方差、标准差、中位数等均可按照这一思路,根据样本方差、标准差、中位数等来估计。

在参数估计中,有两个重要的概念极易混淆,这就是估计量与估计值,它们在本质上存在区别。为了估计出总体的某些特征,我们需要根据样本统计量进行估计,这里的样本统计量就是估计量。比如,样本均值 $\bar{x}$ 就是总体均值的估计量。而估计值是根据样本数据信息,计算得出的样本统计量的具体数值。例如,根据样本信息,我们得到了样本均值为 100,这里的 100 是根据样本数据计算得到的,这便是估计值。

(二)点估计与区间估计

点估计和区间估计是参数估计的两个主要方法,它们均用于估计总体参数。点估计是通过样本数据得出一个单一数值,并直接作为总体参数的估计值。点估计的目标是找到一个对总体参数的最佳猜测,以使估计值尽可能接近真实值。例如,当我们想根据样本信息来推断总体均值时,可以将样本均值 $\bar{x}$ 直接视为总体均值 μ,这也表明我们认为总体均值约等于样本均值。因此,点估计的优点是可以通过样本数据信息来为总体参数估计提供一种方便、快捷、易于理解的估计值,但也应当看到,点估计的便捷性导致无法为总体参数估计提供更为准确的信息,并且极易受到样本极端值的影响。

与点估计提供一个具体的数值不同,区间估计提供了一个参数估计的范围,这个范围被称为置信区间,表示我们对总体参数的估计在一定置信水平下的范围。如果我们对总体均值 μ 进行区间估计,我们可以构建一个置信区间,例如 95% 的置信区间,这表示我们相信总体均值在这个区间内的可能性较高。可以看出,区间估计提供了总体参数估计可信度的信息,并且对样本数据异常值不太敏感。但也要注意到,区间估计的结果是以“范围”形式呈现出来的,并不能提供像点估计一样的一个总体参数的具体数值,估计结果不如点估计直观。

(三)估计量的评价标准

在只有总体部分样本的情况下,虽然可以通过总体估计量来推断样本参数,但是针对总体参数会存在多种样本估计量。例如,可以用样本均值作为总体均值的估计量,用样本中位数作为总体中位数的估计量,等等。因此,一个引申的问题是,究竟哪种样本估计量适合作为总体参数的估计。在统计学方法中,评价估计量的好坏通常涉及多个标准,这里主要介绍无偏性、有效性、一致性等一些常用的评价标准。

1. 无偏性

在统计学中,如果一个估计量的期望值等于真实参数,那么我们称该估计量是无偏的。无偏就意味着在大量的独立重复抽样中,估计量的平均值应该等于真实参数。无偏性在数学上可以表示为:

$$E(\hat{\theta}) = \theta \tag{9-6}$$

其中,$\hat{\theta}$ 表示估计量,θ 表示真实参数值。

无偏性是一个理想的性质,因为它意味着估计量在平均意义上不会系统地高估或低估真实参数。这是对估计量总体性质的描述,而非对单个估计值的保证。即使一个估计量不是无偏的,仍然有可能在某次抽样中获得一个接近真实参数的估计值。无偏性并非表明估计值与真实值之间没有差异,而是指在平均水平上没有系统性的偏差。

在选择估计量时,通常会优先考虑无偏性,因为无偏估计为统计推断提供了一个较好的起点。然而,有时在牺牲一些无偏性的情况下,我们可以获得其他更优越的性质。选择估计量时需要根据具体问题和应用场景做出权衡。

2. 有效性

有效性关注估计量的精确性,即估计的变异性。一个具有较小方差的估计量更有可能在抽样中接近真实值。在统计学中,估计量的有效性指的是该估计量的方差是否相对较小,即是否能够提供相对准确的估计。一个有效的估计量应当在所有无偏估计中具有最小的方差。有效性可以表示为:

$$\mathrm{var}(\hat{\theta}_1) < \mathrm{var}(\hat{\theta}_2) \tag{9-7}$$

其中,$\hat{\theta}_1$ 和 $\hat{\theta}_2$ 分别为总体参数的两个无偏估计量。$\hat{\theta}_1$ 这一估计量更为有效。

有效估计提供了相对高效的信息利用,允许在给定样本大小的情况下获得更精确的估计。虽然有效性是一个重要的性质,但并不是在所有情况下都是唯一关注的标准,在某些情况下,其他性质可能更为重要,需要进行权衡。

3. 一致性

在统计学中,一致性指的是随着样本量的增加,估计量将逐渐趋向于真实参数值。这意味着一致性是在渐进条件下建立的,只有当样本容量足够大时,估计

的准确性才能得到保证。换句话说,在大样本情况下,估计量应逐渐趋近于真实值。一致性的数学表达式如下:

$$\lim_{n \to \infty} P(|\hat{\theta}_n - \theta| \leqslant \varepsilon) = 1 \tag{9-8}$$

其中,n 为样本量,P 为概率,ε 是一个无穷小的正数。

上式表明,随着样本量的增加,样本估计量趋于真实参数值的概率不断增加,当样本量增加至无穷大时,样本估计量将等于真实参数估计值。

四、假设检验

除了参数估计,假设检验是推断统计的另一个核心组成部分。参数估计是利用样本信息来对总体特征进行估计,与此不同的是,假设检验始于对整体特征提出相应的假设,随后利用样本信息验证这些假设是否成立。因此,假设检验涵盖了两个主要方面:提出假设和验证假设。

(一)原假设与备择假设

在社会科学实际研究过程中,研究人员针对自己感兴趣的研究话题,先要对想要验证的观点提出自己的判断,也可理解为提出自己的论点,即研究假设。研究假设的提出往往从学科经典的理论出发,通过数理模型或逻辑演绎的方法来推断自己所关注的研究对象具有的某些特征,这便是研究假设的提出过程。举例来说,当想要了解扶贫政策与农户收入的关系时,我们可以通过相关理论来推演出扶贫政策有助于增加农户收入的研究假设。

当我们提出一个研究假设时,就衍生出原假设与备择假设两个对立统一的概念。其中,原假设(null hypothesis)也可称为零假设,用 H_0 表示,是与我们想要验证的研究假设相反的假设。在上述例子中,原假设就是扶贫政策不能增加农户收入,或者说扶贫政策对增加农户收入没有效果。

备择假设(alternative hypothesis)是我们在研究中关注的假设,或可以理解为我们想要验证的假设,用 H_1 表示。相应地,上文例子的备择假设是扶贫政策可以提高农户的收入水平。

可以看出,原假设与备择假设是对立统一的,原假设与备择假设有且只能有一个成立。在实际研究工作中,在原假设与备择假设提出步骤上,往往是先提出备择假设,再提出原假设,原因在于备择假设是我们想通过样本来验证或予以支持的假设,备择假设的思路更为清晰。在提出备择假设后,可以较为容易地通过备择假设来倒推出原假设。

(二)两类错误与显著性水平

假设检验就是通过样本数据来验证自身研究中的研究假设,这里涉及的关键问题便是:当原假设正确时,假设检验没有拒绝原假设;当原假设错误时,假设检验拒绝了原假设。但是,在实际假设检验过程中,由于是使用样本信息来推断总体的某些特征,选择样本的代表性、样本数据的质量、样本抽样的随机性等因素均会对假设检验过程产生一定的干扰。此时,就涉及两类错误:

第一类错误(type Ⅰ error):当原假设正确时,假设检验拒绝了原假设,此时就产生了第一类错误。

第二类错误(type Ⅱ error):当原假设错误时,假设检验没有拒绝原假设,此时就产生了第二类错误。

当然,第一类错误和第二类错误都有一定的产生概率,相应地在统计学范畴中,通常将第一类错误产生的概率视为显著性水平。结合第一类错误的内涵,显著性水平意指当原假设正确时,能够拒绝原假设的概率。不难看出,在原假设正确的前提下,拒绝原假设的概率越低越好,或者说越不能拒绝原假设越好。因此,在实际研究中,统计学给予研究人员一定的显著性水平判断标准,如:显著性水平为 0.1,即有 10% 的概率拒绝原假设;显著性水平为 0.05,即有 5% 的概率拒绝原假设;显著性水平为 0.01,即有 1% 的概率拒绝原假设。在研究人员的研究过程中,上述三种显著性水平均可以接受,但从经验上来看,研究人员更倾向于将显著性水平限定在 0.05 及以下,以此来规避第一类错误产生的概率。

(三)检验统计量与拒绝域

一般而言,研究人员在提出研究假设后,希望通过样本数据来验证自己的研究假设,或者说通过样本数据来拒绝原假设,从而支持研究提出的备择假设。检验统计量与拒绝域是假设检验的两个关键指标,这两个概念的使用使得假设检验具有逻辑上的一致性和可操作性,帮助研究者做出对研究问题的明智决策。

检验统计量(test statistic)是通过样本数据计算得到的一个样本统计量,主要用于判断是否拒绝原假设。同时,检验统计量在本质上是一个随机变量,其会随着所观测样本数量的不同而不断变化,但对于固定数量的样本而言,检验统计量是唯一的。检验统计量实质是总体点估计的标准化结果,所以检验统计量是标准化检验统计量的简称。检验统计量的计算公式为：

检验统计量＝(点估计量－假设值)/点估计量的抽样标准差

检验统计量是假设检验的基本前提,是否拒绝原假设从而接受研究人员所关心的备择假设,需要根据检验统计量的取值来进行判断。这就涉及拒绝域的概念。

拒绝域(rejection region)是基于检验统计量的取值范围来判断是否拒绝原假设的区间范围。在统计学上,如果检验统计量的取值落入拒绝域内,则拒绝原假设,否则就接受原假设。与此同时,拒绝域又需要根据显著性水平来确定。常见的显著性水平包括 0.1、0.05、0.01,其含义分别是在 10％、5％、1％ 的显著性水平上拒绝原假设。

(四)P 值

与检验统计量和拒绝域类似,P 值是检验原假设是否成立以及是否支持备择假设的一项有用工具。P 值(P-value)衡量了样本数据与原假设一致的概率,即在原假设为真的情况下,观察到的统计量或更极端情况发生的概率。

当 P 值很小,例如小于 0.05 时,研究者倾向于拒绝原假设。这表示观察到的数据在原假设下发生的概率相对较低,可能更支持备择假设。相反,如果 P 值较大,接近或大于设定的显著性水平,通常为 0.1,研究者可能更倾向于接受原假设。这表示观察到的数据在原假设下相对较为普遍,不足以支持拒绝原假设。

P 值提供了一种直观的方式来解释统计显著性,然而在解释时需要谨慎,同时将其结果与研究问题和背景结合,避免过分强调统计显著性而忽略实际意义。应该在相关上下文中考虑 P 值的大小,同时也需要注意多重比较,以及样本量对 P 值的影响。

五、相关与回归分析

前文所介绍的统计学方法主要是针对一个变量而言的,比如如何用样本统计量来推断总体的某一参数。但是,在社会科学实际研究过程中,我们更多关注变量之间的关系,这就需要引入相关性分析和回归分析的统计学方法。比如,教育回报问题是世界各国政府关心的重大民生问题,增加教育投资究竟会导致人们的收入增加多少,则需要社会科学工作者进行研究。这就涉及教育与收入的关系,而非单纯地统计出人们的收入水平,而统计学方法中的相关性分析与回归分析,便可以用来揭示变量之间的关系。

(一)相关性分析

理解函数关系与相关关系对于相关性分析尤为重要。通常,函数关系表示因变量 y 与自变量 x 之间有明确的函数表达式,即 $y = f(x)$,这里的自变量 x 可以是单独的一个,也可以是许多个,如 x_1、x_2、x_3 等等。函数关系的核心是自变量 x 可以解释所有因变量 y 的变动,或者说因变量 y 的变动完全是由自变量 x 的变动引致的。

对于经济社会中的不同经济现象,比如在教育回报的例子中,教育是影响人们收入的重要因素,但并非唯一的因素,因为影响人们收入水平的因素除了教育,还有可观测的智商、父母职业、出生地等等,以及不可观测的个人能力、对职业的敏感性等等。所以,并不能直接对教育与收入的关系构建一个简单、明确的函数关系,而是要建立起二者之间的相关关系。相关关系的数学表达式可以写成 $y = f(x, u)$,其中,x 是可观测、可度量的影响收入的因素,u 是不可观测、难以度量的因素。当研究人员构建起变量之间的相关关系表达式之后,便可通过相关性分析来揭示出变量之间相关性的方向与程度。

在相关关系中,对于变量之间相关关系的方向,可以直接通过表格或图形的形式加以直观呈现。例如,可以对人们的收入水平与受教育年限进行散点绘图,这样我们就可以观测到收入与教育之间的相关关系是正相关还是负相关。但是,如果想要知道收入与教育之间的相关程度,即相关系数,则需要借助统计学方法进行计算。其中,两个变量之间的总体相关系数表达式为:

$$\rho_{xy} = \frac{Cov(x, y)}{\sqrt{Var(x)Var(y)}} \tag{9-9}$$

其中,$Cov(x, y)$ 表示变量 x 与 y 的协方差,$Var(x)$ 与 $Var(y)$ 分别表示变量 x 与变量 y 的方差。

当缺少总体数据,只有样本数据时,两个变量之间的样本相关系数表达式为:

$$r_{x,y} = \frac{\sum(x_i - \bar{x})(y_i - \bar{y})}{\sqrt{\sum(x_i - \bar{x})^2}\sqrt{\sum(y_i - \bar{y})^2}} \tag{9-10}$$

其中,x_i 与 y_i 分别表示 x 和 y 的样本观测值,$\bar{x}$ 和 $\bar{y}$ 分别为 x 和 y 的样本均值。

【**例 9-2**】 贾俊雪和秦聪(2019)在《农村基层治理、专业协会与农户增收》一文中,为考察农村专业协会及其制度安排对农户收入的影响,在其文中图 1 部分通过图形的方式呈现了一个经典的相关性分析结果。如下文所示:专业协会对农民人均纯收入没有显著影响;随着市场化程度的提升(政府不当干预减少)和村委会干部数量的增加,专业协会的增收效应明显增强,这凸显出外部制度环境的重要性。

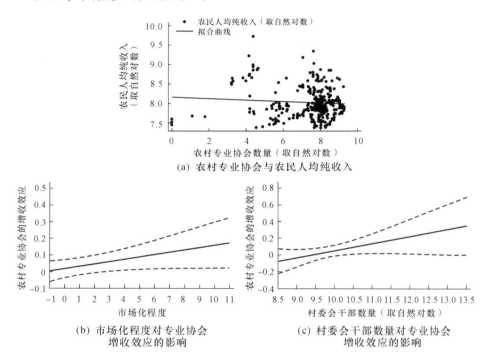

(a) 农村专业协会与农民人均纯收入

(b) 市场化程度对专业协会
增收效应的影响

(c) 村委会干部数量对专业协会
增收效应的影响

图 1　2003—2016 年各省农村专业协会的农民增收效应以及市场化程度和村委会干部数量的影响

(二)回归分析

通过相关系数,我们可以得到变量之间相关性的方向与程度。但是,仅仅依靠相关性分析并不能给予研究人员更多的信息。多数情况下,我们更想了解自变量 x 一个单位的变化会引致因变量 y 变化多少个单位,举例来说,在教育回报的研究中,研究人员更多是要掌握提高一年受教育水平,人们的收入会增加多少。对此,回归分析便可以研究两个或多个变量之间的关系,并建立一个数学模型,从而利用一个或多个自变量来预测因变量的值。

1. 一元线性回归分析

通常根据自变量 x 的数量,利用线性回归模型,将回归分析区别为一元线性回归分析与多元线性回归分析。其中,一元线性回归分析是回归分析的一种特殊形式,适用于只有一个自变量 x 和一个因变量 y 的情况。一元线性回归模型可以用如下方程表示:

$$y_i = \beta_0 + \beta_1 x_i + u \tag{9-11}$$

其中,y 是因变量或被解释变量,x 是自变量或解释变量,i 表示自变量 x 或因变量 y 的每一次观测。β_0 是截距项,β_1 是斜率,用来衡量自变量 x 每一单位的变化会导致因变量 y 变化的单位数量,u 是随机误差项或随机扰动项。

一元线性回归的本质是描述因变量 y 的期望 $E(y)$ 与自变量 x 之间的数量关系,基本原理是找到合适的截距项 β_0 与斜率 β_1,使得最终通过自变量 x 计算得出的模型预测值与因变量 y 的真实值之间的差距平方和最小,这里所谓的差距就是用 y 的真实值减去通过 x 计算出的模型预测值之差,也可以称作残差。残差平方和最小的思想便构成回归分析中最为基础、最为经典的普通最小二乘法(ordinary least square,OLS)。

在利用 OLS 方法来探讨变量之间关系时,需要有一定的前提条件,这也被称为高斯-马尔可夫定理。具体如下:(1)线性设定:回归模型中的因变量 y 与自变量 x 之间的关系总是以线性形式进行表达。(2)随机抽样:所用的样本必须是从总体中进行随机抽样得到的,从而可以通过样本信息来推断总体特征。(3)满秩:自变量的个数不能多于观测值数量,否则不能估计出参数。(4)零均值假定:给定自变量 x 时,随机扰动项 u 的期望为零,即 $E(u|x)=0$。(5)同方差假定:给定自变量 x 时,随机扰动项 u 的方差相同,即 $Var(u|x)=\sigma^2$。

在满足上述高斯-马尔可夫定理的前提下,通过最小二乘法估计的回归系数是使得残差平方和最小的最优线性无偏估计量(best linear unbiased estimator,BLUE)。这表明,在这些条件下,最小二乘法提供了一种有效的估计方法,使得回归系数的估计具有更小的方差,从而使得整个模型更为稳健和可靠。

值得关注的是,高斯-马尔可夫定理对于最小二乘法的无偏性和有效性是在理想条件下成立的。在实际应用中,一些可能违反这些理想条件的情况,比如多重共线性、异方差性或自相关性等,可能会对最小二乘法的估计结果产生影响。因此,在使用最小二乘法进行回归分析时,研究者需要对假设进行检验,并在必要时采取适当的修正方法，以确保模型估计的准确性和可信度。

2. 多元线性回归分析

一元线性回归分析仅仅局限于探讨因变量 y 与单一自变量 x 之间的线性关系这一特殊情形，但在社会科学的研究过程中，研究人员往往需要了解更多因素与因变量 y 之间的数量关系，这就涉及多元线性回归分析。多元线性回归模型可以表述成如下形式：

$$y_i = \beta_0 + \beta_1 x_{1i} + \beta_2 x_{2i} + \cdots + \beta_k x_{ki} + u_i \qquad (9\text{-}12)$$

在上述式子中，k 表示自变量 x 的个数。

与一元线性回归分析相似，多元线性回归分析也是在满足高斯-马尔可夫定理的前提下，可以得到因变量 x 的最优线性无偏估计量。但是，与一元线性回归模型不同的是，多元线性回归模型的解释更为复杂。原因在于，在引入更多自变量 x 的情况下，单独某一个自变量 x 的解释均是在其他条件不变的前提下，自变量 x 变动一个单位会引起因变量 y 变动 β 个单位。以自变量 x_1 的系数 β_1 为例，β_1 表明，除自变量 x_1 外，在所有其他自变量均保持不变的前提下，自变量 x_1 每变化一个单位，因变量 y 会变化 β_1 个单位。

【例 9-3】 罗必良等（2021）《赋权、强能、包容：在相对贫困治理中增进农民幸福感》一文中的基准回归表 2 是一个经典的多元回归例子。如该表所示，通过构建农民主观幸福感与收入、性别、出生年份、家庭总人数、男性人数、耕地经营面积以及多种固定效应的多元回归模型，得出不同因素对农民主观幸福感的影响。正如其文中呈现的结果，农户家庭收入每增加 1%，农民的幸福程度会增加 0.054—0.060 个等级水平。

表 2　农户家庭收入和主观幸福感

变量	主观幸福感				
	模型 2-1	模型 2-2	模型 2-3	模型 2-4	模型 2-5
收入（对数）	0.060*** (0.004)	0.056*** (0.004)	0.056*** (0.004)	0.054*** (0.004)	0.064*** (0.005)
性别	−0.009 (0.011)	−0.007 (0.011)	−0.007 (0.011)	−0.008 (0.011)	−0.008 (0.014)
出生年份	0.003*** (0.000)	0.003*** (0.000)	0.003*** (0.000)	0.003*** (0.000)	0.004*** (0.000)

续表

变量	主观幸福感				
	模型 2-1	模型 2-2	模型 2-3	模型 2-4	模型 2-5
家庭总人数	0.032***	0.034***	0..035***	0.037***	0.047***
	(0.005)	(0.005)	(0.005)	(0.005)	(0.006)
男性人数	−0.042***	−0.043***	−0.045***	−0.046***	−0.057***
	(0.008)	(0.008)	(0.008)	(0.008)	(0.010)
耕地经营面积（对数）	−0.012*	0.004	0.018**	0.020**	0.028**
	(0.007)	(0.008)	(0.008)	(0.009)	(0.011)
时间固定效应	控制	控制	控制	控制	控制
省份固定效应	控制	不控制	不控制	不控制	不控制
城市固定效应	不控制	控制	不控制	不控制	不控制
县固定效应	不控制	不控制	控制	不控制	不控制
村庄固效应	不控制	不控制	不控制	控制	控制
观测值	25468	25234	25234	25467	25340
R^2	0.063	0.094	0.101	0.117	—

注：*、**、*** 分别表示在 10%、5% 和 1% 的水平上显著，括号内为稳健标准误。

最后，需要进一步指出，无论是一元线性回归分析还是多元线性回归分析，只有在满足高斯-马尔可夫定理的前提下，我们才能断言变量之间的估计系数是因果范畴内的系数，否则，对于变量之间的关系需要做出更为严谨的判断。其背后的核心思想就是，如果不能满足高斯-马尔可夫定理的全部假定，即无法获取关于因变量与自变量之间关系的一个最优线性无偏估计量时，就需要借助其他更为高级的统计学方法来进行克服，以进一步揭示因变量与自变量之间的关系，这部分的内容就是下一章将要介绍的计量经济学方法。

第十章
计量经济学与农业经济管理研究

计量经济模型是经济学领域广泛采用的实证分析方法。计量经济模型的优势在于它们提供了直观且易于解释的结果,并且其估计结果便于验证,满足了现代农业经济研究对定量分析和严谨性的要求(仇焕广等,2018)。本章将对中国农业经济管理学中常用的几类计量经济模型进行概述和分析,具体包括:线性回归模型、离散选择模型、匹配方法、面板数据分析方法和双重差分法。

一、线性回归模型

线性回归模型基于两个核心要素:一是被解释变量、解释变量、干扰项之间的函数关系是线性的;二是解释变量与误差项之间不相关。此外,多元线性回归的基本假设还有满秩假设(解释变量之间不存在线性关系,即列线性独立的)、正态性假设(扰动项服从均值为零和具有不变方差的正态分布)、球形干扰假设(扰动项同方差、无自相关)。最小二乘法是求解线性回归模型系数最常见的方法,在经典线性回归模型中,最小二乘估计量是模型待估系数的最小方差线性无偏估计量。

线性回归是计量经济学中广泛采用的方法,其实际应用会根据研究目的的不同而有所变化。第一种,作为因果推断的工具,线性回归的目的在于估计处理效应的平均影响,这要求满足外生性假设。若违背强外生性假设,则模型的参数估计结果有偏,若违背弱外生性假设,则模型的参数估计结果有偏且不一致。第二种,作为预测模型,其目标是实现精确的预测,在因果推断中则可以用于预测未观察到的反事实情况。

(一)控制变量选择

为了得到具有因果含义的系数,回归中常用的条件为:干扰项条件均值独立于解释变量(邱嘉平,2020)。若该假设被违背是因为遗漏了可观测的解释变量,则可以通过回归调整、匹配、再加权和双重稳健估计等方法解决可观测变量的内生性问题。本小节主要介绍回归调整方法中的控制变量选择问题。

控制变量选择的一个重要方法是遵循后门法则(backdoor criterion)。该方法的思路是,找到一组可观测的变量,控制这组变量可以截断所有解释变量到被解释变量之间的非因果路径。其核心在于找到解释变量和被解释变量之间所有的因果路径,并且截断所有会造成相关性的非因果路径,这样我们观测到的相关性才是因果性。也就是说,在将想要讲述的因果故事以因果图表达出来之后,我们接下来需要做的就是确保所有因果路径是开放的,而所有非因果路径(后门路径)是截断的,同时注意不要产生新的非因果路径。变量间的关系存在三种基础路径(Cinelli et al.,2024):

第一,链状路径(chains)也被称作因果路径,是从解释变量指向被解释变量的单向路径。例如下图中,D 到 Y 存在 $D \rightarrow Y$ 的直接因果路径和含中介变量的间接因果路径 $D \rightarrow M \rightarrow Y$。如果控制了 M,将会阻断间接因果路径 $D \rightarrow M \rightarrow Y$,此时变量 D 与变量 Y 的相关性仅反映了直接因果关系,而忽略了间接因果关系,从而造成过度控制偏差(overcontrol bias)。在一条链状路径中,如果不止一个中介变量,控制任意一个中介变量都可以截断该路径(见图 10-1)。

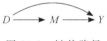

图 10-1　链状路径

第二,叉状路径(forks)也被称作混淆路径,其基本形式为 $D \leftarrow U \rightarrow Y$,这里 U 是解释变量和被解释变量的共同原因,它被称作混杂因素(confounder),在这种情况下,D 与 Y 存在非因果性的开放路径 $D \leftarrow U \rightarrow Y$,控制 U 可以截断这一路径,否则变量 D 与变量 Y 的相关性不仅包括因果关系 $D \rightarrow Y$,也包括非因果关系 $D \leftarrow U \rightarrow Y$,从而造成混淆偏差(confounding bias)。所有形如 $D \leftarrow U \ldots \rightarrow Y$ 的开放路径,即以一个指向解释变量的箭头开始的开放路径,被称为后门路径(back-door path),后门路径是非因果性的路径(见图 10-2)。

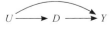

图 10-2　叉状路径

第三,对撞路径(colliders)也被称作反叉状路径,其基本形式为 $D \rightarrow U \leftarrow Y$,这里 U 是解释变量和被解释变量的共同结果,它被称作对撞变量(collider)。对撞路径是死路径,在路径 $D \rightarrow U \leftarrow Y$ 中,由于对撞变量截断了这条路径,所以 D 和 Y 相互独立(见图 10-3)。

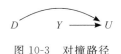

$$D \qquad Y \longrightarrow U$$

图 10-3　对撞路径

基于控制变量选择的理论知识,我们可以总结出选取控制变量的基本原则:

第一,一般情况下,解释变量和被解释变量(中介变量)的共同原因(混淆),是我们应该加以控制的,否则会造成混淆偏差。如果混淆无法观测,可以尝试寻找混淆的下游变量作为其代理变量。需要注意的是,这里的混淆与解释变量和被解释变量/中介变量之间是因果关系,而不是非因果造成的相关关系。

第二,一般情况下,解释变量和被解释变量的共同结果(对撞变量)是我们不应该控制的,否则会造成选择偏差。如果是选择性样本(对撞变量被控制是前提条件),可以尝试在对撞路径上寻找可以截断该路径的控制变量。

第三,如果我们希望估计平均因果效应,那么要警惕不能控制中介变量从而导致该间接因果路径被截断,否则会造成过度控制偏误。

【例 10-1】　可持续性标准(例如公平贸易)是将发展中国家的小农户与高价值市场联结起来的有效机制,并且有利于发展环境友好、社会认同的生产和贸易模式。公平贸易认证的大宗商品比如茶、咖啡、可可是殖民经济时期的重要作物。曾经的殖民地大都在二战后获得了独立,但是不平等的经济结构并没有随之改变。公平贸易的目的是改善小农户的生计,如果合作社想要获得认证,需要提交申请并通过公平贸易标准的审查,标准包括劳动条件、社区建设等。在此背景下,Sellare et al.(2020)研究公平贸易认证对小农户生产者生计的影响,该研究的被解释变量为"小农户生产者的生计",核心解释变量为"所在合作社是否有公平贸易认证"。以往该问题的研究设计普遍没有控制合作社特征,主要方法有:(1)比较参与合作社的认证农户与不参与合作社的非认证农户的生计结果,该方法的缺陷是无法将合作社带来的效应与认证带来的效应区分开。(2)比较认证合作社的农户与非认证合作社的农户的生计结果,该方法的缺陷是没有考虑到两类合作社在运作方式、利益分配方式层面等存在系统性差异。(3)比较认证农户与非认证农户的生计结果,该方法相当于控制了合作社特征,但由于现实情况是同一合作社的农户要么都认证,要么都不认证,数据量过少。根据合作社获得认证的规则可以看出,合作社是否有公平贸易认证必然会受到合作社特征的影响,同时,这些合作社特征也会对小农户生产者的生计结果产生直接影响,因此,合作社特征是典型的混杂,需要加以控制,否则会导致混淆偏差。该研究通过对合作社特征加以控制进行了更干净的因果识别,弥补了既有研究的不足(见图10-4)。

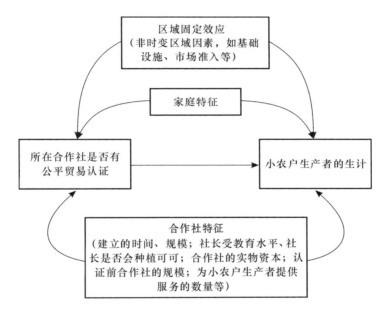

图 10-4 Sellare et al.(2020)研究中的控制变量选择

(二)估计系数的统计推断

为了实现对估计系数的统计推断,我们不仅需要知道待估系数的点估计,还需要对标准误形式进行合理假设,否则可能得到错误的统计推断结果。在经典线性回归模型中,扰动项是同方差的。例如,对于下面的线性回归模型:

$$Y = \boldsymbol{X}'\beta + u \tag{10-1}$$

待估系数的估计量为:

$$\hat{\beta}_{\text{OLS}} = (\boldsymbol{X}'\boldsymbol{X})^{-1}\boldsymbol{X}'(\boldsymbol{X}'\beta + u) = (\boldsymbol{X}'\boldsymbol{X})^{-1}\boldsymbol{X}'\boldsymbol{X}\beta + (\boldsymbol{X}'\boldsymbol{X})^{-1}\boldsymbol{X}'u$$

$$= \beta + (\boldsymbol{X}'\boldsymbol{X})^{-1}\boldsymbol{X}'u \tag{10-2}$$

标准误即估计量的标准差,它衡量了估计量的准确程度,可以表示为:

$$Var(\hat{\beta}_{OLS}) = Var(\beta) + (X'X)^{-1}X'Var(u)X(X'X)^{-1} \tag{10-3}$$

若扰动项同方差假设和无相关性的假设成立,则标准误可以简化为:

$$Var(\hat{\beta}_{OLS}) = \sigma^2(X'X)^{-1} \tag{10-4}$$

然而,在许多实际情况中,同方差性假设往往不成立,残差往往会随着解释变量取值的不同而发生变化。在实际情况中,首先需要检验是否满足同方差性假设,例如可以通过图示检验、Goldfeld-Quandt 检验、Breusch-Pagan 检验等多种方法来实现。如果发现异方差性,通常采用广义最小二乘法(GLS)来进行参数估计。然而,这种方法要求协方差阵是已知的,而在大多数情况下,协方差阵是未知的,因此准确地估计协方差阵变得尤为关键。

如果扰动项存在异方差问题,针对大样本情形,常见的方式是采用 MacKinnon & White(1985)提出的 Eicker-Huber-White(EHW)方差估计方法,这种估计方法在样本量趋于无穷大时是一致的。针对小样本情形,则可以采用 Hinkley(1977)提出的小样本校正的异方差稳健标准误。

如果扰动项存在自相关问题,常见的方式是使用 Newey & West(1987)提出的异方差自相关稳健的标准误(heteroskedasticity and autocorrelation consistent standard error,HAC),该标准误在存在异方差与自相关的情形下仍是稳健的。该方法的核心思想是估计各阶自相关系数,并据此校正标准误。

在农业经济研究中,往往使用微观数据,由于抽样方法或实验设计的局限性,数据多呈现出聚类、分组或分层的特征。当样本可以根据特定的"聚类"被分组时,同一聚类内的观测值彼此相关,而不同聚类之间的观测值则相互独立,此时则适用聚类稳健标准误。在存在序列自相关、截面自相关和异方差等问题的情况下,如果不采用聚类标准误,统计推断的结果可能会出现误差(Abadie et al.,2023)。在使用聚类标准误时,如何选择聚类变量是一个关键问题,一个基本的原则是对偏差和方差进行权衡,即聚类的层级越高,聚类的数目越少,聚类的偏差越小但是方差越大。如果存在不止一种潜在的聚类方式,即聚类是相互嵌套的,则可以采用多维聚类标准误方法对标准误进行调整(Cameron & Miller,2015)。

【例 10-2】 完整的产权对经济发展权为重要,在众多发展中国家,农地产权是通过持续的个人使用而非土地所有权来维护的。De Janvry et al.(2015)基于 1993—2006 年墨西哥土地确权项目,实证检验通过发放确权证使得土地所有权和使用权分离,是否导致大规模的人口流动与土地流转。墨西哥土地改革主要包含以下两个阶段:第一阶段(1914—1992 年),在这一阶段政府征用大量的私人土地,并分配给无地农民组成的集体农庄组织"ejido"(村社)耕种。村社成员拥有土地的使用权和剩余索取权,但也受到一定限制,例如两年内未耕种的土地将被没收,禁止使用佃农和雇工,禁止出售和租用土地等。第二阶段(1993—2006 年),墨西哥政府希望通过土地确权提高产权安全性,激励农业投资,提高农业生产效率,为此成立了土地法律办公室和土地法院以解决确权争议,确定地块的所有者,并向"ejido"中的地块所有者颁发土地所有权证书。在检验土地确权对人口流动的影响时,该研究的基准回归使用了由农户微观数据和"ejido"数据相匹配得到的面板数据,被解释变量为"农户家庭中是否有永久移民",研究设计采取双重差分方法(DID),其中处理组的划分依据"ejido"层级的确权情况,并用双向固定效应模型进行估计,标准误聚类在"ejido"层级。在这个例子中,同一个"ejido"内,扰动项很可能是相关的,例如与村社其他成员的人际关系等,这些因素在同一"ejido"内彼此相关,在不同"ejido"却相互独立,同时这些因素可能会影响到其人口流动决策。此时,选择"ejido"层级的聚类标准误可以帮助解决该问题。

二、离散选择模型

离散选择模型(discrete choice model,DCM),也被称为品质反应模型(qualitative response models)。离散选择模型通常都是在决策者效用最大化行为的假设下推导出来的。离散选择模型假设决策者面对 J 个选项,每个选项都有与之相关的效用 U。这个效用由两部分组成:一部分是固定效用 V,它可以通过可观测的变量 x 来解释;另一部分是随机效用 ε,它代表了未观测到的效用和误差。决策者的选择原则是选择效用最大的选项。因此,每个选项被选择的概率是其固定效用的函数,即 $P=F(V)$,其中函数的形式取决于随机效用的分布。

离散选择模型的主要价值体现在三个方面(王灿等,2015):首先,它能够揭示行为规律,通过分析模型参数 β 的符号、大小和显著性,我们可以确定哪些因素对行为有显著影响,以及这些影响的程度和方向。此外,该模型还能比较不同人群之间的行为差异。其次,离散选择模型可以用来估计支付意愿,通过计算因素与价格系数之比来得到其货币价值,这种方法也适用于非价格因素的比较。意愿价值评估(CVM)是一种直接询问受访者支付意愿的方法,常用于评估难以市场化的资源、环境和文化价值。最后,离散选择模型可以用于模拟分析,以"what-if"的方式探讨因素变化、政策实施或备选项增减等对行为选择的影响,或预测方案和情景的效果。

(一)离散选择模型的基本要素

离散选择模型包括决策者、备选方案集、方案属性集、决策准则四个基本要素。

在农业经济管理学研究领域中,决策者往往是农村劳动力、农村家庭、农业企业等。决策者的个人属性,如收入、性别等,会影响他们的选择,因此即使面对相同的备选方案集,不同决策者也会做出不同选择。

备选方案是决策者可以选择的一个集合。以农户融资路径选择为例,常见的备选方案包括从亲戚朋友、地下钱庄或高利贷者等非正规金融机构获得贷款,从农村信用社或商业银行等正规金融机构获得贷款,既从非正规金融机构获得贷款也从正规金融机构获得贷款。然而,不同个体的实际选择集可能不同,例如信誉较差的农户可能无法获得正规金融机构贷款。

备选方案涉及三个不同的选择集概念:通用方案集(所有可能的选项),可行方案集(个体实际可选择的选项),实际考虑的方案集(研究中关注的选项)。

(二)离散选择模型的基本类型

离散选择模型包括多种类型,如二值选择模型、多项选择模型、有序选择模型、嵌套选择模型和混合 Logit 模型等。本节主要介绍应用较为普遍的二值选择模型、多项选择模型和有序选择模型。

1.二值选择模型

在二值选择模型中,被解释变量为二值变量,研究的重点在于确定结果发生概率 p 的影响因素。两个经典的二值选择模型是 Logit 模型和 Probit 模型。这些模型将 p 表达为回归系数的不同函数形式,并通过最大似然估计(MLE)来估计模型参数。出于提高预算速度和计算固定效应的考量,对类似问题一个常见的替代方案是采用线性概率模型(LPM),该模型通过普通最小二乘法进行参数估计,但它对于概率的拟合不够准确,并且得到的结果可能超过概率的可行范围。

二值选择模型及其与线性概率模型的模型设定对比如下(见表 10-1):

表 10-1 Logit 模型、Probit 模型和线性概率模型设定

模型	概率 $p = Pr(y=1 \mid x)$	边际效应 $\partial p / \partial x_i$
Logit 模型	$\Lambda(x'\beta) = e^{x'\beta}/(1+e^{x'\beta})$	$\Lambda(x'\beta) = \{1 - \Lambda(x'\beta)\}\beta_j$
Probit 模型	$\Phi(x'\beta) = \int_{-\infty}^{x'\beta} \Phi(z)\mathrm{d}z$	$\Phi(x'\beta)\beta_j$
线性概率模型	$F(x'\beta) = x'\beta$	β_j

2. 多项选择模型

多项选择模型的被解释变量为多分类变量,且没有顺序。多项选择模型中使用最为广泛的为多项 Logit 模型。多项 Logit 模型实质上可视为二值 Logit 模型的拓展。基于随机效应理论,可以推导在多项 Logit 模型设定下,相对于参照方案,个体 i 选择方案 j 的概率为:

$$P(y_i = j \mid x_i) = \begin{cases} \dfrac{1}{1 + \displaystyle\sum_{k=2}^{J} e^{x'_i\beta_k}} & (j = 1) \\[4mm] \dfrac{x'_i\beta_j}{1 + \displaystyle\sum_{k=2}^{J} e^{x'_i\beta_k}} & (j = 2, \cdots, J) \end{cases} \tag{10-5}$$

其中,$j=1$ 代表备选方案集的方案总个数,$j=1$ 所对应的方案为参照方案,该模型可以使用 MLE 来估计模型参数。模型系数的解读通常有基于胜算比的角度和基于概率的角度两种方式。

基于胜算比角度,第 j 个方案相对于参照方案的胜算比(odds ratio)或相对风险比(relative-risk ratio)为:

$$\frac{\pi_{ij}}{\pi_{i1}} = \frac{P(y_i = j \mid x)}{P(y_i = 1 \mid x)} = e^{x'_i\beta_j} \tag{10-6}$$

此时,第 m 个解释变量的变化对胜算比的影响为:

$$\frac{e^{x'_i\beta_j + \Delta x_{im}\beta_{jm}}}{e^{x'_i\beta_j}} = e^{\Delta x_{im}\beta_{jm}} \tag{10-7}$$

进一步地,可以得出:

$$\frac{e^{x'_i\beta_j + \Delta x_{im}\beta_{jm}} - e^{x'_i\beta_j}}{e^{x'_i\beta_j}} = e^{\Delta x_{im}\beta_{jm}} - 1 \tag{10-8}$$

其中 β_{jm} 为方案 j 相对于参照方案的选择概率模型中第 m 个解释变量的系

数。该公式意味着,第 m 个解释变量每增加一个个体,第 j 个方案相对于参照方案的胜算比的相对变化幅度为 $e^{\Delta x_{im}\beta_{jm}}-1$。当 β_{jm} 很小时,$e^{\beta_{jm}}-1\approx\beta_{jm}$,此时 β_{jm} 具有较为直观的经济含义。

基于概率的角度,由于无序多项选择模型中的被解释变量没有单一的条件值,因此研究的关注点在于这些选项的概率如何随着解释变量的变化而变化。对于多项 Logit 模型,第 m 个解释变量第 j 个方案选择概率的边际效应(ME)可以表示为:

$$\frac{\partial \pi_{ij}}{\partial x_{im}} = (\beta_j - \bar{\beta}_m) \tag{10-9}$$

其中,$\bar{\beta}_m = \sum_{a=1}^{j} \pi_{ia}\beta_{am}$。可以看出,边际效应随着估计点 x_{im} 的变化而变化,回归系数的符号并不能给出 ME 的符号。当 $\beta_j > \bar{\beta}_m$ 时,x_{im} 的边际效应为正值。

3. 有序选择模型

有序选择模型的被解释变量为有一定次序的分类变量,对于这种情况,两种标准模型是有序 Logit 模型和有序 Probit 模型。

在对有序被解释变量进行建模时,会引入序列的、不可观测的潜变量 y^*,这些变量逐步跨越更高的门限值。对于一个含有 J 个选项的有序模型,我们定义:

$$y_i = j \quad \text{if} \quad \alpha_{j-1} < y_j^* \leq \alpha_j, \quad j = 1, \cdots, J$$
$$\begin{aligned} Pr(y_i = j) &= Pr(\alpha_{j-1} < y_j^* \leq \alpha_j) \\ &= Pr(\alpha_{j-1} < x'_i\beta \leq \alpha_j) \\ &= Pr(\alpha_{j-1} < x'_i\beta < u_i \leq \alpha_j - x'_i\beta) \\ &= Pr(\alpha_j - x'_i\beta) - F(\alpha_{j-1} - x'_i\beta) \end{aligned} \tag{10-10}$$

其中,F 是 u_i 的累积分布函数。对于有序 Logit 模型,$F(z) = \frac{e^z}{1+e^z}$;对于有序 Probit 模型,u 服从标准正态分布,$F(z) = \frac{1}{\sqrt{2\pi}} \int_{-\infty}^{x} e^{-\frac{t^2}{2}} dt$。解释变量的系数 β 和 $J-1$ 个门限参数值可以通过对数似然函数最大化获得。如果 β_j 为正值,则 x_{ij} 的增长必然会减少选择最低类别($j=1$)的概率,并增加选择最高类别($j=J$)的概率。

【例 10-3】 丁志国等(2011)基于吉林省 804 户样本农户的调查数据,采用离散选择模型中的有序选择模型对农户融资路径偏好及其影响因素进行实证分析。该研究采用有序选择模型是恰当的,因为该模型能够准确反映农户在不同融资渠道间的优先级排序,同时捕捉到多个外生变量如何按等级影响农户的融资路径选择。具体来说,选择有序选择模型的原因有三:首先,农户融资路径偏好作为内生变量具有离散取值的特征,无法满足一般计量模型在估计过程中内生变量必须为连续取值变量的假定;其次,有序选择模型作为一种多元离散选择模型,适用于内生变量和多个外生变量同时具有一定顺序或级别差的模型的参数估计;最后,有序选择模型能够判断外生变量对内生变量选择次序的影响,而二元选择模型仅能够判断外生变量对内生变量选择"是"与"否"的影响。研究发现,农户倾向于先选择非正规金融机构融资,其次为正规金融机构,部分农户两者兼具,融资主要用于消费而非生产。

三、匹配方法

匹配方法是在非实验条件下估计处理效应(treatment effect)的一种流行的计量方法。匹配方法的核心思想是,针对那些接受了某种处理的个体,寻找那些在可观测特征上相似但没有接受处理的个体,并通过比较这两组个体的可观测结果差异,估计处理效应。与回归调整方法类似的是,匹配方法可以解决不可观测变量的内生性问题,但不能用于解决由不可观测变量带来的内生性问题。在回归调整方法中,"控制"可观测变量的方法是将关键控制变量加入协变量;而在匹配方法中,"控制"可观测变量的方法是将控制组和观测组的个体按可观测特征进行匹配。

(一)匹配方法的假设条件

使用匹配方法估计处理效应需要满足条件独立假设(conditional independence assumption)和共同支撑条件(common support condition)。

条件独立假设是指,给定可观测特征,潜在结果独立于处理状态。即给定可观测特征后,处理是随机的,处理组和控制组之间没有差异,处理组产生的效应完全来自处理。数学表达式为:

$$E(Y_1 | \boldsymbol{X}, D) = E(Y_1 | \boldsymbol{X})$$
$$E(Y_0 | \boldsymbol{X}, D) = E(Y_0 | \boldsymbol{X})$$

(10-11)

其中,Y_1 代表处理组潜在结果,Y_0 代表控制组潜在结果。需要注意的是,对于每个个体,都存在两种潜在结果,但只有一种潜在结果可以被观测到。X 代表给定的可观测特征,D 代表指示处理组或控制组的指示变量。

共同支撑条件是指,给定可观测特征,个体接受处理的概率大于 0 并小于 1。此条件意味着处理组和控制组这两个子样本存在重叠,这是进行匹配的前提。数学表达式为:

$$0 < P(D_i \mid X_i = x) < 1 \tag{10-12}$$

当满足条件独立假设和共同支撑条件时,可以识别平均处理效应。

(二)匹配方法的分类

根据匹配的具体方法不同,存在不同的匹配估计量。常见的匹配方法包括精确匹配、倾向得分匹配等。

1. 精确匹配

进行精确匹配的一般过程包括以下几个步骤:首先,根据可观测特征变量的不同值将数据分割成多个个体;其次,在每个个体内计算处理组与对照组的平均值差异;最后,通过加权平均这些个体中的均值差,得到平均因果效应的估计值。这样的匹配方法可以确保在进行比较时,处理组和对照组在可观测特征上尽可能相似,从而提高了估计因果效应的准确性。

精确匹配虽然能够确保处理组和对照组在可观测特征上的相似性,但它也存在两个主要缺陷。首先,精确匹配不适用于具有连续值的协变量,因为连续变量无法像离散变量那样直接划分数据个体。其次,存在所谓的"维度诅咒",即只有当可观测特征变量的维度较低且取值较少时,精确匹配才可行。当个体数量相对于样本量非常大时,共同支撑条件很容易不满足,这限制了精确匹配的适用性。

精确匹配的处理效应估计量为:

$$ATT = E_X\{E(Y_{1i} - \hat{Y}_{0i} \mid D = 1, \boldsymbol{X})\} = \sum_{\boldsymbol{X}_i} TE_{\boldsymbol{x}} \times p(\boldsymbol{X} = \boldsymbol{X}_i \mid D_i = 1)$$

$$\tag{10-13}$$

$$ATU = E_X\{E(\hat{Y}_{1i} - Y_{0i} \mid D = 0, \boldsymbol{X})\} = \sum_{\boldsymbol{X}_i} TE_{\boldsymbol{x}} \times p(\boldsymbol{X} = \boldsymbol{X}_i \mid \boldsymbol{D}_i = 0)$$

$$\tag{10-14}$$

$$ATE = E_D\{E_X\{E(\hat{Y}_{1i} - \hat{Y}_{0i} \mid D, \boldsymbol{X})\}\} = P(D = 1) \times ATT + P(D = 0) \times ATT$$

$$\tag{10-15}$$

其中，ATT 代表接受处理个体的平均处理效应，ATU 代表未接受处理个体的平均处理效应，ATE 代表总体平均处理效应。Y_{1i}、Y_{0i} 分别代表个体 i 接受处理或未接受处理时可观测到的潜在结果，$\hat{Y}_{1i}$、$\hat{Y}_{0i}$ 分别代表个体 i 接受处理或未接受处理时的未观测到的反事实估计。

在匹配的时候存在两个技术细节（陈强，2010）：第一，是否采用放回匹配。如果不采用放回，每次匹配成功的个体将从样本中被移除，不再参与后续的匹配；如果采用放回，匹配成功的个体将保留在样本中，可能与其他个体再次匹配（这意味着一个个体可能同时与多个不同组的个体匹配）。第二，是否允许并列匹配。例如，控制组中的个体 j 和 k 在可观测特征上都与处理组中的个体 i 非常接近。如果允许并列，那么将 Y_j 和 Y_k 的平均值作为 Y_{0i} 的估计值；如果不允许并列，计算机程序将根据数据的排序选择 j 和 k 中的一个。此时匹配结果可能受到数据排序的影响，通常建议先将样本随机排序，然后再进行匹配。

2. 倾向得分匹配

为了解决精确匹配可能面临的"维度诅咒"问题，Rosenbaum & Rubin(1983) 提出了倾向得分匹配方法（propensity score methods，PSM）。该方法的原理是，通过函数关系将多维可观测特征变量变换为一维的倾向得分（propensity score），然后再根据倾向得分进行匹配。

倾向得分定义为给定混淆可观测特征变量的情况下，个体受到处理的概率，即：

$$p(x) = Pr(D=1|x) = E(D|x) \tag{10-16}$$

Rosenbaum & Rubin(1983)证明，在可忽略性假设成立的情况下，即在倾向得分给定的条件下，结果变量的事前和事后取值与个体是否进入处理组是独立的。这一发现为倾向得分匹配方法提供了理论基础，确保了通过倾向得分匹配可以有效地控制选择偏误，从而得到对处理效应的无偏估计。

倾向得分匹配方法需要满足平衡性假设和无混淆假设。

其中，平衡性假设是指，给定倾向得分，可观测特征变量在处理组和控制组之间是平衡的。数学表达式为：

$$D \perp x | p(x) \tag{10-17}$$

无混淆性是指，给定倾向得分，处理分配是随机的。数学表达式为：

$$(Y_1, Y_0) \perp D | p(x) \tag{10-18}$$

倾向得分匹配的第一步是估计每一个个体倾向得分,倾向得分估计可以通过参数化方法或非参数化方法来进行,其中最常用的方法是 Logit 模型。第二步是进行匹配前平衡性检验,如果平衡性检验没有通过,则返回第一步调整倾向得分估计模型,加入高阶变量或交乘项,直到通过平衡性检验。第三步是检验是否满足共同支撑条件,如果不满足,同样返回第一步。第四步是选择匹配方法,常见的匹配方法有一对一匹配、M 近邻匹配、卡尺匹配、核匹配、局部线性匹配、岭匹配、分层匹配等。第五步是匹配后平衡性检验,如果平衡性检验没有通过,仍然返回第一步。最后一步是计算处理效应。

该方法下,处理效应估计量的数学表达式为:

$$ATT = \frac{1}{N_1} \sum_{i \in \{D=1\}} (Y_i - \hat{Y}_{0i}) = \frac{1}{N_1} \sum_{i \in \{D=1\}} \left[Y_i - \sum_{j \in C(i)} h(i,j) Y_j \right]$$

$$ATU = \frac{1}{N_0} \sum_{i \in \{D=0\}} (\hat{Y}_{1i} - Y_{0i}) = \frac{1}{N_0} \sum_{i \in \{D=0\}} \left[\sum_{j \in C(i)} h(i,j) Y_j - Y_i \right]$$

$$ATE = \frac{1}{N} \sum_i D_i \times ATT + \frac{1}{N} \sum_i 1 - D_i \times ATU \tag{10-19}$$

其中,$C(i)$ 是与个体 i 相匹配的个体 j 的集合,$h(i,j)$ 为权重,其值取决于选择的匹配方法。

【**例 10-4**】 中国居民储蓄率自 1995 年至 2008 年间显著上升,达到 28%,引发全球关注。这一高储蓄现象常被归因于传统社会保障体系缺失导致的预防性储蓄增加。为了缓解这一问题,中国政府加大了社会保障体系尤其是社会保险的建设力度,社保基金和医疗保险支出显著增长。为了深入理解中国预防性储蓄,白重恩等(2012)基于农村固定观察点 2003—2006 年的面板数据,利用农村引入新型农村合作医疗这一政策变化来研究医疗保险的获得对农村居民消费的影响。该研究采用匹配双差法和匹配回归法来评估新型农村合作医疗(新农合)对农户消费的影响。具体来说,在匹配环节,该研究应用倾向得分匹配法,基于两步估计每个家庭的参合倾向分,主要步骤包括:(1)采用 Probit 模型,估算每一年在村子开展了新农合的情况下农户参合的概率。该研究基于已开展新农合的村子来估计,得到的估计系数用来预测那些非新农合试点村的农户在引入新农合后参合的概率。(2)采用 Probit 模型,估计每一年村子开展新农合的概率。(3)在比较参合者和新农合村内的未参合者时,该研究基于第一步估算出的倾向得分来匹配,而比较参合者和未有机会参合者时,则用两步的概率乘积计算出复合倾向分来进行匹配。该研究还创新性地采用了"双重稳健"估计策略,结合匹配与回归分析,通过三种不同方法验证结果的一致性,进一步确保了研究结论的稳健性。

【例10-5】　中共十九大强调了脱贫攻坚的持续深化,目标在2020年前实现农村贫困人口全部脱贫并促进共同富裕,特别关注生态环境脆弱地区的深度贫困人群,提出产业扶贫作为关键策略。虽有政策支持与多样化的产业扶贫模式,但实践中存在参与度低、项目匹配度不足等问题,导致扶贫效果未达预期。基于此背景,胡晗等(2018)利用陕西省3县6镇863户贫困户的入户调查数据,运用Probit模型和粗略精确匹配方法(CEM)估计产业扶贫政策对贫困户生计策略选择及家庭收入的影响。该研究的核心被解释变量为贫困户的生计策略选择,解释变量包括产业扶贫政策、生计资本、地理条件等。政策制定者一般更关心政策净效应,但因政策覆盖群体和未覆盖群体自身存在系统性差异,并且存在其他政策的渗透与交互影响,单项政策效应评估结果往往会出现偏差。产业扶贫政策属于非强制性政策,贫困户是否参加产业扶贫因受户主年龄、劳动力、耕地数量等因素影响而存在差异。不仅如此,精准脱贫是一项系统工程,贫困户可能同时享受产业、教育、医疗、民政、搬迁等多项帮扶政策,产业扶贫带来的净收入会受到其他扶贫政策的影响。为了克服贫困户之间的内生差异,准确识别出产业扶贫政策的净效应,该研究引入粗略精确匹配方法来估计产业扶贫政策对贫困户收入的影响。选择CEM方法的合理性在于CEM属于非参数估计,是先构建足以覆盖各变量分集的层,再实施精确匹配的一种方法。CEM与倾向得分匹配等传统匹配方法相比,主要有以下突出优势:首先,满足一致性原则。它不需要以两组数据的共同区域为基础,可直接根据原始数据的经验分布进行匹配,从而满足一致性原则。其次,更加接近真实情况。匹配后两组观测数量可以不等,匹配过程中可生成权重以平衡每层数量不同的观测组,从而最大限度地保留原有样本,使估计结果更接近真实的政策效果。最后,可直接根据每个变量的理论分布进行匹配,从而减少对模型的依赖。

四、面板数据分析方法

面板数据也称为纵向数据或追踪数据,是一种同时具有时间维度 t 和横截面

维度 n 的数据类型。在面板数据中,每个横截面个体(如个人、家庭、县、省等)在不同的时间点上被观测多次,从而形成一个二维数据结构。根据每一个横截面个体是否在所有时期都被追踪,其又可以分为平衡(balanced)面板数据和非平衡(unbalanced)面板数据。

另一种同样具有时间序列和横截面维度的数据类型是合并横截面数据(pooled cross-sectional dataset),它是将不同时间点的一系列独立横截面数据合并分析,也称为伪面板数据。它和面板数据的主要区别在于是否对横截面个体进行追踪,面板数据包含了对同一组横截面个体在不同时间点的重复观测,利用面板数据的最初动机是解决遗漏变量(不可观测效应)问题。

(一)面板数据分析方法的分类

面板数据分析方法中,单方程线性模型主要有以下几种情形(萧政,2021)。

1. 变截距模型

若斜率系数为常数,截距随截面个体变化而变化,模型可表示为:

$$y_{it} = \alpha_i + \sum_{k=1}^{K} \beta_k x_{kit} + u_{it} \quad (i = 1, \cdots, N; t = 1, \cdots, T) \qquad (10\text{-}20)$$

若斜率系数为常数,截距随截面个体和时间变化而变化,模型可表示为:

$$y_{it} = \alpha_{it} + \sum_{k=1}^{K} \beta_k x_{kit} + u_{it} \quad (i = 1, \cdots, N; t = 1, \cdots, T) \qquad (10\text{-}21)$$

这类模型的核心假设是,在控制了可观测的解释变量之后,所有未被观测到的变量(或被排除的变量)的影响可以通过三种类型的变量来体现:随截面变化但不随时间变化的变量(简称为截面特异效应)、随时间变化但不随截面变化的变量(简称为时间特异效应)和既随时间变化也随截面变化的变量。

根据是否加入滞后被解释变量,可以分为变截距静态模型或变截距动态模型。根据将不可观测的特异效应视作固定常数还是随机变量,又可以分为固定效应模型(fixed effect model)和随机效应模型(random effect model)。而合并横截面模型(pooled cross-sectional model)则是假设不存在不可观测的截面特异效应。

本章后续内容将重点介绍静态情形下的固定效应模型和随机效应模型。

2. 变系数模型

回归系数随截面个体变化而变化:

$$y_{it} = \alpha_i + \sum_{k=1}^{K} \beta_{ki} x_{kit} + u_{it} \quad (i = 1, \cdots, N; t = 1, \cdots, T) \qquad (10\text{-}22)$$

回归系数随时间和截面个体变化而变化：

$$y_{it} = \alpha_{it} + \sum_{k=1}^{K} \beta_{kit} x_{kit} + u_{it} (i = 1, \cdots, N; t = 1, \cdots, T) \quad (10\text{-}23)$$

受制于篇幅，本书对这部分内容不做具体展开。

（二）固定效应模型

固定效应模型假设不可观测的特异效应是固定常数。即这种特异效应在组内是固定不变的，截面个体间的差异在数学表达式中体现为每个截面个体都有一个特定的截距项，在估计时把它连同 β 看作待估参数。固定效应模型的基本形式为：

$$y_{it} = \alpha_i + x'_{it}\beta + u_{it} (i = 1, \cdots, N; t = 1, \cdots, T) \quad (10\text{-}24)$$

其中，α_i 即不可观测的特异效应，一般称为"个体效应"（individual effects），例如个人的天赋、家庭的习惯、村庄的传统、地区的风俗等。

为了保证固定效应模型的估计是无偏的，需要满足以 α_i 为条件的解释变量的严格外生性：

$$E(u_{it} \mid x_i, \alpha_i) = 0 \quad (10\text{-}25)$$

为了保证固定效应模型的估计是有效的，需要满足如下假设：

$$E(u_i u'_i \mid x_i, \alpha_i) = \sigma_u^2 I_T \quad (10\text{-}26)$$

固定效应模型有多种估计方法，据此推导出不同的估计量，主要包括最小二乘虚拟变量估计量、组内估计量、一阶差分估计量和前向正交分解估计量。

（三）随机效应模型

随机效应模型假设不可观测的特异效应是随机变量。随机效应模型的基本形式为：

$$y_{it} = x'_{it}\beta + u_{it} (i = 1, \cdots, N; t = 1, \cdots, T)$$
$$u_{it} = \alpha_i + \varepsilon_{it} \quad (10\text{-}27)$$

其中，u_{it} 表示综合误差（composite errors），它是不可观测的个体特异效应与特质误差之和。

在满足固定效应所需的假设基础上，还需要满足个体特异效应是服从均值为 0，方差为 σ_a^2 的独立同分布随机变量：

$$\alpha_i \sim \text{i. i. d}(0, \sigma_a^2) \quad (10\text{-}28)$$

个体特异效应与解释变量不相关：

$$Cov(\alpha_i, x_{it}) = 0 \qquad (10\text{-}29)$$

个体特异效应与特质误差相互独立：

$$u_{it} \mid x_{it} \sim \text{i. i. d}(0, \sigma_\varepsilon^2 I_T + \sigma_a^2 1_T 1'_T) \qquad (10\text{-}30)$$

随机效应模型的估计方法主要包括协方差估计、一般可行广义最小二乘（FGLS）估计和最大似然估计。

【例 10-6】 居民消费与家庭人口结构密切相关，盛来运等（2021）基于 2018 年和 2019 年国家统计局住户调查数据，构建基于微观家庭的平衡面板数据随机效应和固定效应模型，结合我国人口未来变动趋势，从家庭人口年龄结构、城镇化属性、受教育水平三个维度着手，就家庭人口结构变动对家庭平均消费率和消费收入弹性的影响进行实证分析。

该研究的模型 1 为：

$$r\_cons_{it} = \beta_0 + d19 + \beta_1 linc_{it} + \beta_2 r\_young_{it} + \beta_3 r\_old_{it} + \\ \beta_4 ur31_{it} + \beta_5 ur32_{it} + \beta_6 eduy_{it} + \gamma X_{it} + \mu_{it}$$

其中，被解释变量 r_cons_{it} 代表家庭年度平均消费率（家庭年度消费支出占收入水平的比重），解释变量中，$d19$ 代表 2019 年虚拟变量，$linc_{it}$ 代表家庭可支配收入水平对数，r_young_{it} 代表家庭少年儿童数量比例，r_old_{it} 代表家庭老年人口比例，$ur31_{it}$ 代表家庭常住地是否为城镇居委会虚拟变量，$ur32_{it}$ 代表城镇村委会虚拟变量，$eduy_{it}$ 代表户主受教育年限，X_{it} 代表其他控制变量。由于家庭年龄结构、城镇化属性、受教育年限等家庭和个体变量在两年之间几乎没有变化或变化很小，固定效应模型并不适用，但该研究使用的全国住户调查样本严格按照随机抽样方法在全国抽选，满足随机抽取的条件，所以该研究使用面板数据的随机效应模型对模型（1）进行估计。

该研究的模型（2）—（4）为：

$$lpcons_{it} = \beta_0 + d19 + \beta_1 linc_{it} + \beta_2 r\_young_{it} + \beta_3 r\_old_{it} + \beta_4 ur31_{it} + \\ \beta_5 ur32_{it} + \beta_6 eduy_{it} + \beta_7 lpinc_{it} \times r\_young_{it} + \beta_8 lpinc_{it} \times \\ r\_old_{it} + \gamma X_{it} + \theta_i + \mu_{it}$$

$$lpcons_{it} = \beta_0 + d19 + \beta_1 linc_{it} + \beta_2 r\_young_{it} + \beta_3 r\_old_{it} + \beta_4 ur31_{it} + \\ \beta_5 ur32_{it} + \beta_6 eduy_{it} + \beta_7 lpinc_{it} \times ur31_{it} + \beta_8 lpinc_{it} \times \\ ur32_{it} + \gamma X_{it} + \theta_i + \mu_{it}$$

$$lpcons_{it} = \beta_0 + d19 + \beta_1 linc_{it} + \beta_2 r\_young_{it} + \beta_3 r\_old_{it} + \beta_4 ur31_{it} +$$

$$\beta_5 ur32_{it} + \beta_6 eduy_{it} + \beta_7 lpinc_{it} \times eduy_{it} + \gamma X_{it} + \theta_i + \mu_{it}$$

其中,被解释变量 $lpcons_{it}$ 代表人均消费支出对数,解释变量中, $lpinc_{it}$ 代表人均收入水平对数, θ_i 代表家庭固定效应,其他变量含义与模型(1)中的变量含义保持一致。经豪斯曼检验,模型(2)—(4)适合使用面板数据的固定效应模型进行估计。

五、双重差分法

在农业经济管理学中,双重差分法(difference-in-differences,DID)被广泛用于"三农"相关的政策效应评估。DID 方法通常应用于面板数据中,其中个体被划分为两组:一组是受到政策影响的"处理组"(treatment group),另一组是未受政策影响的"控制组"(control group)。我们用虚拟变量 D_i 指示个体所在组别,则可表示为:

$$D_i = \begin{cases} 1 & \text{if} \quad i \in treatment\ group \\ 0 & \text{if} \quad i \in control\ group \end{cases} \tag{10-31}$$

我们引入时间虚拟变量 T_t,用来表示观察时刻是在政策冲击发生之前还是之后:

$$T_t = \begin{cases} 1 & \text{if} \quad t \in post\ treatment \\ 0 & \text{if} \quad t \in before\ treatment \end{cases} \tag{10-32}$$

经典的 DID 模型的模型设定为:

$$Y_{it} = \alpha_0 + \alpha_1 D_i + \alpha_2 T_t + \tau(D_i \times T_t) + \eta' \boldsymbol{X}_{it} + \varepsilon_{it} \tag{10-33}$$

(一)经典双重差分法模型假设

1. 平行趋势假设

平行趋势假设(parallel trends assumption)是指,在没有处理的情况下,处理组和控制组的结果变量随时间的变化趋势是平行的。这意味着,如果处理从未发生,处理组和控制组的因变量在处理前会有相同的预期变化路径。尽管处理组和控制组在某个时点上的水平可能不同,但它们的变化率(即趋势)在没有处理的情况下应该是相同的。这个假设是 DID 方法有效性的关键,因为它允许我们假设处理组和控制组在处理前的差异是随机的,从而使得我们能够将处理后的差异归因于处理本身。如果这个假设不成立,那么 DID 估计的结果可能会有偏误。

我们用 $Y_{it}(0)$ 代表个体 i 在时间 t 没有接受处理时的潜在结果,用 $Y_{it}(1)$ 代表个体 i 在时间 t 接受处理时的潜在结果,该假设可以表示为:

$$E[Y_{i,t=1}0 \mid D_i = 1] - E[Y_{i,t=0}0 \mid D_i = 1]$$
$$= E[Y_{i,t=1}0 \mid D_i = 0] - E[Y_{i,t=0}0 \mid D_i = 0] \tag{10-34}$$

这一假设是无条件平行趋势假设,然而,在实际应用过程中,由于各区域间往往存在巨大的地域差异,该假设往往不能被满足。

放宽该假设,允许控制住可观测变量的影响后,数据满足平行趋势,即条件平行趋势假设:

$$E[Y_{i,t=1}0 \mid D_i = 1, X] - E[Y_{i,t=0}0 \mid D_i = 1, X]$$
$$= E[Y_{i,t=1}0 \mid D_i = 0, X] - E[Y_{i,t=0}0 \mid D_i = 0, X] \tag{10-35}$$

平行趋势假设是从横向差分的角度来施加假设,类似地,可以从纵向差分的角度施加假设,即假设随着时间推移,其他因素造成的处理组和控制组结果变量的差异保持不变。这一假设被称为差异不变假设(constant bias assumption)。

2. 个体处理稳定性假设

个体处理稳定性假设(stable unit treatment value assumption, SUTVA)可以表示为:

$$Y_{it} = \sum_{d \in \{0,1\}} \mathbf{1}\{D_i = d\} Y_{it}(d) \tag{10-36}$$

该假设意味着,个体是否会被处理(即纳入处理组或控制组)是稳定的,个体接受处理后所导致的潜在结果是稳定的,均不会因为其他个体是否接受处理而改变。该假设意味着分析单元之间不会互相干扰,且不存在溢出效应和一般均衡效应。

3. 无预期假设

无预期假设(no-anticipation assumption)是指,对于所有个体,无论被纳入处理组还是控制组,在处理前的所有时期,其潜在结果都是一样的。该假设可以表示为:

$$Y_{it}(1) = Y_{it}(0) \quad \text{if} \quad t \in before\ treatment \tag{10-37}$$

该假设意味着个体接受处理后所导致的潜在结果不受之后该个体是否接受处理影响。

(二)经典双重差分法中对处理效应的理解

对于一个没有控制变量,满足无条件的平行趋势假设的经典 DID 模型:

$$Y_{it} = \alpha_0 + \alpha_1 D_i + \alpha_2 T_t + \tau(D_i \times T_t) + u_{it} \tag{10-38}$$

其中，α_1捕捉了处理组的组别效应（处理组与控制组的固有差别），α_2捕捉了处理期的时间效应（处理期前后的固有时间趋势），交乘项的系数τ是我们关注的政策处理效应。

如果我们用Y_{t0}和Y_{t1}分别表示处理组处理发生前和处理发生后的结果，类似地，用Y_{c0}和Y_{c1}分别表示控制组处理发生前和处理发生后的结果。基于平行趋势假设，处理效应可以通过公式$\tau = (Y_{t1} - Y_{t0}) - (Y_{c1} - Y_{c0}) = (Y_{t1} - Y_{c1}) - (Y_{t0} - Y_{c0})$得出。正因为该过程进行了两次差分，所以该方法被称为双重差分法（见表 10-2）。

表 10-2　DID 处理效应含义

	处理前 （$T_t = 0$）	处理后 （$T_t = 1$）	横向差分
处理组（$D_i = 1$）	$\alpha_0 + \alpha_1$	$\alpha_0 + \alpha_1 + \alpha_2 + \tau$	$Y_{t1} - Y_{t0} = \alpha_2 + \tau$
控制组（$D_i = 0$）	α_0	$\alpha_0 + \alpha_2$	$Y_{c1} - Y_{c0} = \alpha_2$
纵向差分	$Y_{t0} - Y_{c0} = \alpha_1$	$Y_{t1} - Y_{c1} = \alpha_1 + \tau$	双重差分： $\tau = (Y_{t1} - Y_{t0}) - (Y_{c1} - Y_{c0})$ $= (Y_{t1} - Y_{c1}) - (Y_{t0} - Y_{c0})$

双重差分处理效应含义的图解如下（图 10-5）：

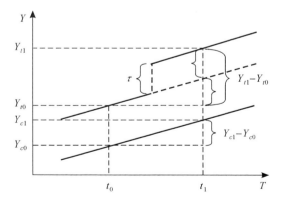

图 10-5　DID 处理效应含义

(三)经典双重差分法估计量

如果无条件的平行趋势假设、个体处理稳定性假设和无预期假设均满足,则可以通过"蛮力"计算法(brute-force)得到双重差分估计的处理组平均处理效应的点估计量:

$$\hat{\tau}_{\text{bf}}^{\text{DID}} = (\overline{Y}_{d=1,t=1} - \overline{Y}_{d=1,t=0}) - (\overline{Y}_{d=0,t=1} - \overline{Y}_{d=0,t=0}) \tag{10-39}$$

其中,$\overline{Y}_{d=1,t=1}$ 代表处理组在处理后时期结果变量的样本均值,其他各项的含义同理可知。该方法的核心思想是用样本均值代替总体期望。

更为普遍的应用场景是,放宽为条件平行趋势假设,并采用双重差分法的双向固定效应估计量(two-way fixed effect estimator,TWFE),即采用 FE 估计量来估计如下所示的双向固定效应模型:

$$Y_{it} = \alpha_i + \lambda_t + \tau D_{it} + \beta' \boldsymbol{X}_{it} + u_{it} \tag{10-40}$$

该估计方法下的点估计量可表示为:

$$(\hat{\tau}_{\text{twfe}}^{\text{DID}}, \beta_{\text{twfe}}) = \arg \min_{\alpha_i, \lambda_t, \tau, \beta} (Y_{it} - \alpha_i - \lambda_t - \tau D_{it} - \beta' \boldsymbol{X}_{it})^2 \tag{10-41}$$

其中,$\hat{\tau}_{\text{twfe}}^{\text{DID}}$ 是政策平均处理效应的 TWFE 估计量。一般来说,在估计时标准误估计最好聚类在处理变量分配的层级,至少应聚类在单元层级。

【例 10-7】 农业规模经营是世界各国农业发展的共同趋势,也是推进中国农业现代化强国建设的重要方向。然而,肇始于 20 世纪 80 年代初的家庭承包制度,因其按照人口数量平均分配土地的制度特性,导致家户数量不断激增,耕地细碎、规模狭小的问题日益严重,已成为农业规模经营发展的主要障碍。而且,受制于人多地少的国情农情以及基于城乡发展转型的社会约束,农业经营细碎化和分散化的格局仍未有明显改观,中国与发达国家相比,农业规模经营依然存在较大的差距。鉴于中国发展农业规模经营的现实必要性,以及土地产权制度是农业发展的制度基础,郑淋议等(2023)利用 CRHPS 数据库 2013—2019 年的 4 期农户面板追踪数据,使用多期 DID 模型评估了新一轮土地确权对农业规模经营的影响效应。该研究使用多期 DID 模型识别土地确权对农业规模经营的净效应。具体的基准回归方程设定如下:

$$y_{vit} = \alpha_0 + \alpha_1 Certification_{vt} + Z_{vit} + \delta_i + \lambda_t + \varepsilon_{vit}$$

其中,v 表示村庄,i 表示农户,t 表示时间。y 表示农业规模经营情况,$Certification_{vt}$ 表示新一轮土地确权。α_1 为截距项;α_2 为该研究关心的土地确权估计系数；Z 表示控制变量；δ_i 表示农户固定效应，主要控制农户层面诸如能力、偏好等不可观测因素；λ_t 表示时间固定效应，主要控制与农业规模经营相关的全国性政策或宏观经济状况等随时间但是不随农户变化而变化的因素；ε_{vit} 为随机扰动项。

该研究使用涵盖新一轮土地确权改革全过程以及具有全国代表性的中国农村家庭追踪调查面板数据，同时采用符合确权改革先行试点、逐步推开特点的多期 DID 模型来估计新一轮土地确权对农业规模经营的因果效应，使得估计结果更具有外部有效性。

(四)异质性稳健的双重差分法估计量

基于理论方法的完善和实证的需要，双重差分法被广泛应用于"先试点，后推广"的政策评估场景中。不同于经典双重差分方法中所有处理发生在同一时点，此种类型处理发生于不同时点，这一类型通常被称作交错 DID(staggered DID)或渐进 DID。

1.异质性处理效应

然而，交错 DID 面临的一个重要问题是异质性处理效应(heterogeneous treatment effects)，即同一处理对不同个体可能产生不同的效果，这种异质性可能体现在处理后的时间长度或处理时点的不同。如果存在异质性处理效应，则使用 TWFE 估计量可能存在潜在的偏误(Squicciarini，2020；Goodman-Bacon，2021；刘冲等，2022；Borusyak et al.，2024)。

一方面，在静态情况下，即使满足"平行趋势"假设，也可能受到"坏的控制组"问题影响，即处理时点的差异可能导致早期处理的单元成为晚期处理单元的控制组，从而导致估计偏误(De Chaisemartin & D'Haultfoeuille，2020；Goodman-Bacon，2021)。另一方面，在动态情况下，TWFE 不仅存在"坏的控制组"问题，其各期的估计系数还可能因受到跨期交叉污染的影响而难以被解释，甚至可能面临平行趋势检验失效的风险(Sun & Abraham，2021)。此外，如果控制变量对潜因变量的影响随时间的变化而改变，使用 TWFE 估计量也可能是有偏的(张征宇等，2024)。

因此，如果使用 TWFE 估计量对双重差分模型进行估计，除了需满足平行趋势假设、个体处理稳定性假设、无预期假设，还需要满足处理效应同质性假设(homogeneous treatment effect assumption)。首先，同一政策对不同组别的影响应当相同,即处理效应在单元维度上是同质的;其次,对于所有在同一时间点接受政策处理的个体,处理效应的大小应随时间推移保持不变,即处理效应在时间维度上也是同质的(Goodman-Bacon,2021)。

2.异质性稳健估计量

为修正交错 DID 研究中,存在异质性处理效应时使用双向固定效应估计量存在的潜在偏误问题,大量理论计量工作应运而生,提出了多种异质性稳健估计量(heterogeneity-robust estimator),这些方法的核心思想都是避免"坏的控制组"问题,即避免使用"早处理组"作为"晚处理组"的控制组。

异质性稳健估计量主要有三种解决思路(刘冲等,2022):第一类是计算组别—时期平均处理效应(cohort-specific average treatment effect on the treated,CATT),再加权加总(Callaway & Sant'Anna,2021;Sun & Abraham,2021;De Chaisemartin & D'Haultfoeuille,2024)。然而,这类方法尚未充分解决一些问题,包括在计算组别—时期平均处理效应时样本量的大量损失,这可能会影响估计效率(Borusyak et al.,2024);以及并非所有方法都能有效应对政策实施后的退出情况;此外,某些方法依赖于"从未接受处理组"的存在。

第二类是使用插补估计量(imputation estimator)构造反事实结果进行估计(Borusyak et al.,2024;Liu et al.,2024)。该方法通过对处理组进行插补计算处理组的个体处理效应(即真实结果与反事实结果之差),并将处理组的个体处理效应汇总以估计平均处理效应。在同方差假设下,由于在计算过程中没有大量丢弃样本,并且对所有单元一视同仁,赋予的权重相等,因此估计效率更高(Borusyak et al.,2024)。但需要注意的是,由于插补构造反事实结果的正确性依赖于选择正确的模型,因此插补估计量同样依赖于模型的正确设定。

第三类是堆叠回归估计量(stacked regression estimator),该方法为每个处理组的观测匹配了未处理或尚未处理的观测,从而构建了一个数据集,并将其堆叠起来,并在此基础上加入"组别—个体"和"组别—时间"固定效应进行线性回归分析。堆叠回归估计量目前面临的主要问题包括:首先,其提供的估计量的统计性质缺乏明确界定和严格证明;其次,估计过程中可能出现数据重复使用的问题。此外,现有软件包对堆叠回归估计量的支持不够全面,仅能计算动态效应中各期的系数,而不支持直接进行加权平均。因此,研究者通常需要手动堆叠数据后进行回归,导致没有形成统一且规范的操作方法。

第十一章
大数据、机器学习与农业经济管理研究

随着数字时代的到来,中国农业经济管理学不仅面临前所未有的机遇,同时也迎来了一系列新的挑战。在这一背景下,大数据和机器学习成为农业经济管理研究中具有革命性意义的工具。这两个技术的融合为我们提供了全新的视角和研究方法,极大地推动了对农业经济管理学科的深入理解和优化。本章将简要介绍大数据与机器学习的进展,并探讨大数据与机器学习在农业经济管理领域中的广泛应用。深入了解这些先进技术的应用,可以更好地把握农业经济管理学科所面临的机遇与挑战。

一、大数据

在当前数字时代,大数据已经崭露头角,成为经济、社会和科技发展的重要推动力。不仅仅是数据规模的巨大,大数据还包括超越传统数据库处理能力的特征,具备高速、多样性的特征和巨大的价值。数据不再仅仅是记录或存储的形式,更是一种深刻影响各行各业的重要生产要素。大数据的渗透已经触及今天的每个行业和业务功能领域,成为推动创新和提升效率的不可或缺的因素。新一轮的生产力增长和消费者盈余浪潮的到来,使得海量数据的挖掘和使用变得至关重要。不仅仅局限于信息产业,大数据已经深入物理学、生物学、环境生态学等领域,也在军事、金融、通信等行业展现出巨大的潜力。大数据早已渗透至多个领域,近年来随着互联网的迅猛发展,信息产业的蓬勃兴起,人们对大数据的关注也日益增加。这种关注不仅表现在技术创新上,更反映在对数据在社会、经济和科学领域中潜在价值的深刻认识上。在这一背景下,大数据的挖掘和应用已成为当前社会进步和发展的引擎,为各个领域带来了前所未有的机遇和挑战。

(一)大数据的定义和特征

1.大数据的定义

大数据(big data),又被称为巨量资料,在字面上被理解为海量的数据。这指的是随着时间推移,我们面临的数据量愈加庞大,而数据本身则是包含了信息、技术以及数据资料的综合。这些元素相互交织,形成了更为丰富的信息、技术和数据资料。大数据也可被定义为来自各种来源的庞大数据集,无论是非结构化还是结构化的数据。美国著名咨询公司麦肯锡(McKinsey)提出了对大数据的一种定义,即数据集的规模已超越了典型数据库软件工具所能捕获、存储、管理和分析的能力范围。这就意味着我们所面对的数据规模已经远远超过了传统数据库软件工具的处理极限,因此需要更为先进的技术和工具来应对这一挑战。大数据不仅仅是数量的增加,更是对传统数据处理方式的一种革命性挑战。《国务院关于印发〈促进大数据发展行动纲要〉的通知》中也指出,"大数据是以容量大、类型多、存取速度快、应用价值高为主要特征的数据集合,正快速发展为对数量巨大、来源分散、格式多样的数据进行采集、存储和关联分析,从中发现新知识、创造新价值、提升新能力的新一代信息技术和服务业态"。

2.大数据的特征

世界知名的 IBM 公司提出了大数据的"5V"特点,这为我们深入理解大数据提供了有力的框架。

(1)volume(规模性):大数据的最显著特征之一是其庞大的数据量。这包括数据的采集、存储和计算,其规模起码以 P(1000 个 T)、E(100 万个 T)或 Z(10 亿个 T)为单位。大数据不仅仅是数据量的增加,更是对处理能力和存储能力提出了前所未有的挑战。

(2)variety(多样性):大数据不仅包含数量巨大的数据,其数据还具有多样性的特点。它涵盖了结构化、半结构化和非结构化数据,包括但不限于网络日志、音频、视频、图片、地理位置信息等多种类型。多样化的数据对数据处理的能力提出了更高的要求,数据处理需要灵活应对各种形式的信息。

(3)value(价值):尽管大数据的量巨大,但数据的价值密度相对较低。在互联网和物联网广泛应用的情况下,信息无处不在,但其中的价值需要结合业务逻辑和强大的机器算法来挖掘。如何从大量信息中提炼有价值的内容,成为大数据时代最重要的问题之一。

（4）velocity（速度）：大数据的增长速度非常快，对数据的处理速度也提出了迫切要求。搜索引擎需要在几分钟内将最新的新闻呈现给用户，个性化推荐算法也要实时完成推荐。这是大数据与传统数据挖掘显著不同的特征。

（5）veracity（准确性）：大数据的准确性和可信赖度，即数据的质量，是至关重要的。由于大数据噪声较大、信息密度较低，保证数据的准确性成为确保分析结果可靠性的基础。

洪永淼和汪寿阳（2021）也从四个方面概括了大数据的特征：规模性（即样本容量大、变量个数多）、高速性（可获得高频甚至实时数据）、多样性（包括结构化和非结构化数据，以及各种新型数据类型）、准确性（即噪声大、信息密度低）。这些特征使得大数据在经济领域的应用变得更为复杂和具有挑战性。

（二）大数据的来源和类型

1. 大数据的来源

大数据的形成源于多个渠道，包括行政、社交媒体、传感器以及在线交易等。这些多样的来源为各行各业提供了更全面、更准确的数据基础，推动了大数据时代的发展。

（1）行政：在信息时代，互联网已成为个人生活和工作轨迹的记录者。行政大数据主要聚集在各个行政部门，包括个人的征信数据、各类行政审批数据等。这些巨量信息不仅为政府管理提供了重要参考，也成为研究社会、经济等领域的重要数据来源。行政大数据的广泛应用提升了政务智能化水平和决策的科学性。

（2）社交媒体：社交媒体围绕用户产生了大量文本、图像和视频数据，记录了个体的看法、偏好和行为。这种数据不仅反映了个体的社交关系，还揭示了社会趋势和民意变化。在市场调研、舆情监测等方面，社交媒体数据具有重要的应用价值，为企业和决策者提供了更深入了解目标对象的机会。

（3）传感器：各类传感器产生的实时数据在大数据中扮演着重要角色。例如，遥感、气象站、农业机械传感器等提供了精准的农业环境信息；手机信令数据通过移动端传感器记录了用户的位置、移动轨迹等信息，为城市规划、交通管理等提供了实时的数据支持。传感器数据的利用使得对环境和社会变化的监测更加精确和及时。

（4）在线交易：金融交易的高频数据和农业领域的电子商务、在线交易记录了产品的生产、销售和分销过程。这些数据不仅帮助企业了解市场需求和消费者行为,同时也为金融机构提供更准确的风险评估和决策支持。在线交易数据的分析促进了商业决策的精细化和市场运作的优化。

【例 11-1】 Chen et al.(2021)利用手机信令大数据技术追踪用户的位置信息,旨在揭示中国城市间短期人口流动与空气质量差异之间的潜在因果关系。研究者们从中国电信——中国最大的综合信息服务运营商获取了一组手机信令的原始数据,这些数据涵盖 2016 年 3 月的 25 个城市以及 2016 年 6 月的 3 个城市,分别记录 730 万和 65 万条用户位置信息,从而可以捕捉用户在城市间的流动情况。此外,研究者还从中国环境监测总站和中国气象数据网获取高频的空气污染和气象监测数据,这些数据为研究提供了空气污染和天气变化的详细描述。通过这些数据,研究团队能够深入分析和理解人口流动与空气质量之间的关系。

2. 大数据的类型

可根据其组织形式和特征将大数据划分为三大主要类型,包括结构化数据、半结构化数据以及非结构化数据。

(1)结构化数据:结构化数据通常以表格形式存在于数据库中,拥有清晰的组织结构和关系。这类数据易于处理和分析,并采用关系型数据库进行存储。经典的结构化数据包括成绩单和金融交易记录等。其特征包括数据以行为单位存储在数据库中,使用二维表结构表示,包含属性和元组,并有规律地存储和排列,有助于进行查询和修改等操作。

(2)半结构化数据:半结构化数据介于结构化和非结构化之间,包括 XML、JSON 等格式的数据。虽然不符合关系型数据库的形式,但含有相关标记,用于分隔语义元素和分层记录。半结构化数据的结构和内容交织在一起,通常被描述为自描述的结构。HTML 文档、JSON、XML 和一些 NoSQL 数据库等都属于半结构化数据,其处理方式相对灵活。

(3)非结构化数据:非结构化数据包括文本、图像、音频、视频等无特定格式的数据,没有固定结构。这类数据需要更先进的处理方法,一般以二进制形式进行整体存储。经典的非结构化数据包括各种文档、社交媒体内容、图像、音频和视频信息等。非结构化数据的特点在于其形式多样,分析的难度相对较大。

典型的人工生成的非结构化数据包括文本文件、社交媒体内容、网站信息、移动数据、通信记录、媒体文件以及业务应用程序生成的各类文档。机器生成的非结构化数据则包括卫星图像、科学数据、数字监控、传感器数据等内容。

在农业经济管理研究中,非结构化数据的充分开发和利用对于拓展大数据在实证研究中的应用至关重要。尽管结构化数据具有分析的便利性,但随着互联网技术的不断发展,非结构化数据的增长为经济和农业领域的研究提供了更广泛的视角。

【例 11-2】 沈艳等(2019)对文本大数据分析在经济学和金融学领域的应用进行了全面且深入的综述,并指出文本大数据以其来源的多样性、数据量的迅速增长和高频的特点,为传统经济学和金融学研究提供了全新的分析视角。作者详细地梳理了文本大数据信息提取的关键步骤,并对词典法、机器学习方法和深度学习方法的实现原理和技术特点进行总结。同时作者还全面地梳理了文本大数据在经济学和金融学应用研究中的数据来源、处理方法和实证结果。通过这些研究,我们可以了解文本大数据如何被用来分析经济政策不确定性、投资者情绪、市场关注度等重要经济和金融指标。此外,作者还讨论了数据的实时性、动态性和多维度性等文本大数据实证分析的新特征。

(三)大数据的应用和实践

大数据在经济学与农业经济管理领域的广泛应用已经推动了传统研究范式的变革,使其从低频数据迈向高频数据、从模型驱动迈向数据驱动。这一变革为经济学和农业经济管理研究带来了显著的成果,为决策制定、资源优化和可持续发展提供了崭新的视角。以下是大数据在经济领域的一些具体应用场景。

(1)经济预测与趋势分析:大数据分析可对宏观经济和市场趋势进行更准确的预测。通过监测消费行为、金融交易和社会媒体等数据,经济学家可以更迅速地了解经济的变化趋势。

(2)消费者行为分析:大数据使得对消费者行为的深入分析成为可能。通过跟踪购买模式、在线活动和社交媒体评论,企业和政府能够更好地了解市场需求,制定更有针对性的市场策略。

(3)金融风险管理:在金融领域,大数据可以更好地评估风险。通过分析大量的金融交易数据和市场波动,金融机构可以更准确地预测市场风险,制定更有效的风险管理策略。

(4)就业和劳动力市场分析:大数据在劳动力市场分析中也发挥着重要作用。

通过分析招聘平台、求职信息和社交媒体上的职业数据,政府和企业能够更好地了解劳动力市场的供需关系,提高就业匹配度。

在此基础上,大数据也赋能农业经济管理,在精准农业、市场预测与供应链管理、农业保险与风险管理、农业决策支持系统等领域存在广泛应用和实践。

(1)精准农业:大数据技术可以用于监测农田的土壤质量、作物生长状态和气象条件。实时监测有助于精准施肥、灌溉和病虫害防治,提高农业生产效率。

(2)市场预测与供应链管理:大数据在农产品市场预测和供应链管理中发挥作用。通过分析全球市场趋势、需求数据和气象信息,企业可以更好地规划生产和供应链,提高市场反应速度。

(3)农业保险与风险管理:大数据在农业保险中可以提供更准确的风险评估。通过分析历史数据、气象信息和土壤条件,保险公司能够更精确地估计农业损失风险,为农民提供更合适的保险产品。

(4)农业决策支持系统:大数据分析为农业决策提供更全面的支持。相关从业者可以利用大数据来优化资源配置、农业生产计划和市场销售策略,实现效率和可持续性的提高。

【例 11-3】 Kamilaris et al. (2017)对农业领域中大数据分析的实践进行了全面回顾,并基于 34 项研究总结了大数据在农业部门的应用场景。这些研究涵盖了从发现问题到解决方案的提出,再到工具、算法和数据的应用,以及它们的影响。作者指出大数据分析在农业中的应用极为广泛,尤其在天气和气候变化预测、作物产量估计与土地测绘、动植物疾病识别、提升农民生产力与农业金融,以及食品安全与气候变化应对等方面发挥着关键作用。这些应用不仅提高了农业生产的效率和规划的精确性,还增强了对动植物健康的保护,促进了农业金融的发展,并针对食品安全和气候变化的挑战提供了有效的应对策略。

二、机器学习

机器学习(machine learning)在丰富应用经济学家的工具箱方面有巨大的潜力。著名的统计学家和计量经济学家阿西(Susan Athey)和因本斯(G. W. Imbens)探讨了机器学习文献与经济学以及计量经济学的发展,全面介绍了机器学习中的具体方法(Athey & Imbens，2019)。他们强调了机器学习和计量经济学交叉点上新开发的方法,这些方法在解决特定类别的问题时,通常比现有的机器学习或更传统的计量经济学方法表现更出色。这些方法包括因果推断中的平均治疗效果、最佳政策估计以及在消费者选择模型中对价格变化的反事实效应进行估计。

(一)机器学习的概念和分类

人工智能(artificial intelligence)作为一门新的技术科学正引领着未来的技术潮流。其中,机器学习作为人工智能的重要组成部分,通过利用计算机设定的算法,使计算机能够代替人工完成复杂的任务。本节将探讨机器学习的基本概念、分类、深度学习的原理和应用,以及机器学习在未来面临的挑战与发展方向。通过深入了解机器学习,我们能更好地理解人工智能的核心技术,以及它在各个领域带来的深远影响。

1.机器学习的基本概念

机器学习是指识别数据模式,并借助这些经验不断改进并执行预测、分类、聚类等任务的算法总称。它主要研究计算机如何通过算法解析数据,模拟人类学习行为,获取新知识或技能,并不断改善自身性能,用于对真实世界中的事件作出决策和预测。机器学习的基本概念包括数据集、特征、标签、模型、学习、目标函数、训练、验证、测试和概括能力等要素。

机器学习的基本概念包括以下几个关键部分。

(1)数据集(dataset):机器学习算法的训练基础,通常分为训练集、验证集和测试集。

(2)特征(features):数据的属性或者测量,用于表示观测的数据点。

(3)标签(labels):在监督学习中,标签是我们想要模型预测的结果。

(4)模型(model):表示特征和标签关系的函数,机器学习的主要目标就是利用数据找出这个函数。

(5)学习(learning):利用数据调整模型的过程。

(6)目标函数(objective function)或者损失函数(loss function):衡量模型预测的标签与真实标签之间的差异,指导模型的学习。

(7)训练(training):以最小化目标函数或损失函数为目标,利用训练集数据调整模型的过程。

（8）验证（validation）：通过验证集评估模型的性能，防止模型过拟合，并调整算法和模型参数。

（9）测试（testing）：使用测试集检验模型在未见过的数据上的性能。

（10）概括能力（generalization）：模型处理新数据的能力。

2. 机器学习的分类

根据学习的特征，机器学习可分为四大类别：监督学习（supervised learning）、非监督学习（unsupervised learning）、半监督学习（semi-supervised learning）和强化学习（reinforcement learning）。

（1）监督学习主要聚焦于预测问题，从给定的训练数据集中学习一个函数，再将该函数应用于新的数据集以进行结果预测。训练集要求包含输入值和输出值，即特征和标签。对于离散值的标签，采用分类（classification）算法，例如邮件系统对手写数字的识别；而对于连续值的标签，采用回归（regression）算法，例如在拥有一批房屋属性及相应房价信息后，对新的房屋属性进行价格预测。监督学习方法进一步分为线性和非线性模型，如 KNN、岭回归、LASSO 等为线性模型，决策树、随机森林、支持向量机等为非线性模型。

（2）非监督学习侧重在大量数据中发现潜在规律，将相似事物划分为一类。与监督学习不同的是，非监督学习处理的是仅有输入值的数据，目的是揭示数据的内在特性和关联。这项技术的应用范围非常广泛，包括但不限于聚类、关联规则学习、异常检测、降维、特征学习等。非监督学习在市场研究、社交网络分析、生物信息学、图像和视频分析等领域发挥着重要作用，它帮助我们理解和解释那些未知的、未标记的数据集。

（3）半监督学习是一种结合了监督学习和非监督学习优势的机器学习方法。它利用少量的标记数据（即带有标签的数据）和大量的未标记数据（即无标签的数据）来进行模型的训练和分类。此方法适用于那些获取大量已知标签数据成本高昂或难以实现，同时存在大量容易获得的未标记数据的场景。在实际应用中，半监督学习被广泛用于文本分类、图像识别、医疗诊断等领域，在这些领域中获取大量精确标签的成本很高，而获取非标签数据相对容易。通过半监督学习，可以更有效地利用这些数据资源，克服纯监督学习在标签数据不足时的限制，同时也避免了纯非监督学习可能忽略有用标签信息的问题。

（4）强化学习是一种通过与环境的动态交互来学习并作出决策的机器学习方

法,采用"试错"方式学习,通过与环境动态交互得到奖励或惩罚,以达到最优结果为目标。类似于学生在做题中通过不断发现错题并改正,以提高正确率的过程,计算机通过多次迭代自主修正算法,直至能做出正确判断为止。强化学习提供了一种计算框架,用于构建能够在复杂环境中自主学习和做出决策的模型。

近年来备受关注的深度学习是机器学习的一个研究分支,通过模拟神经元网络实现类似于人类大脑的功能。深度学习在图像识别、语音识别、自然语言处理等方面具有独特的优势,是当今流行的人脸识别等应用案例的基础。

基于任务的分类,机器学习常见的任务可大致分为以下几类:

分类(classification):这是一种监督学习任务,目标是预测输入数据的离散标签。例如,分析电子邮件内容,判断其是否为垃圾邮件。逻辑回归、决策树、支持向量机、随机森林等是常见的分类算法。

回归(regression):这同样是监督学习任务,但预测的是连续值而非离散标签。以根据房屋特征来预测价格为例。线性回归、岭回归、Lasso 回归等是用于回归任务的常见算法。

聚类(clustering):聚类是一种无监督学习任务,将输入数据点分组,使同一组内的数据点更为相似。例如,对互联网新闻文章进行聚类,每一组代表一种新闻话题。K 均值聚类、层次聚类、DBSCAN 密度聚类等是常见的聚类算法。

降维(dimensionality reduction):这是一种无监督学习任务,目标是找到数据的低维表示形式,保留数据的主要特征。主成分分析(principal components analysis,PCA)、t 分布随机邻域嵌入(t-distributed stochastic neighbor embedding,t-SNE)等是常用的降维方法。

在机器学习领域,对这些任务的选择通常取决于具体问题的性质和数据的特点。对算法的应用也需要充分考虑任务的要求,进行实验和调整,找到最适合特定问题的算法。

(二)机器学习的常用算法

1.监督学习算法

在监督学习算法中,算法通过从有标签的训练数据中学习模式,能够进行准确的预测。监督学习主要分为分类算法和回归算法两大类,它们在不同类型的问题中发挥着关键作用。

常见的分类算法有决策树、支持向量机、K 近邻和逻辑回归:

决策树(decision trees):决策树是一种直观而易于理解的分类算法。通过树状结构进行分类决策,每个节点代表一个特征,根据特征进行数据分割,最终形成决策路径。决策树可用于解释模型的决策过程,是一种强大的分类工具。

支持向量机(support vector machines,SVM):支持向量机是一种强大的分类算法,通过在特征空间中找到最优的超平面进行分类。它在处理高维数据和非线性决策边界时表现出色,适用于复杂的分类问题。

K近邻(K-nearest neighbors,KNN):K近邻算法基于样本在特征空间中的距离进行分类。它采用邻居投票的方式,将未知样本分类为其最近邻居的主要类别。K近邻算法在处理不规则决策边界和数据密集区域时表现出色。

逻辑回归(logistic regression):逻辑回归是用于处理二分类问题的经典算法。通过对数概率进行建模,输出概率值,可用于估计样本属于某一类别的概率。逻辑回归在实践中广泛应用于分类问题。

常见的回归算法有线性回归、岭回归和Lasso回归、决策树回归:

线性回归(linear regression):线性回归是一种用于拟合数据点到线性模型的回归算法,适用于进行连续数值的预测。它建立了特征与输出之间的线性关系,是最简单且常用的回归方法之一。

岭回归(ridge regression)和Lasso回归(Lasso regression):这两种回归方法是线性回归的正则化版本,用于处理多重共线性问题。岭回归和Lasso回归通过添加正则化项,防止模型过度拟合,并在特征选择中发挥重要作用。

决策树回归(decision tree regression):与分类决策树类似,决策树回归用于处理连续数值输出的回归问题。通过树状结构进行决策,每个叶节点对应一个数值输出。决策树回归适用于非线性关系建模。

监督学习算法的选择取决于问题的性质和数据的特点。分类算法用于标签离散的问题,而回归算法用于预测连续数值。在实际应用中,根据数据分布和问题要求,灵活选择适当的监督学习算法是关键的一步。

【例11-4】 Shao et al.(2020)探讨小样本情况下如何应用支持向量回归(SVR)算法来增加农产品预测的准确性,特别是针对中国生猪市场的预测。该研究基于生猪和母猪的存栏量以及饲料市场价格的数据,构建了基于SVR算法的预测模型,旨在预测并修正存在偏差的存栏量数据,以获得更为准确的预测值。作者通过比较发现,在小样本数据条件下,SVR的预测性能超越了神经网络、随机森林和线性回归模型。具体而言，SVR 预测结果显示，在 2013 年 11 月至 2017 年 9 月期间，生猪存栏量减少了 3.9%，这一结果与报告中记录的 25.4% 的降幅相比，提供了一个更加合理的预测。这项研究不仅展示了 SVR 在小样本情况下的有效性，也为修正和预测农产品市场情况提供了一个实证案例，有助于提高农产品市场分析的精度和深度。

2.无监督学习算法

无监督学习专注于处理未标记数据，旨在发现其中的模式和结构，以便应对各种任务，包括聚类、降维和关联规则挖掘等。在聚类方面，有多种算法可供选择，其中包括 K 均值聚类、层次聚类和 DBSCAN 等。这些算法的应用范围广泛，使用者可以根据任务的性质和数据的特点选择适当的方法。

K 均值聚类是一种常见的聚类算法，将数据划分为 K 个簇，并迭代更新簇中心。这种方法适用于各种数据集，尤其在数据的簇结构明显且样本规模较大时效果显著。层次聚类则采用构建簇树的方式，将数据层次化组织，通过树状结构展示数据点之间的相似性关系。这种方法在数据具有自然的层次结构时表现良好，能够更好地捕捉数据之间的层次关系。

DBSCAN 是一种基于密度的聚类方法，通过对样本点的密度进行聚类，能够有效地发现具有不规则形状的簇。这使得 DBSCAN 在处理具有噪声和异常值的数据时表现出色，针对密度不均匀分布的数据也能取得良好的效果。

在降维方面，主成分分析和 t 分布随机邻域嵌入等算法则用于减少数据的维度，以保留主要信息。主成分分析通过线性变换将高维数据映射到低维空间，保留数据的主要特征，适用于线性结构较为显著的数据。而 t 分布随机邻域嵌入则专注于可视化高维数据，保留数据的局部结构，尤其擅长在可视化任务中展示数据点之间的相对距离。

在关联规则挖掘方面，Apriori 算法和 FP-growth 算法是两个常用的工具。Apriori 通过迭代生成候选项集并剪枝获得频繁项集，适用于挖掘频繁出现的关联关系。而 FP-growth 通过构建 FP 树结构高效挖掘频繁项集，对于大规模数据集能够提高挖掘效率。

总体而言，无监督学习提供了多种强大的工具和方法，能够有效地处理未标记数据中的模式和结构，为数据分析和知识发现提供了广阔的可能。

3. 集成学习算法

集成学习是一种强大的机器学习方法,通过结合多个弱模型的预测结果来提高整体性能,其中随机森林和梯度提升机是两个备受推崇的集成学习算法。

随机森林(random forest,RF)通过构建多个决策树,并将它们的预测结果集成在一起,来提高模型的鲁棒性和准确性。每个决策树都在节点分裂时选择最佳特征,形成了一个强大的树状结构。由于每个决策树的构建过程中都使用了随机子集的数据和特征,因此随机森林具有很强的泛化能力,能够有效地处理过拟合问题。此外,通过对多个树的结果进行综合,随机森林在处理复杂数据集时表现出色,使得它在实际中得到了广泛的应用。

梯度提升机(gradient boosting machine,GBM)是另一种集成学习的方法,它通过迭代训练多个弱模型,并加权结合它们的结果来逐步提升整体性能。梯度提升机的核心思想是不断拟合前一轮模型的残差,以逐步改进整体预测。这使得梯度提升机在处理复杂、非线性关系的数据时非常有效。由于梯度提升机在每一轮迭代中都关注之前模型的误差,它能够捕捉到数据中的细微模式,进而提高整体性能。然而,需要注意的是,梯度提升机的训练过程可能较为耗时,因为它是一个串行的算法,每个模型的训练都依赖于前一轮的结果。

综上所述,随机森林和梯度提升机作为集成学习的代表,分别通过构建多个决策树和迭代训练弱模型的方式,成功提高了模型的整体性能,使它们成为解决复杂问题和处理大规模数据集的强大工具。在实践中,对集成学习算法的选择取决于问题的性质和数据的特征。

4. 深度学习算法

深度学习是近年来人工智能领域取得巨大成功的重要分支,其中人工神经网络(artificial neural network,ANN)是其核心。ANN 包括多层感知机、卷积神经网络和循环神经网络,这些神经网络结构分别适用于不同的任务和数据类型。深度学习的成功源于分层特征学习的能力,这种能力使其能够从数据中学习到更复杂的特征表示,从而在计算机视觉、自然语言处理等领域取得显著成果。

多层感知机(multi-layer perceptron,MLP)是最基本的神经网络结构,由输入层、隐藏层和输出层组成。MLP 在基础的分类和回归任务中表现稳定,其多层结构能够捕捉数据中的复杂关系。

卷积神经网络(convolutional neural network,CNN)是专注于处理图像数据

的神经网络结构。通过卷积层和池化层,卷积神经网络能够有效提取图像的局部特征,使其在图像识别、目标检测等任务中表现出色。这使得卷积神经网络在计算机视觉领域得到广泛应用。

循环神经网络(recurrent neural network,RNN)则适用于序列数据的处理,通过循环结构保留先前的信息,使其在自然语言处理、语音识别等领域具有优势。

在实际应用中,深度学习算法的选择通常取决于具体任务的性质、所处理数据的类型以及问题的复杂度。例如,如果处理图像数据,卷积神经网络可能是更好的选择,而在处理时序数据时,循环神经网络可能更为合适。此外,实践中通常需要进行实验和调参,以找到最适合特定问题的深度学习算法。这一过程包括选择合适的网络结构、调整超参数以及处理可能的过拟合等问题。深度学习的灵活性和强大性能使其成为完成各种复杂任务的有力工具。

(三)机器学习的研究应用

人工智能领域的突破性进展在经济学和农业经济管理中催生了广泛的应用。机器学习作为结合了统计学、数据科学和计算机科学的主流人工智能方向之一,现已渗透到计量经济学研究中。传统计量经济学与机器学习的交集较少,传统方法基于概率统计框架进行因果关系的定量分析,侧重总结、估计和假设检验,而对于预测的关注相对较少。相较之下,机器学习更注重应用性,侧重预测而非因果推断。在样本量少、维度低的情况下,传统计量方法表现较好,但随着数据样本量和维度的增加,传统方法显得力不从心。随着大数据时代的到来,两者的联系逐渐加强,机器学习可以推动传统经济学与农业经济管理学研究范式上的革新(于晓华等,2019)。

1.机器学习与传统理论模型的结合与改进

机器学习与传统经济学理论模型的结合为市场预测和消费者行为分析提供了更强大的工具。传统的结构模型在解释经济体微观个体行为方面具有优势,但参数估计过程中可能由于数据限制而产生有偏估计。机器学习算法在一定程度上提高了结构模型的估计效率,特别是在大规模数据集中。例如消费者选择模型,机器学习算法可以改进传统经济学模型,提升预测效果,同时也可以分析多种情境下的供需动态变化(Athey et al.,2018)。机器学习方法为解决高维度模型的问题提供了新途径。

【例 11-5】 Storm et al.(2024)的研究通过深度学习技术分析农民对边

际和平均补贴水平变化的响应机制。由于挪威农业补贴政策涉及多个阈值和边际补贴水平的变动,作者首先利用循环神经网络来应对挪威农业补贴政策的复杂性。与传统经济理论认为个体主要对边际激励作出反应不同,RNN 模型的分析结果表明,农民实际上更多地对平均补贴水平的变化作出响应。研究使用挪威所有申请补贴的农场的独特数据集,为模型提供了丰富的数据支持。此外,研究还采用了政策模拟方法,利用 RNN 模型预测政策变化对农场规模和构成的潜在影响。这项研究不仅对传统的经济生产理论进行了重要修正,还展示了如何利用深度学习工具进行细致的政策分析。文章还讨论了使用这种方法的优势及挑战。本研究展示了机器学习与传统理论模型的结合与改进,并帮助我们更准确地理解和预测政策变化对农民行为的影响。

2. 机器学习与传统计量方法的结合与改进

传统计量经济学模型往往是低维模型,当数据样本量增大和维度剧增时,其效果显著下降。与传统计量方法相比,机器学习更具灵活性,能够更好地适应数据,允许模型自动识别重要的解释变量,从而提高了模型的灵活性和适应性,在特定场景下提高模型预测性能,同时结合特征重要性分析维持可解释性,更好地应对高维数据的挑战。尤其在大数据的应用场景中,这种高维数据建模能够更好地处理传统计量方法无法解决的难题。

在农业、环境和发展经济学领域,研究者常常涉及与物理、生物或环境过程有内在联系的问题,而这些过程往往充满了非线性和复杂的空间或时间动态(Schlenker & Roberts,2009)。这些过程的复杂性不仅源于它们自身的内在特性,还因为它们之间存在相互作用和反馈机制,使得研究者难以通过传统的分析方法来准确捕捉和理解这些动态变化。机器学习方法擅长对高度非线性关系进行建模,能够识别数据中的复杂关系。机器学习方法不仅能够处理高维数据,还能够捕捉到数据中的长期依赖关系,这对于理解环境和农业系统中的复杂相互作用至关重要。

【例 11-6】 齐秀琳和汪心如(2024)的研究通过应用多元线性回归、惩罚回归、集成学习以及深度学习等机器学习方法,探究影响农业转移人口市民化水平的因素。研究发现,集成学习方法在预测这一水平方面的表现优于传统的多元线性回归模型。研究采用了预测性建模而非解释性建模,其优势包括：预测性建模通过接受一定的偏差来换取更小的方差，提高模型的预测精度；它不预设模型形式，能够更准确地捕捉变量间的复杂非线性关系；随着机器学习可解释性方法的发展，机器学习模型的"黑箱"问题得到处理，同时能够揭示解释性建模无法获取的关键信息。这些发现凸显了预测性建模在处理复杂数据和关系时的有效性及其在农业经济管理研究中的应用潜力。

3. 机器学习与大数据的结合与改进

机器学习与大数据的结合为经济学家提供了更为灵活的建模工具。传统计量经济学建模往往将数据聚合到预先指定的特征中，而机器学习则能够保留更多的细节，处理非结构化数据如图像、文本等（周洁红等，2016）。机器学习方法在处理高频数据、多个数据集匹配连接等问题上也表现出色。通过有效地处理大规模协变量和估计灵活的函数形式，机器学习让研究人员能够在分析中保留更多细节，更全面地理解经济学和农业经济管理中的复杂关系。

【例 11-7】 Donaldson & Storeygard（2016）介绍了机器学习方法在卫星遥感数据处理中的应用。作者指出机器学习可以应用于卫星遥感数据处理的多个关键环节：从进行数据预处理以降低噪声和提升数据质量，到捕捉关键地表特征；从对不同土地覆盖类型和建筑物的分类与识别，到利用模式识别技术预测经济活动和气候变化的影响；还包括处理空间依赖性问题，提升空间分辨率，以及实现大规模的自动化分析。这些技术不仅显著提高了数据处理的效率和精度，而且以相对低廉的成本获取更广范围的社会经济信息，并为经济分析提供了新的视角，使得从宏观到微观层面的经济现象分析成为可能。通过融合遥感数据与经济模型，机器学习技术还有助于评估政策动态变化及其对经济社会的潜在影响，展现出了其在经济学和农业经济管理研究领域的巨大潜力和应用价值。

第十二章
理论分析与农业经济管理研究

　　农业经济管理学的交叉属性决定了其理论分析依据不仅仅源于经济学与管理学,更是来自农学、食品科学、环境科学以及社会学、历史学、人类学、数学等相关学科的基础知识。农业经济管理学的应用属性则决定了其研究方法注重规范分析与实证分析相结合,定性分析与定量分析相结合。多种理论与方法的结合,就要求在农业经济管理学的研究过程中充分掌握并熟练运用相应的理论分析方法和实证研究方法,这也体现在当前农业经济管理学的论文写作普遍采用"理论分析+实证检验"的模式来论述相关的现实问题上。本章就以介绍农业经济管理学中常见的理论分析方法为主线展开。

　　按理论分析所使用的推演"工具"分,农业经济管理学中常见的理论分析方法包含了质性研究方法和数理研究方法两大类。与传统定性研究和量化研究范式不同,质性研究更注重逻辑性的推演,并不只是收集资料的工具和手段,也并非基于个人经验的思辨,更不是简单的资料归纳,亦不适用于量化评估标准。质性研究是一种将研究者置身于现实世界之中的情境性活动,它可以将现实世界转变成一系列的表征,包括田野笔记、访谈、谈话、照片、记录或个人备忘录(Denzin & Lincoln,2005)。在这一层面上,质性研究是一种结合了现实世界自然属性和人文社会背景的解释性研究,质性研究方法是研究者在观察、记录的基础上,综合运用逻辑、数学等推理形式从而形成具有理论性推论的过程中所采用的研究工具。数理研究则更偏好对数学工具的使用,通过数学公理刻画一个更加客观的现实问题。数理研究与质性研究的区别在于:首先,数理研究使用数学符号而非文字、使用方程而非语句来描述假设和结论;其次,数理研究运用大量的可供引用的数学定理而非文字逻辑进行推理(蒋中一和温赖特,2006)。数理研究方法在包括农业经济管理学的应用经济学及相关交叉学科中的应用,使得社会科学具有了更加坚实的科学性基础。

质性研究方法与数理研究方法在农业经济管理学的研究之中并无优劣之分。任何一种理论分析方法,其目的总是从一些给定的假设或公理出发,通过一系列的推理过程得出一组结论或定理。而文字和数学在演绎推理的过程中所发挥的作用并无二致,只不过数学符号的表达更加简洁直观、更容易被理解,这也是在当前农业经济管理学的研究论文中数理研究方法更加常见的原因。

一、质性研究方法

质性研究是将研究者本人作为研究工具,在自然情境下采用开放型访谈、参与型和非参与型观察、实物分析等资料收集方法对社会现象进行整体性探究,使用归纳法自下而上在资料的基础上提炼分析类别,形成理论假设,通过与研究对象互动对其行为和意义建构获得解释性理解的一种活动,研究者在研究的过程中要考虑其个人与被研究者的关系对研究的影响,并反思有关的伦理道德问题和权力关系(陈向明,1996)。质性研究具有以下优势:一是适合在微观层面对个别事物进行细致、动态的描述和分析;二是擅长对特殊现象进行探讨,以求发现问题或提出新的看问题的视角;三是使用语言和图像作为表达的手段,在时间的变化中追踪事件的变化过程;四是强调从当事人的角度了解被研究者的看法,关注其心理状态和意义建构;五是非常重视研究者对研究过程和结果的影响,要求研究者对自己的行为进行不断的反思。

本节介绍了农业经济管理学中常见的质性研究方法,并简述这些研究方法的基本表现形式和应用场景,力图为读者提供一个质性研究方法与现实论文写作之间的清晰、实操性强的联系。

(一)口述资料

1.提纲访谈法

(1)焦点访谈

焦点访谈是 Merton & Kendall(1946)为传媒研究而发展出来的。其做法是:在向被调查者呈现了同一刺激(电影、广播等)之后,借助一份问题提纲来调查该刺激对受访者的影响。焦点访谈具有以下四项核心标准:一是不影响访谈对象,二是受访者观点及其对情境定义的特定性,三是把握住刺激含义的广泛范围,四是受访者方面的深度和个人背景。

焦点访谈的最初目的是为定量研究所得出的统计上显著的结果提供依据，也为了更深入地解释实验性研究发现。定量研究与访谈平行开展或是在访谈之后开展，以便比较情境的"客观"组成部分与受访者主观的解释。焦点访谈也存在一些局限性：一是样本偏差，焦点访谈的结果受到受访者样本的选择和特定群体的限制影响；二是受访者和主持者的主观性，受访者的回答受其个人主观经验和认知的影响，可能存在记忆偏差、社会期望和自我呈现等问题，而主持者在问题设计、解释和分析数据时带有个人偏见或预设观点，从而影响受访者对问题的理解和解释；三是数据分析的主观性，研究者的个人经验、背景和观点可能会影响数据的理解和结论的推导；四是时间和成本消耗，焦点访谈需要耗费大量的时间和资源，不适用于需要快速、大规模收集数据的研究。

总体来看，焦点访谈法在农业经济管理学中的应用仍然较少，这与其存在的缺点密切相关：(1)只适合收集定性资料，因资料信息以口语化的文字描述为主，且受访者所讲的并不都具有典型性，容易造成判断错误，给资料分析和得出结论增加了难度；(2)难以获取更多深度信息，特别是受访者对涉及隐私、保密等方面的问题更不会多谈，因而获得的资料有一定的局限性；(3)资料收集会受访谈过程的时空限制。

(2)半结构性访谈

半结构性访谈包括不同的主题领域，每一个主题领域均由一个开放型问题引出并由一个封闭式问题结束。半结构性访谈的普遍性意义在于，通过不同类型的问题让研究者能够更加清晰和明确地对待自己带入访谈情境的、与受访者相关的预设性观念。这在一定程度上弥补了焦点访谈法中存在的信息误判和信息深度不足等缺陷。但在实施过程中，半结构性访谈法所面临的核心问题是，访问者能够在多大程度上让受访者认识到其做法的合理性，并避免对立性问题可能带来的困扰。因此在访谈中需要针对研究问题和潜在的受访者进行问题的调整。

【例 12-1】 赵华甫等(2008)使用半结构性访谈法中的封闭式定量化访谈(closed quantitative interview)和标准式自由回答式访谈(standardized open-ended interview)相结合的方法，分析了在农户层面存在的影响耕地和基本农田保护的障碍。这也是农业经济管理相关中文文献中为数不多使用半结构性访谈法的研究。

（3）专家访谈

Meuser & Nagel（2009）专家访谈是提纲访谈法的一种特殊形式。受访者以群体的形式，作为某一领域的专家参与研究。专家访谈的调查对象通常是某一组织中处在特定的领域及具有特定经验知识的成员。专家访谈有三种目的：一是用于探索新的领域，为进入新的领域提供导向；二是为通过其他方法所获得的知识提供补充信息；三是理论发展型专家访谈旨在通过重构不同专家的知识发展一种有关所研究领域的理论或类型学。因此，专家访谈既可以作为一种独立的方法使用，也可以作为一种补充性的方法，与其他的访谈同时开展，用以补充完善通过其他访谈所获得的信息。

专家访谈法多见于教育学、工程学等学科研究中，鲜见于农业经济管理学的相关研究。

专家访谈在实施中也存在一些问题：一是面临时间压力的问题，专家访谈的规划和实施通常比其他形式的质性访谈更紧凑；二是保密性问题，这可能导致受访者出于风险角度考虑，从而拒绝作出回答或不允许对访谈录音。

2.叙事法

（1）叙事访谈

叙事访谈是从一个与研究主题相符合的"叙述请求"开始，引发受访者的主叙述，然后展开"叙述性追问"，用以补充完善之前尚未展开叙述的部分，最后进行总结。在这个阶段可以向受访者提出问题，旨在询问叙述者对所发生事情的理论解释及结论。

叙事访谈主要运用于传记研究领域，该方法提供了一种按照事件内在逻辑再现其发展历程的模式，并合理协调了主体见解的自由展开与对谈论话题的引导限制之间的关系。

叙事访谈法存在以下局限：一是通过叙事访谈无法获得真实的经验和事件；二是叙事访谈的转录会产生大量文本资料，但与提纲访谈相比，这些资料缺乏明显的结构性。

（2）事件访谈

事件访谈将叙述和论证结合起来，旨在促使受访者以更普遍的、比较的形式展示其在特定领域的经验，同时也对与此相关的情景和事件进行叙述。其核心要素是定期要求受访者叙述具体的情况。

事件访谈多见于管理学领域,如魏士强等(2010)利用关键行为事件访谈(BEI访谈技术)研究了中国高校领导者胜任特征模型。但在农业经济管理学的研究领域,该方法较为少见。

事件访谈法面临在实施过程和运用领域方面的局限。在实施过程中,事件访谈法具有叙述法共有的普遍性问题,即有些人在叙述方面比其他人有更大的困难;在运用领域上,事件访谈局限于分析有关某些特定对象和主题的日常知识以及受访者在这些方面的经历,而并不能揭示出具体情境中的行动和互动。

3. 小组讨论与焦点小组

(1)小组访谈

小组访谈是一种高效的质性资料收集技术,其定义是关于某一特定主体对6至8人所进行1.5至2小时的访谈(Patton,2002)。小组访谈的优点包括:一是成本低且能收集到丰富的资料;二是能够激发受访者;三是支持受访者对事件的回忆;四是能够超越单一受访者的回答。其缺点则包括:一是访谈可谈及的问题数量有限;二是访谈过程中难以记笔记。

【例12-2】 在农业经济管理学的研究中,比较有代表性的研究包括李强等(2006)利用小组访谈法分析了农民对农村公共物品投资的意愿:研究者首先分层次抽取了100个村入样,每一个村除了规范问卷调查外,还利用小组访谈法随机抽取了6个农民。研究者将这6名被访者集中起来对村内基础设施建设的看法等许多问题进行讨论。在讨论过程中,有专门的调查员对研究的关键问题进行记录并且进行编码整理。除此之外,该研究还记录了村民在讨论有关村子的环境和基础设施投资等问题的过程中一些定性的反应,用于后续研究分析。

(2)焦点小组

焦点小组从互动主义的视角出发,旨在表明一个问题在小组的讨论中是如何形成及改变的。在抽样上,该方法关注保证小组成员之间的异质性。焦点小组既可以作为独立的方法使用,也可以与其他方法,如调查、观察、单独访谈等结合使用。

焦点小组实施过程中需要注意以下几点:一是实施焦点小组的数量由研究问题以及回答该问题所必需的、不同的调查群体数量决定;二是焦点小组应该由陌生人组成,而不是由朋友或者熟人构成;三是对于通过焦点小组收集到的资料,建议使用概括讨论内容、系统编码或内容分析法进行分析。

（3）共同叙事

共同叙事是对单一叙述者的独白式叙述的一种扩展，研究者会对叙事的产生以及家庭为自己和听众构建现实的方式进行互动分析。共同叙事旨在发展建立在构建基础之上的理论；在抽样上，该方法从个案出发，然后逐步纳入其他个案；在资料的分析上，该方法采用顺序分析法，以便由案例比较出发获取更具普遍性的陈述。在方法的局限性方面，共同叙事法兼具叙事访谈和小组讨论的缺陷。该方法目前鲜见于农业经济管理学科的研究之中。

（二）观察法和媒介资料

1. 观察法

非参与式观察是一种从外部视角来对场域进行观察的方法，放弃了在研究实地中进行干预，主要适用于公共场所的观察。其目标是就特定现象的出现和分布情况来检验相关的理论观念；在抽样方法上，对情境和人按照代表性和随机性进行抽样；在资料分析上，以特定行动的出现频率和计数为基础。非参与观察在实施中面临的最大难题就是如何为观察者设置一个实用性的角色，该角色需要满足既可以待在观察场域或其边缘，又能够对场域进行观察的两个要求。为保证该方法的准确性，有时部分研究者会以不影响所观察的场域为理由进行隐蔽式观察，而这种行为存在伦理上的争议。此外，由于研究者放弃了与观察场域的互动，这意味着放弃了去了解观察场域的内部视角，这对资料分析和检验诠释带来一定程度上的负面影响。

质性研究中参与式观察是一种更为常见的形式，主要运用于亚文化研究。参与式观察被定义为一种同时结合了文档分析、访谈受访者与信息提供者、直接参与和观察以及自我省察的实地策略。参与式观察的主要特征是研究者完全进入观察场域，以内部成员视角进行观察，并且研究者的参与也会影响到所观察的对象。尽管参与式观察具有方法上的灵活性和对于研究对象的适合性这两大优势，但仍面临着两难的处境，即一方面要逐渐深入地参与研究场域的活动，以便获得理解，另一方面又需要保持距离，以便获得科学客观的理解。参与式观察旨在发展有关研究对象的理论，关注研究场域及研究场域中的行为方式的描述；在抽样方法上，采用逐步抽样的策略；在资料分析上，通常结合使用编码策略和顺序分析。参与式观察的问题之一是并非所有的现象都可以在情境中被观察到，因此，在参与式观察中,研究者的认知只有一小部分是基于对活动的观察,大部分认知则基于参与者对特定关联性及实施情况的口头陈述;另一个问题则是其两大优势的"背面",即参与式观察很难超越作为一般性研究策略的水平而成为一种标准化和正式化的方法。

2. 文档资料

文档是由某个人(或某个机构)出于某一特定的(实际的)目的而生成的,并且具有特定的使用方法,通常被视为一种利用非反应性方法和资料的途径,这些资料是在所研究的场域中出于实用的目的而被生成的,并先于研究存在,因此可以让研究者不依附于所研究场域中的人的观点。真实性、可靠性、代表性和含义是研究者判定是否在自己的研究中采用某个特定文档的四条标准。在选择使用某一种特定形式的文档之后,接下来的步骤是构建一个文档集,在构建文档集的过程中,研究者需要考虑文档之间的关联性和交叉性。在抽样方法上,主要使用有目的性的抽样或理论抽样;在分析方法上,视研究问题的不同,研究者使用不同的编码与分类方法或者会话分析法进行文档分析。如何确定文档的明确内容、隐含意义、文档的功能和使用情境之间的关系,以及如何在诠释文档时考虑这层关系是文档分析法的局限。这类方法多见于档案学研究。

3. 质性网络研究

大部分基于网络的研究都是定量的,但随着人们对网络的广泛使用,网络逐渐成为质性研究的对象和工具,网络访谈、网络焦点小组、网络民族志、网络互动及其痕迹的研究都是质性网络研究的开展形式。开展质性网络研究的前提条件有以下四点:一是研究者本身需要具备丰富的使用电脑及软件的经验;二是研究者需要在某种程度上喜欢用网络工作的方式并熟悉各种网络交流的形式;三是研究者需要明确自己的研究是否必须通过质性网络研究的方法进行;四是参加网络研究的人应当具备上网的能力且可以通过网络联系。

乍看起来,质性网络研究可以缩短研究者与受访者的空间距离,节省转录时间和费用,可以更容易地保证参与者的匿名性,可以跨越时空获取海量文档,进而使研究变得更容易。但事实上,质性网络研究面临着匿名性导致的真实性和情景化问题以及伦理问题。对资料的收集必须基于一个合法的目的,研究者需要细心地保护所收集到的资料,避免其遭遇任何形式的滥用、遗失、被人破碎、被侵权使用等风险;参与者有权知道关于他们的哪些数据得到存储和使用,并且拥有查看和使用上述资料的权利。如果能够充分考虑上述伦理问题,并较好地解决技术上的问题,那么质性网络研究将成为一种富有意义的研究方式。

(三)由质性研究到理论分析

构建理论是社会科学研究的内在要求,也是研究结果的一个必然归宿。理论不是一个孤立的东西,而是与研究的所有其余部分紧密相连、相互影响的。在质性研究中,构建理论具有多重功能:一是理论可以赋予事实实际意义,将事实置于恰当的分析角度之中;二是理论可以为研究导航,研究早期获得的初步理论可以为后期的工作引导方向;三是理论可以为那些范围狭窄的个案提供相对宽阔的视野和应用范围;四是理论可以帮助鉴别研究中存在的空白点、弱点和自相矛盾的地方,将学术界先前尚未注意的问题或注意不当的问题挑选出来进行探讨;五是理论因其"普适性"可以为研究成果提供现成的标签,将我们的研究工作与先前的研究成果联系起来。

传统意义上的理论构建通常走的是自上而下的路线,即从现有的、被有关学科领域认可的概念、命题或理论体系出发,通过分析原始资料对其进行逻辑论证,然后在证实或证伪的基础上进行部分理论创新。而与上述传统的思路不同,质性研究中的理论构建走的是自下而上的路线,即从原始材料出发,通过归纳分析逐步产生理论,通过这种方式建立的理论既可以是一个非常简单的陈述,也可以具有十分复杂的层次结构和语义关系。

自下而上构建理论有很多不同的方式,不同的研究问题、不同的原始资料可能需要不同的操作手段和步骤。普遍做法是:(1)用简单的理论性语言对资料进行初步的描述、分析和综合;(2)根据资料的特性建立初步的理论框架;(3)按照初步建立的理论框架对资料进行系统的分析;(4)在原始资料与理论框架中的概念和命题之间不断进行比较和对照;(5)建立一个具有内在联系的理论体系或一套比较系统的理论假设。

质性研究中一个标志性的构建理论的方式是1967年格拉斯和施特劳斯提出的"扎根理论",其主要宗旨是在经验资料的基础上建立理论。扎根理论的主要操作程序如下:(1)对资料进行逐级登录,从资料中产生概念。(2)不断地对资料和概念进行比较,系统地询问与概念有关的生成性理论问题。(3)发展理论性概念,建立概念和概念之间的联系。(4)理论性抽样,系统地对资料进行编码,这是扎根理论中最重要的一环,其中包括三个级别的编码:①一级编码(开放式登录);②二级编码(关联式登录,又称轴心式登录);③三级编码(核心式登录,又称选择式登录)。(5)构建理论,力求获得理论概念的密度、变异度和高度的整合性。

(四)质性研究的写作

质性研究的研究报告具有多种方式,与定量研究报告相比,形式较为灵活,因研究的问题、目的、理论框架、收集和分析资料的方法、研究的结果、研究者本人的特点以及研究者与被研究者之间的关系等不同而有所差异。一般地,质性研究报告的呈现可以分为三大类:类属型、情境型和结合型。类属型主要使用分类的方法,将研究结果按照一定的主题进行归类,然后分门别类地加以报道。情境型注重研究的情境和过程,注意事件发生的时间序列或事件之间的逻辑关联,从而对研究结果进行描述,由于注重研究或事件的具体情境,情境法通常将收集到的原始资料按照个案的方式呈现。结合型综合了类属型和情境型,在写作中扬长避短,例如按照类属法得出研究报告的基本结果,同时在每一个类属下穿插小型的个案、故事片段和轮廓勾勒;也可以按照情境法构建整个报告的主干叙事结构,同时按照一定的主题层次对故事情节进行叙述。

无论采用何种方法,质性研究的写作都需要遵循以下基本原则:一是"深描",质性研究的写作特别强调对研究现象进行整体性的、情境化的、动态的"深描",尽可能将地点、时间、社区、任务、事件、活动等描述详尽、细密,力图为读者营造"身临其境"的感受;二是注意作者自己的态度和语言,由于质性研究强调对研究现象进行细致的描述性分析,因此无论使用描述型语言(即研究者对研究现象的描述)还是分析型语言(即研究者对研究现象的分析),质性研究的文章中都应尽可能避免提出十分明确、肯定的政策性建议;三是充分考虑写作的对象——读者,通常不同的读者群体对作品有不同的要求,因此需要根据读者的特点使用不同的写作风格和写作规范。

二、数理研究方法

数理研究方法是经济学家利用数学符号描述现实问题,运用已知的数学定理进行推理的一种方法(蒋中一和温赖特,2006)。它不仅使用简单的几何学方法推导理论结果,而且还运用矩阵代数、微分方程、差分方程等数学工具来刻画理论的形成过程。数理研究方法使用数学工具的优势在于:其一,在理论的逻辑推演中所运用的"语言"更为简练、精确；其二，有大量的、久经检验的数学定理可以为研究者所用；其三，数学工具迫使研究者以更客观的表述来明确所有的假设；其四，数学工具可以帮助研究者处理复杂多维的现实情况。

在农业经济管理学科的研究中，初学者往往会将数理研究方法与计量研究方法相混淆，除了都运用数学符号外，两者存在着本质上的差别。计量研究方法主要与经济数据的统计和度量相关，是一种重要的实证研究方法，而数理研究方法则是把数学应用于经济分析的纯理论方面，基本不涉及实证。数理研究方法更具基础性，是运用计量研究方法构建理论框架的重要工具之一。

本节介绍了农业经济管理学科中常见的数理研究方法，并简述这些研究方法的基本表现形式和应用场景，力图为读者提供一个数理研究方法与现实论文写作之间的清晰联系。

（一）静态（均衡）分析

1.均衡的含义

"均衡"（equilibrium）的概念可以被定义为"选定的一组具有内在联系的变量经过彼此调整，从而使得这些变量所构成的模型不存在内在变化倾向"的一种状态（Machlup，1958；蒋中一和温赖特，2006）。一个特定模型的均衡，是以缺乏变化趋势为特征的一种状态，因此，均衡分析往往等同于静态分析。类似于经典力学中的牛顿第一定律，均衡状态的实质是在外力不发生变化时，一旦达到就有维持不变的倾向的一种状态，因此均衡也可以被称为经济学研究中的"第一定律"。按经济社会是否达到理想状态分，均衡可以分为目标均衡与非目标均衡，前者表示事物经可控的经济力量达到了理想或合意的状态，如厂商的利润最大化，后者表示个人不可控的经济力量相互作用与调节所致的状态，如非充分就业情况下的国民收入均衡水平。

2.局部均衡模型

均衡模型可以帮助我们求出满足模型均衡条件的一组内生变量的值，而这组变量的值就代表了达到均衡所要满足的条件。局部均衡模型（partial equilibrium model）表示在一个孤立市场中的价格决定模型，是马歇尔对完全竞争的单一商品市场上的需求和供给进行分析的模型。局部均衡模型认为，市场力量能促使价格调整并趋于均衡价格，而均衡价格能使市场出清，即市场供给等于市场需求。局部均衡模型通过供给曲线和需求曲线的交点决定均衡价格（李宝宁，1996）。

　　局部均衡模型是农业经济管理学科理论分析中对"市场价格"研究的一种常见模型,多见于市场供求关系研究、农业产业区划研究、能源经济研究、贸易与环境研究等领域。在陈永福和刘春成(2008)关于粮食市场供求关系的研究中,研究者运用局部均衡模型的计量经济方法建立了中国杂粮供求局部均衡模型,构建了供给反应函数、价格函数、出口函数、进口函数等影响关键要素的反应方程,并通过市场出清恒等式求解。

　　局部均衡模型的数学表达式一般为:

$$Q_d = Q_s \tag{12-1}$$

$$Q_d = a + bP \quad (a, b > 0) \tag{12-2}$$

$$Q_s = -c + dP \quad (c, d > 0) \tag{12-3}$$

　　其中,Q_d 表示商品的需求量,Q_s 表示商品的供给量,P 表示商品的价格。式(12-1)表示均衡模型中的最基本假设:当且仅当超额需求为零的市场出清状态。式(12-2)和(12-3)则分别表示市场中商品的需求量和供给量是如何决定的。在一般情境下,市场价格越高意味着供给者越有动力提供更多产品,而消费者的购买意愿会下降。由此假设,商品的需求量是价格的递减线性函数,商品的供给量是价格的递增线性函数。同时,考虑到价格为零的状况,市场需求会大增,但市场供给可能会消失,因此在(12-2)和(12-3)的模型中需要加入一正一负的截距项,以满足此类特殊情况。根据以上三式求得的 P 值即为局部均衡条件下的市场出清价格。

　　当然,现实世界往往是复杂的,局部均衡模型在更多情况下并不会以简单的线性模型形式展现在研究者面前。但万变不离其宗,局部均衡模型的核心是给定均衡条件并刻画出商品供给函数与需求函数,在此基础上对市场出清价格进行求解。因此,无论供给或需求函数的形式多么复杂,只要能用数学语言进行描述并可求解,那么局部均衡模型就可以处理所有的孤立市场商品出清的理论问题。

　　3. 一般均衡模型

　　局部均衡模型是求解孤立市场中单一商品出清价格的常用理论模型,然而在现实世界中,没有一种商品是这样孤立存在的,每一种商品都有许多的替代品和互补品。因此,对一种商品的供给与需求函数的描述还应考虑相关产品价格的影响。一般均衡就是对局部均衡的扩展,它要求模型中的每一种商品都不存在超额需求,因为只要有一种商品存在超额需求,该商品的价格就会发生调整,从而影响到其他商品的供给量与需求量,进一步影响其他商品的市场出清价格。

一般均衡模型(general equilibrium model)在农业经济管理学科中的应用多见于对部门经济的宏观问题研究,常见的领域包括劳动力市场分析、政府补贴政策、环境政策研究、反贫困理论研究等。

【例 12-3】 以蒋庭松等(2004)的研究为例,研究者在前人研究的基础上构建了一个包含地区维度的中国经济一般均衡模型或称中国区域经济一般均衡模型,简称为 CERD 模型。在该模型中,研究者并没有使用多地区模型的传统处理方法,即所谓的"自上而下"(top-down)法,而是利用"从下而上"(bottom-up)法将模型中每个地区定义为一个拥有自己的市场主体和行为模式的开放的经济体。类似于多地区的全球性模型,CERD 中的地区联系会更加紧密,特别是一些生产要素的流动。CERD 模型的另一个特点是根据生产要素的拥有量将每一个地区的家庭分为农村家庭和城镇家庭,这能极大程度上适应中国的城乡二元结构。最后,CERD 模型有较详细的商品和生产部门,对现实的解释力也会更强。

考虑到一般均衡模型考察的是多种商品在非孤立市场中的表现,其基本假设条件可以表示为:

$$Q_{di} = Q_{si} (i = 1, 2, \cdots, n) \tag{12-4}$$

模型表示市场中存在 n 种商品,只有所有商品达成了供给量与需求量的一致,市场才能达到均衡状态。

为了更简单明了地说明问题,这里讨论一种仅包含两种相互关联商品的线性供求模型:

$$Q_{d1} = Q_{s1} \tag{12-5}$$

$$Q_{d1} = a_0 + a_1 P_1 + a_2 P_2 \tag{12-6}$$

$$Q_{s1} = b_0 + b_1 P_1 + b_2 P_2 \tag{12-7}$$

$$Q_{d2} = Q_{s2} \tag{12-8}$$

$$Q_{d2} = c_0 + c_1 P_1 + c_2 P_2 \tag{12-9}$$

$$Q_{s2} = d_0 + d_1 P_1 + d_2 P_2 \tag{12-10}$$

其中系数 a 和 b 属于第一种商品的需求与供给函数,系数 c 和 d 属于第二种商品的需求与供给函数。式(12-5)和(12-8)共同表示仅包含两种商品市场的一般均衡条件;式(12-6)和(12-7)以及式(12-9)和(12-10)的需求与供给方程都包含了两种商品的价格指数 P_1 和 P_2,体现了两种相互关联商品价格的变动都会影响其中某一种商品需求量与供给量的变化。

针对存在两种商品的市场的均衡分析足以满足大多数农业经济管理学科的理论研究的需要。面对复杂的商品市场,研究者终究无法穷举所有的商品门类,更何况商品属性的细微差异也会导致价格的巨大变化。因此在理论分析中,研究者往往会通过假设一种"除所要研究商品外的其他商品"的方法来简化一般均衡模型,最终以分析两种商品的形式来求解市场的一般均衡。举例来说,若研究者想要知道苹果的市场出清价格,那么就可以在式(12-5)至(12-10)所表示的一般均衡模型中设定苹果的需求量、供给量和市场价格分别为 Q_{d1}、Q_{s1} 和 P_1,设定可能影响苹果价格的其他关联商品的需求量、供给量和市场价格分别为 Q_{d2}、Q_{s2} 和 P_2,从而求解苹果的市场出清价格。

除了可以用以上简化方式来分析市场均衡,当市场模型包含了一个经济的所有商品时,求解均衡状态的模型被称为瓦尔拉斯一般均衡模型(Walrasian general equilibrium model)。在此模型中,每一种商品的超额需求会被视为该经济中所有商品价格的函数,当某种商品不影响该商品的超额需求时,其系数可以取零值。一般情况下,具有 n 种商品的一般均衡模型表达如下:

$$Q_{di} = Q_{si} \tag{12-11}$$

$$Q_{di} = D(P_1, P_2, \cdots, P_n), (i=1, 2, \cdots, n) \tag{12-12}$$

$$Q_{si} = S(P_1, P_2, \cdots, P_n) \tag{12-13}$$

其中,式(12-11)是均衡条件,式(12-12)表示商品 i 的市场需求是市场中 n 种商品价格的函数,式(12-13)表示商品 i 的市场供给是市场中 n 种商品价格的函数。

若上述模型确实有解,就可以通过联立方程的办法求得市场均衡。当然,还可以通过矩阵代数、非线性转化等数学方法处理复杂的多种商品市场一般均衡模型。

(二)比较静态分析

1.比较静态的含义

比较静态意为两种与不同参数值和内生变量相联系的不同均衡状态的比较。在比较中往往以给定的初始均衡状态为参照点,若模型受到外力冲击发生非均衡变化,则初始均衡状态必然被打破,因而模型内的各内生变量必然经历某些调整。

假设新的调整过后，相关均衡可以被定义且可达到，则比较静态分析（comparative static analysis）所要处理的问题即：新的均衡状态如何与初始均衡状态相比较？可以看到，比较静态分析只考虑了新的均衡与初始均衡的"点对点"比较，不涉及变量调整的过程。

比较静态分析所关注的问题之一实质上是求两种均衡间的变化率问题，具体是指内生变量的均衡值对特定参数或外生变量变化的比率。因此，数学中的导数、极限等概念，以及经济学中的边际分析法是比较静态分析中极为重要的工具。因为本书仅仅作为农业经济管理学科研究应用的一般性手册，关于导数、极限等数学概念的定义就不多介绍，有兴趣的读者可以翻阅相关书籍学习。

2. 简化模型的比较静态

再次考察孤立市场中单一商品的供求模型：

$$Q = a + bP \quad (a, b > 0) \tag{12-14}$$

$$Q = -c + dP \quad (c, d > 0) \tag{12-15}$$

其均衡解为：

$$P^* = \frac{a+c}{b+d} \tag{12-16}$$

$$Q^* = \frac{ad-bc}{b+d} \tag{12-17}$$

这里可以看作两个内生变量被简化为四个独立参数的显示表达。为了解某一参数在极限处变化如何影响均衡值，这里仅需对所有参数求偏导数即可。若偏导数的正负号可由关于参数的相关信息来确定，那么研究者就能判断该参数变化时均衡值的变化方向，由此给出比较静态分析的定性结论。

需要注意的是，比较静态分析中的研究对象是式（12-14）和（12-15）所表示的均衡状态的变化，而非式（12-16）式（12-17）的需求或供给函数的曲线斜率。研究者往往将均衡值对参数的导数称为比较静态导数。

3. 一般模型的比较静态

可以看到，上述对单一商品供求关系的比较静态分析是十分简单的，参数间是相互独立、外生的。这是一个极强的假设。但当数理模型中包含了一般函数，因而无法得到相互独立的参数时，研究者就必须从模型最原始的方程中直接求出比较静态导数。以国民收入模型为例，收入 Y 与消费 C 均为内生：

$$Y = C + I_0 + G_0 \tag{12-18}$$

$$C = C(Y, T_0) \tag{12-19}$$

其中，I_0、G_0 和 T_0 分别表示外生决定的投资、政府支出和税收。式（12-18）表示模型的均衡条件，即国民收入等于总支出。式（12-19）为消费函数。将后者代入前者可以得到简化的国民收入均衡模型：

$$Y = C(Y, T_0) + I_0 + G_0 \tag{12-20}$$

但由于消费函数为一般模型，无法求出显式解，因此必须由此方程直接求出比较静态导数。假设存在均衡解，在非常一般的条件下，我们可取 Y^* 为外生变量 I_0、G_0 和 T_0 的可微函数，得到方程：

$$Y^* = Y^*(I_0, G_0, T_0) \tag{12-21}$$

进而，在均衡值 Y^* 的某个邻域，下列恒等式成立：

$$Y^* = C(Y^*, T_0) + I_0 + G_0 \tag{12-22}$$

这种恒等式被称为均衡恒等式。

但因为 Y^* 是 T_0 的函数，消费函数 $C(Y^*, T_0)$ 就存在两个相关的内生变量，T_0 不仅直接影响 Y^*，还会通过影响 C 进而间接影响 Y^*。因此，简单地求偏导或偏微分已经无法求出显式解。数学提供了一种新的工具——全微分。一般函数模型的比较静态分析过程还会使用到全导数、隐函数等概念，对此类数学解析工具感兴趣的读者可以参考高等数学的相关知识，这里仅对全微分进行一个简单介绍。

以一般形式的效用函数为例：

$$U = U(x_1, x_2, \cdots, x_n) \tag{12-23}$$

此函数的全微分可以表示成：

$$dU = \frac{\partial U}{\partial x_1}dx_1 + \frac{\partial U}{\partial x_2}dx_2 + \cdots + \frac{\partial U}{\partial x_n}dx_n \tag{12-24}$$

或

$$dU = U_1 dx_1 + U_2 dx_2 + \cdots + U_n dx_n = \sum_{i=1}^{n} U_i dx_i \tag{12-25}$$

其中，右边表达式中的每一项表示由某一自变量变化引致的 U 的近似变化量。$U_1 dx_1$ 的经济意义则是第一个商品的边际效用 U_1 乘以该商品消费的增量 dx_1，其他各项以此类推。因此，这些项的和即 dU 表示由所有可能的原因引致的效用变化的总和。

4. 比较静态分析在农业经济管理学科研究中的应用

从比较静态分析的研究方法看,这是一种较静态分析更加复杂的梳理研究方法,在农业经济管理学科的相关研究中,该方法颇受青睐。

【例 12-4】 在对土地制度改革的研究中,谭术魁和齐睿(2010)就利用比较静态分析构建了符合中国国情的征地冲突博弈模型,并据此研究失地农民和地方政府在冲突中的战略选择过程。在博弈模型中,研究者分别设定了农民和地方政府的目标函数,并求得两式最大化的一阶条件。在纳什均衡中,研究者分析了两类主体的边际效用,在对比分析后得出结论:在既定制度约束不变的前提下,上级政府构建和谐社会政治意愿的单独增加,将会激励农民和地方政府都增加暴力的投入,从而导致更多的冲突。

在农业经济管理学科的反贫困研究中也有较多文献采用了比较静态分析方法。如李博等(2018)从家庭层面对中国收入贫困和多维贫困状态进行静态和动态比较,并定量分析了收入贫困与多维贫困的相互影响。如 Galster(2002)提出了一个比较静态模型用于分析贫困人口的社会成本、收益与空间距离的关系。在其他领域诸如要素流动、农户福利、农业发展政策等,研究者也广泛采用了比较静态分析的方法做相应的理论分析。

(三)均衡的特殊型:最优化

1. 目标均衡:最优化

已知均衡可以被分为目标均衡与非目标均衡。前文我们介绍的静态分析与比较静态分析都属于非目标均衡,这种均衡不需要人为刻意的操纵就可自然达到。而目标均衡是指给定经济单位的最优状态,并且实现这种最优状态需要有外力的介入。在经济学中,最常见的最优化是最大化目标与最小化目标,如利润最大化、成本最小化。

系统地阐述最优化问题需要有几个"抓手":一是目标函数,因变量表示最大化或最小化的对象;二是选择变量,它们是函数中的自变量,表示其大小由所涉及的经济单位出于最优化的考虑而进行选择。简单来说,最优化的实质就是求出那些能够使目标函数达到极值的选择变量的值的集合。

在农业经济管理学科的理论分析研究中,对效用最大化的运用是较为常见的,在农业劳动力研究、农业可持续发展等领域有着大量的研究基础。

【例 12-5】 以钱文荣等(2022)的研究为例,研究者以世代交叠模型为基础,在引入养老保险决策变量的前提下构建了两期个体效用最大化模型,并通过求解效用最大化一阶和二阶条件得出一个包含农户内生变量和养老保险决策变量的不等式,以此分析得出社会养老保险影响农地流转的相关研究假说。

由此可见,针对最优化问题的分析需要掌握一阶导数、高阶导数、麦克劳林级数、泰勒级数等高等数学概念,还要会使用大量的指数、对数等函数形式。

2.线性规划问题

1975 年的诺贝尔经济学奖颁给了两位经济学家,分别是苏联的列昂尼德·康托罗维奇和美国的佳林·库普曼斯。这两位经济学家在线性规划(linear programming)和最优分配理论的应用方面做出了杰出的贡献。线性规划是目前应用最广泛的一种系统优化方法,被广泛应用于工农业生产和经济管理等领域,其核心思想是以最少的资源消耗取得最大的经济效果。线性规划模型在农业经济管理学科领域的应用多见于对农业部门的系统分析、对自然资源承载力的研究等。

【例 12-6】 具体来看,王姣和肖海峰(2006)的研究利用实证数学规划模型(PMP 模型)构建实证分析的理论框架,并基于河北、河南和山东 3 省 5 个县 340 户农户调查数据,定量评价了粮食直接补贴政策及各种补贴形式对粮食产量和农民收入的影响。利用 PMP 模型分析政策效果,首先就要在线性规划模型中根据基期实际观察值增加标定约束条件,并利用线性规划模型计算各标定约束条件的对偶值(影子价格)。因此,研究者构建了粮食生产总纯收益的目标函数以及包含作物播种面积、单位收益、单位可变成本等要素的约束条件,并以此计算得出了用于 PMP 模型后续分析的达到标定约束条件的对偶值。

线性规划模型有三大要素:一组待确定的决策变量、一个明确的目标要求(求最大或最小值)和一组约束条件。

一般来说,构成线性规划的问题都有很多具体方案(即决策变量)可供选择,但是最优的方案往往只有一个,这是规划问题的一大特点。研究规划的目的和价值就是从很多的可行方案中去求得这个最优方案,使得资源得到充分利用,避免因任意选取其他方案而造成资源的浪费,这样就能够达到最优的经济效果。

显然,任取一种决策变量的可行方案,都会得到一个最终结果参数,但对经济决策来说不一定是最优的,因此目标要求与待定的决策变量的取值紧密相关,也就是说目标值是决策变量的函数,故称为目标函数。另外目标要求依具体问题的性质不同而不同,可以用符号 Max 或 Min 表示。前者表示在现有数量的资源条件下,怎样安排和使用它们使完成的任务最多、收益最大;后者表示如何统筹安排才能以最少的资源去完成一项任务。实际上,这两类问题是同一个问题的两个方面或两种提法,本质都是寻求整个问题的某项整体指标的最优解。

而约束条件反映了线性规划的客观限制,可用决策变量的线性方程来表示。在达成经济目标的过程中,资源往往是有限的,约束条件确定了线性规划模型的实现范围,即确定了所求变量的变化域。

综上所述,线性规划模型的一般形式如下:

$$\text{Max } or \text{ Min } Z = \sum_{i=1}^{n} c_i x_i \tag{12-26}$$

$$s.t. \begin{cases} a_{11}x_1 + a_{12}x_2 + \cdots + a_{1n}x_n \leqslant or \geqslant or = b_1 \\ a_{21}x_1 + a_{22}x_2 + \cdots + a_{2n}x_n \leqslant or \geqslant or = b_2 \\ \qquad\qquad \cdots \\ a_{m1}x_1 + a_{m2}x_2 + \cdots + a_{mn}x_n \leqslant or \geqslant or = b_m \\ x_j \geqslant 0 , j = 1,2,\cdots,n \end{cases} \tag{12-27}$$

对线性规划模型的求解一般有两种方法:其一是图解法,适用于存在两个变量的模型;其二是单纯形法,适用于存在两个以上变量的模型。关于线性规划问题的解法可以参考相应的高等数学资料,这里不再赘述。

3. 动态规划问题

动态规划(dynamic programming)的目的是探寻和研究变量的具体时间路径,或是确定在给定的充分长的时间内,这些变量是否会趋向收敛于某一(均衡)值。与比较静态分析相比,经济学中的动态规划将直接面对均衡的"可实现性"问题。动态规划的一个显著特征就是确定变量的时间因素,并将其纳入理论分析所用的数理模型之中。

动态规划的应用十分广泛,在农业经济管理学科中最常见的分析对象问题是个体或家庭的消费、储蓄问题(Beckmann,1982;雷钦礼,2009)。

蛛网模型是农业经济管理学科研究中首先会接触的动态规划模型,它的特点在于当期的供给函数不仅由当期的价格决定,还与前一期的供给函数(价格)有关。其供求模型的简化形式如下:

$$Q_{st} = S(P_{t-1}) \tag{12-28}$$

$$Q_{dt} = D(P_t) \tag{12-29}$$

其中,式(12-28)表示蛛网模型中的供给函数,t 期的供给量由 $t-1$,也就是上一期的价格决定。式(12-29)则是普通的需求函数,其需求量仍由当期价格决定。若上述供求模型的显式表达为线性方程,那么就可以借用数学工具来求得供求量的当期值。

当然,蛛网模型最有趣的地方在于随着时间路径的变化,供求量可能会产生三种类型的振荡,分别表现为放大振荡、单位振荡和衰减振荡。在放大振荡的情景下,供求关系会随着时间推移而远离均衡;而在衰减振荡的情景下,供求关系会最终收敛至均衡值。

对个体终生效用的最大化分析是典型的动态规划问题,资源环境领域的最优捕捞策略分析也是一类动态规划。这些数理分析的基本模型都是将时间变量以或连续或离散的形式纳入效用方程进行线性规划分析。在农业经济管理学科的理论分析中,动态规划的核心思想就是将时间维度纳入模型,只要动态分析能够被恰当地解释和适当地应用,那么它就能在农业经济管理学科的研究中发挥重要作用。

第四部分

学术前沿与展望

第十三章
农业生产与人类发展

一、总体介绍

在大约 1 万到 2 万年前,由于人口增加和环境恶化,人类社会的采集狩猎经济遇到危机,人们被迫改变生存策略,在这个过程中慢慢学会了人工栽培植物和人工饲养动物,原始农业开始逐渐在地中海沿岸、"黄河—长江"流域和中美洲的墨西哥等地出现,从此,农业生产成为人类社会最为重要的活动之一,并且一直伴随着人类文明的演进。

长期的农业生产塑造了人类群体的文化特征与心理特征,从而对人类社会的长期发展产生影响,近年来不断有研究对这一重要问题展开探究。本章基于中国知网(CNKI)、Web of Science、Elsevier、Springer、Science Direct 等全文电子期刊数据库,梳理分析了近年来国内外学者在农业种植对人类社会的长期影响这一领域的研究进展,并展望了 2023—2028 年这一领域的研究方向和重点问题。

农业生产对人类社会长期影响的内涵非常丰富,如果没有聚焦,将无法使用关键词进行相关内容的搜索,所以我们将重点聚焦于近年新出现的一派创新性理论:"稻米理论"(rice theory)。该理论提出人类祖先种植水稻还是小麦,会对当代社会的诸多方面产生差异性的影响。所以,我们以"稻米理论"(rice theory)为关键词进行文献检索,根据文献的下载量、被引量、相关性,最终筛选获得 42 篇文献。其中中文文献 10 篇,发表于《经济学(季刊)》《世界经济》《中国农村经济》等核心期刊;英文文献 32 篇,主要发表于 Science、*Proceedings of the National Academy of Sciences* 等综合学术研究期刊和 *Psychological Review*、*Journal of Personality and Social Psychology* 等心理学期刊,以及 *American Economic Review*、*Journal of Development Economics*、*Journal of Economic Growth*、

European Economic Review 等经济学专业期刊。下文将对这些文献进行分类分析。

二、主题分布与研究侧重

所遴选的 42 篇文献研究主题分布情况详见表 13-1。我们把研究领域归纳成三部分："农业生产与人类文明起源""农业生产与文化起源""农业生产、文化差异与长期发展差距"。在这三个领域下，又分成了多个具体的研究主题，实际中，很多论文涉及了多个研究主题。从表 13-1 可以看出，在这个领域中国内文献还非常少，主要是国际文献；国内文献关注的主题也较狭窄。

表 13-1　农业生产对人类社会长期影响的国内外研究文献分布情况

区域	研究领域	研究主题	文献篇数/篇	占比/%
国内	农业生产与文化起源	农业生产与信任合作	2	20
		农业生产与社会资本	2	20
		农业生产与风险偏好	1	10
		农业生产与性别不平等	1	10
	农业生产、文化差异与长期发展差距	农业生产、社会规范与制度质量	2	20
		农业生产、合作文化与经济社会发展	2	20
国外	农业生产与人类文明起源	人类文明起源	5	15.63
	农业生产与文化起源	农业生产与集体主义—个人主义	6	18.75
		农业生产与信任合作	2	6.25
		农业生产与社会资本	4	12.50
		农业生产与风险偏好	2	6.25
		农业生产与社会规范	2	6.25
		农业生产与性别不平等	2	6.25
		农业生产与时间偏好	2	6.25
	农业生产、文化差异与长期发展差距	农业生产、集体主义与技术进步	3	9.38
		农业生产、社会规范与制度质量	1	3.13
		农业生产、合作文化与经济社会发展	3	9.38

在 42 篇文献的研究侧重点上，国际文献较侧重更为根本的理论问题，如农业生产与人类文明起源，以及农业生产对集体主义和个人主义的影响；国内文献主要是在承认了国际文献的主要结论之后，对一些更细的分支展开了研究，如对信任、社会资本的影响等（见表 13-2）。

表 13-2　国内外研究侧重点比较

研究领域	研究主题	关注程度		主要内容	
		国内	国外	国内	国外
农业生产与人类文明起源	人类文明起源	—	☆☆☆☆	—	新石器时代农业生产对当代的长期影响
农业生产与文化起源	农业生产与集体主义—个人主义	—	☆☆☆☆☆	—	农业生产对集体主义—个人主义文化的影响
	农业生产与信任合作	☆☆☆☆	☆☆☆	"南稻北麦"的种植格局对南北方信任的影响	水稻种植历史对合作行为的影响
	农业生产与社会资本	☆☆☆☆	☆☆☆☆	水稻种植对农村居民社会资本的影响	水稻种植、灌溉系统对社会资本的影响
	农业生产与风险偏好	☆☆	☆☆	稻区和麦区农民在饥荒时的生存策略	水稻种植历史对风险偏好、家庭投资理财行为等的影响
	农业生产与社会规范	—	☆☆	—	水稻种植对社会规范的影响
	农业生产与性别不平等	☆☆	☆☆	"南稻北麦"的种植差异对中国南北方家庭分工与女性地位的影响	新石器革命、稻麦耕作差异对女性社会地位的长期影响
	农业生产与时间偏好	—	☆☆	—	农业生产回报对时间偏好的影响
农业生产、文化差异与长期发展差距	农业生产、集体主义与技术进步	—	☆☆☆	—	农业生产塑造集体主义文化，对技术进步产生影响
	农业生产、社会规范与制度质量	☆☆☆☆	☆	水稻种植文化对我国农地制度的影响	水稻种植对政治规范与民主制度的影响

续表

研究领域	研究主题	关注程度		主要内容	
		国内	国外	国内	国外
农业生产、文化差异与长期发展差距	农业生产、合作文化与经济社会发展	☆☆☆☆	☆☆☆	水稻种植通过影响合作文化进一步影响企业创新创业	农业生产对合作文化的影响,进一步对创新、经济发展、制度质量等的影响

注:☆表示对该研究的关注程度。☆越多,关注度越高。

三、国内外领域重点问题研究进展

"稻米理论"的正式提出,源自 2014 年国际学术期刊 *Science* 发表的一篇封面论文,该论文认为当代人类社会在心理上的巨大差异源自祖先农业种植模式的差异,具体而言,种植水稻的人群会更加趋向集体主义和整体性思维模式,而种植小麦的人群会更加趋向个体主义和分析性思维模式(Talhelm et al.,2014)。这篇论文提出了一个新的解释人群心理差异的理论,并且采用中国的数据进行了实证检验,故事很新颖、观点极具冲击力,吸引了众多学者的关注。最近几年中,国际上有关这个理论的研究很多,但国内相对较少。下面我们对国内外的相关研究做一个简要综述。

(一)国内研究进展

1.农业生产与文化起源

(1)农业生产与信任合作

"稻米理论"认为祖先种植水稻的人群比祖先种植小麦的人群更加趋向于集体主义和相互信任,其原因是种植水稻需要合作建设灌溉系统,同时种植水稻在农忙时节需要更多的相互帮忙。但是,"稻米理论"的很多结论与中国当代社会的实际观察可能不完全相符。所以,一些中国学者在国内期刊上对这一问题展开了探究。丁从明等(2018)利用 CFPS 等微观数据,揭示了中国"南稻北麦"的种植格局对南北方信任格局的影响,认为南方水稻种植有助于形成基于血缘和地缘的短半径信任模式,而北方小麦种植更易形成跨越血缘与地缘的一般信任模式,而且这种信任观念可以实现代际传承。罗必良等(2023)认为"南稻北麦"的种植文化所塑造的南北方不同的人际信任关系在乡村社会结构的变迁中发生了重要转型，即中国南北村庄的信任模式正在发生重要转换，表现为北方的特殊信任高于南方，南方呈现出更为明显的一般信任。其中，市场化及其经济理性弱化了种植文化对信任的影响，是诱发社会信任格局重塑的重要因素。

（2）农业生产与社会资本

社会资本是推动经济发展的重要力量，"稻米理论"也涉及了农业种植对社会资本的影响。利用CLDS的数据，袁益（2020）发现盛行集体主义文化的水稻种植区有更高的社会资本量和农业专业化程度，显著降低了农村人口流动意愿。许彬等（2022）的研究表明水稻种植能够促进农民社会资本的积累，且能通过社会资本机制对农村居民产生增收效应，但其增收效应具有异质性，受教育程度高、有外出务工经历以及身处有集聚性活动的村庄的居民更能受益于水稻文化的增收效应，同时对不同收入等级群体产生的增收效应也存在差异，其增收效应在中等偏低收入组中最大，而在最低收入组中不显著。

（3）农业生产与风险偏好

农业种植是否会诱致不同的风险偏好？罗必良和耿鹏鹏（2022）认为水稻、小麦种植会塑造农民不同的风险规避机制，稻麦种植形成的集体主义文化和个人主义文化蕴含着不同的风险规避机制，从而使农民在饥荒威胁中选择了不同的"逃避艺术"，即水稻种植区的人们选择通过齐心互助、风险互担的方式应对灾荒，而小麦种植区的人们则倾向于通过教育提升自身阶层以逃避饥荒威胁。

（4）农业生产与性别不平等

农业种植模式是否会对性别不平等产生影响？丁从明等（2020）基于稻麦耕种的视角揭示女性社会地位的形成机制，基于CFPS等微观数据的研究表明，南方精耕细作的水稻种植方式能够发挥女性在农业生产过程中的比较优势，提高了水稻种植区女性的劳动参与程度，进而提高女性家庭和社会地位，该研究为理解女性社会地位的区域差异提供了新视角。

2.农业生产、文化差异与长期发展差距

（1）农业生产、社会规范与制度质量

"稻米理论"基于我国"南稻北麦"的种植格局，揭示了南方集体主义文化与北方个人主义文化的生成机理。按照主流经济学理论，集体主义文化往往会抑制经济发展，而个人主义文化能够促进经济增长，这显然难以解释中国南北经济差距不断扩大的现实。为解释"稻米理论"与现实的反差,罗必良和耿鹏鹏(2022)通过对全国九省不同种植区农地流转市场的交易特征进行考察,对"稻米理论"中集体主义文化的含义予以阐释和拓展,认为水稻种植所孕育的集体主义精神中的行为秩序和隐性契约关系与市场精神具有逻辑统一性,能够催生契约精神、诱导市场化发展。

水稻种植对农地制度存在影响。水稻种植的劳动特征内生出了村庄内部集体行动的需要,强化了农户之间的利益相关性,使得农地调整得以持续发生,从而降低了地权的稳定性。随着耕作方式的改变,尤其是农业机械化对水稻种植劳动模式的替代,农地调整的现象将会逐渐消失,地权的稳定性将不断得到提高(洪炜杰和罗必良,2023)。

(2)农业生产、合作文化与经济社会发展

农业生产也可能会影响合作的文化,从而影响经济发展。潘健平等(2019)认为与水稻种植所关联的合作文化能够对企业创新产生显著的促进作用,该效应在竞争性行业以及信任程度和产业集群程度较高的地区中尤为明显。张博和范辰辰(2021)基于2017年全国流动人口卫生计生动态监测调查和266个地级及以上城市数据,研究了稻麦耕种历史对创业行为的影响,认为水稻种植方式有利于推动家庭从事创业活动,但对企业雇员规模及其成长性的影响尚未形成确定性结构。其作用机制在于,稻作有利于强化基于亲缘和地缘形成的熟人社会关系,为创业者提供物质资源、市场信息和情感支持,从而推动家庭开展创业活动。

(二)国外研究进展

1. 农业生产与人类文明起源

虽然"稻米理论"是在2014年正式提出的,但有关农业生产对人类文明发展影响的研究却很早就开始了。农业生产的长期影响可追溯至新石器革命,它标志着人类从狩猎采集时代进入了农业生产时代,奠定了人类文明的发展基础。Diamond(1997)提出了由生物地理因素所塑造的农业生产条件决定了人类文明起源的著名观点。生物地理环境决定了新石器革命发生的时间,而从原始的狩猎采集模式转向农业生产模式的时间越早,越有利于积累人口爆炸、农业创新传播与技术进步等先发优势,并长期影响制度质量以及发展路径。Hibbs & Olsson(2004)、Olsson & Hibbs(2005)等为Diamond的假说进一步提供了实证证据,验证了早期生物地理环境所决定的新石器革命发生时间深刻影响了当代经济发展水平。Dickens & Lagerlöf(2023)验证了早期农业起源时间与当代城市集聚程度的关联,研究表明向农业过渡的时间越早,当代的城市集聚程度越高。

以 Olsson & Paik(2020)为代表的研究则持相反观点,认为较早的新石器革命发生时间长期而言反而抑制了经济发展。研究发现,当样本限定为西方农业核心区时,新石器革命的先发优势发生逆转,越早采纳农业种植的区域当代经济发展程度反而越低。他们认为相比于历史悠久的农业区,更晚转向农业生产的地区更易建立具有包容性和更低攫取性的优质政治体制,而这些高质量的政治体制是经济增长的关键所在。

2. 农业生产与文化起源

农业生产方式对文化的形成有着根深蒂固的影响。有利于生产与生存的文化特质往往会得到社会的鼓励与支持,进而广泛流传且实现代际传递。农耕是最为悠久、最为广泛的生产方式,人类文化也在农业生产的历史长河中逐渐演化形成。

(1)农业生产与集体主义—个人主义

农业社会被公认为集体主义文化凸显的社会,因为与游牧等其他生产模式相比,农业生产模式更依赖近邻之间的互相协作(Nisbett et al.,2001)。后续研究试图进一步识别农业生产过程中能够塑造集体主义文化的具体影响因素。其中具有代表性的便是由 Talhelm et al.(2014)所提出的"稻米理论"。该理论创新性地提出人类祖先种植的农作物类型差异是集体主义—个人主义文化差异的成因。水稻种植过程中的灌溉系统需要邻里亲友共同合作修缮以及互相协调使用,长期而言更易形成集体主义文化,而小麦种植主要依靠天然降水,无须邻里之间的相互协作,更易形成个人主义文化。

但是,Ruan et al.(2015)指出"稻米理论"的研究过程存在样本偏差、测量误差和模型误设等问题,修正这些问题后,"稻米理论"的主要结论不再成立。Olsson & Paik(2016)认为集体主义—个人主义文化差异并非源自农作物种类差异,而是新石器革命与人口迁移共同作用下的结果,该研究认为在农业种植区盛行集体主义文化的背景下,具有个人主义精神的群体会不断地从农业核心区向农业边缘地带迁移,从而形成当代文化差异格局。实证研究也表明,历史上采纳农业种植时间越早的地区当代集体主义程度越高。Ho et al.(2021)运用越南历史移民数据进一步验证了 Olsson & Paik(2016)的观点,即集体主义—个人主义文化差异是由具有个人主义精神的人群不断从集体主义文化盛行区向外围迁移造成的。Ang(2019)认为农业生产塑造集体主义—个人主义文化的根源不局限于水稻、小麦两种农作物,也不在于农作物的种类,而在于农作物的劳动密集程度。如果农作物耕作需要投入大量劳动力,则会催生群体相互依赖协作的关系,进而形成集体主义文化。

(2)农业生产与信任合作

农业生产塑造集体主义文化的关键原因在于农业生产依赖人与人之间的合作互助,而信任与合作本身便是广受关注、决定经济社会发展的重要文化维度。所以,受"稻米理论"启发,众多文献直接探讨了农业生产对信任合作文化的影响。

Zhou et al.(2023)从稻麦种植的视角揭示当代合作行为的历史根源。水稻种植所需的劳动力轮换、灌溉系统的协同使用都依赖于合作行为,并且水稻种植中的"搭便车"行为很容易被识别和受到惩罚,长期而言,合作行为便在水稻种植区盛行,合作意识也会代际传递。Ge et al.(2021)的研究表明水稻种植对当代合作行为存在持续性的促进作用,历史上水稻的种植比重对当代的合作互助行为,如借钱、照顾家人、帮助亲友找工作等存在显著的正面影响。

(3)农业生产与社会资本

上述研究表明农业生产有利于形成信任与合作文化,而信任与合作是社会资本形成的基础,现有文献则在此基础上探讨了农业生产对社会资本的影响。

一部分文献认为农业生产能够推动社会资本的积累。由于农业种植往往以家庭为单位,农业生产对家庭社会资本的影响得到了特别的关注。Ang & Fredriksson(2017)基于稻麦耕种历史揭示了当代家庭关系强度的起源,研究基于小麦生长周期短、劳动力要求低的种植特性,发现历史小麦种植适宜性对家庭关系的紧密程度具有显著的负面影响,以小麦种植为基础的文化不利于建立牢固的家庭关系。Liu & Zong(2018)基于"稻米理论",研究了稻麦耕种历史对代际转移支付的影响,认为水稻种植过程中的相互合作有助于塑造人们相互依赖的价值观,从而促进父母子女之间的互相帮扶。实证研究发现,来自水稻种植区的居民会为父母提供更多的经济支持。

但也有文献持不同的观点,认为水稻种植对社会资本的影响并不稳健,甚至对人际关系存在负面影响:Von Carnap(2017)探讨了农业灌溉系统对社会资本的长期影响,其研究结论似乎与"稻米理论"不一致。"稻米理论"的核心逻辑是水稻种植所需的灌溉系统可以促进人们的交流和合作,从而增加社会资本,然而实证研究却没有为该假设提供令人信服的证据,历史上灌溉系统的应用对当代社会资本的影响并不稳健。Lee et al. (2023)认为水稻种植所塑造的相互依赖的人际关系更易滋生人与人之间的相互比较,从而削弱幸福感。他们发现与小麦种植区相比,水稻种植区的人们幸福感更低。

(4)农业生产与风险偏好

上述研究表明农业生产对集体主义、信任合作、社会资本等存在影响,而互帮互助、社会资本等是规避风险的重要方式与渠道。因而,也有研究探讨了农业生产对风险偏好的影响。

Chew et al. (2023)认为水稻种植历史对风险偏好存在影响,因为水稻种植塑造了集体主义文化,而集体主义文化互帮互助的惯例能够提升人们的风险承受能力。他们的研究表明,来自水稻种植区的样本风险偏好程度更高。还有研究进一步探讨了水稻文化对家庭投资理财行为的影响,研究发现水稻种植区的家庭投资理财行为更加激进,表现为更多地参与股市且更少购买保险。其原因在于,水稻种植区盛行集体主义文化,人们更容易从朋友和亲人那里借取低利息的资金(Zeng & Yu,2024)。

(5)农业生产与社会规范

在"稻米理论"的基础上,Talhelm & English(2020)认为水稻耕种历史会强化社会规范。作为劳动密集型作物,水稻的种植需要通过有序换工保证充足的劳动力投入,而水稻种植的灌溉系统使用也需要统一的协调与管控,因此,水稻种植长期而言塑造了更为严格的社会规范。Li & Wang(2023)认为水稻种植区所塑造的集体主义文化会对企业行为起到一定的规制作用,促使企业更加积极地采取环保行为。

(6)农业生产与性别不平等

国外很多学者讨论了农业种植模式对性别不平等的影响。Hansen et al. (2015)探讨了新石器革命对性别不平等的长期影响。研究表明,农业生产历史越悠久的地区当代性别平等程度越低,农业种植历史对当代女性劳动参与率等存在显著的负面影响。其内在机制在于,更早采纳农业种植的地区在技术进步后生育率大幅提升,减少了女性外出劳动的机会,并且在早期农业分工中,女性主要从事谷物加工而非田间劳作,这进一步强化了性别不平等的观念。Chen et al. (2023b)探讨了稻麦耕种历史对当代性别不平等的影响,研究表明,与水稻种植区相比,小麦种植区的父母对女孩表现出更为强烈的性别歧视。其原因在于,水稻的种植过程更为精细且复杂,需要更强的灵活性和耐心,因此,女性在水稻种植中具有比较优势和更高的社会经济地位。

（7）农业生产与时间偏好

农业生产模式也会影响人类的时间偏好。Galor & Özak(2016)从农业生产回报的视角探讨了时间偏好的起源,认为如果人类祖先所生存的环境适合农作物种植,人类祖先能够从农业生产中获得更高的回报,则会塑造较强的长期时间偏好,他们的研究表明历史上的农作物产出情况对当代的时间偏好以及与时间偏好相关的经济行为都存在持续性的影响。Fouka & Schläpfer(2020)揭示了农业生产回报对职业道德的长期影响。祖先所种植的农作物劳动边际回报率越高,他们就越有动力延长工作时间,从而形成勤奋工作的文化,而这种文化会延续至今,进而影响当代人们的工作时长和对待工作的态度。

3. 农业生产、文化差异与长期发展差距

农业生产所塑造的文化特质,如集体主义、信任、合作、社会规范等大多被证实是影响经济社会发展的深层次力量。那么自然会延伸出一类重要问题,即农业生产是否会通过影响文化差异,进而影响人类社会长期发展?

（1）农业生产、集体主义与技术进步

集体主义文化被认为对技术创新存在抑制作用,而 Talhelm et al.(2014)所提出的"稻米理论"认为水稻种植历史促进了集体主义文化的形成。基于此,Zhu et al.(2019)利用中国县级专利数据检验了水稻种植历史对当代创新格局的影响,研究表明水稻种植对当代专利创新产生了长期的负面影响。Buggle(2020)从祖先农业耕作模式视角揭示了当代技术发展差异,研究表明祖先在农业耕作中对灌溉系统的应用不仅促进了集体主义文化的形成,也抑制了当代的技术创新水平。Jayasekara(2021)探讨了农作物的劳动密集度对技术进步偏好的长期影响,他们发现历史上种植低劳动密集度作物的地区会孕育个人主义文化,进而对技术进步持积极的态度;而历史上种植高劳动密集度作物的地区盛行集体主义文化,进而对技术进步持保守的态度。

（2）农业生产、社会规范与制度质量

Ang et al.(2021)认为稻麦种植历史是民主制度能否形成的深层决定因素。与小麦种植社会相比,历史上种植水稻的区域在当代的民主程度更低,其原因在于水稻种植所塑造的集体主义文化使得人们对政治规范具有更高的服从性。

（3）农业生产、合作文化与经济社会发展

Zhao & Zong（2022）从"稻米理论"视角出发，探讨稻麦耕种历史对发明团队规模的影响。研究表明，虽然水稻文化区的发明人更倾向于互相合作，但是水稻种植区的发明团队规模显著小于小麦种植区。Litina（2016）认为土地生产力对合作和经济发展水平存在长期影响。历史上，土地生产力低下会迫使人们通过合作对抗自然禀赋缺乏的逆境，例如协作建造灌溉系统、粮食仓储等基础设施，从而塑造了互惠合作的文化氛围并延续至今，进而影响经济发展水平。研究表明，历史上的土地生产力越低，则当代的社会资本和经济发展水平越高。Buggle & Durante（2021）探讨了气候风险对合作文化与制度质量的影响，认为历史上气候的长期波动程度对当代信任水平和制度质量存在显著的促进作用，这一效应在农业生产区尤为凸显。因为历史上的人们需要基于信任扩大合作范围以抵御风险带来的负面影响，例如共同建造大型粮仓应对饥荒，与不受风险波及的区域建立贸易关系等，从而形成合作文化与能够促进合作行为的高质量制度。

四、研究评述与展望

（一）研究评述

农业生产对人类社会的长期影响是一个跨学科的研究主题，其研究内容涵盖了经济学、心理学、社会学、历史学、农学等研究领域，提出"稻米理论"的学者就是心理学领域的学者，但在随后的研究中，经济学家的参与更多。这些研究涉及了"农业生产与人类文明起源""农业生产与文化起源""农业生产、文化差异与长期发展差距"三个大的领域，这三个大领域中又有诸多具体的研究主题，其中"农业生产与文化起源"的研究主题最多，成果最为丰富。

国内、国外研究在研究关注度和研究主题上还存在许多差异。首先，国内研究在该主题上的数量还不多，这可能跟国内期刊更加注重研究现实的热点问题有关，农业生产对人类社会的长期影响是一个非常重要且有趣的研究主题，但显然不是一个热点问题，研究结论也难以得出政策启示，所以很多中文期刊对这一研究主题不太感兴趣。但是在国际学术界，这一研究主题却吸引了众多的学者，也有很多中国学者在国际学术期刊上就这一主题展开了很多讨论。其次，国内在该主题上的研究主要集中在经济学领域，其他学科学者的参与很少；但是，国际学术期刊上对这一主题的研究却横跨心理学、经济学、社会学等学科。最后，国内当前的诸多研究，主要是采用不同的数据对"稻米理论"进行验证，较少有大的突破与发展。

（二）研究展望

农业生产对人类社会的长期影响是一个重大的研究主题，对这一主题进行深入研究有可能产生重大的理论突破。但这需要众多领域学者的共同努力，尤其是农业经济管理学领域的学者应该就此更多地发声。

未来的研究需要在下述方面进行拓展才可能产生重大的突破：首先，需要更深入的学科交叉。农业生产不仅仅是一个经济行为，也是自然再生产的一部分，人类社会的长期发展也包括了经济的、社会的、伦理的、心理的，甚至基因层面的发展。因而，需要经济学家、心理学家、农学专家、社会学家、生物遗传学家等的共同参与。

其次，要进行理论的突破。农业生产涉及的范围很广，种植什么作物仅仅是农业生产中的一个环节，种植过程中还有诸多选择，因而学者们可以进一步思考农业生产所涉及的其他方面的影响，这一影响有可能超越"稻米理论"。

最后，中国学者对这一研究主题进行研究具有得天独厚的优势。因为中国不仅是一个历史悠久的国家，有着很长的农业生产历史，而且中国地域辽阔，南北方在农业种植上存在明显的差异，是研究这一主题的天然实验所，所以中国学者应该在这一研究领域中作出更大的贡献。

第十四章
气候变化与资源环境

一、总体介绍

气候变化是全球议题,关乎人类生存和发展;而农业生产是人类发展的基石,筑牢粮食安全的压舱石对中国具有重要的战略意义。农业是受气候影响最直接也是最敏感的部门,气候变化通过影响农业,进而对社会经济产生更为深远的影响(Auffhammer & Schlenker,2014)。因此,厘清气候变化对农业生产的影响及其内在机制,对于中国采取相应策略应对气候变化,减轻其对农业生产的负面影响,乃至对世界应对气候变化带来的风险和不确定性都具有重要意义。

本章旨在通过梳理国内外有关气候变化和农业生产的议题,从前沿研究议题和研究方法进展两个方面进行文献汇总和评述。本章关注研究重点如何从土地价值、作物单产、种植结构转向农业全要素生产率和农业适应,以及为实现更精细和精准的预测,研究方法有哪些进展和突破;在总结一般规律和发展脉络的基础上,展望气候变化与农业生产未来的关注领域和测度方法的完善;最后提出相应的政策建议,在保障粮食安全的前提下,如何结合农业生产具有的碳源和碳汇的双重属性,更好地应对气候变化。

本章采用文献分析法,基于中国知网、Web of Science、Elsevier、Google Scholar、Science Direct 全文电子期刊数据库进行文献检索。具体方案分为两步,一是限定领域内重要期刊,以"气候变化"(climate change)、"农业生产"(agricultural production)、"土地价值"(land value)、"作物单产"(crop yield)、"种植结构"(planting structure)、"农业全要素生产率"(agricultural total factor productivity)、"农业适应"(agricultural adaptation)等为关键词进行文献检索,根据文献的被引量(不低于 100)、下载量(排名前 20)、发表时间、相关性和话题新颖度进行筛选,以确定经典文献、研究热点和研究前沿。二是在此基础上不限定期刊范围进行重要文献补充。涉及中国议题的主要发表于《中国农村经济》、《农业技术经济》、《农业经济问题》、*American Journal of Agricultural Economics*、*Journal of Development Economics*、*Journal of Environmental Economics and Management*;涉及国外或全球议题的主要发表于 *Nature Food*、*American Economic Review*、*American Journal of Agricultural Economics*、*American Economic Journal*：*Economic Policy*、*Proceedings of the National Academy of Sciences*、*Journal of Environmental Economics and Management* 等期刊,兼顾了国内外学科高质量期刊。同时,兼顾了经典文献和最新研究进展。据此可见,筛选结果在期刊质量、国内外议题分布和发表时间上都具有合理性。

二、主题分布与研究侧重

本章遴选出的文献中不同研究议题的文献数量与比重如表 14-1 所示。

表 14-1　农业变化与气候生产国内外议题的文献数量与所占比重

区域	研究议题	文献数量/篇	所占比重/%
国内	土地价值	4	6.67
	作物单产	7	11.67
	种植结构	1	1.67
	农业全要素生产率	3	5.00
	农业适应	3	5.00
国外	土地价值	5	8.33
	作物单产	8	13.33
	种植结构	7	11.67
	农业全要素生产率	6	10.00
	农业适应	16	26.67
合计		60	100.00

本章遴选出的文献中各研究议题的国内外受关注程度和主要内容详见表 14-2。

表 14-2 国内外气候变化与农业生产议题受关注程度和主要内容比较

研究议题	受关注程度		主要内容	
	国内	国外	国内	国外
气候变化与土地价值	☆	☆☆	气候变化会影响不同区域的农业土地价值,其中农业土地价值反映为农业收入与农业成本间的差值	
气候变化与作物单产	☆☆	☆☆☆	气候变化对作物单产的影响不但总体上是负面的,而且是非线性的负面影响	
气候变化与种植结构	☆	☆☆☆	气候变化影响作物比较优势,从而影响种植结构	气候变化影响播种日期和作物比较优势,从而影响种植结构
气候变化与农业全要素生产率	☆	☆☆☆	气候变化导致的极端高温短期内对农业全要素生产率产生负向影响,而长期适应则抵消了部分负向影响	气候变化导致的温度升高会对全要素生产率产生负向影响
气候变化与农业适应	☆	☆☆☆	农业适应是针对气候变化及其影响进行调整的过程,利用潜在的经济机会以减少经济损失	

注:☆表示该议题的受关注程度。☆越多,受关注程度越高。

本章遴选出的文献的研究议题的测度方法和国内外代表性文章详见表 14-3。

表 14-3 国内外气候变化与农业生产的研究议题、测度方法和代表性文章

测度方法	研究议题	国内代表性文章	国外代表性文章
截面方法	土地价值	Liu et al.（2004）；Wang et al.（2009）；Chen et al.（2013）	Mendelsohn et al.（1994、1996、2004）；Schlenker et al.（2006）；Dinar et al.（1998）
面板数据	土地价值		Massetti & Mendelsohn（2011）；Deschênes & Greenstone（2007）
	作物单产	X. Chen & S. Chen(2018)；陈帅(2015)；崔静等(2011)；You et al.（2009）	Welch et al.（2010）；Tack et al.（2015）；Gammans et al.（2017）；Schlenker & Roberts（2009）；Asseng et al.（2018）；Schlenker & Lobell（2010）
	种植结构	谭晓艳等(2020)	Miao et al.（2016）；Cui（2020）；Cohn et al.（2016）

续表

测度方法	研究议题	国内代表性文章	国外代表性文章
面板数据	农业全要素生产率	Chen & Gong（2021）；白秀广等（2015）；尹朝静等（2016）	Liang et al.（2017）；Ortiz-Bobea et al.（2018）；Letta & Tol（2019）；Ortiz-Bobea et al.（2021）
	农业适应	Huang et al.（2020）；Zhang et al.（2015）	Moore & Lobell（2014）；Schlenker & Roberts（2009）；Kawasaki & Uchida（2016）；Ortiz-Bobea & Just（2013）
空间计量	土地价值	Schlenker et al.（2006）	Schlenker et al.（2006）
	作物单产	Chen et al.（2016）；Zhang et al.（2017）；陈帅等（2016）	Ward et al.（2014）；Schlenker & Roberts（2009）
长期差分	作物单产		Schmitt et al.（2022）
	农业全要素生产率	Chen & Gong（2021）	
	农业适应	Chen & Gong（2021）	Burke & Emerick（2016）

三、国内外领域重点问题研究进展

（一）国内外前沿研究对象

1. 土地价值

农业是受气候变化影响最直接和最敏感的部门之一，研究者探究气候变化对农业生产的影响最早聚焦于土地价值。当时，气候变化对农业的复杂影响超出了传统生产函数框架的解释力，因而学界需找到一个可以衡量气候对农业影响的关键经济指标。基于这一思想，Mendelsohn et al.（1994）提出了基于截面数据的李嘉图方法（Ricardian approach）。该方法构造了一个综合的土地价值（或收益）指标，通过比较不同气候区域的土地价值，推断气候变化对农业生产的影响。其核心假设是农业土地价值等于农业收入减去农业成本，而农业收入和成本又都受气候条件的影响。Mendelsohn et al.（1994）运用李嘉图方法，利用美国近 3000 个县的气候和农田价格等截面数据，评估气候对土地价格的影响。研究结果显示，全球变暖将对美国农业产生正向的经济效应。Schlenker et al.（2006）在 Mendelsohn et al.（1994）研究的基础上，采用空间截面残差模型进行拓展，但得出相反的结论，也就是气候变化将对美国土地价值产生负面影响，且这种影响在不同地区存在差异。

在美国，由于基于截面数据的李嘉图方法得出的结论存在争议，后续学者们从控制变量和数据结构等方面对其进行优化，大多数结果支持气候变化对美国农业土地价值有正向影响。比如，Deschênes & Greenstone（2007）强调了在李嘉图方法基础上纳入农民应对气候变化行为的重要性，并估计了气候年际变化对美国土地价值的影响。该研究发现，气候变化提高了美国农业利润。Massetti & Mendelsohn（2011）则进一步基于面板数据拓展了李嘉图方法，通过加入固定效应在一定程度上解决了遗漏变量问题。研究发现，缓慢的气候变化对美国农业收益产生积极影响，而极端天气对美国农业生产有负面影响。

在中国，关于气候变化对土地价值影响的研究结果同样存在争议，这些争议主要归因于季节、地域和数据等差异。Liu et al.（2004）采用李嘉图方法，使用中国农业主导县的截面数据，发现更高的温度和更多的降水有助于提高中国农业净收益（农业土地价值的代理变量）。从季节变化来看，秋季气候变化对农业有益，而春季气候变化则不利；从地域变化来看，除了西南和西北地区，气候变化对中国农业总体呈正向影响。与之相反，Wang et al.（2009）在李嘉图方法的基础上，使用更为精细的中国农户截面调查数据，通过进一步区分灌溉和非灌溉农村地区，得出了不同的结论。该研究认为，气候变化对依赖降水的农村地区产生负面影响，但对具备灌溉条件的农村地区则产生了积极影响。在 Liu et al.（2004）研究的基础上，Wang et al.（2009）的研究强调了灌溉和其他适应行为在应对气候变化的负面影响方面起到了重要作用。Chen et al.（2013）采用中国农户截面数据进一步区分气温和降水的影响，研究发现气温升高对每公顷农业净收益有正向影响，且该影响存在明显的空间异质性，对东北、西北和北方省份的影响更为显著；但是，降水波动对农业收益产生负面影响。

除了对农地价值的影响，气候变化还将对林地的土地价值产生影响。气候变化会影响森林中不同树种的分布，从而影响生物多样性。Hanewinkel et al.（2013）的模型结果表明，在缺乏有效应对策略的情况下，气候变化可能会对欧洲林地的经济价值造成严重的负面影响。

2.作物单产

气候变化会对农作物产量产生显著的负面影响。Welch et al.(2010)基于东南亚地区农场的面板数据,研究了温度、降水和日照时长对水稻单产的影响。研究发现,气候变暖将导致未来几十年水稻产量的持续下降。他们还发现,高温对作物的影响从生长周期上来看并不是恒定的,通常会在作物的某几个特定生长阶段对其造成更大的损害。Tack et al.(2015)基于美国田野实验的面板数据,发现秋季极端低温和春季极端高温会导致冬小麦减产。Gammans et al.(2017)使用法国省级面板数据发现,春夏季气温升高会对法国小麦和大麦产量产生负面影响,到 21 世纪末,冬小麦、冬大麦和春麦的产量预计将分别下降 21.0%、17.3%和 33.6%。Asseng et al.(2018)发现,若考虑气候变暖带来的 CO_2 的碳肥作用,高温总体上有利于全球小麦生产力提高。

气候变化对农作物产量的负面影响具有明显的非线性特征。Schlenker & Roberts(2009)利用美国县级面板数据,考察了温度和降水变化对美国玉米、大豆和棉花单产的影响。他们通过加总农作物生长周期内的日区间积温构建温度箱,考察每个不同的温度区间内积温对农作物单产的边际影响。他们发现,温度与农作物单产之间存在着先增后减的非线性关系。温度在不超过最优温度(玉米为 29℃,大豆为 30℃,棉花为 32℃)的情况下,温度升高对农作物增产是有利的;一旦温度越过最优拐点,将对农作物生长造成不利影响。此外,Schlenker & Lobell(2010)、Moore & Lobell(2015)的研究也分别在非洲和欧洲地区,证实了气候变化与农作物产量间非线性关系的存在。

近年来,中国学者也尝试将国外相关领域的经济学实证策略引入气候变化对中国农业生产影响的研究中。借鉴 Welch et al.(2010)的思想,X. Chen & S. Chen(2018)和陈帅(2015)基于中国县级面板数据,发现尽管气候变化对农作物单产的影响依生长阶段不同而有所不同,但总体上看,气候变化导致了中国水稻和小麦减产。Chen et al.(2016)和 Zhang et al.(2017a)基于中国县级面板数据,使用空间残差模型,发现气候变化对中国水稻、小麦、玉米和大豆单产的影响呈非线性的负向效应。随着全球变暖趋势的加剧,未来气候变化对中国粮食作物单产的影响将可能持续增大。陈帅等(2016)同样采用空间残差模型,发现了气候变化对水稻和小麦的产量呈倒“U”形影响。然而,崔静等(2011)使用中国 29 个省份 1975 年至 2008 年的面板数据,发现平均气温变化对中国小麦单产的影响并不显著。

多数研究指出高温是造成农作物产量损失的主要原因,也有文献发现集中降雨或持久干旱同样会显著减少作物的产量(Schlenker & Roberts,2009;Burke & Emerick,2016)。此外,已有研究聚集于口粮作物,对于一些区域性作物例如棉花(谭晓艳等,2020)、木薯,以及经济作物例如水果、蔬菜等的关注较少(Schlenker & Lobell,2010;Burke & Emerick,2016)。

3. 种植结构

气候变化通过影响不同作物的种植面积,进而影响地区的种植结构。现有文献关注到两类因素会影响作物的种植结构:一是当期的天气变化会影响特定作物的播种时机,导致当年种植结构发生变化;二是长期的气候变化会影响作物的预期生产力,通过改变作物的比较优势,影响地区内部种植结构,甚至导致全球农业生产布局发生变化(Costinot et al.,2016)。Sacks et al.(2010)观察到在过去30年,春季过多的降水推迟了美国玉米的播种日期,导致中西部地区的种植结构多次出现从玉米向大豆的转变。Miao et al.(2016)的研究证明了这一点。基于美国县级大豆和玉米的种植数据和气象数据,使用固定效应模型,Miao et al.(2016)发现春季降雨增多减少了玉米的种植面积,增加了大豆的种植面积。从气候变化影响作物比较优势的角度来看,Cui et al.(2020)基于美国县级玉米和大豆的种植数据和气象数据,使用固定效应模型,发现气温升高和降水增多使得凉爽和干燥地区玉米和大豆的种植面积增加,温暖和潮湿地区的玉米和大豆种植面积减少。Cohn et al.(2016)基于巴西马托格罗索州的农业土地利用、玉米大豆产量和气象数据,得到与 Cui et al.(2020)相同的结论。而 Lee & Summer(2015)基于美国加州约洛县种植结构、农作物价格和气象数据,使用时间序列模型,发现冬季温度升高会导致苜蓿种植面积扩大,小麦种植面积减少。

针对中国相关议题的研究仍然不足。谭晓艳等(2020)基于中国省级棉花种植数据和气象数据,发现温度升高导致新疆地区的棉花种植面积增加,而其他地区的棉花种植面积减少。

4. 农业全要素生产率

关注气候变化对农业全要素生产率的影响,有助于理解气候变化对投入与产出的影响。现有不少研究普遍认为气候变化对农业全要素生产率具有负向影响。Villavicencio et al.(2013)基于美国农业生产数据的研究表明降水量和降水密度在所有地区对农业全要素生产率都有显著正向影响,而温度的影响仅在南部平原地区显著。这说明气候变化对全要素生产率的影响具有区域异质性。Liang et al.(2017)采用美国农业部1948—2011年国家层面全要素生产率估计数据,探讨区域气候变化对全要素生产率的影响。结果表明,近几十年来,气候对全要素生产率的正面影响正在减弱,而负面影响增强。这说明,随着农业生产超过最佳温度阈值,气候对全要素生产率的影响将变为负向影响。在Liang et al.(2017)基础上,Ortiz-Bobea et al.(2018)作出改进。该研究选用美国州级数据与1960—2004年气候数据,构建固定效应模型,讨论农业全要素生产率对气候的敏感性,有效填补气候变化对全要素生产率的影响在国家层面和地区层面的研究空白。Letta & Tol(2019)基于1960—2006年宏观全要素生产率数据,研究了气温冲击与全要素生产率增长之间的关系。结果显示,气候变化只有在贫穷国家才会对全要素生产率产生负面影响,而不影响富裕国家的全要素生产率。Ortiz-Bobea et al.(2021)利用1961—2015年国际农业全要素生产率数据,评估了气候变化对全球农业全要素生产率的影响。研究发现,自1961年以来,气候变化使全球农业全要素生产率降低了约21%,这相当于过去7年的全要素生产率增长水平。其中,在非洲、拉丁美洲和加勒比海等气候较暖的地区,这种负向影响更大(减少26%～34%)。Aragón et al.(2021)基于秘鲁农户数据,评估农民对极端高温的反应情况,研究结果也同样认为气候变化导致的温度升高会对全要素生产率产生负向影响。

中国作为最大的发展中国家,探讨气候变化对中国农业全要素生产率的影响,对世界应对气候变化有着重要的现实意义和政策价值。Chen & Gong(2021)基于中国县级面板数据,运用面板固定效应模型和长差分模型估计全球气候变暖对全要素生产率的影响。结果显示,短期内极端高温对农业全要素生产率产生负向影响,而长期适应则抵消了部分负向影响。白秀广等(2015)选用超越对数随机前沿生产函数探究1992—2012年气候变化对中国两大苹果主产区单产和全要素生产率的影响,发现气温、降水量和日照时数对全要素生产率的影响具有地区异质性,且存在正、负两种不同效应。尹朝静等(2016)基于1986—2012年中国各省份农业全要素生产率及农业科技存量数据,采用一般可行广义最小二乘法考察了气候变化对农业全要素生产率增长的影响,证明气温升高对农业全要素生产率的影响在不同地理区域内有差异。

5. 农业适应

依据联合国政府间气候变化专门委员会(IPCC)的报告(2014),人类对气候变化的适应可以被定义为:"针对实际或预期的气候变化及其影响进行调整的过程,以减少气候变化带来的潜在经济损失或利用气候变化带来的可能经济益处。"鉴于众多学术文献均指出气候变化对农业生产造成的显著负面效应(Chen et al.,2016;Mendelsohn et al.,1994;Schlenker & Roberts,2009),对农业在气候变化背景下的适应性进行深入研究尤为重要。例如,Fishman(2018)通过对灌溉、水稻产量及降水的历史数据进行分析,证实灌溉能显著降低印度水稻产出对降水的敏感性。Moore & Lobell(2014)利用欧洲的地方作物产量及产出利润数据,构建了短期与长期的响应函数,结果显示玉米相对其他作物具有更大的适应潜能。Schlenker & Roberts(2009)采用美国大豆和玉米的数据,揭示了玉米和大豆产量对高温的短期与长期反应在统计上并无显著差异,这暗示了在这两种作物的种植过程中已经进行了有限的适应。此外,部分研究还发现,调整作物的播种时间也是一种应对气候变化的有效适应策略(Ortiz-Bobea & Just,2013;Kawasaki & Uchida,2016)。

大部分上述文献主要从宏观或中观层面来探讨农业的气候适应问题,而另一系列文献则侧重于微观层面的实证研究,以衡量农业的适应行为。例如,Di Falco et al.(2011)和Huang et al.(2015)利用农户自报的农业生产适应决策来评估气候变化对农业生产率及产出利润的影响。此外,已有研究还进一步揭示了农民如何通过调整作物种植策略来更有效地应对气候变化的挑战(Kurukulasuriya & Mendelsohn,2007;Hassan & Nhemachena,2008;Seo & Mendelsohn,2008;Wang et al.,2010)。这些研究均指出,温度和降水变化都会影响农民的作物选择,这进一步证实了农民会通过种植策略的调整来部分抵消气候变化的不利影响。

在充分考虑气候适应因素的前提下,对气候变化对农业的潜在影响进行评估具有重要意义。若忽略适应行为,可能会过度放大气候变化带来的潜在损失,同时低估了农业领域内应对气候变化的潜在机会(Fankhauser,2017)。然而,准确地捕获并量化在气候变化背景下的适应行为是一大挑战,原因在于适应策略涵盖了一系列复杂的气候响应措施。此外,气候适应通常被视为一个漫长的调整过程,需要依赖长期的农业生产和气象数据。Burke & Emerick(2016)采用了1980—2000年的美国农业生产数据,构建了一种长期差分方法,并利用面板估计与长期差分估计之间的差异来量化农业的气候适应性。基于Burke & Emerick(2016)的研究,Chen & Gong(2021)使用1980—2015年的县级数据,深入评估了全球气候变暖对中国农业全要素生产率以及农业投入产出的潜在影响。这些研究结果揭示,尽管短期内的气候变化对农业生产造成了明显的负面效应,但从长期角度看,由于劳动力、化肥和机械等投入的灵活调整,农业产出的损失得到了较大程度的控制。这些研究在测度发达国家与发展中国家农民对气候变化的适应行为方面进行了初步的探索,为后续更深入地研究气候适应策略提供了重要的基础。

基于早期文献对气候变化与农业生产适应性的深入研究,后续研究逐渐转向探讨气候适应可能引发的更广泛的社会经济后果。Huang et al.(2020)和 Colmer(2021)的研究揭示,气候变化可能导致农户减少对农业的劳动投入,进而促使他们从农业部门转向受气候变化影响较小的制造业和服务业,这暗示了气候变化可能促进产业结构的转型。而 Feng & Oppenheimer(2012)和 Cai et al.(2016)两项研究则通过人口迁移数据证实,在农业产值占比较高的地区,由气候变化导致的人口流出趋势更为明显。这些发现进一步指出,气候变化可能会对地区的人口结构产生重大影响,例如,年轻人口可能会从农村系统性地迁移到城市。

气候适应在农业经济学领域的研究重要性日益显现。尽管已有部分研究(Zhang et al.,2015;Huang et al.,2020;Chen & Gong,2021)关注发展中国家,但关于农业气候适应的主流研究仍主要集中在发达国家,对于以中国为代表的发展中国家的相关研究则相对匮乏。主要原因是长期的农业生产和气象数据在发展中国家的缺失。需要注意的是,农业的发展在发展中国家中尤为关键,因为它是实现脱离贫困和可持续发展的关键要素(Thirtle,Lin & Piesse,2003;Zhang et al.,2023)。考虑到四分之三的贫困人口依赖农业为生,研究发展中国家农业对气候变化的反馈不仅重要,而且是必要的。此外,由于资金和技术的缺乏,发展中国家往往也更难以适应或预防这些气候变化带来的影响。因此,深入研究气候变化对发展中国家农业生产的影响是有价值的,这将有助于推进气候适应和产业政策的制定与实施。

(二)国内外议题测度方法

1. 截面方法

在研究气候变化对农业生产影响的测度方法中,最具代表性的方法是由 Mendelsohn et al.(1994)提出的基于截面数据的理查德模型,其核心假设是能够实现完美控制。该模型认为,气候变化通过对不同农作物的单产产生直接影响,从而决定土地价值的变化。同时，这一方法也考虑了其他间接因素，例如耕作投入、农业经营方式以及应对气候变化所需的调整等。基于截面数据的理查德模型建立在农户的最优选择，以及"成本—收益"关系的基础上，以量化土地的价值，并将气候变化这一长期概念转化为区域与区域之间的空间比较关系。已有研究将理查德模型应用于评估气候变化对美国（Mendelsohn et al.，1994、1996、2004；Schlenker et al.，2006）、印度（Dinar et al.，1998）以及中国农业的影响（Wang et al.，2009）。

然而，基于截面数据的理查德模型尚存在缺陷，例如无法有效控制土壤特征等不可观测因素，使模型存在遗漏变量问题，从而影响结论的准确性。针对这些缺陷，学者们从更加完整地控制和拓展数据结构两个方面对基于截面数据的理查德模型进行了改进。Deschênes & Greenstone（2007）进一步考虑了农民应对气候变化的适应行为，以更全面地评估气候变化对农业的影响。Massetti & Mendelsohn（2011）则基于面板数据拓展了理查德模型，加入了固定效应以更好地控制潜在因素的影响。

2. 面板模型

为更准确地评估气候变化对农业的影响，解决截面数据不能实现完美控制的问题，需要引入面板数据以控制潜在因素的影响。因此，基于面板数据的分析延续了经济学中将长期气候变化转为空间比较的思想，并通过加入固定效应有效地处理了遗漏变量问题。Deschênes & Greenstone（2007）强调，研究气候变化的影响应聚焦跨时期的气象变异，并采用加入固定效应的面板数据来对理查德模型进行拓展，通过纳入气候指标的年际变化量，能在面板实证中更好地捕捉多期气候信息。此后的研究也多采用面板数据方法来估计气候变化对农业的影响。在此基础上，Massetti & Mendelsohn（2011）同样将理查德模型扩展至面板数据分析，重新审视了气候变化对美国农业土地价值的影响。Welch et al.（2010）和Schlenker & Lobell（2010）则基于面板数据分析了气候变化对农作物产量的影响。Fisher et al.（2012）进一步将面板数据用于分析气候变化对农业利润的影响，并在计量回归中加入"州—年"固定效应，以控制那些既随州又随年变化的不可测因素（比如作物价格）。

3. 空间计量

Schlenker et al.（2006）首先提出空间残差模型以估计气候变化对土地价值

的影响,该方法是将理查德模型拓展到截面空间残差模型,说明在气候变化与农业生产领域考虑残差的空间相关性能有效纠正遗漏变量偏误。Ward et al.(2014)基于 2000 年全球谷物产量数据,应用 Schlenker et al.(2006)提出的空间残差模型,以解决样本中不可观测到的地理因素在特定范围的横截面单位之间的相关性问题。研究结果表明,撒哈拉以南非洲的谷物单产将随着气候变化而降低。Schlenker & Roberts(2009)在 Schlenker et al.(2006)的基础上,将截面空间计量进一步拓展至面板数据,利用美国县级面板数据和气象观测站的日值气候信息,考察温度和降水变化对美国玉米、大豆和棉花单产的影响。该方法充分考虑了相邻研究样本间的空间相关性,增强了实证结果的说服力。此后,Chen et al.(2016)基于 1996—2009 年间中国县级单季水稻单产和每日天气组成的面板数据,建立了固定效应空间残差模型来估计水稻单产和温度变量之间的联系。研究结果主要发现,营养期较高的日最低温度增加了水稻单产,在营养期和成熟期,较高的日最高温度降低了水稻单产。

4.长期差分

长期差分法旨在捕捉气候变化的长期效应与短期效应之间的差异。农业生产者对气候变化的适应过程较长,需要首先感知到气候的改变从而在生产上作出相应的调整。而传统的因果识别策略无法识别这种长期适应过程,导致高估气候变化对农业生产的真实影响。鉴于此,Burke & Emerick(2016)首次提出长期差分法,使用面板估计和长期差分的差值来体现农业对气候变化的适应。Burke & Emerick(2016)基于美国县级农业生产数据和气候信息,运用长期差分法估计美国农业对温度和降水趋势变化的适应情况。研究发现,据长期差分和面板估计得到的气候变化对作物产量的影响系数非常接近,农业生产对气候的长期适应仅减缓了少部分极端高温对农业活动的负面影响,这说明农民在长期并没有表现出对气候变化的适应能力。Perry et al.(2020)使用美国玉米和大豆基于保险收益风险的度量值县级数据库,以探究气候变暖对产量风险的影响。研究表明,即使考虑到作物生产和作物保险具有气候适应性,气候变暖仍会增加生产风险和保费。Schmitt et al.(2022)基于 1995—2019 年德国农户层面数据,构建固定效应模型和长期差分模型,估算并比较了极端天气(霜冻、高温、干旱和内涝)对德国冬小麦、冬大麦、冬油菜和谷物玉米产量的影响。长期差分的估计结果显示,冬小麦和冬大麦对春季干旱的敏感性增加,夏季干旱对冬大麦的产量没有产生负面影响,这可能表明冬大麦对夏季干旱表现出长期适应特征。与面板估算估计相比,长期差分法显示冬油菜籽和谷物玉米更易受高温影响,这说明近年来种植的冬油菜和玉米品种更容易受到极端高温的影响。

在有关中国农业生产的研究方面,Chen & Gong(2021)基于县级面板数据,利用面板估计和长期差异估计测算了气候变化对农业生产的短期影响和长期影响,通过比较短期影响和长期影响估计中国农业生产对气候变化的适应性。结果表明,长期适应减少了极端高温对中国农业全要素生产率的短期影响,而这种抵消在单产上体现得更为明显,说明投入品使用存在气候变化的长期适应性。Chen et al. (2023a)基于 1995—2015 年间中国县级农业产出数据,运用长期差分法估计中国北方不同部门(种植业、畜牧业、林业、渔业)对气候变化的适应程度。研究发现,从短期来看,中国北方的种植业和畜牧业均会受到高温的影响。如果考虑到中期适应性,极端温度对种植业的短期负面影响有所减少,但畜牧业对气候变化影响的缓解作用有限。

5. 空间差异

若各区域之间的差异是由某些固有且不可变的特性所导致的,那在研究时就需要考虑气候变化对不同区域产生的潜在差异性影响。这一观点在学术文献中被称为"气候影响的空间差异"。

以 Heutel et al. (2021)的研究为例,该研究利用 22 年间美国老年人的死亡率和居住地数据,估计温度与死亡率之间的关系在美国不同气候区的差异,并进而评估预期的气候变化对当地和全国的影响。研究发现,寒冷和炎热天气均可导致死亡率上升。然而,在气候较温暖的地区,高温带来的致命效应相对较小;在较凉爽的地区,寒冷的致命效应则较小。此种与死亡率相关的区域差异,可能归因于各区域的适应机制或其固有特性。以达拉斯和芝加哥为例,达拉斯位于得克萨斯州,其气候通常较热,而芝加哥位于伊利诺伊州,气候相对凉爽。Heutel et al. (2021)指出,即使因气候变化导致芝加哥的未来气候与当前的达拉斯相似,也不能期望芝加哥能如达拉斯那样有效地应对高温。这是因为达拉斯的居民、基础设施及其文化已经适应了高温,而芝加哥可能尚缺乏这种适应性。

同样,Auffhammer(2022)通过分析近 20 亿份能源账单数据,研究了气候变化对加利福尼亚住宅电力和天然气需求的影响。研究发现,在加利福尼亚州的1229 个邮政编码区域中,由气候变暖导致的设备增加的使用量在各区域之间存在显著差异。相比温暖和温和的区域,高温地区对温度的响应更为敏感。

6.市场均衡模型

市场均衡模型在评估气候变化对农业生产的影响时同时考虑了不同部门之间的相互作用。市场均衡模型用一组方程来描述供给、需求以及市场之间的关系,并且在一系列优化约束条件下求解方程组,得到市场达到均衡时的变量情况。

市场均衡模型可分为可计算局部均衡模型和可计算一般均衡模型,可计算局部均衡模型只考察单个市场供需达到平衡时的产品价格、产量和社会福利变动等的情况,如 Adams et al.(1990)基于气候模型和农业作物模型预测了气候变化冲击下的未来气候模式和未来农作物产量,并将此作为农业经济部门模型的输入,分析气候变化下美国农业部门的福利变化情况。此后,许多研究开始使用该方法分析气候变化对农业部门的影响,如 Yates & Strzepek(1998)、Adams et al.(1998)和 Reilly et al.(2003)。

而一般均衡模型则能够通过社会核算矩阵捕捉农业和非农部门之间的联系,分析多个市场达到均衡时的情况,如 Costinot et al.(2016)使用考虑农业部门和非农部门贸易的一般均衡模型发现,气候变化会改变全球农产品的比较优势,从而改变全球农业生产布局,降低气候变化对全球农业的影响程度。近年来,较多文献使用可计算一般均衡模型分析气候变化对农业部门的影响,如 Hertel et al.(2010)、Nelson et al.(2014)和 Calzadilla et al.(2013)。

使用市场均衡模型分析气候变化对农业影响的研究通常关注气候变化在全球范围内的影响,只以中国为研究范围的文献较少,如 Zhai et al.(2009)和 Xie et al.(2020)。Zhai et al.(2009)基于可计算一般均衡模型预测气候变化对中国农业生产的影响。结果发现,在市场机制的调节下,气候变化对中国农作物产量影响不大。与没有发生气候变化的基准情景比较,到 2080 年,气候变化将导致除小麦外的作物减产 0.2%～0.5%,小麦则增产 4.2%。

使用市场均衡模型与使用计量经济学模型考察气候变化对农业生产影响的研究都发现气候变化对农业生产的影响基本为负,但前者发现的气候变化对农业生产的负面影响小于后者。如同样以 2012 年的生产情况为基准情景,同样在 RCP8.5 情景下,Xie et al.(2020)基于局部均衡模型发现气候变化会导致小麦减产 4.28%,但 Wang(2016)基于固定效应模型的研究则发现气候变化会导致小麦减产 9.39%。

四、研究评述与展望

（一）研究评述

1.议题：转向预测

整体来看，国内外关于气候变化对农业生产影响的共同研究趋势是预测对象的精细化和预测结果的精准化。最早将气候变化引入农业生产分析的李嘉图方法指出，在竞争激烈的土地市场中，与气候相关的农场盈利能力会体现在土地价值上。这一模型预测了气候变化对农业经济整体福利的影响，但其结果不能分解为对特定作物的影响，得出的估计结果难以用于分析气候变化对农作物产量的影响，从而限制了利用该方法来评估未来气候变化对农作物供需、贸易等方面影响的能力（侯麟科等，2015），因此后来的文献逐渐将关注点从土地价值转向了农作物单产。已有研究发现，当前气候变化对农作物单产产生负面影响，且在未来预测中，气候变化也将对农作物单产造成负面影响。这类研究普遍关注口粮作物，对区域性作物和经济作物研究较少。现有研究表明，几乎所有作物都受到了气候变化的影响，不同作物生产受气候影响的反应程度不同，因此气候变化还会引起整体种植结构的调整，后续国内外的研究重点逐步过渡到气候变化对农业种植结构的影响上。关于气候变化影响种植结构的原因可分为两类：一是短期天气变化会影响特定作物的播种时机，导致当年种植结构发生变化。二是长期气候变化会影响作物的预期生产力，进而改变作物的比较优势。以上研究都是估计气候变化对农业产量的总体影响，农业生产的要素投入组合日趋多样化，扩大了农业生产效率与全要素生产率之间的差距。为探究农业生产内部的"黑箱"以实现更精准的预测，之后的研究基于农业生产率分析将产量变化分解为农业全要素生产率变化和其他投入变化，通过研究农业全要素生产率对气候变化的响应，以明确气候变化影响农业产量的传导机制。绝大多数研究表明气候变化将对农业产生负面影响，因此了解农业对气候变化的适应性已成为国内外该领域共同的研究重点。

分主题来看，国内外的研究侧重点也有所不同。在土地价值方面，国内关于气候变化对土地价值的影响研究侧重季节、地域和生产条件的异质性，且多依赖基于截面数据的李嘉图方法，缺乏使用面板数据的相关研究。国外通过优化基于截面数据的李嘉图方法后，普遍发现气候变化对美国农业土地价值有正向影响。

在作物单产方面,国内外研究都发现气候变化对农作物单产的影响不但总体上是负面的,而且是非线性的负面影响。除了温度对单产的影响,国外一部分研究也聚焦于其他气候条件,例如发现集中降雨或持久干旱同样会显著减少作物的产量。在种植结构方面,国内重点关注气候变化通过影响作物比较优势而影响种植结构,国外关注气候变化通过影响播种日期和作物比较优势而影响种植结构。在农业全要素生产率方面,国内的研究通过纳入农业适应,发现气候变化导致的极端高温短期内对农业全要素生产率产生负向影响,而长期适应则抵消了部分负向影响。国外的研究普遍发现气候变化导致的温度升高会对全要素生产率产生负向影响。在农业适应方面,国内外研究一致认为农业气候适应是针对气候变化及其影响进行调整的过程,旨在减少经济损失并利用潜在的经济机会。但是目前相关研究多聚焦于发达国家,对于以中国为代表的发展中国家的研究相对匮乏。

2. 方法:逐渐严谨

为了更科学地预测气候变化对农业生产的影响,已有研究在测度方法上也更多考虑到遗漏变量造成的潜在偏差,试图通过修正方法以实现完美控制。早期的李嘉图方法多基于截面数据,其因果识别的可靠性受到挑战。学者们将其拓展至面板数据,通过加入随时间变化而不随个体变化的时间固定效应和随个体变化而不随时间变化的个体固定效应,减少了遗漏变量偏误的问题,并将面板数据模型进一步应用到了气候变化对作物单产、种植结构、全要素生产率和农业适应的影响等议题的研究中。然而,该方法存在的不足是,由于未能有效引入空间概念以刻画和反映空间信息,完美控制依然难以实现。针对该不足,之后的研究更加重视农业领域内气候相关性的空间特征,纳入对残差的空间相关性的考虑。由于人类会针对实际或预期的气候变化及其影响进行调整,因此在充分考虑气候适应因素的前提下,可更精确地评估气候变化对农业的潜在影响。李嘉图方法相关文献的观点认为,在截面比较中对长期适应行为的隐性核算胜过对遗漏变量偏误相关的潜在担忧。为纳入农业适应这一维度并减少截面数据带来的遗漏变量偏误,长期差分和空间差异的方法应运而生。长期差分用来衡量时间维度的农业适应,空间差异用来测度空间维度的农业适应。然而目前有关空间差异的方法应用在气候变化的其他影响领域居多,例如死亡率、能源需求等,在气候变化影响农业生产这一领域应用较少。

上述计量方法没有考虑到不同市场之间的相互影响,而市场均衡模型可以很好地解决这些问题。使用市场均衡模型得出的气候变化对农业生产的负面影响通常小于使用计量经济学模型的研究发现,这可能是由于市场均衡模型考虑到不同市场之间的相互作用,这种相互作用一定程度上减少了气候变化对农业生产的负面影响。

整体来看,未来测度方法的应用趋势是空间计量逐渐减少,以及计量方法和数学规划的逐步融合。由于气候变化相对于农业生产本身具有较高的外生性,因此空间残差模型所能解决的遗漏变量偏误问题较为有限,当前应用空间计量模型的研究相对其他计量方法较少。同时,由于气候变化是一个全球议题,越来越多的研究应用综合评估模型以耦合多个部门的复杂系统。

(二)研究展望

1. 研究领域

(1)低温变暖

在关于气候变暖的研究中,现有研究多关注高温变暖或极端高温天气对农业生产和经济发展的影响,而低温变暖的相关研究尚不充分。已有关于低温变暖影响的研究中,Rode et al.(2021)指出低温变暖使得热带新兴经济体大幅增加电力消耗,但有利于寒冷国家(欧洲国家)冬天的能源节省。Forzieri et al.(2021)认为气候变暖驱动的自然干扰(包括火灾和虫灾)会导致欧洲森林失去一半以上的生物量。Diffenbaugh & Burke(2019)的研究表明气候变暖对区域的影响是不均等的,可能会加剧全球的经济不平等性,主要的驱动因素是温度与经济增长之间的抛物线关系,其中寒冷国家由于升温而经济增长,温暖国家的增长率则下降。可以看出,目前关于低温变暖对农业生产影响的研究占比仍较小,尚未形成具有一般性的经济学结论,未来对该领域仍需给予关注。

(2)温度带北移及影响预测

另有部分前沿研究关注温度带北移对农业生产的影响。Sloat et al.(2020)研究指出,玉米、小麦、水稻和大豆种植区的生长季温度都呈现了升高的趋势。农作物的迁移减轻了气候变暖造成的大部分损害。Liang et al.(2021)指出,1984—2013年以来,中国水稻北方边界地区区域水稻种植向高纬度地区迁移以适应气候变化。然而,已有研究所提供的经济学证据依旧不足,未来仍需大量相关的实证研究提供可靠证据。

（3）碳肥效应

气候变化导致的温度升高会对农业生产造成负向效应，但二氧化碳浓度升高会对农作物产量产生提升作用，这将在一定程度上减轻温度升高对农业生产的负面效应。Rochaix（2017）研究表明，藻类可以利用二氧化碳浓缩机制（CO_2-concentrating mechanism，CCM）提高二氧化碳浓度进而提高 Rubisco（核酮糖-1,5-二磷酸羧化酶/加氧酶）的羧化酶活性以提高光合作用效率。Cui et al.（2023）认为，升高的二氧化碳浓度会引起氮和碳循环的协同强化，从而导致农作物增产。这为气候变化对农业生产的影响提供了新证据，具有很大的研究潜力。

（4）微观层面的适应机制

已有研究多选取宏观层面、中观层面数据探究气候变化与农业生产之间的关系，在微观层面探讨对气候变化的适应机制的研究仍占少数。Colmer（2021）研究发现，气温升高显著降低了农业生产率，但对农产品价格的影响并不显著。农业生产率下降后，农业劳动力占比显著下降，更多的劳动者进入了工业和服务业。Liu et al.（2023）表明，持续的升温显著减少了劳动力从农业部门向非农部门的转移，阻碍了经济结构转型。Aragón et al.（2021）认为，极端高温会降低农业生产力，但同时会引导农户增加播种面积。由于发现高温增加了块茎植物的收获量，该研究推断农户的种植结构也会发生相应的变化。同时，高温会导致农户自有劳动投入，甚至是童工使用的增加。Cui（2020）以美国为研究对象发现，长期温度与长期降水的变化会导致大豆播种面积的显著变化。依据已观测到的温度、降水的长期实际变化幅度推算，播种面积调整对温度的反应小于对降水的反应。同时，播种面积的气候弹性也明显小于其价格弹性。Cui & Xie（2022）研究发现，气候变化使得中国农民的种植日期和生长季节长度都发生显著变化（农业生产决策的适应性行为）。Yang & Shumway（2016）的研究表明，在对市场和气候变化的理性预期下，无论产出还是投入要素都存在着不同程度的调整成本。综上可以看出，在微观层面上，气候变化对农业生产的影响机制更加复杂，具有不同表现形式。

（5）气候变化的其他影响领域

近年来，除了气候变化对农业生产的影响备受学界关注，其他领域也涉足气候议题。如在气候变化与心理学领域，Moore et al.（2019）指出，随着反复暴露于异常温度，温度异常的心理显著性会迅速变化，导致大众对气候变化现象产生心理麻木。在气候变化与人口学领域，Barreca et al.（2018）研究表明，在不考虑人类动态调整行为的情况下,气候变化将导致婴儿出生率的大幅度下降。另有研究聚焦在历史气候变化经济学领域,Waldinger(2022)研究认为,长期气温变化会导致农业生产率下降、死亡率上升以及人口流出,从而导致城市规模的缩小。这些研究说明,气候变化问题与多领域、多学科交叉融合,未来在其他领域和学科内仍值得进一步探索。

2. 测度方法

(1)区分生长阶段的温度箱

在已有关于气候变化研究的测度方法中,区分农作物生长阶段与设定农作物温度箱是两个独立的方法,而关于生长阶段的温度箱研究尚未成熟。Lobell et al.(2011)基于非洲 2 万多个玉米试验田的数据和气象数据,使用固定效应模型考察了气候变化对非洲玉米产量的影响。研究对温度变量的处理方式是将玉米生长期分为吐丝期的前、中、后三个阶段,在每个生长阶段内将积温分为 8—30 摄氏度积温和 30 摄氏度以上积温两类。研究发现玉米在吐丝期前和吐丝期对 30 摄氏度以上高温最敏感。

(2)结合全球变暖与极端气候的评估

在全球变暖与极端气候评估方面,已有研究多采用数学规划的方法,通过构建模型预测未来不同情境下气候变化对农业生产的影响。Hasegawa et al.(2021)基于 AIM/Hub 模型,考虑了不同气候变化情景下气候变化程度和极端气候发生率对粮食安全的影响,结果发现极端气候对粮食安全影响更大。目前来看,在气候变化领域中,数学规划方法和实证分析方法之间并未形成衔接,未来亟待打通连接二者的关键环节。

(3)适应能力修正后的预测

另有部分研究聚焦于对气候变化适应能力修正后的预测。Chen & Gong(2021)基于中国县级农业全要素生产率数据,利用长差分模型计算了农业适应能力抵消气候变化影响的程度,并在考虑适应能力对气候变化抵消程度的基础上预测了未来气候变化对中国农业部门的影响。Moore & Lobell(2014)基于省级农业产量和利润数据,使用固定效应模型分析欧洲气候变化的短期和长期响应曲线。研究发现,在不考虑农民适应行为的背景下,2040 年气候变化将导致欧洲平均农业利润下降 2.3%,大麦产量下降 22.0%。但在考虑适应行为后,气候变化会引起欧洲平均农业利润适度增长 1.5%左右,大麦产量下降 15.0%。然而,目前这种修正后的预测还未成为主流认可的方法，未来需要大量研究提供证据来证明该方法的有效性。

(4)整合农学知识和数学规划

现有部分研究尝试通过学科交叉方法，将农学知识和数学规划方法相结合。Minoli et al.(2022)使用 LPJmL 作物模型模拟每日作物物候和产量，并将作物模型与农户决策模型相结合，发现农户若能及时根据气象条件调整作物播种时机可以使作物产量提高 12%。未来应充分考虑技术可行性和经济可行性，将研究拓展到自然科学与社会科学的交叉领域，以实现更为科学的预测。

3.政策建议

为确保国家粮食安全，必须采取综合性的措施，涵盖提高产能、保护耕地以及实施统一调控，以应对气候变化可能带来的风险和不确定性。首先，气候变化对中国的粮食生产构成了严重威胁。气温升高、降水不规律等气候变化因素已经导致作物单产和种植结构发生变化，这对粮食生产造成了巨大的影响。因此，提高粮食单产水平成为确保粮食供给的必要条件。这包括引入新的农业技术，优化农业生产流程，提高作物的适应性，以应对不断变化的气候条件。其次，为了守住粮食安全的红线，必须严格管控土地的用途。面对城市化和工业化的推进，农地面临着不断减少的压力。因此，必须坚决守住 18 亿亩耕地的红线，禁止非农业用地的侵占。同时，要积极推进高标准农田建设，提高土地的产能和可持续性。最后，要加快粮食产业链的建设，实施统筹协调的策略，确保全国范围内的谷物基本自给和口粮绝对安全。这需要将粮食主产区和非主产区紧密结合，建立高效的物流和供应链体系，以确保粮食能够及时、有效地流通到各个地区。此外，还需要完善食品储备和紧急响应机制，以便在气候灾害或其他紧急情况下能够及时应对。

农业部门在未来的发展中具有重要的碳源和碳汇双重属性，这意味着农业不仅会排放温室气体，还可以通过吸收和储存碳来降低大气中的碳浓度，为实现"双碳"目标贡献力量。为了更好地发挥这一潜力，需要从质量监管、科技创新和优化布局三个关键方面加速农业生产的全面绿色转型升级。首先，质量监管在确保农产品安全和环保生产方面发挥着至关重要的作用。为了实现资源节约、环境友好和生态平衡，必须加强农业生产的全产业链质量监管。这包括严格控制化肥和农药的使用，推动农产品生产的标准化和可追溯化，确保农产品的质量和安全。同时，大力发展绿色农产品、有机农产品和地理标志农产品，鼓励农民采用可持续的种植和养殖方法,以提供更加环保和高品质的农产品。其次,科技创新是农业绿色发展的核心驱动力。通过引入最新的农业科技,如农作物病虫害防治技术、高效灌溉技术、新品种培育技术等,可帮助农民提高对气候变化的适应能力,减少农业生产的碳排放和资源浪费。这不仅有助于提高农产品产量和质量,还能够减轻气候变化对农业生产的不利影响,实现资源的更有效利用。最后,优化农业布局也是实现全面绿色转型升级的关键因素之一。根据地区特点和资源分布,合理规划农业生产,确保农田的合理利用,最大限度地减少土地资源浪费。此外,应推动循环农业的发展,将农业生产和农产品加工环节有机结合,减少农产品运输和储存中的能源浪费,降低碳排放。

第十五章

技术进步与农业经济增长

一、总体介绍

农业技术进步在保障粮食安全、推动农业和国民经济增长方面发挥着重要作用,对其测度方法、应用动态以及具体实践等方面进行深入研究十分必要。本章采用文献研究法,基于中国知网、Web of Science、Elsevier、Springer、Science Direct 全文电子期刊数据库,梳理分析了 2012 年党的十八大以来国内外农业技术进步领域的研究进展与研究重点,展望 2023—2028 年该领域的研究方向和重点问题。以"农业技术进步"(agricultural technological progress)、"农业全要素生产率"(agricultural total factor productivity)、"农业科技进步贡献率"(contribution rate of agricultural scientific and technological progress)、"农业技术进步率收敛"(convergence of agricultural technology progress rate/agricultural productivity and convergence)、"农业生产率"(agricultural productivity)、"农业经济增长"(agricultural economic growth)等为关键词进行文献检索,根据文献的下载量(排名前 20)、被引量(排名前 20)、相关性和话题新颖度,最终筛选获得 55 篇文献。其中中文文献 22 篇,主要发表于《中国农村经济》《农业经济问题》《农业技术经济》《经济研究》《管理世界》《经济学(季刊)》《数量经济技术经济研究》;英文文献 33 篇,主要发表于 *American Journal of Agricultural Economics*、*Journal of Agricultural Economics*、*Agricultural Economics*、*Australian Journal of Agricultural and Resource Economics*、*American Economic Review*、*Review of Economic Studies*、*Journal of Development Economics*、*World Development*、*China Economic Review*、*Economic Modelling*、*Journal of Productivity Analysis*、*China Agricultural*

Economic Review 等期刊。

此外，本章还按上述标准遴选出 15 篇 2012 年以前的文献。

二、主题分布与研究侧重

各研究领域的研究主题、文献数量与比重情况详见表 15-1。

表 15-1 技术进步与农业经济增长领域国内外的研究主题、文献数量与所占比重

区域	研究领域	研究主题	文献数/篇	所占比重/%
国内	农业技术进步的测算方法	索洛余值与生产函数法、指数法、数据包络分析法、随机前沿分析法	13	19
	农业技术进步率收敛	全球层面、省级层面、县级层面、作物层面的农业技术进步率收敛	5	7
	农业硬技术进步	种子技术、转基因技术、农业机械技术进步	9	13
	农业软技术进步	新型农业经营主体、土地经营规模、农机社会化服务、土地产权制度	11	16
国外	农业技术进步的测算方法	索洛余值与生产函数法、指数法、数据包络分析法、随机前沿分析法	15	21
	农业技术进步率收敛	全球、欧盟、拉丁美洲和加勒比地区、非洲国家的农业技术进步率收敛	5	7
	农业硬技术进步	转基因生物和基因编辑作物技术、病虫草害抗性品种研发推广、精准施氮技术、数字农业技术、农业机械投资和劳动力	5	7
	农业软技术进步	农业合作社、合同农业、农机服务、土地产权制度	7	10

各研究领域的研究主题、受关注程度以及主要内容详见表 15-2。

表 15-2 国内外技术进步与农业经济增长领域的研究主题、受关注程度和主要内容

研究领域	研究主题	受关注程度		主要内容	
		国内	国外	国内	国外
农业技术进步的测算方法	索洛余值与生产函数法、指数法、数据包络分析法、随机前沿分析法	☆☆☆	☆☆☆☆☆	改革开放以来中国广义农业技术进步率和农业科技进步贡献率的测算	改进各类方法,比较各种方法,尤其关注发展中国家的农业技术进步率测算
农业技术进步率收敛	生产率收敛分析（σ收敛、β收敛、条件β收敛）	☆☆	☆☆☆	全球层面、省级层面、县级层面、作物层面的农业技术进步率收敛	全球、欧盟、拉丁美洲和加勒比地区、非洲国家的农业技术进步率收敛
农业硬技术进步	种子技术、转基因技术、农业机械技术等实体技术进步	☆☆☆	☆☆☆☆	种子技术、转基因技术、农业机械化发展	转基因生物和基因编辑作物技术、病虫草害抗性品种研发推广、精准施氮技术、数字农业技术、农业机械投资和劳动力
农业软技术进步	农业经营模式、土地产权制度变革、资源优化配置	☆☆☆	☆☆☆	新型农业经营主体、土地经营规模、农机社会化服务、土地产权制度	农业合作社、合同农业、农机服务、土地产权制度

注:☆表示该研究领域的受关注程度。☆越多,受关注程度越高。

三、国内外领域重点问题研究进展

（一）国内研究进展

1.农业技术进步的测算方法

国内早期研究主要使用传统生产函数法测度农业技术进步率。有研究率先采用柯布-道格拉斯函数与索洛余值相结合的方法测算出 1972—1980 年中国广义农业技术进步对农业总收入增长量的贡献率达 18%—27%（朱希刚,1984）。

这一研究为索洛余值与生产函数法成为官方核算方法奠定了基础。有学者从中国农村改革视角出发,运用传统生产函数方法测算出 1978—1984 年我国种植业广义技术进步率为 3.2％,六年累计增长 20.54％,广义农业技术进步的贡献率占 49％,这一时期的技术进步主要得益于家庭联产承包责任制的推行以及统购牌价和超购加价的实施,但在 1984—1987 年种植业广义技术进步率为 0.7％,三年累计下降 2.05％(Lin,1992)。这一研究解释了这一阶段农业快速发展的原因,既为中国农业增长研究提供了崭新的分析视角,也为未来制定中国农村改革的政策提供了理论基础和经验证据。1997 年,农业部发布的《关于规范农业科技进步贡献率测算方法的通知》中正式将索洛余值法作为测算农业技术进步贡献率的官方标准方法。然而,索洛余值法存在两大问题,一是技术进步是中性的且要素替代弹性固定的假设可能与农业实际生产情况不符,二是索洛余值法将一切不能由要素投入增加所解释的部分定义为索洛余值,很可能包含测量误差、生产无效率等非技术进步因素,从而造成测算偏误。因此,使用索洛余值法不能很好地测度我国实际的农业技术进步情况。针对这一问题,我国农科院后续团队采用了超越对数生产函数,对官方的农业科技进步贡献率核算方法进行了微调,以贴近我国农业生产的实际。

此外,指数法也是常用的测算方法,并通常与数据包络法(DEA)等其他方法结合使用。有学者采用指数法,在考虑土地、劳动力、中间投入的结构和质量变化对农业全要素生产率测度的潜在影响后,测算出 1978—2016 年我国年均广义农业技术进步率为 1.9％。2009 年以前,农业增长模式是以要素投入引领农业增长,广义农业技术进步率每年增长约 2.4％,占农业产出增长的 40％;2009—2016 年,广义农业技术进步率增长放缓至 0.9％,政府政策扭曲是其放缓的部分原因,这表明中国有必要进一步深化体制改革(Sheng et al.,2020)。有学者利用 DEA-GML 指数测度 1991—2013 年间我国农业技术进步、环境技术效率、环境全要素生产率,其中环境全要素生产率主要由技术进步驱动,并呈现出明显的地区差异和省级分化特征。此外,环境全要素生产率、技术进步与农业增长呈现出库兹涅茨曲线即倒"U"形曲线特征(杜江等,2016)。

数据包络法作为一种线性规划方法,在测算农业技术进步率领域得到了广泛应用。相比于传统生产函数法,DEA 可将广义农业技术进步率进一步分解为技术进步和效率提升。DEA 的优势在于不需要设定生产函数的具体形式,但缺点是无法进行统计检验,也不能控制误差项。由于 DEA 只能测算效率,所以在实际计算中往往需要与指数法结合使用。最常用的是 DEA-Malmquist 模型,除此之外还有 DEA-Luenberger、DEA-ISP 等模型。有研究使用 DEA 的 Malmquist 指数法,并基于动态广义矩估计和空间计量模型,研究了农业前沿技术进步和技术效率对粮食增产的影响,发现二者对粮食增产均有显著促进作用,且农业前沿技术进步的边际效应大于技术效率的边际效应(杨义武等,2017)。针对经典当期 Malmquist 指数和标准窗式 Malmquist 指数存在的技术退步、窗口选择复杂的技术问题,有学者提出了基于固定窗口的 DEA-Malmquist 生产率指数,以适应转型期中国农业全要素生产率的增长模式(李谷成等,2013)。还有研究利用 SBM-DEA 模型的 Malmquist-Luenberger 指数对 1978—2008 年环境规制条件下中国省际农业全要素生产率进行了测算,发现转型期的农业绿色生产率增长明显,波特"双赢"假设成立,前沿技术进步是绿色生产率增长的主要驱动力,而环境技术效率提升相对滞后(李谷成,2014)。有学者使用 DEA-Malmquist 模型测算出 1995—2014 年中国农业全要素生产率年均增长 4.3%,技术进步是其增长的源泉,而技术效率和规模效率的降低会阻碍其增长(Diao et al.,2018)。

随机前沿分析法(SFA)是在索洛余值与生产函数法的基础上引入了技术无效率项,并可将农业全要素生产率变化分解为技术进步、技术效率的变化、规模经济性和资源配置效率。相比于传统生产函数法和 DEA 方法,采用 SFA 测算农业技术进步率的优势在于:一是 SFA 能够解释在农业技术进步和技术效率不变的情况下,农业产出仍能增加的内在逻辑;二是 SFA 可以通过随机误差项来控制气候、灾害等不确定因素和测量误差。有研究基于随机前沿超越对数生产函数模型,测算出 1965—1985 年我国农业产出的年均增长率为 5.40%,其中,要素投入、全要素生产率的增长率分别为 2.91%、2.13%,总投入增长、技术进步、效率改善分别占总产出增长的 57.70%、15.70%、26.60%,表明我国农业增长模式是要素投入驱动型(Fan,1991)。有学者使用新增长核算法计算出 1962—2014 年世界农业年均增长率为 2.13%,其中投入、全要素生产率的增长分别贡献了 1.53%、0.76%,表明在过去 50 年中,世界农业增长是投入增长型(Gong,2020)。还有研究利用 1981—2015 年的中国县级农业数据,运用随机前沿分析法测算了农业全要素生产率,并进一步研究了气候变化对农业生产的影响(Chen & Gong,2021)。除了测算整体农业全要素生产率,还有学者使用随机前沿分析法对单一作物的全要素生产率进行了测算,发现 2009—2020 年小麦全要素生产率的均值为 1.0398,进一步分解得到技术效率变化、技术进步均值分别为 0.9922、1.0482,技术进步是小麦全要素生产率增长的主要原因(魏佳朔和高鸣,2023)。为了克服 SFA 需要固定生产函数形式的问题,有学者利用变系数的随机前沿模型,将改革开放以来农林牧渔结构的巨大变化纳入广义技术进步率的估算中,并考虑时间和省份的变化,研究发现,改革开放以来的不同时期,广义技术进步率的提高和要素投入的增加交替引领着农业增长(Gong,2018)。

2.农业技术进步率收敛研究

农业技术进步率收敛一直是国内学界关注的热点问题。各地区之间农业生产率差距的扩大会加剧区域间农业发展不平衡,而各地区之间农业生产率差距的缩小则有利于推动区域协调发展、助力共同富裕。一般而言,生产率收敛分析有三种方法,一是 σ 收敛,随着时间的推移,不同国家或地区之间人均 GDP 的差距将缩小;二是 β 收敛,初期人均 GDP 较低的地区将具有更高的增长率,存在后发优势;三是条件 β 收敛,初期人均产出较低的经济体会有更快的增长率,这一现象发生在具有相似特征的地区。有研究认为 1993 年以来中国各省份的农业全要素生产率不存在 σ 收敛,全要素生产率累计增长率呈发散态势,并且人力资本含量、农业产值占比、粮食播种面积占比等因素的趋势性变化会导致农业全要素生产率发散(高帆,2015)。此外,在县级层面和作物层面,中国农业技术进步率在 28 个省份中只有 5 个省份存在绝对 σ 收敛,在 23 种作物中只有 4 种作物存在 σ 收敛,但在控制人力资本水平、灌溉基础设施、科研投入等因素后存在条件 β 收敛(Gong,2020)。针对中国要素流动日益频繁,但农业生产率的地区差距反而扩大这一特征事实,有学者基于适宜性技术进步理论和诱致性技术创新理论,提出中国农业技术扩散存在强约束条件,由于资源禀赋、地理距离和行政管辖范围的变化,技术扩散和生产率赶超速度显著下降,这在一定程度上解释了"农业区域生产率差距扩大"之谜(龚斌磊,2022)。另外,许多国内学者立足全球视野,考察了世界范围内农业生产率的收敛情况。例如,有学者提出,所有国家都不存在无条件趋同,但所有国家都有可能有条件地收敛到相同的均衡水平(Yuan et al.,2021)。资本深化是否有助于全要素生产率趋同? 有研究表明,如果落后国家拥有相同的要素禀赋,资本深化将推动落后国家实现技术赶超,但由于各国的相对要素资源禀赋不同,在劳动力相对丰裕的国家,单位劳动力资本的增速小于土地相对丰裕的国家,从而削弱了资本深化在促进跨国生产率追赶方面的作用（Sheng et al.，2022）。

3. 农业硬技术进步

农业硬技术进步，即狭义的农业技术进步，是指生产可能性边界向外扩张（龚斌磊等，2020）。国内学界主要关注种子技术、转基因技术、农业机械技术等农业硬技术进步。有研究认为结合国外优秀种质共同培育的小麦种植区比纯中国种质的小麦种植区的单产更高（Xiang & Huang，2020）。还有研究表明在1979—1984年间，以杂交水稻为代表的技术进步对农业增长的贡献率达到40％，在1985—1989年间甚至达到了100％（Huang & Rozelle，1996）。另外，还有学者关注到转基因棉花推广技术不仅能够提高单产、减少农药和劳动力的使用，还存在潜在的经济福利（Huang et al.，2004）。近年来，在气候变化的大背景下，转基因抗虫棉花技术的作用更加突出，通过提高物质资本产出、棉花劳动生产率以及抑制由气候变化带来的病虫害等机制显著推动了棉花全要素生产率的增长（张明杨等，2023）。

农业机械化发展也是农业硬技术进步的核心部分。农业机械化显著促进了种植业全要素生产率增长，在初级阶段，以技术进步引领种植业全要素生产率增长，在中、高级阶段，以技术效率提升推动种植业全要素生产率增长（薛超等，2020）。农业机械化增加了粮食产量，并具有显著的空间溢出效应（伍骏骞等，2017）。同时，农业机械化还促进了小麦全要素生产率和技术效率的增长，且农机跨区作业具有显著的空间溢出效应（吴海霞等，2022）。此外，农业机械化有利于强化农业领域的专业化生产和分工，农业机械跨区作业还推动了农业生产效率和农业全要素生产率的增长（Zhang et al.，2017b）。

4. 农业软技术进步

相比于农业硬技术进步这一实体化技术进步，农业软技术进步更加侧重农业生产效率提高、经营管理技术改进、资源配置优化、制度革新等非实体技术进步。目前，农业经营模式、土地产权制度改革、资源优化配置等农业软技术进步是学界关注的热点问题。党的十八大以来，在大力培育新型农业经营主体的政策导向下，大部分新型农业经营主体与农户建立了利益联结机制，显示出一定的辐射带动能力，综合带动能力由强到弱依次为农业产业化龙头企业、农民专业合作社和家庭农场（阮荣平等，2017）。针对新型农业经营主体是否能够有效创造农地需求问题，有学者提出新型农业经营主体通过自身农地需求直接拉动农户出租土地的直接效应，以及促进农户投资间接带动小农户之间农地流转的间接效应，有效地创造了农地流转的需求，从而促进农地流转，提高农地整体利用率和农业生产率（李江一和秦范，2022）。对于土地经营规模和生产率之间的关系问题，有学者认为土地经营规模与水稻生产技术效率之间存在倒"U"形关系，只有适中规模才有利于提升水稻生产率，因此，未来我国农业应走以家庭经营为主，以集体经营、合作经营、企业经营为辅的多元化经营之路（冀县卿等，2019）。

许多学者都强调以农机服务为代表的农业社会化服务体系对粮食生产效率的重要作用（胡雪枝和钟甫宁，2012；彭代彦和文乐，2016；彭柳林等，2019）。跨地区农机服务抵消了农场规模小、土地分割程度高、工资上涨等对农业生产的不利影响，从而促进农业生产率稳步增长（Yang et al.，2013）。同时，农机跨区作业还对粮食生产有空间溢出效应，其他地区的农机化水平提高能够促进本地区谷物产量的增加（方师乐等，2017）。

稳定的土地产权促进了农业生产率的增长（冒佩华等，2015）。具体而言，稳定的产权增加了农户对土地的长期投资，并促进了农地流转，从而提高了农地生产率（高叙文等，2021）。有研究表明，如果土地能够有效配置，我国农业全要素生产率将提升 1.36 倍（盖庆恩等，2017）。

(二)国外研究进展

1.农业技术进步的测算方法

与国内测算农业技术进步的方法相同，国外的测算方法也主要包括索洛余值与生产函数法、指数法、数据包络分析法、随机前沿分析法。有研究使用经调整后的索洛分解模型分解了现代投入要素对埃塞俄比亚农业部门增长的贡献（Bachewe et al.，2018）。此外，不少学者在索洛余值法的生产函数设定方面进行了研究。例如，有研究采用常替代弹性生产函数考察了使用新技术对巴西经济结构转型的影响，发现节约劳动力型的农业技术变革对工业化有促进作用（Bustos et al.，2016）。还有学者通过在农业部门和非农部门构造常替代弹性生产函数和柯布-道格拉斯生产函数，发现农业生产率的增长是西班牙结构转型的主要驱动力（Monteforte，2020）。

国外有不少研究采用指数法测算农业全要素生产率。例如，一项基于序列前沿的 DEA-Malmquist 指数的研究发现，由于技术效率的降低和技术进步的停滞，1965—1996 年 18 个亚洲国家中半数国家的生产率呈负增长（Suhariyanto &

Thirtle,2001）。还有学者使用 Färe-Primont 指数测算出孟加拉国 17 个地区的农业全要素生产率以年均 0.57% 的速度增长，技术进步是其主要驱动力（Rahman & Salim,2013）。有学者在生产不确定性条件下使用 Malmquist 和 Luenberger 指数评估农场的生产率变化，与 Luenberger 指数相比，Malmquist 指数高估了效率和技术进步的贡献（Sidhoum,2023）。为衡量撒哈拉以南非洲国家的农业生产力增长和温室气体排放的变化，有学者利用 Malmquist-Luenberger 指数，通过纳入好产出和坏产出来评估 18 个国家的农业生产率，研究发现，不考虑坏产出的 Malmquist 指数会高估生产率增长（Majiwa et al.,2018）。

数据包络法同样受到国际学者的广泛应用。例如，有学者利用序列的 DEA-Malmquist 指数测算 1961—1994 年 20 个发展中国家的农业生产率，发现大部分发展中国家的农业生产率在增长，技术进步是其增长的源泉（Nin et al.,2003）。还有学者基于当期和序列的 DEA-Malmquist 指数法考察并比较了 1970—2004 年间的非洲农业在同期和连续技术前沿下的全要素生产率增长，结果显示非洲农业生产率以每年 1.8% 的较高速度增长，技术进步是生产率增长的主要驱动力（Alene,2010）。有研究基于 Malmquist 指数的 DEA 模型分析了立陶宛家庭农场的生产率，发现除了 2006—2007 年和 2010—2011 年，三种类型农场的生产率都有所下降，但不同农场之间存在差异（Asmild et al.,2016）。

国外学者在使用随机前沿分析法测算农业技术进步率方面也取得了一系列成果。例如，1970—1978 年间，中国广义农业技术进步率约为 -5.6%（Kalirajan et al.,1996）；1981—2011 年 30 个撒哈拉以南非洲（SSA）国家的农业全要素生产率年均增长 4.8%，技术进步年均增长 3.2%（Adetutu & Ajayi,2020）。有研究比较了随机前沿分析法、广义最大熵法和贝叶斯效率法的测算结果，发现三种方法测算结果较为接近，但数据包络法的测算结果表现不佳（Rezek et al.,2011）。由于随机前沿分析可能存在投入选择的内生性问题，有学者以中间投入为代理，控制了未观察到的生产率冲击，通过生成参数和技术效率的一致估计来解决这一问题（Shee & Stefanou,2015）。

2.农业技术进步率收敛研究

农业技术进步率收敛也是国外学者长期关注的议题。从全球视角来看，1980—2000 年间 93 个全球主要国家的农业技术进步率在高农业生产力和低农业生产力国家之间存在收敛和赶超（Coelli & Rao,2005）。从欧盟国家内部来看，

2004—2013 年间欧盟国家内部总体上存在农业全要素生产率收敛,尽管收敛速度相对较慢(Barath & Ferto,2017);2004—2014 年间欧盟农业劳动生产率在区域间存在条件 β 收敛,且 NMS 的收敛速度高于 OMS 的收敛速度(Garrone et al.,2019)。在拉丁美洲和加勒比地区,气候调整的农业全要素生产率不存在绝对 σ 或 β 收敛,这意味着如果没有政府干预,各国之间生产率的差距不会随时间的推移而缩小,但存在向不同稳态的条件收敛(Lachaud & Bravo-Ureta,2021)。对于非洲国家博茨瓦纳而言,农业生产力发达地区和落后地区之间的差距不断扩大,原因在于,农业发达地区拥有新技术和基础设施,而农业生产力较低的地区不具备这些条件,会进一步落后于最佳实践前沿(Thirtle,Piesse & Lusigi,2003)。

3. 农业硬技术进步

近年来,转基因生物和基因编辑作物等新的植物育种技术成为国际学界关注的焦点问题。它们在促进农业可持续发展和粮食安全方面发挥着重要作用,不仅能提高作物产量,还能减少化肥和农药的使用,提高作物对气候的抵御能力。与此同时,病虫草害抗性品种研发推广、精准施氮技术,以及数字农业技术也引发了国外学者的关注。有学者估算出,在一项大豆孢囊线虫(SCN)抗性品种的联合供应和爱荷华州立大学 SCN 抗性大豆品种实验项目中,大农场主获益 32477 万美元,农民获益 11931 万—23832 万美元(Lee & Moschini,2022)。在欧美发达国家,精准施氮技术已经在农业中被广泛应用,对于降低化肥成本、减少地下水中的硝酸盐污染起到重要作用。如果能够提高精确度或减少成本,基于植物传感的精准施氮技术有可能比基于土壤采样和产量监测的传统精准施氮技术获得更高的预期收益(Biermacher et al.,2009)。此外,数字农业技术在应对抗除草剂杂草、过度施氮,以及恢复土地健康和促进农业可持续发展的路径上发挥着重要作用(Khanna et al.,2022)。

农业机械投资和劳动力之间是互补关系还是替代关系? 这一问题引起了国外学者的关注。有学者认为科特迪瓦拖拉机服务的可用性与劳动密集型耕作方式(如改良农艺)呈正相关,资本和劳动存在潜在的互补性(Mano et al.,2020)。一项基于美国大型草莓农场的研究发现,农业机械补充了劳动力投入,促进了生产力提升。在农业机械与劳动力是互补关系的情况下,劳动力工资上涨会抑制农民对农场的机械投资,最终会导致更高的工资,进而导致长期农业生产率增长更慢(Hamilton et al.,2021)。

4.农业软技术进步

在经营模式方面,农民加入相对较大的合作社比加入较小的合作社,成本会减少78%—181%(Gezahegn et al.,2019)。此外,参与合同农业能够提升劳动生产率和价格边际,以及腰果产量和净收入,并且相比于大、中型农场,小型腰果农场受益更多(Dubbert,2019)。在农机服务方面,使佣拖拉机服务使得农业生产的规模回报率显著增加了0.2—0.3(Takeshima,2016)。在土地产权制度改革方面,稳定的土地产权显著地促进了农业生产率增长(Gottlieb & Grobovšek,2018;Chari et al.,2021),并能够激发农户对土地投资的积极性(Ali et al.,2012)。一项研究表明,埃塞俄比亚的土地登记认证计划显著提高了农业劳动生产率(Melesse & Bulte,2016)。

四、研究评述与展望

(一)研究评述

自2012年党的十八大以来,技术进步与农业经济增长领域取得了重要的阶段性成果,研究紧扣理论问题和实践需求,基本涵盖了农业技术进步领域的各个方面,系统性、整体性、创新性均得到了较大的提升,具体来看:(1)在农业技术进步测算方法上取得了一系列成果,进一步拓展和完善了索洛余值与生产函数法、指数法、数据包络分析法、随机前沿分析法等方法,更加符合农业发展规律、贴近农业生产实际;(2)在农业技术进步率收敛领域,形成了涵盖全球、省级、县级、作物层面的农业技术进步率收敛研究,为缩小国内外农业生产率差距、推动落后国家和地区实现技术赶超提供了学理支持;(3)在农业硬技术进步领域,国内外研究聚焦种子技术、转基因技术、农业机械技术,对于促进农业种质资源研发、生物技术创新、农业机械研发具有重要意义;(4)在农业软技术进步领域,国内外研究关注农业经营模式、土地产权制度变革、资源优化配置等,既强调了农业软技术进步亦是农业技术进步的重要源泉,又为培育新型农业经营主体、健全农业社会化服务体系、深化农村土地制度改革等现实问题提供了政策启示和决策参考。

在取得上述进展的同时,还存在以下不足:(1)与经济增长理论脱节。由于与内生增长理论相匹配的计量经济学模型未得到充分开放,现有的农业技术进步率测算方法大多基于新古典经济增长理论,因此在设定生产函数时并未超越新古典经济增长理论。此外,诱致性技术创新理论认为不同地区由于资源禀赋的差异,其技术变迁和发展路径不同,从而导致投入弹性随时间和地区不同而发生变化,而现有研究大多基于固定要素投入弹性不变的假设,显然与理论不符。(2)技术进步和生产率驱动机制尚未厘清。传统的增长核算法只能估计增长驱动因素对农业经济增长的总体影响,而无法识别各驱动因素影响农业经济增长的路径,因为全部的路径都混淆在以索洛余值度量的农业全要素生产率中。(3)现有的测算方法并不完美。虽然数据包络法和随机前沿分析法被广泛用于测算农业技术进步率,但仍存在诸多缺陷,有必要针对模型的缺点,完善和优化测度方法。(4)投入产出变量的界定问题。现有研究往往侧重种植业而忽略林牧渔业投入要素,从而造成估计偏误。还存在缺失农药和能源等投入要素的遗漏变量问题、投入要素测算的偏误问题、投入产出指标的对应问题、投入要素和生产率影响因素的界定问题、投入要素和非期望产出的界定问题等。

(二)研究展望

构建适应农业农村现代化发展目标的农业技术进步率测算体系。现有测算模型难以适应现代农业生产的实际,难以体现生产要素质量的提高,难以识别各类要素技术进步对农业增长的贡献。因此,有必要将内生增长理论和诱发性技术创新理论纳入现有的测算体系,构建一套完整的、系统的农业技术进步率测算体系。

构建跨国跨地区可比的农业科技进步贡献率系统核算体系。目前,系统的数据、统一的评价标准的缺乏,导致测算结果截然不同,因而难以准确评估各国各地区的农业科技进步贡献率。因此,有必要构建统一的系统核算体系,既为评估农业落后地区与发达地区的差距,解决农业区域发展不平衡问题提供针对性建议,也为评判党的十八大以来中国农业科技进步贡献率与发达国家的差距提供科学可比的体系。

丰富农业农村现代化背景下的农业技术进步研究内容。一是关注农业绿色转型问题,对资源环境经济学、生态学等展开交叉研究,深刻把握农业绿色转型与学科交叉融合的科学创新趋势;二是将农业技术进步的研究从农业生产端拓展至农业全产业链,构建符合可持续发展观的现代农食系统;三是加强气候气象以及传染病等外生冲击对农业技术进步的影响及其作用机制的研究;四是完善信息技术与数字经济对农业技术进步影响的系统性研究;五是进一步探讨农业科技研发、农业科技成果转化、农技推广体系改革等问题,为农业科技创新引领农业经济增长提供经验遵循。

第十六章
农产品供应与食物消费

一、总体介绍

食物消费不仅关系到居民的健康和福祉,还涉及经济、生态环境和社会等多个层面的问题,国内外学者针对食物消费问题展开了大量研究,取得了不少进展。本章采用文献研究法,基于中国知网(CNKI)、Web of Science、Elsevier、Springer、Science Direct 全文电子期刊数据库,梳理分析了 2012 年党的十八大以来国内外食物消费领域研究进展与研究重点,并展望 2023—2028 年土地管理研究方向和重点问题。以"食物消费"(food consumption)、"农产品消费"(agricultural product consumption)、"食物需求"(food demand)、"农产品需求"(agricultural product demand)、"农产品供给"(agricultural product supply)、"食物供给"(food supply)等为关键词进行文献检索,根据文献被引量、期刊数量、相关性和话题新颖度,最终筛选获得 68 篇文献,其中,中文文献 23 篇,主要发表于《中国农村经济》《中国农村观察》《农业经济问题》《农业技术经济》《中国社会科学》《经济研究》《管理世界》《经济学季刊》;英文文献 45 篇,主要发表于 *American Journal of Agricultural Economics*、*Journal of Agricultural Economics*、*Agricultural Economics*、*European Review of Agricultural Economics*、*Canadian Journal of Agricultural Economics*、*Australian Journal of Agricultural and Resource Economics*、*American Economic Review*、*Econometrica*、*Journal of Political Economy*、*Quarterly Journal of Economics*、*Review of Economic Studies*、*Management Science*、*Food Policy* 等领域内高水平期刊。遴选文献研究主题分布情况详见表 16-1。

表 16-1　食物消费领域国内外研究文献分布情况

区域	研究领域	文献数量/篇	所占比重/%
国内	基本食物消费	15	22
	质量安全食物消费	3	4
	营养健康食物消费	4	6
	绿色可持续食物消费	1	1
国外	基本食物消费	12	18
	质量安全食物消费	6	9
	营养健康食物消费	15	22
	绿色可持续食物消费	12	18
合计		68	100

二、主题分布与研究侧重

自 2012 年以来,国内外学者针对食物消费领域的研究在广度上涵盖基本食物消费、质量安全食物消费、营养健康食物消费以及绿色可持续食物消费等关键方面。围绕上述各方面,已有研究可以进一步分为供给侧、需求侧与政府干预三方面侧重内容(详见表 16-2)。

表 16-2　国内外食物消费领域研究侧重点比较

研究领域	研究侧重	受关注程度		主要内容	
		国内	国外	国内	国外
基本食物消费	供给侧	☆☆	☆	农产品供给的影响因素	资源环境对农产品供给的影响
	需求侧	☆	☆☆☆☆	食物需求的影响因素	食物需求的测度以及影响因素
	政府干预	☆☆☆☆	☆	政府保障粮食安全	政府政策对农产品供给的影响
质量安全食物消费	供给侧	☆	☆	质量安全农产品供给的影响因素	外生冲击对农产品质量的影响

续表

研究领域	研究侧重	受关注程度		主要内容	
		国内	国外	国内	国外
质量安全食物消费	需求侧	☆☆	☆☆	消费者对质量安全农产品的需求测度及影响因素	消费者对质量安全农产品的需求测度及影响因素分析
	政府干预	☆☆	☆		政府政策对农产品质量的影响
营养健康食物消费	供给侧		☆☆☆		营养健康食物的可及性
	需求侧	☆☆	☆	营养健康食物消费的影响因素	
	政府干预	☆☆	☆☆☆☆	政府政策对健康膳食的作用	政府政策对健康膳食的影响
绿色可持续食物消费	供给侧		☆		
	需求侧	☆	☆☆☆	食物浪费的影响因素	消费者对绿色可持续农产品的需求测度及影响因素分析
	政府干预		☆☆		政府政策对绿色可持续食物消费的影响

注：☆表示对该研究的关注程度。☆越多，关注度越高。

三、国内外领域重点问题研究进展

（一）国内研究进展

1.基本食物消费

在食物消费领域的国内研究相对丰硕，学者围绕供给冲击、需求冲击以及政府政策对食物消费的影响开展分析。就供给端冲击而言，杜志雄和韩磊（2020）认为粮食生产主体结构与行为、生产成本与比较收益、供需匹配关系等生产端的重要变化，对粮食供给能力产生重要影响。周晓时和李谷成（2017）验证了农业生产要素对农户食物消费的影响。他们发现，随着收入水平的提高，我国农村居民人均食物消费量却呈不断下降趋势，农业机械化对农民的食物消费有着显著的节约效应,而且农业机械化促进了食物消费结构的调整。此外,国际环境也是农产品供给的重要影响因素。林大燕等(2021)指出贸易自由化不仅可通过提高中国居民收入水平以及降低物价两条路径显著抑制中国食物消费不平等,而且对中国食物消费不平等存在着直接的抑制作用。

就需求冲击而言,在宏观层面上,周竹君(2015)利用2000—2013年的数据进行统计对比和回归分析,发现城镇化发展是推动我国粮食消费总量刚性增长的关键因素,产业升级对粮食消费结构具有显著影响,粮食的比价关系决定不同粮食品种的替代强度,国内外粮价差异与结构性需求则是粮食进口增加的主要因素。在微观层面上,收入是主要的影响因素,因此有学者利用2000—2020年全国31省份城镇住户调查汇总数据估计城镇居民食物消费模式与收入的关系,预测了收入增长对城镇居民食物消费模式演变前景的影响。结果表明,随着人均收入的持续增长,城镇居民食物支出水平将会继续提高,食物支出占居民支出的比重将会继续下降,在外食物支出占食物总支出的比重将会进一步上升,动物性食物支出占食物总支出的比重将会进一步提高,水产品支出增长速度将会快于其他食物(郑志浩等,2016)。周莹等(2022)分析了新冠疫情期间收入对农户食物消费的影响。结果表明,在偏好替代效应与收入效应双重作用下,农户大部分食物消费量(谷类和奶制品除外)均显著提高;但膳食消费量的提高并未改善总体膳食质量,受疫情影响,农户总体膳食多样性水平下降,且食物实际摄入量与推荐摄入量的偏离程度进一步加深。

在食物消费的政府干预方面,国内研究较为集中在定性讨论政府如何确保食物供给安全、践行大食物观方面。其中,陈锡文(2021)指出为了切实保障中国食物的供给安全,必须双管齐下,一方面要挖掘国内潜力,另一方面要在国际上布好局;程国强(2023)指出大食物观的政策涵义在于要促进粮食安全向食物安全深化和拓展,其实践逻辑是必须树立大资源观、大农业观和大市场观,以粮食安全、生态安全和食品安全为核心基础。此外,也有不少学者在此方面进行了定量研究。王小虎等(2018)综合国内实地调研与定量测算,选出3类、9种重点调控产品,并提出未来农产品供求总体调控思路与具体途径。王晨和王济民(2018)研究发现预期利润对农作物播种面积有显著的正向影响,2004年农业政策调整后,预期利润、自然风险对农产品供给的影响普遍变弱,表明中国对农民利益的保护以及对农业基础设施投入的增加使农业供给抗灾能力增强。

2.质量安全食物消费

在质量安全食物消费领域的国内成果从需求侧、供给侧与政府干预等不同视角出发,但以政府干预视角为主。在需求端,全世文和张慧云(2023)在北京市消费者调研数据的基础上,发现我国消费者对各类食品安全信息的了解水平都明显低于其需求水平,消费者在信息搜寻过程中面临信息真假难辨、信息过于专业化和信息数量不足等主要问题。由此发现,我国消费者对食物质量安全的需求较为迫切。在供给端,有学者探讨了不同生产组织安排对质量安全农产品供给的影响。例如陈新建和谭砚文(2013)利用广东省 26 个乡镇地区的 50 家水果生产类农民专业合作社的调查数据研究不同类型的合作社对食品安全的影响。在政府政策方面,相关研究以理论或定性分析为主,探讨如何促使政府实施更有效的食品安全规制(倪国华和郑风田,2014;龚强等,2015)。

3.营养健康食物消费

在营养健康食物消费领域的国内研究主要集中于需求侧与政府干预方面。在影响营养健康食物消费的环境因素上,有学者基于湖北省 1125 户留守儿童问卷调查数据,利用回归和 Bootstrapping 分析方法,探讨了隔代溺爱与农村留守儿童身体健康状况之间的关系及其内在影响机制。研究表明,祖辈对农村留守儿童的溺爱程度越深,其对农村留守儿童的影响力就越弱,越容易导致儿童的非健康食物消费行为,进而对农村留守儿童的身体健康产生负向影响(刘贝贝等,2019)。

国内研究认为政府政策对食物消费与营养健康有着积极的意义。于晓华等(2023)分析发现建党百年来,中国农民恩格尔系数大幅下降,同时,农民食物消费和营养水平显著提升,呈现出谷物消费量大幅减少而肉类等动物性食品消费量大幅增加的变迁,相应地,脂肪和蛋白质摄入量一直在稳步增加,卡路里摄入量在 2000 年后则维持在一个比较稳定的水平。他们指出,农民福利水准的提高不仅得益于中国共产党领导下的土地、劳动力等要素市场化改革所带来的农业生产力的解放,也得益于在市场改革造成两极分化的背景下,中国共产党实施的各项扶贫政策和支农政策。青平等(2023)探讨了习近平总书记在 2017 年的中央农村工作会议上提出的大食物观对我国居民营养来源、营养结构、营养认知、健康保障、健康水平等方面的深远影响。

4.绿色可持续食物消费

在绿色可持续食物消费领域的国内研究主要集中于需求侧,即讨论居民收入对食物浪费的作用。张宗利和徐志刚(2022)基于中国健康与营养调查数据的实证分析发现,收入增长会显著提高居民家庭食物浪费量,食物浪费收入弹性为0.26,而且收入增长与家庭食物浪费量之间存在非线性关系。食物浪费在城乡之间存在明显差异,收入增长对农村居民家庭食物浪费的作用更强,因此制定干预措施时应着重关注农村地区家庭食物浪费问题。

(二)国外研究进展

1.基本食物消费

在基本食物消费领域的国外研究通常更为聚焦,主要针对某个特点食物种类或农食产品展开研究。在需求侧方面,学者主要通过经济学实验或者二手微观家庭数据实证量化食物需求及其影响因素。例如,Gao et al.(2023)度量了消费者对国产和进口牛肉的需求。研究结果表明,与未评级的牛肉相比,中国消费者愿意为优质国内牛肉支付更高的价格,而对于普通质量的牛肉,消费者表现出明显的价格敏感性,特别是进口牛肉。Bai et al.(2014)发现收入、时间限制和教育对于将非传统食品纳入早餐有积极的影响,特别是年轻消费者正在引领将非传统食品融入中国城市早餐的新全球消费模式。Jensen & Miller(2008)通过为中国两个省份的贫困家庭提供膳食主食价格补贴,发现在湖南的大米市场存在强烈的吉芬行为证据,而在甘肃的小麦市场存在较弱的证据。这些家庭的需求弹性显著且非线性地取决于他们的贫困程度。Ulubasoglu et al.(2016)利用覆盖1998/1999年和2003/2004年时期的两份国家家庭支出调查的数据,估计了澳大利亚的15个食品类别的食品需求系统。Wong & Park(2018)对韩国肉类和鱼类产品的研究发现,肉类和鱼类的需求价格弹性不灵活,而牛肉和猪肉的价格对消费规模的变化敏感。Xiong et al.(2014)研究了美国橄榄油的需求弹性,发现来自欧盟的初榨橄榄油的收入弹性大于1,但对于非初榨橄榄油的需求则不受收入影响。橄榄油作为单一产品的需求对价格不敏感。Law et al.(2020)揭示出印度家庭饮食中谷物的重要性逐渐下降的证据,而且发现印度对谷物的需求更受价格而不是收入的影响。在家庭饮食中,谷物与动物产品相比更多是一种替代而非补充。

在政府干预农产品供给方面,Bohnes et al.(2020)量化模拟了新加坡三种水产养殖发展政策的场景,直到2040年。其中一种是业务通常情况下的情景,另外两种是旨在增加水产养殖产量的探索性情景;第一种强调现有技术,第二种优先考虑新颖创新的技术,如循环水产养殖系统。结果发现,只有两种探索性情景可以使新加坡政府在 2030 年实现海鲜自给自足的目标,其中一种具有明显的优势。在这种情景下,到 2040 年,进口将减少 28%,海鲜自给率将达到 69%。Kishore & Chakrabarti(2015)评估了印度有针对性的公共食物分发系统(TPDS)对食物消费的影响,发现 TPDS 不仅使得越来越多人从公平价格商店购买补贴粮食的增加,还促使贫困家庭食品购物篮的多样化。

2.质量安全食物消费

在质量安全食物消费领域的国外研究从不同侧重点出发,涵盖供给、需求和政府政策等不同维度。在需求方面,学者主要实证量化消费者对质量安全农产品或食品的偏好与支付意愿,特别是针对发展中国家、新兴市场上的消费者以及肉蛋奶产品。例如,Ortega et al.(2012)利用选择实验度量了北京居民对政府以及第三方质量安全认证的牛奶产品的需求,Cheng et al.(2015)基于 2010 年在北京和哈尔滨收集的调查数据,得出随着收入的增加,城市家庭消费更多的牛奶,并愿意为牛奶的质量安全支付更高的溢价。Wongprawmas & Canavari(2017)为了评估泰国消费者对新鲜农产品上的食品安全标签和品牌的偏好,于 2013 年在曼谷和农帕提对 350 名泰国消费者进行了调查,发现消费者愿意为政府主导的食品安全标签和私营品牌支付更多的费用,但他们的偏好存在很高的异质性。对食品安全标签的高度社会期望表明,应支持食品安全标签政策。在供给层面,Zheng et al.(2021)分析认为,在非洲猪瘟的影响下,我国政府的政策干预可能不是短期内降低猪肉价格最有效的方式。但是政府可以通过补贴鸡肉生产,来更快地抑制猪肉价格,因为鸡肉是猪肉的主要替代品,目前在我国的肉类消费中所占份额相对较小,而且这种方式的政府成本较低。他们指出将部分补贴从养猪场转移到养鸡场可能有助于消费者、生产者和政府。在政策层面,Soon & Thompson(2019)研究了卫生与植物卫生措施(SPS 措施)与产品差异化相结合对牛肉贸易的影响,以及对美国(US)-欧盟(EU)激素处理牛肉贸易争端的影响。结果显示,取消 SPS 措施会促使欧盟从美国和加拿大进口激素处理牛肉,并减少牛肉消费。

3.营养健康食物消费

国外学者在营养健康食物消费领域开展了较多研究,取得了丰硕成果。由于营养健康对社会的正外部性,这些研究的最主要目的在于评估某项政府政策在助推营养膳食建设的成本和收益,进而寻求最优干预政策,这些政策包括罪恶税(Sin Tax)、营养标签、健康声称以及其他政府营养餐项目等。在税收干预方面,国外研究还比较关注税收对低收入家庭的影响。Allcott et al.(2019)通过求解最优罪恶税的水平发现最优的罪恶税随着需求的价格弹性的增加而增加,随着低收入消费者税收偏向程度或税收弹性的增加而增加,随着消费在穷人中的集中程度的降低而减少,随着收入效应的降低而减少,因为收入效应意味着商品税会导致劳动力供给扭曲。在保持美国联邦所得税率不变的情况下,他们估算出最优的联邦含糖饮料税应为每盎司1到2.1美分。Zhen et al.(2014)的预测显示,含糖饮料价格每盎司上涨半美分将减少饮料的总热量摄入,但产品替代效应可能导致钠和脂肪摄入量增加。低收入家庭的卡路里摄入的下降幅度预计会比高收入家庭更大,尽管他们的福利损失也更高。Zhen et al.(2023)进一步模拟了包括税收在内的多种营养干预的效果,发现:(1)糖饮料税对于提升低收入肥胖消费者的购买健康性是有效的;(2)水果和蔬菜补贴的营养益处集中在非肥胖消费者身上;(3)通过对不健康食品征税来全额资助的财政中性健康食品补贴对非肥胖消费者在经济和营养方面的益处多于肥胖消费者。因此,降低健康食品价格而不增加不健康食品成本不太可能减少肥胖。还有学者研究了广告监管干预的效果。Chen et al.(2019)模拟了潜在咖啡因含量监管政策,包括强制性的咖啡因含量标签、广告限制和咖啡因含量监管,对能量饮料的需求以及对咖啡因和糖的消耗的影响,发现强制性标签和广告限制对减少能量饮料的整体销量的作用有限。

营养健康食物的消费不但受到政府干预的推动,还受到食物消费者自身的偏好与需求、营养健康食物的可及性与供给能力的深远影响。有国外研究从需求侧出发,调查四个欧盟国家(比利时、法国、荷兰、英国)的2400名牛肉消费者对瘦牛排的营养和健康声明的偏好。结果普遍表明,消费者对营养和健康声明的评价因国家而异。在比利时、荷兰和法国,关于饱和脂肪的营养和健康声明的效用高于关于蛋白质和/或铁的声明,而在英国的消费者中则相反(Van Wezemael et al.,2014)。类似地,Malla et al.(2020)的研究估计了加拿大消费者对脂肪和肉类的需求,结果表明,健康声明使不健康食品的需求减少了1.41%到7.10%,同时增加了健康食品的需求,幅度在1.95%到8.50%之间。在营养健康食物的成本方面,Headey et al.(2018)通过分析来自49个国家的130432名年龄在6—23个月的儿童,发现在低收入国家,不可交易的新鲜牛奶、鸡蛋是卡路里的一种非常昂贵的来源,这些食物的卡路里价格与儿童的消费模式密切相关。Liu et al.(2014)认为在农村社区中,由于高电力和交通成本限制了消费者多样化食品选择的能力,基础设施建设和现代化可以有效改善营养平衡。而在更城市化的社区中,额外食品种类的消费成本相对较低，因此食品政策可能应该侧重于促进健康饮食，以减轻超营养的负担。

4. 绿色可持续食物消费

绿色可持续食物消费是国外研究关注的重点领域之一。在需求侧，学者大多聚焦于评估绿色可持续农食产品的市场需求及影响因素，此类产品涵盖绿色食品、低碳产品、有机产品、本地产品等。例如，Yu et al.(2014)研究发现年龄、收入对中国消费者对绿色食品的偏好有较大影响。在中国大城市和小县城之间存在消费者对绿色食品的偏好结构差异。Marette et al.(2012)在法国进行了一项实验以评估健康和环境信息对消费者在传统苹果和有机苹果之间的选择所产生的影响。结果表明，关于杀虫剂使用和杀虫剂残留的额外和详细信息显著影响了消费者在这两种产品之间的选择。White & Brady(2014)估计消费者愿意为环保肉品属性支付的程度，发现北美消费者对纯环境标签的肉品的支付意愿从 6.7% 到 32.6% 不等。Savchenko et al.(2018)的研究结果表明，对食物进行简单的加工，如干燥或液化，可以减轻消费者对使用再循环灌溉水的担忧。虽然加工食品的消费者对再循环水和传统水的灌溉没有偏好，但相较传统水，他们不太愿意为使用再循环水灌溉的新鲜食品支付更多。此外，向居民提供有关使用再循环水的好处、风险的信息对于对使用再循环水灌溉的新鲜和加工食品的支付意愿没有显著作用。

在供给侧，学者的主要关注点在食物消费对农业生产和生态环境的影响上。具体而言，Briggs & Chowdhury(2018)从资源强度的角度分析了印尼家庭的食品需求模式，并量化了在农业生产中食品需求模式的改变对三大主要资源输入（化石燃料、土地和水）的影响，发现在经济发展背景下形成的食品需求模式将大幅增加对自然资源的需求，不利于生态环境保护。Arrieta & Gonzalez(2018)度量了在牛肉消费量较高的国家中通过饮食变化减少气候变化的潜力，发现阿根廷与当前饮食相关的温室气体排放量非常高（每人每天 5.48±1.71 千克二氧化碳当量），其中牛肉生产占排放的最大份额（71%）。但是，有益于健康的一系列的饮食变化将显著减少温室气体的排放。

在政府干预方面，国外很多研究考察了价格干预对于刺激绿色可持续食物消费的作用。具体而言，Sall & Gren(2015)的研究评估了在瑞典引入肉类和奶制品消费环境税的影响。分析对象包括三种肉制品（牛肉、猪肉和鸡肉）、四种乳制品(牛奶、发酵制品、奶油和奶酪)以及四种损害环境的污染物[温室气体(GHG)、氮、氨和磷]。单位税收对应于 2009 年每千克产品价格的 8.9%—33.3%,同时引入所有七种产品的税可以减少畜牧业部门的温室气体、氮、氨和磷的排放,最多可减少 12%。Hamilton & Richards(2019)研究了如何通过食品政策减少家庭食物浪费。降低家庭食物利用的边际成本并提高新鲜食品的价格,会导致对新鲜食品需求价格弹性足够高的家庭更多地浪费食物。提高加工食品的价格会增加对新鲜食品的消费,但只要新鲜食品和加工食品在效用上是替代品,并且家庭的均衡食物利用率足够高,食物浪费就会减少。

四、研究评述与展望

(一)研究评述

第一,自 2012 年来,国内外学者对农产品供给与食物消费领域的关注度不断增加,围绕不同议题开展了大量研究,取得了丰硕的成果。按照从低到高的消费质量,已有研究可以整理归类为以下四方面:(1)基本食物消费;(2)质量安全食物消费;(3)营养健康食物消费;(4)绿色可持续食物消费。在上述每个方面,不同学者的研究各有侧重,具体细分为需求端、供给端与政府干预三重维度。

第二,由于基本国情与发展阶段的差异性,国内研究集中于基本食物消费领域以及质量安全食物消费领域,而国外研究主要关注的是营养健康食物消费与绿色可持续食物消费。在研究对象方面,国内研究偏向宏观层面的分析,而国外研究偏向微观层面、对具体食物种类或产品的考察。

第三,国内对基本食物消费与质量安全食物消费的相关研究主要从政府政策与供给端的视角出发,在大食物观的指导下探寻政府保障食物安全、稳定基本食物消费的供给侧措施。国内学者对需求端助推食物安全的关注度虽然近年来有所提升,但仍然有限。

第四,基于营养健康与生态环境对社会存在的外部性,国外对营养健康食物消费与绿色可持续食物消费议题的研究重点主要在于考察政府干预措施的成本收益,旨在探索有效的政府干预政策。除此之外,国外研究更为注重市场需求在促进营养健康食物消费与绿色可持续食物消费方面的作用,对不同类型的健康产品、绿色产品等的市场需求及其影响因素展开实证分析。

(二)研究展望

第一,宏观与微观经济分析:在研究框架中,将宏观经济学和微观经济学的理论和方法相结合,可以更全面地理解国家层面政策与市场因素对个体决策的影响。这将有助于揭示宏观政策与微观消费者之间的复杂关系。

第二,消费者偏好建模:未来的研究可以更深入地探讨消费者的偏好,包括使用高级定量方法来分析不同食品属性对消费者选择的影响,例如价格、品质、健康标签等。这有助于精确预测市场需求。

第三,环境可持续性研究:在考察绿色可持续食物消费方面,可以采用生态经济学模型来评估环境政策和绿色食品供应链的可持续性,同时考虑社会福祉和生态系统服务。

第四,政府政策评估:未来的研究可以更深入地评估不同政府政策和干预措施的效果,使用计量经济学方法来量化政策的影响,并提出有关政府政策的实际建议。

第五,高级方法论研究:未来的研究可以探讨更先进的方法学,如结构方程模型、因果推断、实验经济学等,以更深入地理解不同因素对食物供给与消费的影响。这将有助于提高研究的内部有效性和可靠性。同时注重多方法和多数据来源研究:结合不同的研究方法和多源数据,例如大数据、调查数据和实验数据,可以提高研究的可靠性和外部有效性,使研究结果更具说服力。

第六,跨学科合作:未来的研究应鼓励跨学科合作,整合经济学、农学、环境科学、健康科学等多个领域的专业知识,以更全面地理解食物供给链的复杂性。

综合以上观点,未来相关研究应致力于采用更高级的方法学、更深入的经济分析和跨学科合作,以解决农产品供给与食物消费领域的重大问题,并为政策制定者和实践者提供更具实践意义的建议。这些研究努力将有助于改进食品供给链的效率、可持续性和质量,以应对全球不断变化的营养需求和环境挑战。

第十七章
农业食物系统转型与食物安全

一、总体介绍

农业系统和食物系统是保障粮食安全的两大基本单元,承载了粮食生产与消费的核心体系。全球地缘政治、极端天气事件、自然资源退化、大流行病与生物安全、生物技术(生物能源化、饲料化)等外部冲击,对两大系统造成诸多破坏性影响,探索农业食物系统转型发展,实现粮食安全的韧性、可持续性发展一直是全球各领域关注的焦点问题。由于粮食具有生存必需品与国家发展战略物资储备的双重属性,其更具脆弱性。基于大国小农的基本国情、农情,以及共同富裕发展目标与人的全面发展目标,国内居民食物消费层级和饮食结构升级,契合了大食物观中对于居民食物消费多样化和营养健康的概念界定。消费模式转变一方面推进了农业系统从粮食属性向食物属性转型升级,更强调农业系统向构建食物全产业链转化(Zhan & Chen,2021);另一方面,优质、多样化要求食物系统供给主体的可调节性和适应性,并对畅通跨域食物流通网络建设提出了新的要求,数字化、信息化以及基础设施现代化,日益推动中国大流通体系发展。新国际形势背景下,中国农业食物系统转型发展更需要突出对中国特定情景的理论基础与实现路径的探索,不仅构建从农场到餐桌的全程食物供应链,也要提升应对传统因素冲击和新型风险冲击时不同品种间、宏观区域间的食物流通适应性和恢复力。因而,重新审视农业食物系统转型过程中目标内涵变迁、各阶段水平及发展路径,对保障全球可持续发展目标下中国农业食物系统韧性及食物安全具有重要的战略实践意义。

本章采用文献研究法,基于中国知网(CNKI)、Web of Science、Elsevier、Springer、Science Direct 全文电子期刊数据库,梳理分析 2012 年党的十八大以来国内外农业食物系统转型研究进展与研究重点,并展望 2023—2028 年农业食物系统转型研究方向和重点问题。以粮食安全(grain security)、食物安全(food security)、食品安全(food safety)、农产品质量安全(quality safety of agricultural products)、营养健康(nutrition and health)、食物系统(food systems)等为关键词进行文献检索,根据文献下载量(排名前 20)、被引量(排名前 20)、相关性和话题新颖度,最终筛选获得 75 篇文献,其中中文文献 60 篇,主要发表于《中国农村经济》《中国农村观察》《农业经济问题》《农业技术经济》《中国社会科学》《经济研究》《管理世界》《经济学季刊》《中国工程科学》;英文文献 15 篇,主要发表于 *American Journal of Agricultural Economics*、*Science*、*Nature Food*、*Science of The Total Environment*、*Global Food Security*、*Journal of Agricultural Economics*、*American Economic Review*、*Journal of Political Economy*、*Journal of Rural Studies*、*Proceedings of the National Academy of Sciences* 等期刊。

二、主题分布与研究侧重

遴选文献研究主题分布情况详见图 17-1。

图 17-1　文献研究主题分布情况

三、国内外领域重点问题研究进展

(一)国内研究进展

1. 新时代农食系统的内涵目标、发展路径

(1)内涵目标

食物系统概念最早可追溯至美国哈佛大学 Davis(1957)提出的"涉农产业体系"(agribusiness)概念,Marion(1985)最早正式提出"食物系统"(foods system)概念。随后,日本学者在欧美学者基础上进一步完善了此概念。

随着食物系统概念在学术界被不断深化和传播,国内各界也逐渐关注食物系统概念,并认识到其重要性。农食系统涵盖农业、林业、牧业、渔业和食品工业的食物生产、储藏、运输、加工、销售和消费环节及所有的参与者及其相互关联作用,以及所嵌入的更广泛的经济、社会和自然环境。周应恒等(2022)认为食物系统是由食物原料的生产、食品加工与流通、饮食消费和相关废弃物处理等子系统所组合而成,受资源、资本、技术、文化、制度等要素影响,食物系统各子系统内部、子系统之间、子系统与外部环境之间通过物质、能量、信息的交换与反馈,实现彼此之间的相互联系、相互作用,共同形成有机的整体。

新时代大食物观的提出,拓宽了对食物系统的理解。2015 年中央农村工作会议首次在中央层面正式提出"树立大农业、大食物观念"后[①],2022 年,习近平总书记对大食物观进行了详细阐述,指出"要树立大食物观,从更好满足人民美好生活需要出发,掌握人民群众食物结构变化趋势,在确保粮食供给的同时,保障肉类、蔬菜、水果、水产品等各类食物有效供给,缺了哪样也不行"[②]。党的二十大报告中再次强调"树立大食物观,发展设施农业,构建多元化食物供给体系"。不同学者对大食物观内涵提出不同见解,主要从食物消费、食物资源以及产业链角度辨析大食物观的科学内涵。具体来看,首先,大食物观发展理念拓宽了食物对象边界。食物不仅包括小麦、稻米和玉米等谷物,而且包括杂粮和薯类,同时蔬菜、水果、肉类、禽蛋、牛奶、水产品等也非常重要。大食物观不仅关注的食物范围大,

---

① 中央农村工作会议在京召开[N].人民日报,2015-12-26(1).

② 刘慧.从大食物观出发更好满足人民需要[N].经济日报,2022-03-08(5)。

而且注重各食物品类的内在结构。其次，大食物观尤其强调生产资源从耕地拓展到全方位、多途径的食物资源。最后，大食物观所关注的领域从侧重生产环节拓展到"科研—投入—生产—流通—消费"全产业链食物安全（樊胜根等，2022）。龚斌磊等（2023）以及樊胜根和张玉梅（2023）、程国强（2023）等学者认为大食物观的理念与国际上农业食物系统（agrifood systems）或食物系统（food systems）倡导的观念具有一定的相似度（见表 17-1）。

表 17-1　不同学者对大食物观概念的解读

作者 （年份）	概念内涵
黄季焜 （2023）	首先，大食物观要求树立基于整个国土资源的人与自然和谐共生的大农业观。其次，大食物观也要求树立基于全国和全球资源与市场的大比较优势观。再次，大食物观还要求树立基于安全、营养、健康和环保的新消费观。最后，践行大食物观必须建立与大食物观理念相适应的政策支持体系。
樊胜根和 张玉梅 （2023）	第一，大食物观发展理念拓宽了食物对象、粮食安全、食物资源等概念。第二，大食物观发展的目的是满足居民多样化的食物消费需求，改善营养健康。第三，大食物观提出了构建多元食物供给体系的新路径。第四，大食物观重视全产业链建设，确保食物供给的稳定性和可靠性。第五，大食物观要求食物的消费和生产都必须具有包容性。第六，大食物观与国际上的"食物安全"、"食物链"（food chain）、"食物系统"的概念一致
青平等 （2023）	大食物观是大资源观、大消费观、大安全观、大农业观、大科技观、大协作观、大市场观的集中体现，具有丰富的科学内涵。
龚斌磊等 （2023）	第一，大食物观体现了粮食安全内涵的深度延伸。大食物观是粮食安全观念的战略性转变和历史性演进的体现，其延伸了传统的粮食边界，丰富了新时代粮食安全的内涵，从以数量安全为主扩展到质量安全、能力安全等多个维度，进而更深层次地把握粮食安全，这已成为中国粮食安全战略的重要组成部分。第二，大食物观体现了粮食安全外延的横向拓展。大食物观将粮食安全关注的对象从主粮延伸到整个农林牧渔业产品，在确保口粮安全的前提下，不断拓宽食物供给种类，提升国民营养健康水平。第三，大食物观重视农业全产业链的纵向整合。大食物观倡导食物供给安全，涉及食物的获取、摄入、转化和利用的全过程，因此，也相应地覆盖食物的生产、加工和流通各个环节，体现了农业全产业链的纵向整合。第四，大食物观重视农业食物系统向绿色低碳转型。大食物观基于生态系统可持续发展理论，既包含了生产方式的绿色转型，也包含了生产区域的合理布局。
程国强 （2023）	第一，保障目标和范围，要从"吃饱吃好"向"吃好""吃得营养健康"升级，从以保障粮食（"米袋子"）供给为主，到守好"米袋子"的同时，也保障"菜篮子"（肉、蛋、奶、蔬菜、水果、水产品）和"油瓶子"（植物油）等各类食物有效供给全覆盖。第二，保障资源，从耕地资源向整个国土资源、从传统农作物和畜禽资源向更丰富的生物资源拓展，向整个国土资源要食物，从植物、动物、微生物获取热量、蛋白资源。第三，保障方式，从主要注重粮食等农产品生产，向加强"产购储加销"一体化为基础的食物产业链供应链建设、增强食物安全综合保障能力转型。第四，保障路径，从主要依靠国内资源，向立足国内保重点、在牢牢把握粮食安全主动权的同时，统筹建立安全可控的多元国际农业供应链拓展。

（2）目标路径

按照大食物观的要求，应对食物系统转型，应该突出目标更加高远、结构更加丰富、来源更加多元、供给更可持续、保障更加安全"五个更加"，从生产、加工、流通、消费等全产业链构建可持续的食物系统（陈萌山等，2023），并逐渐构建以实现高产高效、健康营养、环境可持续和气候适应、更具韧性、更具包容性五大发展目标的食物系统（Fan et al.，2021；樊胜根等，2022）。

大食物观体现了国家农业发展目标从侧重粮食安全向粮食安全、营养健康、双碳、韧性及共同富裕等多元目标的转变，紧密契合我国新时代国情、农情、食情和国家多元发展目标，同时也体现了我国食物与营养安全理念在系统性方面的不断深入。对此，也有学者提出大食物观的目标与路径。方平等（2023）提出要将保障权利安全纳入考虑，使之成为践行大食物观的关键政策目标，以此促进国家发展自主性、人民参与能动性和自然资源可持续性有机统一，确立中长期持续保障食物安全的中国道路。

2. 农食系统转型实现路径与问题

（1）资源环境要素与农业食物系统转型

耕地数量减少、质量下降和宜农荒地开垦潜力有限等现实压力，促使保护耕地成为保障粮食安全和实现农业可持续发展的关键举措（刘丹等，2018）。尤其在全球气候变化的时代背景下，农业作为最依赖自然环境的产业，受到气候变化及极端天气的影响更加明显，进而冲击粮食安全的各个方面（张林秀等，2021）。生态资源的恶化不仅会直接损害粮食的生产条件，导致后备农业资源总量减少和质量下降，还会威胁农产品的产量与品质安全，最终对我国粮食可持续供应和农业可持续发展造成损害（仇焕广，2022a）。面对日益加剧的资源环境压力和持续增长的消费需求，构建可持续的食物系统，根本在于转变生产方式，就是要从传统种养高度依赖的资源扩张型生产方式，向依靠科技驱动的绿色高效型生产方式转变，探索出一条资源节约型、环境友好型的绿色高效生产模式。

农业也是重要的碳排放源。除了经济生产过程中所消耗的能源和农用物资会导致碳排放，农业生产对象（例如农作物、牲畜）因其自身的自然属性也会诱发碳排放，比如，稻田产生大量甲烷，牲畜的肠道发酵与自身排泄物会诱发甲烷与氧化亚氮排放等（田云和尹忞昊，2022）。中国作为一个农业大国，二氧化碳排放量仍在进一步上升，说明农业碳排放已经成为一个不可忽视的环境问题（胡川等，2018）。随着2030碳达峰、2060碳中和目标的提出，中国已经把生态保护和节能减排作为环境保护工作的重点，并在农业领域延伸出"低碳农业"。不同于第二、三产业单一的碳排放特征，农业兼具碳排与碳汇的双重属性。中国农业生产部门总体呈现净碳汇效应，表现出了较强的正外部性（田云和陈池波，2021）。赵敏娟等（2022）根据农业碳减排方面的技术储备和发展趋势及中国"双碳"战略目标的时间节点，分析了中国农业碳中和目标与实现路径。

　　低碳目标和粮食安全目标之间在减排与增产、固碳与增产等方面存在需要权衡的冲突关系。粮食的增产往往需要依靠扩张耕地面积和增加生产投入的方式，但这会导致森林、草地等面积减少以及投入品增加，从而导致温室气体排放的增加；与此同时，低碳农业实践或者碳税等措施可能增加生产成本和减排成本等，对粮食供给和粮食价格产生影响。在固碳和增产方面，为实现低碳目标所采取的措施会影响能源消费和农业生产活动，对粮食安全产生影响。例如以土地为基础的减缓措施，包括植树造林和扩大生物质能源来源等，挤占土地、水资源等自然资源，会导致粮食价格上涨（陈志钢和徐孟，2023）。

　　尽管低碳减排与粮食安全目标存在一定的冲突关系，但采取适当的措施可实现低碳目标和粮食安全目标之间较强的协同效应。大食物观所倡导的以消费端的需求为导向，推进农业食物系统的供给侧调整，为低碳目标和粮食安全目标的协同发展提供了全面的框架指引（见图 17-2）。

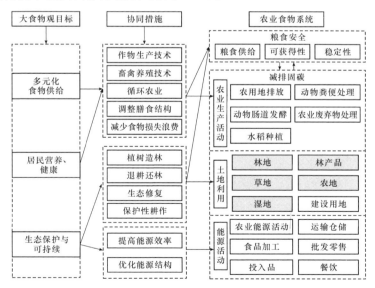

图 17-2　粮食安全与农业食物系统协同机制

注："土地利用"代指土地利用、土地利用变化和林业（LULUCF）。

资料来源：对农业食物系统的碳源和碳汇的界定主要参考张玉梅等（2021）。

（2）农业人力资本与农业食物系统转型

农业食物系统转型的关键在农业生产,特别是农业生产人力资本投入,把农村劳动力培养、人力资本投资摆在优先位置。随着工业化、城镇化快速推进,农业劳动力向非农转移成为一股不可逆转的潮流,进而影响到粮食生产和国家粮食安全。自20世纪80年代以来,大量的农村青壮年劳动力"弃农离农",老人、妇女、儿童成为留守农村的主要居民,中国农村剩余劳动力占农村劳动力总数的比例在2011年前后就已经下降到较低的水平(张兴华,2013)。农村劳动力外流造成老龄化、兼业化、文化素质低等问题(黄季焜和靳少泽,2015),引发农作物复种指数下降,进而造成季节性抛荒,甚至撂荒现象(王跃梅等,2013),降低农户农业产出及其增长率(盖庆恩等,2014)。此外,农业劳动力需求存在区域间差异。中国西部地区尚处于二元经济结构转换初期,存在过剩农业劳动力,而东中部地区农业劳动力流出对粮食生产起着负向影响,面临日益严重的农民荒现象(韩占兵,2014)。农业劳动力成本不断飙升,引发了西部劳动力向中东部迁移现象,同时带来了农业生产经营格局和农户种植结构变化,国内农产品竞争力下降、粮食进口大幅增长,粮食安全保障程度降低(钟甫宁,2016)。

培育现代职业农民、农村人力资本投资政策如何调整聚焦,是新形势下保障食物供给安全、推进农食系统转型无法避开的话题,也是解决各界广泛关注和讨论的"未来谁来种地"这一问题的关键。新型职业农民群体文化水平更高、更为年轻(曾俊霞等,2020),是未来农业发展转向依靠科技进步、提高劳动力素质的客观要求(夏益国和宫春生,2015)。在中国特定的复杂的社会环境下,需要进行包括土地制度、农业组织制度、政府的支持与服务以及农民教育制度在内的制度创新,以此为新型职业农民的成长创造良好的土壤,走出一条"内生主导、外生推动"的新型职业农民培育之路(徐辉,2016)。未来加强乡村数字信息技术的应用、完善乡村创业创新支持服务体系、建立健全乡村人才引进长效机制、优化农村人力资本投资保障工作等方面是中国农村人力资本投资的重要方向(李丽莉等,2021)。

（3）农业技术推广体系与农食系统转型

在市场与政府力量的共同作用下,中国农业科技与技术推广系统呈现"行政驱动和市场推动双重作用下的条块分割型结构"特征,遍布所有乡镇和边远地区,在世界各国中分布最为广泛(樊胜根等,2022)。农技推广体系在粮食等主要农作物、家禽水产等生产技术的普及上发挥了不可替代的作用,通过标准化生产、生态绿色转型、可持续发展,有力保障了国家粮食安全和主要农产品的有效供给(黄季焜等,2009)。但农业科技政策对小农需求的回应能力仍然有限(李小云等,2008),以四川某村水稻强化栽培体系(SRI)推广为例,由于社会政治背景的变化以及 SRI 推广主体——专家系统和协会负责人缺乏稳定权力,同时专家系统的知识准确性和农户的认识模糊性相互碰撞,削弱了该知识系统的传播有效性,进而无法建构起稳定有效的话语体系,导致 SRI 难以可持续地推广和应用。农户在考虑技术"比较效益"之后选择外出务工和"消遣经济"的道路,进一步弱化了新型现代农业技术话语,从而妨碍了农业经济的发展(徐晓鹏等,2013)。自 2004 年以来,新一轮政府农技推广体系改革已取得了显著成效,农业科技推广体系实现多点覆盖、多样化发展(郭海红,2019);技术由低到高向尖端化过渡;能力由单一到综合向复合型过渡,加快了农村产业化和现代化的步伐(周宏等,2014)。对于不同性质的推广组织主体而言,需要解决多元农业技术推广组织协作与激励机制问题,基于系统动力学的合作农业推广动力机制就是以行政型、教育型、科研型、企业型和自助型推广组织为合作的主动力,以投入的推广资源和能力为原动力(高启杰等,2015)。

(4)农业农村的公共基础设施投资与农业食物系统转型

在农业灌溉基建、储藏粮仓、用电上,为保障农业生产的水源供给,改善土地的经济特性,建立了完备的农田水利体系,促进了中国粮食种植和农业生产力(王金霞等,2004),对区域内粮食安全起着决定性作用(吴清华等,2015)。但农户灌溉用水效率差异性明显,农业用水效率仅为 0.54,远低于发达国家 0.7—0.8 的水平(张益等,2019),仍需要各项补贴与政策支持(陈萌山,2011)。

农村基础设施建设对促进地区发展具有多重效应,中国一系列交通基建包括村村通公路建设、高速公路发展,带来诸多社会效应,公路设施建设能够促进农业生产技术的传播,降低农业生产过程中的交易成本,提高农产品商品化率,同时,能加深乡村社会信息共享、信任程度(张维迎和柯荣住,2002),促进提高全要素生产率(卓乐和曾福生,2018),优化产业结构、提高资源配置效率(吴清华等,2015),促进农业休闲旅游发展等(王树进和陈宇峰,2013),促进农机跨区作业(罗斯炫等,2018),实现生产技术在空间上的溢出(高鸣和宋洪远,2014;伍骏骞等,2017),对推动农业现代化与设施化进程具有突出的作用。

3. 农业食物系统主体的组织化与数字化

(1)新型农业经营主体与组织规模化

已有研究主要集中于农业经营主体信息化发展、农产品流通体系建设、财政金融服务创新等方面(陈卫洪和王莹,2022)。在农业经营主体信息化发展方面,提出信息基础设施的规划发展可以有效促进经营主体之间信息资源共享,推动农业现代化建设(杨久栋等,2019;彭新宇,2019)。在农产品流通体系建设方面,主要对互联网技术的广泛应用在推动农产品流通渠道实现跨界融合与集成效应方面进行研究,倡导利用互联网技术实现农产品流通降本增效的目标(赵大伟等,2019)。截至 2021 年 9 月底,全国家庭农场超过 380 万个;全国依法登记的农民合作社 223 万家,带动全国近一半农户,农业经营主体规模化、组织化逐步形成。除此之外,依托专业合作社、家庭农场和农业企业等创新型农业经营主体,催生了农业职业经理人、新型职业农民和"新农人"以及专业社会化服务组织,对农业生产要素进行精细化经营与管理,提升了数字化科技成果向现实农业生产力转化的效率,更好地适应和推动了农业数字化转型的趋势与速度(宋常迎和郑少锋,2021)。

(2)农业生产主体数字化转型

新型农业经营主体通过构建由分散化到集中化的科学高效农业数字化管理模式,有效破解了耕地分散化和破碎化问题,促进了小农户与现代农业的衔接,提高了农业生产效率和整体收益,同时也加速了农业数字化转型升级的速度(姜长云,2020;宋常迎和郑少锋,2021)。借助数字化、信息化、互联网、现代化经营体系逐渐发展出"智慧农业+"、物联网等新业态(李海艳,2022),引领农业产业链升级(许玉韫和张龙耀,2020),推进农业系统向高效、绿色、生态转型(宋常迎和郑少锋,2021)。以电商为代表的兼具市场化和数字化特征的互联网技术,影响了农民生产和销售决策,对农业食物系统转型产生了深刻的推进作用。第一,电商发展能够促进农户创业活动,增加工商业经营收入(秦芳等,2022)。第二,农村电商发展能够促进相关产业链进一步延伸,带动快递、仓储、包装、培训等电子商务细分领域的发展,从而创造新的非农就业岗位,促使农村剩余劳动力向非农就业岗位转移,增加就业收入。第三,农村电商发展能够促进土地流转,提高土地转让的概率(张景娜和张雪凯,2020),增加土地流转收入。电商发展可能提升当地农产品的市场需求,通过土地流转解放农业劳动力,使其从事非农工作,从而获得转让收益(冒佩华和徐骥,2015)。

4. 国际贸易、农业结构调整与食物安全

(1)农产品国际贸易与食物系统转型

随着国内食物消费结构升级和国际市场不确定性因素增加,在国内国外"两个市场、两种资源"深度融合的农产品对外开放新格局下,农产品国际贸易面临新的战略调整。2001年我国加入世界贸易组织,农产品贸易规模持续扩大,大进大出格局形成,产品结构持续优化,贸易合作伙伴日趋多元,新业态新模式不断涌现(朱晶等,2018;马洪涛,2021),全球农业食品供应链已成为中国保障粮食安全的重要选择(张宁宁等,2022)。与此同时,大宗农产品全面净进口,主要农产品自给率显著下降,受国际粮食价格波动影响增强等现象也对国内粮食安全、农产品竞争力、农民收入造成一系列负面影响(唐华俊,2014;李光泗等,2015)。在国际粮食产业链供应链不确定性增加的背景下,如何构建安全可控、持续稳定的国际农产品供应链,推动我国食物系统转型,成为中国社会热议的话题。大食物观的提出,为应对国际农产品市场的风险挑战提供了思路。学界针对大食物观下的农产品贸易格局优化与粮食安全保障能力提升、全球农业贸易治理体系改革展开了探讨。要充分利用国际市场进口更多元化、差异化、高品质的农产品,积极推动农业贸易规则改革,拓展区域经贸合作领域,强化粮食安全风险监测和防范能力,有效增强国际粮食市场话语权与主动权(朱晶等,2022;朱晶等,2023)。

(2)农业产业结构调整与食物系统转型

合理的粮食行业结构有利于促进粮食流通周转高效规范,让消费者快速及时获取所需粮食,满足消费需求并降低粮食获得成本,实现粮食安全(侯立军,2013)。我国粮食产业链环节众多、相互割裂,中小企业数量多,核心企业大而不强、竞争力弱,严重制约了国内粮食产业链转型升级(寇光涛和卢凤君,2016)。自2013年开始,随着国内外粮食生产成本的变化,特别是国内劳动力、土地成本的大幅度上升,国内外粮食价格倒挂现象显现,粮食市场挤压效应对国内市场造成冲击,威胁到农业产业安全(翁鸣,2015)。从粮食全产业链的视角,精准识别粮食安全风险,提升粮食产业竞争力,全面增强粮食安全保障能力迫在眉睫。面对新一代技术革命和数字化带来的粮食产业结构升级机遇以及"一带一路"倡议深化和全球价值链重构激活的粮食产业对外开放机遇,高鸣和魏佳朔(2021)提出了建设国家粮食安全产业带的战略构想;梅旭荣等(2023)基于全产业链视角构建了包含九大类风险来源的粮食安全风险体系,研判出新阶段我国粮食安全面临七类主要风险。作为国家基础性、战略性产业,种业是建设农业强国的根本,良种是实现粮食和重要农产品稳产保供的重要支撑(仇焕广等,2022b)。促进种业振兴,是推进农食系统转型的必然要求。基于此,将早期识别常态监测与应急预警相结合,建立"全链条识别—全过程管理—多层级联动"粮食安全风险管控体系的战略构想被提出。

5.公共冲击与食物安全

(1)多重冲击对粮食系统韧性的影响研究

人口增长和饮食变化带来了不断增长的需求,全球牲畜产量在过去50年中迅速增长(Thornton,2010)。持续的"粮食—饲料"竞争与正在发生的气候变化、土地退化和水资源短缺等冲击,对建立韧性食物生产系统构成了复杂挑战。这些动物产品的额外饲料需求如果来自发展中国家的粮食作物,将进一步威胁这些国家的粮食安全,造成对粮食系统韧性的冲击,王明利(2015)认为畜产品的充足供应和质量安全问题依赖于粮食产品的稳定性。粮食金融化是在全球经济一体化进程中各国彼此联系越来越紧密的粮食产业被"金融化"的体现,它直接助推国际粮食价格剧烈波动和高价运行,使"单一经济"国家陷入饥荒(温铁军等,2014)。贸易冲击(进口紧缩、出口援助、战略粮食)受到区域冲突的影响,例如,俄乌冲突导致出口受阻、粮食减产、管制加强和油价上涨,将抬升粮食运输成本和生产资料成本(Ruan et al.,2021),放大全球供应链的脆弱性,加剧粮食供应不安。贸易摩擦如中美贸易争端给中国粮食境外供给带来不确定性,进一步增加了中国粮食境外供应的困难(黄先明等,2021;魏艳骄等,2021)。新冠疫情造成港口拥堵、运价高涨、断链等,影响食物进出口国或地区食物供应量和配置效率(樊胜根和高海秀,2020)。农业劳动力供给短缺、供应链中小生产者和农业企业等脆弱主体受损(郝爱民和谭家银,2022),无法适时生产耕作造成粮食减产。冲击挤出新业态发展,使得农户回归农本生产系统;但硬件基础、价值链基础设施、数字技术增强粮食体系主体应对外部冲击的能力(郝爱民和谭家银,2022)。

(2)农业金融政策对粮食系统韧性的影响研究

以创新的方式实现财政支农政策与农村金融政策的优化组合,推进农村财政金融服务创新。数字普惠金融内生的多种金融服务为农民群体分担大量的市场风险,数字信贷、数字保险、数字担保、数字抵押等多种金融产品为农民群体提供基础保障(徐攀,2021)。数字普惠金融的发展为农户与农业企业提供了新的金融业态,帮助农村农民规避和分担市场风险、自然风险、操作风险,降低未来不确定性,提高农业生产经营效率(黄卓和王萍萍,2022),从而大幅缓解农民群体的现实压力(邓金钱和张娜,2022)。

低碳目标和粮食安全目标之间在减排与增产、固碳与增产等方面存在需要权衡的冲突关系。随着国际形势的变动等带来能源价格上涨进而导致的化肥、农药、农膜等投入成本上涨,需将补贴转移到健康和可持续食物的生产和消费上,避免因农业生产时挤占土地、水资源等自然资源而造成粮食价格上涨(陈志钢和徐孟,2023)。但现有补贴或公共政策资金逐渐向技术研发倾斜,仍需探索绿色融资优化农业支持结构,支持农业食物系统转型(陈志钢和徐孟,2023)。例如创造有利于私人部门风险评估和管理的环境,通过税收优惠等制度,推动公私合作等融资模式来支持绿色高质量农业转型。

(二)国外研究进展

1.农业食物系统转型的外部环境因素

现有国外研究关注了全球生态环境、农业系统结构变化以及国际形势变化对粮食安全产生的一些影响。主要包括:①传统冲击。气候变化"直接—间接"影响粮食产量(Thomas et al.,2019);环境系统恶化加剧食物系统脆弱化(Chowdhury et al.,2017);武装冲突和难民潮引起食物供给缺口,威胁区域性粮食系统韧性;②粮食饲料化、能源化、金融化冲击。全球人口增长和"粮食—饲料"竞争对粮食安全构成威胁(Makkar,2018),粮食金融化助推国际粮食价格剧烈波动和高价运行,使单一经济国家陷入饥荒。粮食能源化影响世界农产品价格,加剧全球粮食危机(Ahmed,2020);③贸易冲击。区域冲突、贸易摩擦等放大全球供应链脆弱性,加剧粮食供应不安全(Dithmer & Abdulai,2017),扩大粮食进口也可能加重进口国粮食系统的脆弱性(Kummu et al.,2020;Grassia et al.,2022)。多重风险冲击将可能同时存在、传播和溢出,使得日益复杂和全球化的食物供应链更加暴露于环境变化和极端事件中(Malik et al.,2022),脆弱性增加(Fan et al.,2021;Davis et al.,2021)。

2.农业食物系统转型的政策及其影响

在理解农业食物系统转型的政策环境影响后,学者们逐渐开始关注政策对食物系统家庭及个体消费的效应评估。(1)气候政策与环境法规影响家庭食物消费和福利。环境规制对生态治理，可能会造成一定的负外部性，对消费者的食物消费造成冲击，导致食品支出变化。气候政策通过提高能源价格来提高食品价格。Renner et al.(2018)使用二次近乎理想需求系统(QUAIDS)估计了碳税政策对墨西哥家庭生活水平的影响，模拟结果显示，对 CH_4 和 N_2O 征税会导致食品价格显著上涨，对于刚需的食品，支出增加，消费者福利降低。气候政策也可能导致食品支出减少。Okonkwo(2021)估计了碳税对南非家庭福利的影响，其中包括减少食品支出以适应电价上涨。(2)大流行病对食物消费系统的冲击。新冠疫情风险防控措施促使各类食物线上下单、送货上门的需求激增，便捷快递物流提供的非接触式配送服务确保了食物供应链的正常运行。消费者需求转向居家消费，餐厅预订量急剧下降，冷冻食品和包装食品的零售需求飙升，食品供应链的运作方式产生了新变化(Zhan & Chen,2021)。随着人均收入增加，高收入国家的食物可获得性变化相对较小，但低收入国家对谷物需求增大(Nelson et al.,2014)。

3.农业食物系统风险评估与政策估计模型

广泛使用的模型包括美国农业部 CPPA 与 ChinaAg 模型、食物政策研究所农业商品和贸易 IMPACT 模型、世界银行计量经济模拟模型(WBESM)、联合国粮农组织食物模型、OECD-FAO 的 AGLINK-COSIMO 模型等，以及国际贸易和农业模型 GTAP、G-Cubed 和全球贸易与环境模型 GTEM 等。这些主要基于局部均衡或一般均衡理论构建的全球或中国农业政策分析模型，由于在基础假定、模型参数、模型结构等方面的差异，预测结果存在差距。此外，我们还需要考虑应对食物系统冲击的对策。包括食物碳税、应对新冠疫情冲击风险防控政策工具等，全球各国通过向农业生产者提供补贴与各类政策等弱化粮食韧性风险。

四、研究评述与展望

(一)研究评述

当前文献重点关注农食系统发展中对产量目标与粮食安全韧性的追求，较多研究对气候变化、生态灾害、疫情等冲击下粮食产量与体系发展方面政策分析和预测均衡模型、仿真模拟等进行了充分阐述。但尚未有文献对食物消费多样化、营养健康、低碳等韧性问题进行深入分析，特别是在大食物观下，对农业食物系统转型与安全的内涵与评价体系仍未作出清晰界定。在对食物市场优质、营养、健康等消费行为决策的研究中,忽视多重冲击对新型消费决策影响的中长期效应及对社会福利影响变化评估,特别在当前全球形势变动、多重冲击下,解决多目标多层次食物系统韧性发展与风险评估问题,以及建立应急方案体系时,仍未能就全球新兴热点问题对农业食物系统转型与食物安全影响提供综合模型的方法与技术支撑。

农业食物系统转型与食物安全的内涵界定问题。一般地,食物系统等同于粮食安全体系,但忽视了从消费视角对食物系统韧性、可持续性与包容性的认识。如要拓展食物安全概念的外延,需进一步结合当前食物消费对数量安全与营养健康的需求,重新理解不同冲击对社会、微观主体的食物需求与结构影响,如何构建这一新目标下的食物系统安全仍是研究重点。

农食系统转型后食物安全的路径机制与影响效应问题。现有国内外研究多从传统供应链视角深入分析其风险,从市场消费层面赋能食物系统安全,以解决食物韧性与包容性问题仍未得到更多的重视。从路径机制上,技术创新与基建对农食系统转型作用如何量化,以及不同冲击对市场消费韧性及中长期效应评估仍是当前研究难点之一。

农业食物系统转型的风险评估与应急方案的动态有效性问题。在社会经济情景下,应对冲击保障食物系统安全,存在多方协作、行为反应以及动态政策调整的问题,带来评估工作的复杂性、区域性、动态性、异质性等重要挑战。

(二)研究展望

加强基础理论体系建设,完善跨学科研究框架构建。在重审农业食物系统转型与食物安全目标、科学评估全球及我国粮食系统安全基础的前提下,借鉴联合国粮农组织可持续粮食体系分析框架提出生物物理和环境、技术创新和基础设施、经济和市场、政治和制度、社会文化、人口六类影响粮食体系分析框架,重构基于应对多重冲击与挑战下"中国特色情景因素"食物安全的理论分析体系,深化融合基于中国自主理论体系的生态学、系统工程学、地理学、社会学、发展经济学、管理学、农业经济学、公共卫生学等学科理论与方法。

建立多层次评价指标体系,完善中国情景食物安全内涵。明确实现"数量安全""营养健康""低碳"三重目标的农业食物系统转型新内涵与外延特征。进一步建立较为系统、完备的食物安全评价指标体系,以准确反映食物系统发展的层次性、结构性的区域、群体异质性以及发展渐进性,同时也为全球、地区、国家县市不同层次分析多重冲击下食物系统韧性与风险评估提供"评测度量维度",总结出食物安全评价指标体系,为应对重大冲击并保障宏观地区与微观家庭的数量安全、营养健康、可持续的农业食物系统转型判断提供科学依据。

构建中国情景食物安全分析模型。基于不同情景下的食物需求结构变化、家庭可支配收入变化、食物支出变化等,引入全局/局部均衡模型,构建食物系统分析模型,估计"全球—地区—省市"不同层面的食物安全的风险程度;预测未来潜在冲击下的食物需求趋势,模拟不同冲击下不同层面食物两重目标的演化格局;研究食物韧性与农食系统中包容性发展的耦合关系,以中国为例,研究多重冲击对食物安全的影响与保障策略,助力推进我国食物供应链安全的风险防控与应急方案的确立,为保障全球特别是发展中国家食物系统韧性、可持续、包容性发展提供中国经验。

第十八章
农村劳动力转移与农民市民化

一、总体介绍

农村劳动力转移是发展中国家实现工业化并完成经济转型必然经历的现象，一直是发展经济学等学科研究的重要课题，对其转移动因、特征以及影响等方面进行深入研究十分必要。本章采用文献研究法，基于中国知网（CNKI）、Web of Science、Elsevier、Springer、Science Direct 全文电子期刊数据库，梳理分析了 2012 年党的十八大以来国内外农村劳动力转移领域研究进展与研究重点，并展望未来农村劳动力转移领域的研究方向和重点问题。以"城乡劳动力转移"（land management/land administration/land governance）、"农村劳动力流动"（land management system）、"农民市民化"（land policy/land use policy）等为关键词进行文献检索，根据文献的下载量（排名前 20）、被引量（排名前 20）、相关性和话题新颖度，最终筛选出 61 篇文献，其中中文文献 41 篇，主要发表于《中国农村经济》《中国农村观察》《农业经济问题》《农业技术经济》《中国社会科学》《经济研究》《管理世界》《经济学季刊》；英文文献 19 篇，主要发表于 *American Journal of Agricultural Economics*、*Journal of Agricultural Economics*、*Agricultural Economics*、*European Review of Agricultural Economics*、*Canadian Journal of Agricultural Economics*、*Australian Journal of Agricultural and Resource Economics*、*American Economic Review*、*Econometrica*、*Journal of Political Economy*、*Quarterly Journal of Economics*、*Review of Economic Studies*、*Journal of Labor Economics*、*Journal of Development Economics* 等期刊。

二、主题分布与研究侧重

遴选文献研究主题分布情况详见表 18-1。

表 18-1　农村劳动力转移领域国内外研究文献分布情况

区域	研究领域	研究主题	文献篇数/篇	所占比重/%
国内	转移动因	农村土地制度 城市公共服务 城乡基础设施建设 数字经济与人工智能 社会资本	9	14.8
	转移特征	现阶段转移特征总结 刘易斯第二转折点 转移形式升级	5	8.2
	转移影响	宏观经济变动 城市劳动力市场 农业生产率 非农部门生产率 农村居民投资行为	11	18.0
	农民市民化	市民化内涵与程度 市民化意愿与能力 市民化制约因素	16	26.2
国外	转移动因与行为特征	制度性转移障碍 转移成本收益分析 社会保险参与 风险偏好	9	14.8
	转移影响	城市劳动力市场 农业生产率 非农部门生产率 农村居民人力资本投资 宏观经济增长	6	9.8

续表

区域	研究领域	研究主题	文献篇数/篇	所占比重/%
国外	政策评估	农村土地产权制度 户籍制度 精准扶贫政策	4	6.6

遴选文献研究主题的主要研究内容情况详见表 18-2。

表 18-2　国内外农村劳动力转移领域研究侧重点比较

研究领域	研究主题	关注程度		主要内容	
		国内	国外	国内	国外
转移动因	制度性转移障碍 转移成本—收益	☆☆☆☆☆	☆☆☆	农村土地制度 基础设施与公共服务 数字经济	农地确权 非货币性成本
转移影响	工农业生产率 转移群体行为 城市劳动力市场	☆☆☆☆	☆☆☆☆☆	转移劳动力的异质性分析	城市不同群体的工资水平与劳动参与
转移阶段与农民市民化	刘易斯转折点 农民市民化 需求与供给	☆☆☆☆☆	☆	农民市民化的主观需求与现实困境	农业转移群体的福利分析

注：☆表示对该研究的关注程度。☆越多,关注度越高。

三、国内外领域重点问题研究进展

（一）国内研究进展

依照农村劳动力转移阶段划分,目前国内农村劳动力转移领域的研究主要集中在农村劳动力转移和农业转移人口市民化两方面,前者重点探讨农村劳动力由农村农业转向城市非农产业这一过程的动因、阶段特征及该过程对城乡、工农及区域发展等多方面的影响;后者则主要关注已进入城市的农业转移人口长期居住并融入城市的意愿、能力、程度及相关政策措施的成本收益等问题。

1. 农村劳动力转移

(1)转移动因

在当前农民工总量增速趋缓的背景下,对农村劳动力转移动因问题的探索仍具有深刻现实意义。国内相关研究仍大体遵循传统"推一拉"分析框架,高铁等现代化基础设施建设对于农民非农就业的作用被充分肯定,张军等(2021)的研究指出高铁开通一方面可降低流动成本并提高农业生产率;另一方面也有利于当地非农产业发展,两方面因素共同推动了农村劳动力转移。农村基础设施建设的作用被分类讨论,有研究指出,通过提高农业生产率,道路、灌溉等农业生产设施的建设有力促进了农村劳动力非农就业;而医疗卫生等福利性设施的建设则对农村劳动力产生了一种"拉力"(骆永民等,2020)。城市公共服务与农村土地制度安排被认为是影响农村劳动力转移的两大因素,两者共同影响着农村劳动力的转移成本与收益。以新农合为例,其参保地严格与户籍挂钩,无法随人口流动而变迁,且相比于本地报销,其异地报销不仅起付点更高,而且报销比例更低,显著提升了农村劳动力转移的医疗成本(贾男和马俊龙,2015)。而土地流转成本过高,既不利于具有非农比较优势的劳动力向非农产业转移,也不利于具有农业比较优势的劳动力留在农业部门中(陈媛媛和傅伟,2017)。劳动力自身所拥有的社会与人力资本决定了其在城市和非农部门的就业能力,但传统宗族网络在促进农村劳动力外出就业中的正向作用随着社会转型而逐渐弱化(郭云南和姚洋,2013),技能培训作为农村劳动力积累自身人力资本的一种方式正在受到越来越多的重视(展进涛和黄宏伟,2016)。数字经济与人工智能等新兴事物对于农村劳动力转移的作用得到广泛关注。

人工智能对于劳动要素具有替代效应,倾向于冲击农业转移人口的就业、迁移稳定性和收入水平,并且该效应在低技能、年龄较大、女性与跨省流动的农村劳动力中更为明显(刘欢,2020)。数字金融因其相对而言能为城乡劳动力所平等获取的包容性,而被认为对农村劳动力具有"拉力"作用(马述忠和胡增玺,2022)。数字经济虽然对部分传统产业有所冲击,但其整体上创造了更多的就业岗位,催化了一大批新兴就业形态的产生,同时也利于就业信息的充分流动,因此学者们多认为其对于农村劳动力转移具有推动作用(齐秀琳和江求川,2023)。

(2)转移特征

根据刘易斯二元经济理论,当农村剩余劳动力完全转移后,农业劳动边际生产率开始上升而不再为零（第一转折点），城乡劳动力市场逐步实现一体化；最终，工农业劳动边际生产率趋同，二元经济特征消失。尽管学者们关于当前中国农村是否仍存在剩余劳动力尚未达成一致，但刘易斯第一转折点（农业劳动边际生产率开始由零转为正）在 2008 年或更早时已到来的结论则为多数学者所认可，目前学术界关于农村劳动力转移阶段的讨论更多地集中在刘易斯第二转折点方面（工农业劳动边际生产率趋同）。在当前实践中，一方面，由于户籍制度等因素的限制，相当规模的农业转移人口在城市无法获得其应有的公共服务，他们在城市的生活成本居高不下；另一方面，农村土地产权制度安排的不完善制约了农业转移群体的财产权益保障，两方面因素共同造成大量农业转移人口虽然已经在城市就业生活，但仍保有农村户籍与财产，往返于城乡间的"农民工"现象（张车伟等，2022）。农民工群体转移的不彻底及其因年龄增长而回流等现象抑制了农地流转与农业规模经营，不利于农业生产率的提高，导致中国目前虽然刘易斯第一转折点早已到来，但农村仍存在剩余劳动力，工农业劳动边际生产率未能趋同，第二转折点迟迟未能到来的现象（蔡昉，2018；王亚楠等，2020）。近年农业转移群体发展也出现了一些值得关注的新趋势，例如：新生代农民工就业结构由建筑与制造等第二产业转向商业服务业等第三产业、农民工整体技能水平有所提升并且返乡创业的热情日渐浓厚等（杨志明，2017）。杨子砚和文峰（2020）认为，农地流转所产生的资产性收入在促使农村转移劳动力由务工转向创业的过程中发挥了重要作用，并且该作用对于低收入转移群体更为显著。总体来说，当前中国农民工总量增速趋缓，以农民工为代表的农业转移群体市民化问题成为理论与政策研究的焦点，相关问题详见本章第二节。

（3）转移影响

宏观层面，因非农部门相对生产率较高，故而农村劳动力由农业进入非农部门会产生要素配置效应，促进整体经济增长；此外，转移劳动力的集聚和"干中学"也利于提升自身素质与技能，产生效率效应（程名望等，2018）。伴随着农民工总量增速的持续放缓，近来相关研究多指出城乡劳动力转移产生的要素配置效应已渐趋弱化，转而探讨城市间劳动力配置效率（黄文彬等，2023）。相较于农村居民，农业转移群体收入较高；但相较于城市居民，该群体又无法充分享受社会保障，故他们的储蓄率普遍较高，该群体规模的扩大是中国国民储蓄率上升的重要原因（张勋等，2014）。徐建国和张勋（2016）指出城乡劳动力转移推动了非农部门资本深化，而非农部门的发展反过来又为农业部门提供了资金和技术支持。

微观层面,随着刘易斯第一转折点的到来,农村劳动力转移对于农业生产的负面影响逐渐显现并表现出显著的异质性,男性和壮年女性劳动力的转移倾向于降低农业产出增长率(盖庆恩等,2014),但农业合作经营可在一定程度上弱化此种负向效应(苏昕和刘昊龙,2017)。在考虑了性别、年龄与教育水平等异质性后,农村外出劳动力与本地劳动力对于家庭收入贡献率的差异大为缩小,外出务工倾向于扩大农村内部收入差距(甄小鹏和凌晨,2017)。农地市场发育与农村劳动力转移有着紧密联系,但近期研究发现农户的土地流转倾向主要由女性劳动力的非农就业决定(黄枫和孙世龙,2015)。除农业生产与土地流转外,农村劳动力转移还深刻影响着转移劳动力自身的行为特征和工资水平(呼倩等,2021)。葛永波和陈虹宇(2022)指出农村劳动力转移使农户更积极地参与风险金融市场并持有更多风险金融资产。农村劳动力转移对社会治安等非经济因素的影响逐渐得到关注。相关研究发现劳动力流出对于农村社会治安影响不大,但劳动力流入则会显著增加农村民事纠纷、违反治安条例及刑事案件的发生率,这一效应在沿海地区更为明显。刘彬彬等(2017)从农村内部环境、经济结构、"隐性"失业与教育落后等方面对上述现象提出了可能的解释。

2.农业转移人口市民化

(1)市民化的内涵与程度

狭义的市民化指已进入城市的农业转移人口的市民化;广义的市民化还包括农村居民的就地市民化,指全体农民的收入水平、社会福利、居住、教育与医疗等条件与城市市民的趋同(王景新,2015)。目前相关研究以讨论狭义的市民化,即农业转移人口的市民化为主。胡雯等(2016)从市民化的意愿与能力两方面评价新老农民二群体的市民化程度,发现新生代农民工的市民化程度显著高于他们的父辈。新生代农民工为融入城市,在消费形式上与其父辈有所差异,他们更愿意为获取市民认同而进行"地位消费"(金晓彤等,2017)。农民工群体内部城市融入度的差异也体现在他们对于医疗保险的态度上,相比于低融入度群体,已高度融入城市的农民工更看重医疗保险这类福利性保障(秦立建和陈波,2014)。在户籍制度未能全面放开的背景下,农业转移人口规模的持续扩大倾向于降低农民工群体在行为、心理与身份认同方面的城市融合度(陈云松和张翼,2015)。

(2)市民化意愿与能力

当前中国农业转移人口市民化面临着"愿落不能落,能落不愿落"的两难困境,市民化意愿与能力相匹配才能形成市民化的有效需求,二者缺一不可。推进农村产权改革,有效保障转移人口的宅基地使用权、土地承包权和集体收益分配权等合法权益是提升转移群体市民化意愿的重要条件之一。对于农民工退出农村土地权益的补偿问题,杨照东等(2019)的研究显示相对于经济或就业补偿,养老、住房或教育补偿更为重要。仇叶(2020)指出应注重土地开发权配置的公平性,防止小部分农民因对土地相关收入的过度依赖而排斥市民化。在原市民与转移群体间实现基本公共服务均等化是提升转移群体市民化意愿的另一个重要方面,祝仲坤(2021)的研究表明公共卫生服务可显著提升农民工的留城意愿,并且这一作用在老一代及跨省农民工中更大。方言等社会文化因素对于农民工的市民化意愿也有重要影响,相对而言,农民工群体更愿意在方言与家乡接近的城市定居(刘金凤和魏后凯,2022)。上述农村产权与城市公共服务等制度安排的完善对于提升转移群体的市民化能力同样重要,除此之外,转移群体自身的人力与社会资本也是影响其市民化能力的重要因素,为此,政府应积极缩小城乡教育差距,加强对农民工技能培训的支持,推动以业缘关系为基础的新型社会关系网络的发展(李练军,2015;周柏春和娄淑华,2016)。

(3)市民化的制约因素

落户门槛的存在使相当数量的农业转移群体无法获得所在城市的户口及附着其上的公共服务,张吉鹏等(2020)的研究表明目前城市落户门槛仍是引起农业转移人口回流的重要因素。2014年中国全面展开户籍制度改革,但仍严格控制特大与超大城市的人口规模,而特大与超大城市因其较高的工资水平与优渥的公共服务条件,往往又是农村转移劳动力的主要目的地,2014年后,上述两类城市义务教育阶段入学门槛提高,引起该两类城市的农村流动人口子女的留守概率显著增加(陈媛媛和傅伟,2023)。户籍制度改革背后是巨大的资金投入,市民化后,农业转移人口的各类社保、公共服务、住房保障及其子女教育均需政府财政支持,同时,农民工市民化还将对迁入地居民的福利水平产生影响(杨曦,2017)。但宋扬(2019)的政策模拟分析显示户籍制度全面放开后,劳动力的优化配置会显著促进经济增长,提升高龄农民工的收入水平,社会收入差距将大幅缩小,改革成本基本为 GDP 的增加所抵消。

(二)国外研究进展

1.转移动因与行为特征

对于农村土地产权的保护在国外相关文献中被特别关注,de Janvry et al.

(2015)指出墨西哥的农地确权显著推动了农村劳动力转移。21 世纪初中国农村承包地被重新分配的风险增加了劳动力外出就业的机会成本,从而对农村劳动力转移产生了抑制作用(Giles & Mu,2018)。Adamopoulos et al.(2022)认为中国农村土地产权的不完整造成农村土地在资本市场中的扭曲,要素无法依据边际生产率的高低在农户中自由流动,不仅导致农业总产出的潜在损失,而且不利于农村家庭劳动力的合理配置。天气变化引起的收入冲击限制了坦桑尼亚男性劳动力的外出从业活动,表明家庭的流动性约束是农村劳动力转移的重要限制因素(Hirvonen,2016)。Huttunen et al.(2018)指出家庭联系等非经济因素对于非稳定就业劳动力的流动具有显著影响,失业后劳动力的流动走向与生育子女、离婚等生活事件有着紧密联系。对于个体和家庭而言,农村劳动力转移的固定成本通常较小,主要是交通成本和收入风险;除城市生活成本外,流动成本中相当一部分是非货币性成本(Imbert & Papp,2020)。劳动力自身的偏好与行为特征是影响农村劳动力转移决策的重要因素。Hao et al.(2016)的研究表明,在面对市场竞争时,相比于留在农村中的劳动力,转移劳动力更具冒险精神,尽管风险随机产生时两者偏好并无明显差异,但这一结论仍为农村劳动力转移的选择性提供了证据。受限于不完全信息等因素,目前中国农业转移人口的社会保险参与率总体偏低。在不具有正式工作的转移群体中,对于社会保险注册、成本与收益等信息的宣传会显著提高他们对于医疗保险的参保率,但是信息干预对于养老保险参保率的效果则依据群体年龄而定。一般来说,较为年轻的转移人群更乐于参与养老保险。此外,转移群体的社保参与率还与保险费水平(相对于他们的收入)有关(Giles et al.,2022)。

2. 转移影响

20 世纪 90 年代,"新劳动力迁移经济学"(new economics of labor migration)兴起,认为农村劳动力转移一方面会增加农村家庭的汇款收入,从而缓解家庭的流动性约束,激励农户增加农业生产投资和应用新技术;另一方面可能会减少农业生产中的劳动投入,劳动力转移对农业生产的影响取决于上述两方面影响互相抵消后的净效应(Rozelle et al.,1999)。最新研究表明,由于当前中国农业转移人口多为青壮劳动力,农村中从事农业生产的劳动力渐呈老龄化,老年劳动力的劳动能力与人力资本具有局限性,因此中国农村劳动力转移对农业生产的负面影响已逐渐显现(Shi,2018)。关于农村劳动力转移的相关研究一般着眼于"城—

乡"转移,但 Chamberlin et al. (2020)关于赞比亚的研究则发现农村劳动力的转入,特别是"乡—乡"转移,会对转入地农业生产产生显著正向效应。相比于转入地的原居民,转入农户通常具有更丰厚的资本禀赋,并且在农业投入与产出市场上表现得更为活跃。

Imbert et al. (2018)基于对 21 世纪初中国微观数据的研究,发现由于资本未能得到及时调整,农村劳动力的流入使城市制造业部门变得更为劳动密集,劳动生产率可能会在中短期内都停留在较低水平;从劳动力流入中获益最多的是那些原本生产率就较低的企业;但流动劳动力在地区间的选择最终会使区域要素生产率趋同。关于印尼的研究表明人口流动障碍的去除会提升总生产率,流入地原居民的收入水平也会因此提升(Bryan & Morten,2019)。关于中国的研究也有相似的结论,城乡劳动力转移和城市化对于农民工、城市高技能和低技能劳动力收入的影响具有异质性,获益最多的是城市高技能劳动力,农民工的收入可能会因为同行业的劳动力流入而受到负面影响,这种异质性效应是导致中国工资差距的重要原因(Combes et al.,2020)。在农村个体和家庭层面,农村家庭可能会因外出务工收入增加而给予子代教育更多的支持;但若移民网络将外出务工收入较高的信息传递回农村,农村劳动力可能也会因继续接受教育的机会成本较高而选择放弃上学外出务工(de Brauw & Giles,2017)。因此,农村劳动力转移对于农村个体人力资本投资决策的影响也不容忽视。

3. 政策评估

中国户籍制度和农村土地制度改革受到国外研究者的重点关注。Kinnan et al. (2018)将"上山下乡"运动产生的省际联系与户籍制度改革相结合,发现1995—2002 年期间,"上山下乡"青年流出地的户籍制度改革可显著提升该地区外来农村劳动力流入率,并且因户籍制度改革引起的转移途径的增加,还可降低农村家庭的消费波动性和资产持有率,推动家庭转向更具风险和回报的生产活动中。An et al. (2024)的最新研究评估了中国 2014 年户籍制度改革对劳动力市场的影响,发现非特大城市落户门槛的下降对城市本地居民的工资水平和劳动参与率没有明显的负面影响,但城市中原农民工群体,特别是那些受教育程度较低的群体,其工资水平会经历一定程度的下降。这可能是因为外来劳动力与城市本地劳动力存在一定技能互补性,但农业转移群体的就业行业较集中于建筑和制造行业,新转移群体的到来会增加这些行业的劳动供给,加剧劳动市场上的竞争。

2003 年修订的《中华人民共和国农村土地承包法》赋予农民流转农地土地经营权,在落实相关政策的省份,农民非农就业活动显著增加(Chari et al.,2021)。此外,中国精准扶贫中的"易地搬迁"项目因降低流动成本而能够帮助具有非农比较优势的农村劳动力进入非农劳动市场(Zhang et al.,2023)。

四、研究评述与展望

(一)国内外研究重点问题比较

自 Lewis(1954)提出二元经济理论以来,农村劳动力转移问题一直是国内外经济学学术领域关注的重点,其中,转移动因及其对城乡、工农、区域乃至农村家庭和个体的影响是国内外学者们一致关注的焦点,但因实践环境的不同,国内外相关领域的研究在研究对象、内容和方法等方面也表现出一定的差异性。此外,对于农村劳动力转移阶段和农民市民化的讨论主要见于国内研究,国外类似的研究主要体现在对于农业转移群体工资及福利的讨论中。

1.转移动因

国内外对于农村劳动力转移动因的分析基本遵循了"推—拉"分析框架,并将其与农村家庭和个体的转移成本与收益分析相结合。农村土地产权制度安排、城市公共服务和基础设施的影响是二者共同关注的重要方面,尽管农地确权仍是国内相关研究的热点,但国内对于农村土地产权制度安排与劳动力转移关系的讨论更多地扩展至宅基地等农村集体建设用地方面。数字经济的影响是国内关注的另一个重要方面,但在国外的相关研究中还较少被提及。在基础设施方面,城市基础设施对于农村劳动力的"拉力"为国内外学者所共同承认,但随着乡村振兴战略的实施,近年国内学者更加关注农村基础设施建设对于劳动力所产生的"推—拉"效果。相较于国外同行,国内学者对于转移劳动力自身偏好与行为特征在转移决策中所发挥的作用关注较少。

2.转移影响

土地流转、汇款收入与劳动力流失是国内外学者共同认可的农村劳动力转移对农业生产的影响路径,对于劳动力异质性的分析也为国内外学者所重视,但国内学者在集体经济发展壮大的背景下,开始关注农业合作经营在其中可能发挥的调节作用。作为人口流动障碍的重要来源,中国的户籍制度受到国内外学者的共同关注,对于其对农业转移群体影响的讨论,国内外学者的结论也较为一致。此外,从宏观层面讨论城乡劳动力配置效率对于整体经济增长的贡献也是国内区别于国外的重要研究热点。

(二)研究评述

1.转移动因与影响

数字经济、人工智能与高铁等新兴事物被纳入劳动力转移的相关研究,是学者们对现实关切的积极回应。越来越多的相关研究不再单纯强调农村劳动力向城市非农部门的转出,而更加注重评估农村劳动力个体和家庭在农业与非农活动中的比较优势,最新研究对于农村土地产权制度不完善会阻碍具有农业比较优势的劳动力留在农业部门这一现象的揭示,为我国在新形势下发展职业农民,提高农业生产率、保障粮食安全提供了新的理论思路。但国内外现阶段的相关讨论多集中于承包地,对于农村宅基地和集体经营性建设用地的讨论相对较少且多限于理论探讨和经验分析,实证研究十分匮乏。新型城镇化是以人为核心的城镇化,户籍制度的全面放开涉及从城市居民、农业转移群体福利到政府财政等方方面面,相关研究对于户籍制度改革的成本收益评估及其对城市不同群体福利影响的讨论具有十分重要的现实意义。对于不同类型农村基础设施建设推动劳动力转移的效应评估,为乡村振兴战略的实施提供了理论借鉴。

2.转移阶段特征

学者们对于当前我国城乡劳动力转移及农民工群体出现的新形势、新变化的及时总结,既为政策制定提供了有益参考,也为相关学术研究指明了方向。国内学者们对于刘易斯第二转折点的讨论,体现了将西方经典经济学理论与中国实践相结合的学术精神,也有利于引发国内外更多关于中国工农业劳动边际生产率未能趋同这一现象的思考,为发展中国家实现经济转型贡献中国经验。

3.农民市民化

因独特的历史与制度安排等因素,农民市民化这一议题具有鲜明的中国特色。以往相关研究的主要关注点在于农民工群体的市民化,对于农民工市民化意愿、能力与社会融合的研究持续至今,相关研究在完善农村财产权益保障和实现基本公共服务均等化等方面提出了诸多十分具有实践价值的政策建议,但还存在着对于农民工市民化能力与市民化客观制约因素概念辨析不十分明朗等不足。

土地发展权利不合理配置引起的农民排斥市民化等客观现象也受到越来越多的关注。随着新型城镇化建设的推进,农民市民化的内涵不断扩展,相关研究对全体农民市民化等问题的探讨为发展县域经济的政策导向提供了理论支持。

(三)研究展望

在如何推动农村劳动力转出农业农村方面,学术界已积累了相当丰富的理论与实证研究成果,但乡村振兴的实现和县域经济的发展离不开高素质劳动力的流入,如何吸引高素质劳动力,特别是使在农业生产方面具有比较优势的劳动力留在或回流至农业农村中应是未来相关领域的重要研究课题。对于农村土地产权制度安排与劳动力转移的关系,随着农村宅基地改革和集体经营性建设用地入市的推进,更多关于农村集体建设用地的研究,特别是实证研究,值得期待。现阶段关于户籍制度改革的研究仍稍显笼统,户籍制度改革与基本公共服务均等化的关系及其对农民市民化的影响仍有待深入讨论。

第十九章

农村土地制度与农民权益保护

一、总体介绍

　　土地是国家之基、农业之本、农民之根。作为农村社会经济发展的基础性制度安排,农村土地制度在保障农民基本权益、优化土地资源配置、提高农业生产效率、推动农业可持续发展等方面发挥着重要作用。长期以来,农村土地制度始终是农业经济研究和农村社会经济研究领域的重要议题,备受学界重视和青睐。为把握国内外农村土地制度最新研究进展和研判未来农村土地制度研究趋势,本章采用文献研究法,基于中国知网(CNKI)、Web of Science、Elsevier、Springer、Science Direct 全文电子期刊数据库,系统梳理和分析了 2012 年党的十八大以来国内外农村土地领域研究进展与研究重点,并对 2023—2028 年土地研究方向和重点问题进行了展望。

　　具体地,本章在操作上主要以"土地制度"(land institutions/land system)、"土地政策"(land policy/land use policy)、"土地法律"(land laws)、"土地权利"(land rights/ land property rights/land tenure)、"土地改革"(land reform)、"土地管理"(land management)、"土地所有权"(land ownership)、"三权分置"(separation of the three rights)、"土地确权/登记"(land certification/land registration)、"土地调整"(land readjustments/land reallocations)、"土地流转/土地租赁"(land transfer/land circulation/land leasing/land renting)、"土地交易"(land transaction)、"土地征收/征用"(land requisition/land expropriation)、"土地保护"(land conservation)、"土地整治"(land consolidation)、"土地市场"(land market)、"土地市场化"(land marketization)等为关键词进行文献检索,然后根据文献的下载量、被引量、相关性以及话题的新颖度,最终筛选获得 134 篇文献,其

中中文文献 93 篇，主要发表于《中国社会科学》《经济研究》《管理世界》《经济学（季刊）》等中文综合性权威期刊以及《中国农村经济》《中国农村观察》《农业经济问题》《农业技术经济》《中国土地科学》等中文专业性高水平期刊；英文文献 41篇，主要发表于 *American Economic Review*、*Econometrica*、*Journal of Political Economy*、*Quarterly Journal of Economics*、*Review of Economic Studies* 等英文综合性权威期刊，以及 *American Journal of Agricultural Economics*、*Journal of Agricultural Economics*、*Agricultural Economics*、*European Review of Agricultural Economics*、*Canadian Journal of Agricultural Economics*、*Australian Journal of Agricultural and Resource Economics*、*Land Economics*、*Land Use Policy*、*Journal of Land Use Science* 等英文专业性高水平期刊。

二、主题分布与研究侧重

根据研究主题的差异，本章对遴选而来的文献进行如下划分，相关分布详见表 19-1：(1)土地制度变迁。其中，国内该研究领域重点聚焦于农村土地制度变迁，而国外该研究领域重点聚焦于发展中国家土地制度改革的共性问题和针对该问题的政策工具选择。(2)农地制度。无论是在国内还是国外，农地制度均为土地研究的主阵地。(3)非农用地制度。由于我国非农用地制度具有特殊性，国内该研究领域具体可分为宅基地制度和集体建设用地制度，而国外该研究领域则被笼统地划归为农村建设用地制度。(4)征地制度。国内外征地制度研究领域均重点关注如何确立合理有效的征地补偿制度等问题。(5)土地整治。该研究领域总体来说关注度不高，但在越来越强调可持续发展的今天，该领域的重要性仍然不可忽视。

表 19-1　国内外土地研究文献分布情况

区域	研究领域	研究主题	文献篇数/篇	所占比重/%
国内	农村土地制度变迁	土地制度变迁阶段性特征、土地制度改革问题总结与调整策略	7	5.22
	农地制度	农地"三权分置"、农地确权、农地市场化和农地流转、农地调整、耕地保护	43	32.09

续表

区域	研究领域	研究主题	文献篇数/篇	所占比重/%
国内	宅基地制度	宅基地制度变迁、宅基地"三权分置"、宅基地确权、宅基地退出与取得、宅基地流转与抵押	9	6.72
	集体建设用地制度	城乡土地同权同价、集体土地的权利主体、集体经营性建设用地入市	17	12.69
	征地制度	征地制度的改革空间、征地补偿、征地制度中的收益分配	11	8.21
	土地整治	土地整治影响效益	9	6.72
国外	发展中国家土地制度改革	共性问题和政策工具选择	9	6.72
	农地制度	农地产权制度、农地租赁市场	17	12.69
	农村建设用地制度	农村居民点、土地价值及其分配	7	5.22
	征地制度	征地补偿、征地司法合理性与征地冲突	8	5.97
	土地整治	从宏观层面系统分析土地整合的内在逻辑和必要性、土地整治影响效益	4	2.99

注：笔者自行整理；部分文献横跨多个研究领域和主题。

遴选文献研究关注程度和主要内容的比较情况详见表 19-2。在土地制度变迁方面，我国较为重视对中国农村土地制度改革发展史进行系统性梳理，而国外对该领域关注度较低，主要关注发展中国家土地制度改革中的共性问题和政策工具选择。农地制度是国内外土地研究的重点领域，其中，农地产权制度改革（特别是农地确权）、农地市场化和农地流转是当前的研究热点。但具体研究内容仍存在差异，例如在农地产权制度研究主题下，基于我国农地产权制度的特殊性，国内研究热点还包括农地"三权分置"、农地调整等问题；而对于国外所关注的土地权利不平等问题，国内研究较少讨论。在农地市场化和农地流转研究主题下，由于我国农地市场化改革还处在探索阶段，因此，研究重点在于回答当前我国农地市场化改革还存在哪些不足，以及如何更好地深化土地要素市场化改革等问题；而国外部分国家的土地租赁市场已相对成熟，因此研究的主要内容为农地租赁市场的发展规律和影响效应。在农村建设用地制度方面，我国的研究具有较为明显的中国特色,宅基地制度和集体建设用地制度受到了广泛关注,国外相关领域的研究较少,且关注内容也与国内有较大不同,重点关注土地价值及其分配、城郊土地管理等问题。在征地制度方面,征地补偿是国内外该领域共同关注的内容,即在征地过程中如何在经济方面和法律方面合理有效地进行利益分配和冲突化解。在土地整治方面,国内外的主要研究内容同样具有相似性,重点关注土地整治的影响效应问题。

表 19-2　国内外土地研究侧重点比较

研究领域	研究主题	关注程度		主要内容	
		国内	国外	国内	国外
土地制度变迁	土地制度变迁史、问题和策略	☆☆☆☆☆	☆☆☆	中国农村土地制度改革发展史	发展中国家土地制度改革中的共性问题和政策工具选择
农地制度	农地产权制度	☆☆☆☆☆	☆☆☆☆☆	农地"三权分置";农地确权;农地调整	正式土地权利和非正式土地权利、农地确权、土地权利不平等、农地产权保护
	农地市场化和农地流转	☆☆☆☆☆	☆☆☆☆☆	中国土地市场化改革;农地流转的制度性影响因素;农地流转模式;农地流转中地租和增值收益分配	农地租赁市场的发展规律、影响效应
	耕地保护	☆☆	—	耕地保护政策演变;耕地资源价值核算与耕地保护补偿机制	—
农村建设用地制度	宅基地制度	☆☆☆☆	—	宅基地制度变迁;宅基地"三权分置";宅基地确权;宅基地退出与取得;宅基地流转与抵押	—
	集体建设用地制度	☆☆☆	—	集体经营性建设用地入市	—

续表

研究领域	研究主题	关注程度		主要内容	
		国内	国外	国内	国外
农村建设用地制度	土地价值及其分配	☆	☆☆	城乡土地同权同价	土地价值调控的制度比较分析;土地价值税
	城郊土地管理	—	☆	—	城郊土地管理特殊性
征地制度	征地补偿	☆☆	☆☆☆	征地补偿;征地制度中的收益分配	征地补偿;征地司法合理性与征地冲突
土地整治	土地整治	☆☆☆	☆☆☆☆☆	土地整治影响效应	从宏观层面系统分析土地整合的内在逻辑和必要性;土地整治影响效应

注:☆表示对该研究的关注程度。☆越多,关注度越高,—表示很少有学者关注。

三、国内外领域重点问题研究进展

(一)国内研究进展

1.农村土地制度变迁

农村土地制度是一个国家最基础、最重要的制度,是国家农业农村发展问题的核心,聚焦该领域,学者们主要从时间维度进行划分,并围绕土地产权、生产经营方式等主线,结合城镇化、人口流动和经济结构变化等视角,对我国土地制度变迁历程进行梳理。国内学术界相关研究主题如下。

(1)农村土地制度变迁的阶段特征。新中国成立以来农村土地制度变迁大致经历了四个阶段:①土地改革阶段(1949—1952年)。土地产权从封建地主土地所有制转变为农民土地私有制。②合作化阶段(1953—1956年)。国家对农业进行社会主义改造,土地产权制度从初级社时期的农民私有向高级社时期的集体公有过渡,生产经营方式由家庭经营向集体合作经营演变。③人民公社化阶段(1957—1978年)。在更大范围内推行土地公有化,人民公社和生产大队逐渐在事实上成为土地所有权主体,生产队成为土地经营权主体,"三级所有、队为基础"的土地集体所有制逐渐形成并确立。④家庭联产承包责任制阶段(1979年至今)。国家确立了土地集体所有、农户家庭经营的制度安排,所有权属于农民集体,承包经营权属于承包农户,由此形成"两权分离"的土地产权制度。进一步地,随着各种形式土地流转的兴起与繁荣,经营主体与土地产权出现事实上的分离,家庭承包制度进一步演化为所有权属于农民集体、承包权属于承包农户、经营权属于各类土地转入主体的"三权分置"产权结构(李杰和张光宏,2013;王敬尧和魏来,2016;朱晓哲等,2021)。

(2)农村土地制度变迁的历史动因。①土地改革阶段(1949—1952年)。经过长期战乱的新中国生产力较为落后,新中国的首要任务是兑现均田承诺,满足农民"耕者有其田"的土地诉求,调动农业劳动者的生产积极性,巩固革命成果。②合作化运动阶段(1953—1956年)。农民个体经营导致的生产工具不足、农田水利设施欠缺、应对自然灾害风险的抵御能力较差等问题逐渐暴露,在国家对非社会主义经济进行改造的背景下,农民土地私有制失去生存土壤。③人民公社化阶段(1957—1978年)。由于中苏关系几经波折最终破裂,中国面临严峻的国际形势,在"赶超战略"的影响下,为了克服农业分散经营的弊端从而保障工业发展,掀起了人民公社化高潮。④家庭联产承包责任制阶段(1979年至今)。为了摆脱集体农业生产造成的经济效率低下、农村衰败的困境,土地包产到户成为农民克服生存危机的集体回应,伴随着思想解放浪潮,中央启动合法承认家庭联产承包责任制的程序,并积极推进深化改革(王敬尧和魏来,2016;朱晓哲等,2021)。

(3)农村土地制度变迁历程与经济发展历程的耦合。从城镇化的视角看,历次土地制度变迁都为工业化、城镇化提供了发展动力和物质基础,工业化、城镇化发展也推动了农村土地制度的改进(李杰和张光宏,2013)。从经济结构变化的视角看,中国不同经济结构转变阶段都与该阶段的土地制度改革高度相关(刘守英,2018)。

(4)农村土地制度改革方向。面向新时代,农村土地制度改革应着重解决城乡发展不平衡、不充分问题(程漱兰和李爽,2022)。一是要完善土地产权制度。刘守英(2022)指出,加快建设农业强国,关键是完善农村土地产权制度。一个完善的土地产权制度必须在保障土地权利人权利和严格实行土地用途管制这两者之间保持平衡(陈锡文,2014)。二是要减少经济对土地的依赖。如果中国下一程的经济不能转向创新驱动,而是继续加大土地依赖,中国的城乡经济社会转型很有可能将归于失败(刘守英,2018)。

2.农地制度改革

(1)农地"三权分置"改革

农地"三权分置"是继家庭承包制度改革之后中国农村改革领域的又一次重大制度创新,是农村土地制度改革理论和政策的重大创新与突破。"三权分置"的产权界定、实践探索与制度绩效是当前的学术热点。

农地"三权分置"中的产权问题。一是再分离后承包权与经营权的权能划分和性质界定问题。经营权属于物权已成为基本共识,关于承包权,目前部分学者主张将承包权也视为一项独立的物权,即其性质为用益物权(张力和郑志峰,2015);部分学者认为农户承包权是一项集体经济组织成员权(肖卫东和梁春梅,2016);也有学者提出将承包权与经营权的法构造视为"用益物权—次级用益物权"(蔡立东和姜楠,2017)。二是土地承包经营权的性质界定问题。有学者认为,单纯按照传统民法中用益物权来分析土地承包经营权存在障碍,农民和集体之间的关系并非单纯的不相干的权利人的关系,而应该将其看作农民的一项自物权(孙宪忠,2016)。

农地"三权分置"的实践探索。由于土地流转政策实质上是促使承包权与经营权相分离,从这个角度来看,"三权分置"的探索可以追溯至1984年中央开始鼓励土地向种田能手集中(周力和沈坤荣,2022)。1988年宪法正式允许农村土地承包经营权流转,20世纪90年代末,重庆、江西、浙江等多地相继开展"三权分置"的地方实践,如将土地承包权与经营权进行功能性分离,有效地解决了农地细碎化和农业规模化经营的矛盾,推动了新型农业经营主体的发展,并在实践中取得了显著的经济效益和社会效益(孙宪忠,2016;张毅等,2016)。2014年,中央正式确立农地"三权分置"政策,提出"坚持农村土地集体所有,实现所有权、承包权、经营权三权分置,引导土地经营权有序流转"。2019年修订的《中华人民共和国农村土地承包法》进一步明确了"三权分置"的法律效力(周力和沈坤荣,2022)。

农地"三权分置"的制度绩效。"三权分置"对农户的增收效应不容忽视,它通过拆分物权化的经营权,激励了涉农企业长期经营的意愿,促进了农村土地经营权抵押与工商资本下乡,促进了农户土地流转租金提升、农业投资增加、农业生产率提高和本地非农就业的增长,进而促进了农户收入增长;该制度还对缩小农户间的收入差距发挥了积极作用,特别是在欠发达地区和低收入农户群体中效果更为明显(周力和沈坤荣,2022)。

（2）农地确权改革

农地确权是加强产权保护、促进产权交易的重要举措。当前有关农地确权的研究主要以耕地的确权改革为研究对象,仅有个别文献特别关注了林地、草地的确权改革(朱文清和张莉琴,2019;谭淑豪,2020)。从关注的确权改革阶段来看,多数研究聚焦于新一轮农地确权。如表 19-3 所示,国内现有农地确权文献主要集中于对中国农地确权的政策梳理及其政策效果评估,相关研究主要包括以下几个主题。

农地确权改革的政策演变。中国农地确权改革具有渐进的演变特征(郑淋议等,2023)。20 世纪 90 年代至 21 世纪初,中国相继开展了两次土地确权改革,要求向农户颁发土地承包经营权证。但遗憾的是,两轮土地确权改革实施不如预期,截至 2008 年,同时持有土地承包合同和土地承包经营权证书的农户比例刚刚超半数(黄季焜和冀县卿,2012)。因此,中央着手开展新一轮农村土地确权改革,2009—2012 年开展了新一轮确权的试点工作,2013 年以中央"一号文件"明确提出土地确权改革时间表为标志(钱龙等,2021),新一轮土地确权改革在全国范围内全面推广。

农地确权改革的实践探索。农地确权实践在我国经历了逐步深化的过程,自 2009 年起,政府以村组、整乡、整镇乃至全省范围内的试点模式,逐步推进农地确权登记颁证工作(林文声等,2018)。在小规模的确权试点工作取得显著进展并积累了较多经验后,全国范围内土地确权登记试点工作正式展开,该阶段的实践探索主要包含三个内容:①精确测定并记录承包地边界,确保产权明晰;②建立土地承包经营权登记体系,跟踪记录权属变更,为流转纠纷提供法律保障;③政府向农户颁发土地承包经营权证书,从法律上对承包农户的土地权利予以认可(程令国等,2016)。

农地确权改革的影响因素。农地确权的推行受到了国家能力、农户行动及集体组织的共同驱动:①国家层面,通过法律法规、政策文件和财政支持,自上而下推动确权工作的开展,强化了农户地权的法律保障;②农户层面,确权增强了农户土地权益安全感,刺激了农业投资意愿和农地流转积极性;③农村集体组织则作为混合制度安排的代表,受国家政策和地方历史习惯双重影响,在农地确权的政策执行中起关键作用(邵景润和郑淋议,2023)。

农地确权改革的影响效应。农地确权提高了产权强度,增强了产权稳定性,给予了农户稳定的产权预期,提高了农户的主观产权安全性感知,对土地资源配置、农业经营规模、农户投资行为、劳动力流动及农业生产效率等方面产生了复杂而深远的影响。一方面,农地确权稳定了契约关系,减少了制度风险和交易成本,从而积极推动了土地流转(程令国等,2016;林文声等,2018;宁静等,2018;杨广亮和王军辉,2022),并进一步促进了农业规模经营的发展(郑淋议等,2023)。然而另一方面,也有学者认为,农地确权可能会因"禀赋效应"而制约土地流转的积极性(罗必良,2016)。在农业投资和耕地保护方面,学者研究发现,农地确权促进了农业短期投入(林文声等,2018)以及与特定地块相连的长期投资(黄季焜和冀县卿,2012;应瑞瑶等,2018)、农机投资(孙琳琳等,2020),也有效强化了农户的耕地质量保护行为(钱龙等,2021)和生态保护行为(郑淋议等,2021)。此外,农地确权也减少了农户对失去土地的担忧,强化了农户在非农领域的劳动力配置,比如非农就业的增加(黄宇虹和樊纲治,2020)以及劳动力向城市的有序迁移(许恒周和刘源,2021)。综合考虑农地确权对要素配置影响的机制及其在缓解信贷约束方面的作用,农地确权最终促进了农户农业生产效率的提高(林文声等,2018)和农业收入水平的增长(宁静等,2018)。

表 19-3　国内有关农地确权的典型研究概况

出版时间	期刊	作者	研究主题	研究对象	关注的确权改革阶段
2012	《管理世界》	黄季焜和冀县卿	农地确权→农户农业生产决策(促进农业长期投资)	耕地	前两轮农地确权
2016	《管理世界》	程令国等	农地确权→农户农业生产决策(促进土地流转)	耕地	新一轮农地确权
2016	《中国农村经济》	罗必良	农地确权→农户农业生产决策(未明显促进土地流转)	耕地	未明确
2018	《中国农村经济》	林文声等	农地确权→农业生产效率(调整要素配置,提高农户农业生产效率)	耕地	未明确
2018	《农业经济问题》	宁静等	农地确权→农户收入(提高贫困农户收入)	耕地	新一轮农地确权
2018	《中国农村观察》	应瑞瑶等	农地确权→农户农业生产决策(促进农业长期投资)	耕地	新一轮农地确权
2019	《农业经济问题》	朱文清和张莉琴	林地确权→农户农业生产决策(促进林业长期投入)	林地	新一轮集体林权制度改革

续表

出版 时间	期刊	作者	研究主题	研究 对象	关注的确权 改革阶段
2020	《农业技术经济》	黄宇虹和 樊纲治	农地确权→农户非农领域决策 （促进非农就业，但未明显促进 非农创业）	耕地	新一轮农地确权
2020	《经济研究》	孙琳琳等	农地确权→农户农业生产决策 （促进农业资本投资）	耕地	未明确
2020	《农业经济问题》	谭淑豪	草地确权→草地退化（合适的确 权方式将促进牧业可持续发展， 反之可能加剧草地退化）	草地	2015 年起开展 的草地确权改革
2021	《农业技术经济》	钱龙等	农地确权→农户农业生产决策 （促进农户耕地质量保护）	耕地	新一轮农地确权
2021	《农业技术经济》	许恒周和 刘源	农地确权→农户人口流动（促进 城镇定居）	耕地	未明确
2021	《中国农村经济》	郑淋议等	农地确权→农户农业生产决策 （促进农户耕地生态保护）	耕地	新一轮农地确权
2022	《经济学（季刊）》	杨广亮和 王军辉	农地确权→农户农业生产决策 （促进土地流转，未明显促进规 模经营）	耕地	新一轮农地确权
2023	《经济学（季刊）》	郑淋议等	农地确权→农户农业生产决策 （促进规模经营）	耕地	新一轮农地确权

（3）农地市场化和农地流转

随着建立中国特色社会主义市场经济体制的目标的确立，我国土地资源的配置也更多地依赖于市场机制。为解决农地经营细碎化、农业兼业化问题，中国政府致力于促进农村土地经营权流转。当前，国内学术界有关农地市场化与农地流转的研究主要涉及如下四个方面。

中国土地市场化改革。中国土地市场化改革呈现渐进式的特征，研究表明随着市场经济的发展，市场机制在土地资源配置中发挥了重要作用，中国土地市场化改革具有显著的路径依赖，且每一次改革都是相关制度在边际上的调整（钱忠好和牟燕，2013）。为建立城乡统一的土地市场，既要不断改革和完善土地制度，又要深化财税体制改革（钱忠好和牟燕，2015）。

农地流转的制度影响因素分析。由于产权界定并不必然诱导产权交易，尽管农地确权提高了产权强度,但同时强化了农户的禀赋效应,因此有一派学者认为土地流转并未受到农地确权的影响(罗必良,2017;罗必良,2016;纪月清等,2021);相反,另一派学者认为新一轮农地确权显著促进了农村土地流转,其影响路径表现为农地确权提高了产权强度、稳定了契约关系从而降低了交易费用,进而促进了土地流转(杨广亮和王军辉,2022;程令国等,2016)。此外,土地流转配置效率还受土地集体所有制的调节(郜亮亮和纪月清,2022),土地股份合作制也对农地要素的流转和集中起到了重要作用,通过发挥农民专业合作社在土地流转中的中介作用,可以有效节省交易成本并加快土地经营权的流转(包宗顺等,2015;肖端,2015)。

不同农地流转模式的实施效果比较。姜松等(2013)考察了包括转包、转让、出租、土地入股等不同土地流转模式的经济效应,发现不同土地流转模式对农业经济、农民增收的作用方向和影响程度各不相同,其中互换模式对农业经济提升的影响最为显著,土地入股模式最不显著,且上述模式中只有出租模式有助于农民收入增长。

农地流转中地租和增值收益分配的确定。在地租形成因素的讨论中,田先红和陈玲(2013)从社会学角度阐释了地租形成的逻辑,发现地租的形成不仅受到市场的影响,还受到社会结构和乡土伦理规范等多重社会逻辑的影响。此外,当前广泛存在的零租金现象是形式上的免费而非实质上的免费,即以隐性的人情租代替明确约定但总额不高的实物与货币租,其实质是土地流转市场发育不健全的表现(陈奕山等,2017)。在增值收益分配上,聂英和聂鑫宇(2018)从信息不对称角度出发,利用序贯博弈模型考察了各个流转主体之间的收益分配博弈,提出为保障农地流转的有序高效进行,须厘清各利益主体在农地流转中的利益诉求,处理好其间的利益关系。

(4)产权不稳定与农地调整

虽然稳定地权一直是改革开放以来农村土地制度改革的主要方向,但农地调整仍然是当前农地制度的突出问题及重要特征。围绕产权不稳定与农地调整,国内学术界开展的相关研究主要有以下几个主题。

农地调整的制度演进及地区差异。中央"不得调地"的政策实施具有渐进性特征,给地方留有足够的政策调整空间,因此,地方可以根据资源禀赋条件和社会经济发展水平做出相应决策,由此表现出不同地区"千差万别"的农地调整制度(丰雷等,2013)。

农地调整经历对新一轮确权政策效应的调节作用。在二轮承包期间,如果经历了农地调整,那么意味着前几轮农地确权颁证并没有得到很好的落实,因此有农地调整经历的农户可能不再信任农地确权可以增强地权的稳定性,从而减弱了新一轮确权政策的效果(钱龙等,2021;郑淋议等,2023)。

(5)耕地保护

耕地是粮食之源、农业之本,是保障国家粮食安全和生态安全的基础性资源。当前,国内学术界围绕耕地保护的研究主要涉及如下两个方面。

长时序耕地保护政策的演变特征和规律总结。近年来,伴随着城镇化和工业化高速发展,耕地"非农化"(李学文等,2020)、"非粮化"(戚渊等,2021)及土壤污染严重(刘馨月等,2021)等问题日益突显。国内学者通过梳理相关政策文本,运用文献梳理法、对比分析法和统计分析法等质性研究方法,对中国耕地保护制度的政策演化(韩杨,2022;牛善栋和方斌,2019;刘丹等,2018)、内涵演化(牛善栋和方斌,2019)和矛盾演化(漆信贤等,2018)进行了归纳总结。

耕地资源价值核算与耕地保护补偿机制。姚柳杨等(2017)基于选择实验法对张掖市甘州区的耕地资源进行了非市场价值评估,研究发现,耕地保护政策能够增加耕地的非市场价值并显著提高社会福利水平,而且通过对耕地资源进行价值核算,有助于制定合理的补偿机制。特别地,多元化的补偿政策对推进重金属污染耕地治理式休耕具有重要意义(俞振宁等,2018),不同规模农户对生态补偿多元政策的偏好存在异质性,加之政策间也存在相互作用,因此未来应同时对多种补偿政策进行合理组合(刘馨月等,2021)。

3.宅基地制度改革

农村土地根据用途的不同,可以划分为农业用地和建设用地,相应地,农村土地制度改革可以划分为农业用地改革和农村建设用地改革。2013年中央发布的《国家新型城镇化规划(2014—2020年)》指出,城乡统筹是中国新型城镇化的基本特征之一,因此,改革农村建设用地制度,推动建立城乡统一的建设用地市场具有重要意义。农村建设用地改革主要涉及宅基地制度改革和集体经营性建设用地改革,目前有关宅基地制度改革的研究主要是从以下几个方面进行探讨。

(1)宅基地制度的历史变迁

由于经济结构变革使得宅基地福利性的居住保障功能的重要性逐渐降低,农民对实现宅基地财产权利的需求不断增高。经济结构变化还带来村庄分化,导致现行宅基地制度的不适应性越来越显化,因此宅基地制度改革具有现实必要性(刘守英和熊雪锋,2018)。大致来讲,中国宅基地制度经历了从"两权合一"到"两权分离",再到"三权分置"的制度变迁过程(董新辉,2019)。

（2）宅基地"三权分置"改革

宅基地"三权分置"改革始于承包地"三权分置"改革,随着承包地改革实践的不断深化,其也逐渐被提上日程。宅基地"三权分置"改革的重点在于落实所有权、稳定资格权和放活使用权(韩文龙和谢璐,2018),这一改革方案兼顾了宅基地的财产属性和保障属性,赋予了流转农户具有保障属性的宅基地资格权,有条件地放活了宅基地使用权入市流转,关切了农民实现财产权益的需求(董新辉,2019)。

（3）宅基地确权改革

宅基地确权具有一定的产权制度效应,通过确权登记发证,落实农户对宅基地及房屋的占有、使用、收益和流转等权能,为促进宅基地流转提供了契机(吴郁玲等,2018)。但在当前中国农村宅基地产权制度尚不完善的背景下,受制于农村资源禀赋和农户自身特征的异质性,农户对宅基地确权政策的敏感度和行为响应并不完全相同,再加上政策实施具有一定的时滞性,相关实证结果显示,宅基地确权对促进宅基地流转、抑制农村违法占地建房等的作用具有较强的异质性(吴郁玲等,2018;郭君平等,2022)。

（4）宅基地退出与取得

在当前宅基地闲置浪费问题凸显以及放活宅基地市场的呼声日益高涨的背景下,探索科学合理的宅基地退出补偿机制成为学者们关心的议题(许恒周,2012;彭长生,2013)。此外,在宅基地取得和分配方面,中国政府也开展了以人为本的宅基地取得制度、以激励为导向的宅基地有偿使用制度、允许跨区域使用的宅基地配置制度等制度供给创新(刘守英和熊雪锋,2018)。

（5）宅基地流转与抵押

国内学界关于宅基地使用权是否可以流转的讨论主要存在自由流转、禁止流转、有条件流转三种观点(姚树荣和熊雪锋,2018)。实践中,决策者倾向于有条件流转(姚树荣和熊雪锋,2018)。当前农村宅基地制度改革的核心要义是在保障农民"不失地"的前提下,探索宅基地使用权流转、抵押等实现路径,从而增加农民的财产性收入(高圣平,2019)。

4.集体经营性建设用地制度改革

农村集体经营性建设用地作为农村集体建设用地的一种用地类型,其全国存量在4200万—5000万亩之间,占农村建设用地的15%左右(叶兴庆,2014;马翠萍,2021)。农村集体经营性建设用地无法入市,农村集体建设用地的价值长期难以显现,不仅使得村集体与农民无法享受应得的财产性权利,而且也导致农村居民福利一直处于较低水平。这明显阻碍了土地资源的有效配置,导致农村土地闲置、浪费情况较为普遍(郑淋议和钱文荣,2024)。因此,农村集体经营性建设用地入市改革通过划分和明确集体产权主体,转向以市场为导向的土地资源配置,从而为提高农村土地资源配置效率、促进生产力的提高和农村地区的发展提供动力(Xie et al.,2019),是破除城乡二元土地制度和推进城乡互动的重要环节。

当前学界高度关注农村集体经营性建设用地入市改革,相关理论和实证研究主要围绕以下四个方面展开。

(1)集体经营性建设用地入市改革的政策沿革

党的十八大以来,党和国家高度重视农村土地制度改革,尤其是在农村集体经营性建设用地入市上探索出一条有效的改革路径。2013年党的十八届三中全会首次提出"建立城乡统一的建设用地市场",为集体建设用地入市改革开了先河。2014年,"中央一号"文件明确指出"加快建立农村集体经营性建设用地产权流转和增值收益分配制度"。2015年,全国人大常委会授权国务院在全国33个地区,包括北京市大兴区、天津市蓟县(现蓟州区)、河北省定州市等,开展包括农村集体经营性建设用地入市在内的"三块地"改革试点。在先前的试点经验基础上,2019年《中华人民共和国土地管理法》的全面修订正式消除了集体经营性建设用地入市流转的法律障碍。2020年,国家发展改革委提出"全面推开农村集体经营性建设用地直接入市",这标志着农村集体经营性建设用地入市政策在全国范围内正式施行(罗必良和李尚蒲,2023)。

(2)集体经营性建设用地入市改革的现实困境

集体经营性建设用地入市改革的现实困境主要体现在以下几个方面:①现行法律与政策的限制。现行立法对集体建设用地进入市场采取了严格限制的态度,导致集体建设用地市场亟待规范运行(高圣平和刘守英,2007)。②城乡建设用地市场不统一。农村集体经营性建设用地入市改革虽然取得了一定进展,但与新型城镇化战略衔接不足,改革举措难以全面推开,其关联改革配套依然不够(陈明,

2018)。③入市主体、范围和收益分配问题。集体经营性建设用地入市改革在入市主体、入市范围和入市收益分配等方面进行了积极的探索，但仍面临集体建设用地使用权的法律地位缺失、入市范围过窄和城乡建设用地"同等入市、同权同价"规则不清等问题(陆剑和陈振涛，2019)。④土地增值收益分配机制不健全。农村集体经营性建设用地入市存在着地方政府与农民集体之间、不同区位土地所有者之间以及集体内部之间的利益难以做到有效平衡的现实困境(舒帮荣等，2018)。

(3)集体经营性建设用地入市改革的实践探索

自2015年农村"三块地"改革试点启动以来，农村集体经营性建设用地入市改革取得了积极进展，相关交易规则及制度体系初步建立(陈明，2018)。农村集体经营性建设用地入市改革在不同地区实施的具体情况和取得的成效呈现出复杂多样的特点。成都市郫都区的案例表明，农户由于土地财产性收入的增加，获得了显著的经济利益，入市当年人均获得土地财产性收入2086元(杨庆媛等，2017)。Jiao和Xu(2022)基于德清县的案例，发现集体经营性建设用地入市改革对农民年人均财产收入产生了显著的正向影响，使其相较于未进行集体经营性建设用地入市改革的村庄高出334.02元。此外，一些学者认为，集体经营性建设用地入市通过合理划分土地收益，允许更大份额的土地租金分配给农村集体和农村居民，从而有效促进了集体经济发展，有助于实现收入分配公平(杨庆媛等，2017；王克强等，2023；黄海燕等，2024)。不过，也有学者质疑集体经营性建设用地入市改革对农民增收的影响。陈明(2018)指出，集体经营性建设用地入市改革对农民增收的影响可能并不显著，其原因在于集体收益和个人收益分配的不合理。此外，有学者质疑集体经营性建设用地入市改革的社会公平性，认为其无法全面惠及所有农民，可能导致区域贫富差距的扩大和社会两极分化(贺雪峰，2018)。当前政府、农村集体经济组织和农民利益分配与调节尚存不合理之处，农民难以在入市过程中获得土地增值收益，同时不同区域的土地增值差异更容易造成区域贫富差距扩大(陈明，2018；贺雪峰，2018)。

(4)集体经营性建设用地入市改革的制度绩效

已有研究全面评估了集体经营性建设用地入市改革的政策效果。第一，入市改革有效地激活了农村闲置资源，提升了农村土地的利用效率(黄忠华和杜雪君，2020)。第二，入市改革有助于激发市场活力。对于企业而言，改革大大减少了工商企业获取土地的时间成本；对于地方政府而言，集体经营性建设用地入市需要土地平整,村集体为了土地上市交易进行土地整理,从而促进了土地资源的整合并降低了地方政府的支出负担(胡如梅等,2023)。第三,入市改革使农村集体经济组织和农民分享土地增值收益,享受社会经济发展的红利。部分学者认为,通过合理划分土地收益,允许更大份额的土地租金分配给农村集体和农村居民,从而促进集体经济发展,增加农民财产性收入,有助于缩小农户间的收入差距(杨庆媛等,2017;王克强等,2023;黄海燕等,2024)。

5.征地制度改革

征地制度作为中国土地制度的重要组成部分,其改革势在必行。但由于其牵涉面广、利益复杂且影响深远,征地制度改革目前仍然是中国改革的一个焦点与难点。党的十八大以来,中国特色社会主义进入新时代,伴随着土地"发动机"功能减弱及城乡发展差距增大,征地制度改革持续深入推进。目前有关征地制度改革的研究主要围绕以下四个方面展开。

(1)征地制度改革的主要内容

党的十八大以来,国家在着力推进土地市场化改革的同时,不断强化征地制度这一看似矛盾的政策组合(钱忠好和牟燕,2015)。征地制度在改革内容上,更加注重改革的系统性、整体性和协同性。在建立城乡统一土地要素市场的框架下,全面推进征地范围、补偿标准和征地程序改革正成为征地制度改革的主要内容(陈乐宾等,2022;钱忠好和牟燕,2015)。

(2)征地制度改革的现实困境

现行征地制度存在征地范围随意、征地程序不规范、征地过程非公开透明、征地补偿标准低、补偿分配标准低、土地增值收益分配不合理、社会保障制度缺失等缺陷,进而导致农地过度非农化、社会稳定风险加大、城乡发展失衡等一系列不良后果(王书明等,2012;钱忠好和牟燕,2015;徐进才等,2017;赵晶晶等,2020;陈乐宾等,2022;黄晓雯等,2023)。王良健等(2014)通过建立农村土地征收过程中的社会稳定风险评估指标体系,发现当前土地征收容易使社会稳定风险达到重大风险等级;其中补偿安置环节的社会稳定风险最大,其次为土地征收环节和生产生活环节。另一个不容忽视的问题是土地征收过程中的腐败问题,该问题主要表现为公职人员以权谋私违法征地、违法出让土地、在征收补偿过程中侵吞被征地农民补偿款、严重侵犯农民土地权益等。导致上述问题的诱因众多,主要包括地方政府较高的土地财政依赖、土地征收过程中地方政府的多维角色冲突、腐败收益畸高、公共权力缺乏有效制衡(黄长义和孙楠,2013;钱忠好和牟燕,2015;钱忠好和牟燕,2017)。

(3)征地制度改革的实践探索

中国征地制度大致经历了从计划经济和重工业优先发展时期强调政府绝对主导、低价补偿,到改革开放新时期逐步调整征地程序和补偿标准,再到新时代推动城乡土地要素市场化配置和健全土地增值收益分配机制等变迁过程(陈乐宾等,2022)。卢圣华等(2020)基于人民网"地方领导留言板"中的留言记录,发现从时间维度来看,随着征地制度改革的推进,农民从更关注结果正义,诉求集中于货币性补偿和社会保障安置,逐渐转向兼顾社会保障与安置和对征地过程公开性和透明性等程序正义;从空间维度来看,在内陆省区市尤其是陕甘宁和川渝一带,农民的诉求尤为强烈,而东部省区市的农民则更关注货币性补偿。王书明等(2012)以辽宁省辽阳市为案例,研究发现农村集体土地征收补偿标准的制定取决于土地所处的空间位置和既有的使用用途;农村集体土地征收收益分配中政府与农民获得的收益差距较大,且征用后使用用途的不同会进一步扩大政府与农民的收益之比。因此,从公平角度而言,土地征收扭曲了土地增值收益分配关系,不利于城乡统筹发展;从效率角度而言,土地征收的随意性使农民或农村集体经济组织成为短期的土地收益追逐者,不利于土地的集约化利用。与之相反,徐进才等(2017)以内蒙古和林格尔县为研究区域,采用"贡献—风险"分析法对农地征收转用过程中的土地增值收益进行了评估,认为和林格尔县的征地实践充分考虑了各方利益主体对土地增值收益的贡献及其承担的风险,兼顾了国家、集体和农民个人利益。

(4)征地制度改革的制度绩效

进入新时代,由土地增值收益共享的新社会共识牵引并对交易成本保持敏感的"顶层设计＋基层探索"式主动改革成为全面深化改革的主要方式(陈乐宾等,2022)。对于征地制度改革绩效的评价,国内学者莫衷一是。有学者认为,中国政府不断加大征地制度改革力度的努力并没有达到预期的政策目标,具体表现为中国农地"非农化"不仅存在代价性损失,而且存在过度性损失,土地市场化水平不升反降(钱忠好和牟燕,2015)。黄宇虹和樊纲治(2017)认为土地征收并不能被简单地视为农业转移人口市民化的有效途径,通常失地家庭更倾向于选择自建住房;而且,征地补偿对农业家庭住房资产配置具有重要影响,其中货币补偿的作用显著大于非货币补偿的作用,因而现行土地征收制度这一传统的城镇化模式对农业家庭具有负面影响。与此同时,赵晶晶等(2020)利用被征地农民的经济获得感这一主观感知变量指标来检验征地制度改革的成效,研究发现,征地的货币补偿和社保安置等多元补偿方式整体上能够显著提升被征地农民的横向经济获得感;多元配套的补偿方式同样能够显著提升被征地农民的纵向经济获得感。黄晓雯等(2023)认为征地对农村劳动力创业具有"正外部性"的影响,其作用路径是外部机会拉动劳动力主动创业,而非劳动力因失去农地而被迫创业;此外,土地征用所带来的创业更可能是发展型创业,而非谋生型创业,其中失地补偿起到了缓解创业资金约束的作用。

6.土地整治

农村土地综合整治作为解决社会经济发展过程中现存土地利用问题的重要举措,是实现农业农村现代化和国土空间优化重组的关键。当前,国内学界对于土地整治所带来的效益的研究主要涉及如下三个方面。

(1)土地整治对农户福利的影响

目前学界关于土地整治对农户福利的影响莫衷一是。农民是土地整治的最主要受众群体,市场化土地整治提高农民收入,对乡村振兴起到了重要的助推作用,因而农民的满意度与公平度认知较高(姚树荣和龙婷玉,2020)。而易小燕等(2013)通过分析江苏省泗洪县土地整理政策试点区和非试点区农民集中居住前后生活支出情况,发现土地整理政策下集中居住增加了农民生活负担,降低了农民福利。张超正等(2021)通过识别土地整治对"福祉—生态"耦合关系的净效应,发现土地整治对农户"福祉水平—生态依赖"耦合关系的影响受到土地整治模式和地貌类型的制约。

(2)土地整治对生态环境的影响

梁志会等(2021)基于2005—2017年中国省级面板数据和准自然实验方法,发现农村土地整治形成的高标准农田有助于实现农业化肥减量,进而达到保护生态环境的目标。刘永强等(2021)通过梳理浙江省典型整治模式及生态转型困境,建议在整治过程中将生态环境维持、改善和修复置于首位,因地制宜开展土地整治生态转型。

(3)土地整治对农业农村现代化的影响

有些学者认为农村土地综合整治对乡村产业转型、农田流转和社区重建的推动作用显著(何硕研等,2022;陈浮等,2018;王玉莹等,2017),能够有效助推乡村振兴(姚树荣和龙婷玉,2020)。进一步地,也有学者认为土地整治与乡村发展转型存在互馈关系,土地整治以土地要素为核心,带动激活其他乡村发展要素,促进乡村发展转型;同时,乡村发展转型反过来也为土地整治提供了支撑与动力,有力驱动了土地整治的提质增效(陈坤秋和龙花楼,2020)。

(二)国外研究进展

1.发展中国家土地制度改革

发展中国家的土地制度改革面临着许多共性问题,例如:土地产权不清晰、土地流转不顺畅、土地市场不健全、土地细碎化、土地资源利用效率低下、土地冲突频发等(Pritchard,2013;Zhou et al.,2020)。针对这些共性问题,发展中国家的土地改革重点主要集中在土地管理法律建设(Gao et al.,2020)、土地调整(Colin et al.,2021)、土地产权界定和土地产权证书颁发(Pritchard,2013;de Janvry et al.,2015;Melesse & Bulte,2015;Newman et al.,2015;Zhou et al.,2020)、土地市场化建设(Guo & Liu,2021)等方面。

2.农地制度改革

(1)农地产权制度

土地产权制度一直受到国内外学界的高度重视。我国在农地产权制度方面具有一定特殊性,特别是农村土地承包经营制度以及农地"三权分置"均为立足我国国情提出的理论创新,在国际尚无先例可供借鉴,可参考的文献很少。而土地确权颁证则在国际上被广泛采纳为产权界定的政策工具。此外,国外农地产权制度相关文献还重点关注了正式土地权利和非正式土地权利协同、土地权利不平等、土地产权保护等问题。

正式土地权利和非正式土地权利。部分学者认为农地所有权在促进资源有效配置和提高农业生产力方面有积极作用,该影响产生的作用机制包括增加长期改良农地的回报使农民有更高的投资动机("保证效应")、更容易出售和租赁农地从而增强投资意愿("可获得性效应")、更容易将农地抵押以获取信贷("抵押效应")(Grimm & Klasen,2015)。但是,有学者基于对马达加斯加的实证研究,发现由于农户获得农地所有权程序的高复杂性、高成本和较长的时间,正式农地权利(即农地所有权)对生产力没有显著影响,而非正式农地权利(即农地所有者对其农地所能做和不能做的主观认知)对生产力有异质性影响(Bellemare,2013)。也有学者提出,虽然权利的正式化可以改善个人的福利条件,但关于农地权利正式化是否真正保护贫困人口的证据仍然有限(Chimhowu,2019)。

土地权利不平等。国外关于土地权利不平等的研究主要从女性权利保护的视角出发,探讨土地权利的性别歧视问题。提高妇女的土地财产权利对减少贫困和实现公平增长具有重要意义,然而当前土地权利的性别不平等在各国普遍存在。Doss et al.(2015)通过对17项来自非洲的大规模微观数据调查进行分析,发现无论使用哪种方式来测度土地权利的性别差异,均可得到女性处于弱势地位的一致结论,土地权利不平等现象较为严重。Kieran et al.(2015)测度了亚洲13个国家的性别不平等指数,研究结果显示,男性无论是在土地所有权还是土地使用权方面均占据主导地位,土地权利的性别歧视普遍存在。Almond et al.(2019)研究发现,中国土地制度改革增加了农村父母生育时的性别选择,但在机制检验中,实证结果推翻了土地权利的性别歧视导致性别选择的假说。

土地产权保护与农地确权改革。土地产权的公正性取决于获取这些产权所遵循的程序的正确性以及其收购者的公正性(Moroni,2018)。因此,政策制定者需要对传统农地进行更合理的制度安排,例如监管农地的开发方式、界定和规范传统社区产权以及对传统社区进行培训,以保证土地产权的可持续性和安全性(Ben & Gounder,2019)。

提高土地产权稳定性、安全性是世界各国土地制度改革的普遍政策导向,因此,农地确权项目在国际上被广泛采用,国内外研究也均将农地确权作为农地产权界定的重要政策工具。de Janvry et al.(2015)研究了墨西哥农地确权项目对人口迁移的影响,该项目通过颁发产权证书,使得土地所有权不再依赖于土地所有者的实际使用,从而减少了迁移的机会成本,提高外出迁移率。Newman et al.(2015)研究发现,越南政府向农民颁发使用权证书显著提高了水稻产量,同时作者也检验了夫妻联合产权不会对生产率产生负面影响,该实证研究表明,夫妻联合产权是增进女性土地权利的可行政策工具。Melesse et al.(2015)基于埃塞俄比亚的实证研究同样支持了农地确权可以显著提高农业生产率。

(2)农地租赁市场

农地租赁是指农地的使用权在不同主体之间的流转。当前,国外学术界围绕农地租赁市场的研究主要涉及如下两个方面。

农地租赁市场的发育条件。中国政府正在积极推动农村承包地、集体经营性建设用地和宅基地改革,以进一步消除建立统一土地交易市场的制度障碍(Zhou et al.,2020)。Gao et al.(2012)研究了2000年以来全中国范围的家庭层面面板数据,发现中国的耕地租赁市场发展迅速,具体表现为耕地租赁合同的性质变得更加正式,租户耕种租赁土地的时间期限也逐渐延长。Chari et al.(2021)认为中国农村的产权改革导致农户的土地租赁活动增加,进而促使土地被重新分配给更具生产力的农民。土地资源资本化和允许流转、租赁、入市是中国未来农村建设用地改革的重点方向(Zhou et al.,2020)。在阿尔及利亚,非法租赁和土地销售是秘密进行的,而在墨西哥,土地销售有时会在报告给农地改革管理机构之前经过地方议会的公开和批准,Colin et al.(2021)通过比较阿尔及利亚和墨西哥的土地改革,揭示了政府制定的有关农地租赁市场的正式规则将对地方实践产生重要影响。

农地租赁市场的影响效应。农地租赁市场的影响效应主要体现在农地租赁市场发展对农户福利、农业生产和环境保护的影响等方面。Ricker-Gilbert et al.(2019)基于对马拉维四个地区小农户的“租户—房东”的配对调查,估计了马拉维非正式土地租赁市场对提升小农户福祉的效率和公平回报的影响。研究发现,土地租赁市场通过将土地转让给更有生产力的农民来提升效率;同时,也通过土地租赁市场将土地从土地富裕家庭中收回再转让给土地贫困家庭以及劳动力的反向流转促进了公平。Gao et al.(2012)追踪了中国自2000年以来农地租赁市场发展在减少有机肥投资方面的作用,发现租赁农地对有机肥投资产生了负面影响,即农民在租赁土地时对有机肥的投入减少,不利于环境可持续发展。此外,长期租赁合同能够通过增加化肥、有机肥和农业劳动力的数量显著提高租赁土地的产量和劳动生产率(Gao et al.,2012;Li et al.,2021)。

3.农村建设用地制度改革

农村宅基地制度、集体经营性建设用地制度是中国特色土地制度的重要组成部分,国外相关参考文献主要集中在城郊住宅用地土地管理、土地价值及其分配等相关领域。

(1)城郊土地管理

城乡二元结构的模糊性导致了城乡土地管理制度的复杂性,例如埃塞俄比亚的土地管理系统被划分为两个独立的部分,分别进行城市土地管理和农村土地管理,而城郊地区的边界和归属具有模糊性,导致土地管理机构安排混乱、土地法律规定不清晰。这进一步导致了土地利用冲突频发、非法获得和利用土地现象严峻等困境(Wubneh,2018;Wubie et al.,2021)。

（2）土地价值及其分配

土地价值调控通常与税收（如土地价值税）等政策工具相关联（Vejchodska et al.，2022）。针对土地价值税的可行性，有学者认为土地价值税作为实现最佳城市发展和消除过度经济不平等的手段，可以消除城市扩张和土地投机的扭曲现象，同时减少对工资或从工资中支付的商品的税收，从而有利于消除经济不平等并提高生产力（Foldvary & Minola，2017）。不过，也有学者指出，尽管土地价值税在理论上具有经济优势，但它的实施面临着土地登记、土地利用规划、评估专业人员、政治支持等多方面挑战，因而并没有得到广泛采用（Hughes et al.，2020）。

土地价值调控的制度比较分析。有学者通过比较公共（中国）与私人（美国）主导制度下的土地价值调控的政策工具，发现在私人主导国家，地方政府比城市土地市场上的土地买方拥有更多的权力（Wang et al.，2020）。但也有学者认为，中国的土地市场同样因受到地方政府过度行政干预而严重扭曲，因为在中国的城市化阶段，有效的管制工具可以在调整城市土地价格和影响城市增长方面发挥重要作用，如建设用地指标、土地交易的允许建筑面积比（FAR）的限制以及土地供应限制（Han et al.，2020）。

4.征地制度改革

征地是一个在世界范围内都很普遍的现象，是政府为了公共利益的需要而依法强制取得他人土地并给予补偿的行为。国外可供参考的相关文献主要集中在以下四个主题。

（1）征地制度改革的主要内容

我国实行二元土地产权制度，赋予国家城市土地产权，赋予农村集体农村土地产权。但是，政府可以利用征收权和给予补偿要求村民放弃土地使用权，从而将集体所有的土地转变为国有土地，且国家对集体土地的征用和土地权属的重新分配享有垄断权（Zhao & Xie，2022）。征地行为涉及评估货币补偿、就业替代、股份合作、社会保障和农村集体留用地在内等的多元征地补偿政策及其主要行为主体（地方政府与被征地农民和村集体）之间的互动（Qian，2015）。

（2）征地制度改革的现实困境

征地冲突在空间上表现为"南高北低"，中国冲突最多的地区是西南和华南地区，征地冲突已成为威胁中国社会稳定的重要因素之一（Lin et al.，2018）。征地冲突主要由以下五个因素引起：一是征收范围宽泛，尽管土地征收是为了公共利益的需要，但开发用地的范围界定不明确，从而不可避免地扩大了土地征收的法律范围（Hui & Bao，2013）；二是补偿受益主体不明确，法律没有明确界定集体产权主体，导致征地补偿费的归属不明确，但也有学者认为部分村民拒绝搬迁的原因与补偿政策关系不大，其拒绝理由可能包括安土重迁的固有思维或搬迁后家庭成员之间的财务利益分配冲突等（Qian，2015）；三是征地补偿标准低、范围窄，拆迁和征收可能导致被拆迁者失去财产并对补偿和安置安排不满，被征地农民的权益难以得到保障，且当前补偿范围仅限于与土地相关的一部分损失，被征收土地上的建筑物则不纳入补偿范围（Hui & Bao，2013；Pils，2016）；四是土地征收权在一些地方被滥用，制度缺陷是造成合法征地冲突的主要原因，而这种缺陷又是由规范土地征收的法律不够合理造成的，相关法律并没有对公共利益进行明确界定，地方政府出于增加财政收入的考虑，滥用土地征收权（Hui & Bao，2013）；五是征地程序不透明，现有的制度约束导致农民尚未对土地享有充分的发展权，农民在征地过程中参与度低，征收过程可能涉及强迫、暴力威胁或实际暴力等行为（Qian，2015；Pils，2016）。

（3）征地制度改革的实践探索

过去的 70 年中，国家对土地使用的控制呈现出加强的趋势，并导致国家与被征地农民之间的紧张局势（Zhao & Xie，2022）；而近年来，中央政府深化征地制度改革的主要任务是缩小征地范围，规范征地程序，建立合理、规范、多元的征地保障机制，旨在通过这一改革，使征地补偿方式趋于多样化，增强被征地农民的权益保障力度（Zhou et al.，2020）。Qian（2015）以杭州市征地补偿政策与实践演变为研究对象，发现包含货币补偿、就业替代、股份合作、社会保障和农村集体留用地在内的多元征地补偿政策重新分配了地方政府的部分土地收益，为受影响的农村集体和村民提供了更多的选择权和资源，从而更好地治理和培育了土地市场。Neimark et al.（2018）探讨了马里巴马科和塞古城市周边土地收购的实践，研究了非洲国家城市面临的快速"农村—城市"迁移和新移民在不稳定条件下的定居所面临的挑战，强调了城市边缘地区在土地利用评估和政策讨论中的重要性。Fitawok et al.（2023）通过聚焦埃塞俄比亚巴希尔达尔市，分析农民抵抗土地利用和城市扩张的原因和结果，发现土地征收时不充分的补偿、城市扩张过程中的治理不善和基础设施的不可及性是农民抵制城市扩张的主要原因。

（4）征地制度改革的制度绩效

中国目前的征收和拆迁制度对 GDP 增长做出了贡献，但人们对其长期经济效率以及制度的强制性和腐败性质表示担忧（Pils，2016）。于地方政府而言，农村土地仍被排除在土地市场之外，导致在土地增值收益分配实践中，地方政府获益最大，因此多元补偿方式是地方政府实现地方财政和地方经济增长的重要工具，其重要性被放在农村集体和农民福祉之前（Qian，2015）。对于被征地的农民而言，尽管失地农民享受到多元补偿机制带来的福利，但失地农民在维持生活、参与劳动力市场竞争、适应城市生活等方面仍面临各种不确定性，很有可能最终成为一个边缘化的群体（Qian，2015）。Zhao & Xie（2022）发现首次土地征收使农民对地方政治信任产生不利影响，征地降低了农民的生活满意度、主观社会地位和对未来的信心，增加了与官员发生冲突和发现政府效率低下的机会，从而降低了农民对地方干部的信任，但赋予被征地农民升级养老保险的权利可以提升其幸福感。

5. 土地整治

土地整治是土地管理的重要内容，也是实施土地利用规划的重要手段。当前，国外学界围绕土地整治的研究主要涉及如下三个方面。

（1）土地整治的理论内涵

土地整治是一种空间问题解决技术，试图通过地块的集中来消除某些类型的土地细碎化。在全球乡村衰退的背景下，土地整治被赋予了促进乡村振兴和区域可持续发展的内涵，从狭义的简单的土地整理发展到广义的综合性土地整理或复合型土地整理。近 30 年来，中国土地整治的范围、目标和功能也随时间推移发生了变化，其范围从农用地转变为农用地、低效用地、未利用地和退化土地，目标从单一的补充耕地转变为综合耕地，功能从保障国家粮食安全转变为更加注重土地的生态、生产和生活功能。土地整治的范围更广、目标和功能更加多元化，具备经济、社会和生态效益（Li et al.，2018；Zhou et al.，2020）。从时间维度上看，中国计划性土地整治的理论内涵及其实践经历了土地整理（1986—1997 年）、土地开发整理（1998—2007 年）、多类型土地整治（2008—2012 年）和土地综合整治（2013年至今）四个阶段：①土地整理阶段，国家实施土地整理，补充耕地数量，旨在为乡镇企业发展提供空间载体；②土地开发整理阶段，土地整理的目标不仅是补充耕地，更注重提高耕地质量，主要措施包括农用地整理、高标准农田建设和基本农田保护;③多类型土地整治阶段,土地整治的重点任务是基本农田建设与保护,兼顾耕地的数量和质量,总体呈现出"规模扩张、内涵延伸、质量提升"的特点;④土地综合整治阶段,土地整治的对象不仅是农用地,还包括建设用地和未利用地,其目标不仅是增加耕地面积,更聚焦于改善农村地区的生产生活条件和生态环境(Zhou et al.,2020)。

(2)土地整治的实践探索

Qu et al.(2019)系统分析了中国1996年至2016年间不同子区域的农村土地利用转变和整合区域化的过程,研究发现,胡焕庸线东南部地区,农村土地利用系统的转型活跃,可视为农村土地整治的优先区域。Li et al.(2018)通过剖析山东省禹城市为解决快速的人口流失和严重的空心化问题而合并11个相邻的村庄来建设杨桥社区的案例,表明土地整治可以作为一种工具,更好地协调农地规模、生活条件和村民就业之间的关系。与之类似,河北省阜平县采用"政府＋企业＋农户＋村集体"的土地整治模式,通过自上而下的政策引导和自下而上的基层参与,促进阜平县产业、生态、组织、文化和人才的全方位振兴(Zhou et al.,2020)。Jürgenson(2016)通过对档案记录、法律法规和地理信息系统(GIS)的比较分析,发现土地整治可以帮助减少土地碎片化。

(3)土地整治的影响效应

土地整治是协调和改善中国农村人地关系变化的必要手段(Li et al.,2018)。土地整治是振兴乡村的重要途径,通过要素(技术、公共参与)、结构(融资、组织)和功能(生产、生活、生态功能用地的空间重组)三种路径改善农村旅游环境、提高农业附加值和土地生产力,为农村产业发展提供了载体和动力,有助于确保耕地的动态平衡和国家粮食安全,促进现代农业发展,进而减轻贫困以及帮助振兴衰退的农村地区(Zhou et al.,2020;Wang et al.,2023)。然而,土地整治也是一把双刃剑,尽管其有助于促进乡村产业振兴、生态振兴、组织振兴、文化振兴和人才振兴,具有良好的社会、经济和生态效益,但重大土地整治项目可能存在潜在的生态风险和负面效应,因此,农村土地整治的实施应尊重当地利益相关者的意愿和要求(Li et al.,2018;Zhou et al.,2020)。

四、研究评述与展望

(一)国内外研究重点问题对比

土地是农业生产的基本生产资料,是国民经济发展的基石,是人类赖以生存和发展的物质基础。国内外学者均对土地制度进行了广泛、深入的研究,通过对国内外的土地制度研究问题进行对比,以期总结经验、相互借鉴、加强交流。

1.土地产权制度

国内外研究均将土地确权作为产权界定的重要政策工具。除此之外,国内研究主要关注农村土地"三权分置"问题,探讨产权界定、产权结构及其制度实施效果。国外研究则较为关注土地权利平等、土地产权保障和正式土地权利与非正式土地权利的协同。

(1)土地权利平等。国外关于土地权利平等的研究主要从性别视角切入,而国内从性别平等视角出发的土地管理制度研究较为不足。例如同样研究农地确权政策,国内研究在产权主体的界定中,均将家庭视为一个整体,而国外研究则关注到了土地产权是由夫妻双方共同持有,还是其中一方单一持有,会导致相应的政策效果差异。

(2)土地产权保护。国内关于土地产权保护的研究基本围绕在集体土地主动入市或被征收的过程中明确产权主体、与国有土地同权等内容而展开,而国外研究者对征地的态度更加审慎,研究更加偏向于征地程序的公开与政策的公正,以及可能存在的司法问题。

(3)正式土地权利与非正式土地权利。正式的土地权利(即土地产权)受到国内外共同关注,其中国内研究更加关注土地的承包经营权等用益物权,国外研究则更加关注土地所有权。此外,国外研究者注意到非正式的土地权利(即对土地产权的主观认知)同样对土地所有者起到了显著影响。

2.农地市场化与农地流转

当前国内农地市场化发展方兴未艾,研究者主要对过去中国土地市场化改革历程和不同农地流转模式的实施效果进行了归纳梳理,旨在以此为借鉴,探寻城乡统一土地市场的建设路径。而国外土地租赁市场已日趋成熟,因此,欧美等发达国家关于农地流转的研究重点,往往聚焦于标准化、透明化等方面,关注土地租赁市场发展对农户、生态环境、生产力等方面的影响,着重解决农地的产权问题以及农地流转市场的供需匹配、企业参与等问题。此外,相较于国外,国内的研究更多体现了具有中国特色的农地市场化,如农地流转市场中存在大量熟人交易,故而我国的农地流转市场并不是一个纯粹的要素市场,而是包含了地缘、亲缘、人情关系在内的特殊市场;也有学者基于上述特点,指出当前国内土地流转过程中存在的服务缺位、市场化程度低等问题。

3.农村建设用地制度

基于我国土地公有制,宅基地和集体经营性建设用地具有较为明显的中国特色,国外学者对此领域关注甚少,但有关农村居民点、土地价值及其分配的相关研究成果值得我们借鉴。

4.征地制度

在征地制度研究领域,征地补偿问题受到了国内外的一致关注。国内更多侧重于研究征地制度的改革和征地收益分配问题,国外则更多关注征地中的信任问题、冲突问题和司法合理性。

5.耕地保护和土地整治

在耕地保护和土地整治研究领域,有关耕地保护政策与补偿机制,以及土地整治对提高土地综合利用效率、改善生态环境、提升农民福利和促进农业农村现代化的相关研究受到了国内外的一致关注。此外,国外将 GIS 相关技术应用于土地整治领域也受到研究者的青睐。

(二)研究评述

党的十八大以来,我国农村土地制度建设和实践探索进一步深化,相关研究紧扣理论问题和实践问题需求,其研究领域覆盖了农村土地制度研究的各个方面,研究的系统性、整体性、科学性均得到了较大提升,具体来看有以下几点。

(1)在土地制度变迁理论领域,相关研究分析提炼了中国土地制度变迁的分析框架,系统归纳了中国土地制度变迁的阶段性特征,总结了承包地、宅基地和集体经营性建设用地制度变迁的历史逻辑、理论逻辑和实践逻辑,并据此得出向着第二个百年奋斗目标前进的新时代的改革优化路径。

(2)在土地制度的法学理论领域,相关研究探讨了农村"三块地"的权利性质,深入分析了农地"三权分置"、宅基地"三权分置"和集体经营性建设用地入市的制度意蕴及其法律实现路径,并从制度实施效果评价的角度考察了"三权分置"改革取得的成效和改进的方向。

(3)在土地权利归属的界定领域,相关研究从产权边界和物理边界的清晰界定出发,分别对土地确权和土地整治进行政策效果评估,探究其对农户决策和福利变化、农业农村现代化、生态环境、国民经济发展等的影响效应,并深入分析其背后的产权、制度机制原因,为政策工具设计和优化提供理论支持。

(4)在农地市场化与农地流转领域,相关研究分别从理论意义和实践需求两个层面展开探索。理论研究上,对中国近年来土地市场化改革历程、发展规律和不同农地流转模式特征进行质性分析;实践层面上,以土地租赁市场为切口,探寻影响农地流转的制度因素,以及农地流转对农户、生态、生产力等方面的影响。

(5)在耕地保护领域,相关研究主要从宏观层面对耕地保护制度演进的原因、逻辑及内涵推理进行分析,在耕地资源价值评估方法上取得一系列成果,为确定合理化、多元化的耕地补偿政策提供参考。

(6)在征地领域,相关研究从改革税制以减少地方政府的土地财政依赖和加强公权力监督机制建设两方面讨论了征地制度的优化空间。在制度层面和法律层面为进一步规范征地的事前、事中、事后程序提供了理论依据。

总体上,农村土地制度改革领域在取得上述进展的同时,也存在以下不足。

(1)在土地制度变迁研究领域,相关研究往往从一国的土地制度改革历程出发,而对于各国之间的土地制度改革的对比研究较为不足。

(2)农村土地制度包括农业用地(承包地)制度、宅基地制度和集体经营性建设用地制度。当前农村土地制度研究中,有关农业用地制度的研究占绝对比重,对宅基地制度和集体经营性建设用地制度的研究稍有不足。而在农业用地制度研究领域,主要以耕地为研究对象,部分文献虽然在理论分析时探讨了"农地"这一综合性的范畴,但在实证研究中,往往只包括耕地,而不包括林地、草地等其他农业用地类型。

(3)当前有关政策效果评价的研究主要是针对单一政策工具的实施效果评价,较少对政策工具组合效果,以及政策工具效果发挥作用所依赖的现实条件进行深入探讨。

(三)研究展望

土地制度是一个国家基础性、根本性、全局性的制度,是构成生产关系和一切经济关系的重要基础。作为民生之本、发展之基、生态之依，土地及其制度安排与农民福祉、农业生产、粮食安全和国家发展等息息相关。

首先，农村土地制度关乎农民的基本权益，进而关乎社会公正和社会稳定。围绕这一话题进行深入研究，既可以为保护农民权益提供理论依据，也可以为解决农村社会问题找到制度依据。其次，农村土地制度是农业现代化的关键，对于我国农业双效结构改革具有引领作用，深入研究农村土地制度，有助于理清农村土地关系，推动农业生产方式变革。再次，农村土地制度关系到国家粮食安全和农业可持续发展，科学的土地制度能够保障国家粮食安全，维护农业生态环境，实现农业可持续发展。最后，农村土地制度有助于推动城乡一体化进程，通过研究解决农村土地使用、流转及其产权等问题，可以促进产业集聚，推动农业、农村、农民问题的解决，从而有效助推城乡一体化进程。

基于上述重要性及必要性，未来农村土地制度与农民权益保护领域研究或将重点关注以下问题。

(1)不同国家农村土地制度的对比研究。重点考察发展中国家土地制度改革的共性问题，以及与国情相适应的特殊产权安排和相关土地政策研究。

(2)积极推动农村土地要素市场化，探索兼顾土地制度效率与土地权利平等的政策工具和实现路径。对于农地制度，既要保障农地的产权稳定性、安全性以促进永续发展和规模经营，提高农业生产效率，又要考虑村庄人口变动的事实，回应农民公平的诉求，探索"确权确股不确地"等模式。对于宅基地制度来说，应探索合适的宅基地流转模式，兼顾宅基地的保障功能和财产功能，促进城乡要素的双向流动。对于集体经营性建设用地制度，要致力于构建城乡一体化土地市场的制度基础和政策工具，探索兼顾土地资源配置市场化与耕地保护的制度安排。

(3)在土地制度的政策效果评估研究方面，特别是对于农地确权、土地承包法、农地"三权分置"等，现有研究已对相关经济效应进行了广泛探讨，下一步应着力探讨上述改革的社会效应、生态效应，同时拓展有关将耕地以外的其他土地制度(如林地制度、草地制度等)作为研究对象的政策评估。

(4)当前全球粮食安全形势不容乐观，未来耕地保护领域研究或将重点关注如下三个问题：一是构建中国特色的粮食安全体系，通过耕地的绿色、高效、可持续利用，实现粮食供给的提质增效；二是探寻耕地占补平衡、休耕轮作等正向保护措施与建设侵占等负向行为之间的时空耦合效应；三是关注农地流转市场、农业社会化服务市场建设与耕地"非粮化""非农化"问题的有效破解，以及耕地撂荒问题的有效治理和撂荒地再利用的激励机制与配套措施。

（5）土地是农民最为重要的生产生活资料，保障农民合法的土地权益是维护社会公平的必然要求。未来有必要对土地征收中的农民诉求进行完整、系统的梳理，引入对互联网数据库中农民诉求的分析，探索在合理保障农民人身与财产权利的前提下的合理征地模式，并从征地经济补偿、社会保障制度建设等方面维护农民土地权益。

（6）在土地整治领域，未来研究应更多开展多学科交叉研究，引入大数据、GIS 等现代信息技术，提升土地整治效果。此外，应更多从长期视角来关注土地整治的实施效果，进行土地整治的长序列研究，选取多个时间点跨时空分析，关注土地整治后项目区的可持续发展问题。

第二十章
农民合作与组织发展

一、总体介绍

　　农民合作在大多数西方国家已有 100 多年的历史。当今世界，无论是在发达国家，还是在发展中国家，凡是受市场经济支配的农业，都存在农民的合作组织。农民合作社是中国农民合作的主要组织形式，对于中国全面推进乡村振兴和实现农业农村现代化具有重要价值。2012 年以来，国内外学者针对合作社问题展开了大量研究，取得了显著进展。为及时捕捉合作社领域更新的基础理论、具体实践并指导今后的研究，本章采用文献研究法，基于中国知网（CNKI）、Elsevier、Wiley 等数据库，梳理并比较了 2012 年以来国内外合作社领域的研究进展和研究重点，并展望 2023—2028 年合作社研究方向和重点问题。在选择文献时，以"新型农业经营主体""合作社"、cooperative、governance、contract farming 等为关键词进行检索，根据文献的相关性、下载量、被引量和话题新颖度，最终筛选获得 60 篇文献，其中中文文献 40 篇，主要发表于《管理世界》《中国农村经济》《农业经济问题》《农业技术经济》《中国农村观察》等期刊；外文文献 20 篇，主要发表于 *American Journal of Agricultural Economics*、*Journal of Agricultural Economics*、*Food Policy*、*Annals of Public and Cooperative Economics*、*Agribusiness* 等期刊。

二、主题分布与研究侧重

　　遴选文献研究主题分布情况详见表 20-1。近十余年来合作社领域的研究重点从理论到实践层面均有所涉及，学者针对发展过程中出现的新问题、新争论提出不同的学术观点。

　　国内文献有关合作社的研究主要集中在合作社治理机制以及合作社功能与绩效两方面：合作社治理机制主要关注合作社的性质、正式治理和非正式治理；合作社功能与绩效主要关注合作社在提供服务、促进增收、控制农产品质量安全和改善乡村治理等方面的作用，以及合作社绩效维度和绩效影响因素。

　　国外文献有关农民合作社及合作社组织发展的研究同样集中在治理机制、功能与绩效两方面：治理机制方面主要关注农民合作社的组织形式及其模式、所有权结构与治理特征、正式制度与非正式制度、成员参与组织的行为与态度；功能与绩效方面主要关注合作社的增收效应、供应链及产品质量与安全、技术采纳与创新等行为、影响合作社绩效与发展的因素（见表 20-1）。

表 20-1　合作社领域国内外研究文献分布情况

区域	研究领域	研究主题	文献篇数/篇	所占比重/%
国内	合作社治理机制	合作社性质	16	26.67
		合作社正式治理和非正式治理		
	合作社功能与绩效	合作社功能	24	40.00
		合作社绩效		
国外	合作社治理机制	组织治理模式	9	15.00
		所有权与治理特征		
		正式制度与非正式制度		
		社员参与行为及态度		
	合作社功能与绩效	合作社功能	11	18.33
		合作社绩效		

　　国内外相关文献的侧重点比较见表 20-2。相较于国外，由于中国的合作社发展晚于西方国家，当前仍存在大量的合作社性质研究，主要聚焦合作社的异化、"空壳社"等问题。同时，作为发展中国家，中国关注合作社在乡村治理和推进产业振兴等方面的作用，并较多地分析政府的作用。相比之下，国外有关合作社的研究比较重视社员参与组织的门槛、行为及态度，并对合作社在产品供应链、价值链等方面的作用进行了充分的探讨（见表 20-2）。

表 20-2　国内外合作社领域研究侧重点比较

研究领域	研究主题	关注程度		主要内容	
		国内	国外	国内	国外
合作社治理机制	合作社性质	☆☆☆		合作社的本质规定性和治理规范性	
	合作社正式治理和非正式治理	☆☆	☆	剩余控制权和剩余索取权的分配；社会资本的作用	社会资本参与和组织绩效
	所有权与治理特征	☆	☆☆☆	核心社员与普通社员的分异	成员股权结构；合作社生命周期不同阶段
	社员参与行为及态度	☆	☆☆☆	社员信任、社员满意度	社员满意度、忠诚度、信任度、参与度；合作社对成员的准入门槛
合作社功能与绩效	合作社增收效应	☆☆☆	☆☆☆	社员增收效应；贫困治理功能	合作社财务状况改善；社员福利效应；价格提升效应
	合作社在供应链中的作用	☆	☆☆	服务供给；农产品质量安全控制	供应链参与；上下游组织成员间的联系；合作社农产品质量提升措施
	合作社参与乡村治理	☆☆☆		村庄资源配置；合作社、村民和村委会的互动关系	
	合作社绩效及其影响因素	☆☆☆	☆☆☆	绩效维度划分；制度等因素对合作社绩效的影响	地区、行业、组织、社员等层面的异质性分析

注：☆表示对该研究的关注程度。☆越多，关注程度越高，空白表示很少关注。

三、国内外领域重点问题研究进展

（一）国内研究进展

1.合作社治理机制

（1）关于合作社性质的讨论

合作社的"真实性"和治理的规范性是中国合作社治理机制研究的基础问题。

邓衡山和王文烂(2014)指出"所有者与惠顾者同一"是合作社的本质规定,并认为目前绝大部分合作社都不具备合作社的本质规定,其本质仍旧是公司或"公司＋农户"等其他类型的组织。刘西川和徐建奎(2017)将"要素契约与商品契约协同治理,且商品契约对要素契约有反向治理效应"作为评判合作社"真伪"的标准,认为中国存在少量真正的合作社。虽然学界对于真正的合作社仍没有统一的界定标准,但不可否认的是合作社异化现象越来越普遍。因此,也有学者开始思考合作社异化存在的合理性,应瑞瑶等(2017)提出中国合作社选择"不规范"是异质性成员在参与约束和激励约束下的理性选择。

合作社异化现象产生的原因是多方面的,赵晓峰(2015)将合作社异化产生的原因进行了总结,主要有相对宽松的法律环境、地方政府的逐利性、农户分化导致的社员异质性、普通社员的"搭便车"行为等。在城乡二元结构的约束下,物质资本和人力资本的双重缺乏是合作社表现出资本雇佣劳动特征的经济诱因(马太超和邓宏图,2022)。邓衡山等(2022)认为现有政策扶持以物资支持为主是合作社异化的根本成因,解决合作社异化问题的根本途径是调整对合作社的支持政策,即由物资支持转向制度建构。大户领办和控制的合作社在一些地区早已成为合作社的主要形式(张晓山,2009),社员异质性造成了合作社内部监督的缺失。因此,社员的积极参与对合作社规范化治理具有重要作用。合作社异化会产生一些后果,如陷入股权融资和债务融资困境、理事长产生利益输送行为进而影响普通社员风险规避需求的实现等(曲承乐和任大鹏,2018)。

(2)关于合作社正式治理和非正式治理的讨论

苏昕等(2018)提出合作社是经济网络和社会网络并存的"双网络"治理结构,合作社治理需要通过正式组织与制度和非正式组织与制度协同发挥作用,从而实现对不同主体的控制与激励。崔宝玉和刘丽珍(2017)认为合作社治理其实是依据不同类型的交易采用适合的治理机制的过程,契约和关系都是合作社交易的重要治理机制。在正式治理方面,可通过生产控制权的合理有效化让渡(潘传快和祁春节,2015)、不断在新利润点的刺激下选择更为优化的合作社盈余分配制度(刘骏等,2018)等多种方式实现。王真(2016)提出社员制度、股权结构、决策方式、盈余分配四个方面的治理机制能够显著影响社员增收。非正式制度治理主要指发挥合作社社会资本的作用。余丽燕和 Jerker Nilsson(2017)提出合作社丰富的社会资本有助于缓解其内生的资本约束问题。信任是社会资本的一个重要衡量维度,社员信任主要受合作社治理特征的影响(蔡荣等,2015)。赵昶和董翀

(2019)认为合作社不仅能够促进成员的民主参与,还能够强化成员的普遍信任。此外,刘嶺等(2022)强调,理事长的利他精神对于提高合作社治理能力也具有重要意义。

2.合作社功能与绩效

(1)合作社功能

合作社的功能主要可概括为提供服务、促进增收、保障农产品质量安全和改善乡村治理等方面。为社员提供社会化服务是中国合作社最主要的功能之一,也是小农户进入现代农业最主要的方式之一。合作社能够提供的服务可总结为生产性服务、经营性服务和金融性服务。狭义的生产性服务聚焦于农产品的生产环节,如农资统购、农业机械设备的租赁、技术推广等(郑适等,2018)。经营性服务主要指合作社提供农产品销售服务,促进农产品流通。徐志刚等(2017)指出现实中仅有少部分合作社提供统一销售的服务。"农超对接"是经营性服务实现的重要方式之一,合作社参与"农超对接"的满意度总体较高(张明月等,2017)。合作社向农户提供金融性服务的方式除了成立专门的资金互助社之外,合作社内部开展信用合作也得到更多的尝试(李明贤和周蓉,2018)。总体来说,合作社服务功能的发挥离不开合作社的自身能力和政府的外部支持这两个关键因素(王图展,2017)。

合作社的经济性功能主要表现在其促进农户增收和溢出效应等方面。合作社具有"益贫性"的特征,是精准扶贫和精准脱贫的理想载体,如杨丹和刘自敏(2017)对农户增收的差异进行了分析,发现农户与合作社的关系越紧密,农户的增收效应越明显。然而,肖琴等(2015)认为由于财政扶持资金的瞄准偏差和目标置换,合作社帮助农户增收的作用在较大程度上受到抑制。朋文欢和傅琳琳(2018)指出对合作社的减贫效果不宜过于乐观,合作社对贫困农户的吸纳意愿较弱抑制了该作用的发挥。同时,合作社帮助农户增收的途径具有多样性,如向合作联社转化(邓宏图等,2020)等。在溢出效应方面,合作社可通过示范基地建设、合作社的学习模仿促进周边合作社发展水平的提升,同时,合作社也会通过政策资源竞争限制周边合作社的发展(陈锐和张社梅,2022)。

合作社在农产品质量安全控制方面的作用得到肯定。陈吉平和任大鹏(2023)认为,在中国特色发展情境下,合作社的绿色生产动机产生于政府绿色规制、市场需求与合作社自身发展利益的多重耦合,组织支持和控制是中国合作社成员异质性发展特征下形成的有利于集体行动的特殊制度安排,合作社绿色生产可能是一系列组织控制和组织支持因素共同作用的结果。钟真等(2016)发现合作社的人际信任和制度信任有助于农产品质量安全控制,但两者的影响程度不同。此外,合作社的社会和环境功能也逐渐受到学者们的关注,如构建区域农业生态创新体系支持合作社的生态化建设等(胡平波,2018)。

学界逐渐开始关注合作社在乡村治理方面的作用。王辉和金子健(2022)发现农民能够依托合作社这一载体实现村庄集体资源的有效开发和利用,在此过程中,丰富的社会连带机制将经济合作的效益扩散至村庄治理领域。崔宝玉和马康伟(2022)认为合作社会通过资源获取机制、产权共有机制提升村民主体性,通过激励监督机制、社会动员机制提升村委会主体性,从而提升乡村治理效能。村社合一型合作社作为"村'两委'+合作社"共治模式的一种组织形式,可以弥补农民组织化程度低下所带来的基层组织动员能力不足的问题,促进社区内部社会资本的流动与重组,扭转农村基层社会村落个体化、分散化与过疏化的治理困境(赵黎,2022)。

(2)合作社绩效

关于合作社绩效的研究较为丰富。合作社兼具企业和社员共同体的双重属性,组织层面和社员层面的绩效都得到学界的关注。崔宝玉和刘丽珍(2017)认为合作社的企业与共同体双重属性决定了合作社目标的多维性,进而决定了合作社绩效的多维性,并将合作社绩效分为经济绩效、社员收入绩效、交易绩效和社会绩效四种,其中前两种绩效对合作社的综合绩效影响最大。关于经济绩效的研究有很多,王图展(2016)发现具有议价权优势和较强自生能力的合作社对社员的经济绩效有提升作用,其中较强的自生能力来源于合作社激励相容的制度安排,如相对集中的股权结构、开放的社员资格、聘用外部管理人员等,分配制度对社员经济绩效的提升作用不显著。但韩旭东等(2020)提出有效的盈余分配方式有助于提升合作社的经营绩效,表现为赋予所有做出贡献的生产要素合理的激励。效率往往作为合作社绩效的一个衡量指标,"资源利用能力"和"资源探索能力"的建设能够有效提升合作社的治理效益(席莹和吴春梅,2017)。但整体来看,中国合作社的效率相对偏低,一些学者对该现象的原因进行了分析,主要有合作社的代际问题和纯技术效率低下等(崔宝玉等,2016)。黄祖辉和朋文欢(2016)从农户效率角度出发,实证分析得出合作社服务功能的弱化使得农户加入合作社对其生产技术效率的提升作用并不显著。合作社绩效的研究还聚焦于成员满意度及影响因素

（蔡荣和易小兰,2017）、参与产业融合提升合作社绩效（赵雪等,2023）等方面。

（二）国外研究进展

1. 合作社治理机制

（1）农户合作的组织治理模式

西方合作社有着漫长的发展历史,其间经历了合作社组织模式和治理结构的不断调整和演变。根据控制权在理事会成员（主要为社员）和外聘管理者之间的分配情况,当前西方国家合作社的治理模式主要有传统型、管理型和公司型三种类型。比如传统型治理模式被众多小规模和区域性的欧洲南部合作社采用,但欧洲北部的合作社则更多采用后两种治理模式（Chaddad & Iliopoulos,2013）。在美国,合作社根据其功能分为供应、服务或营销合作社;按其成员的地理区域分为地方性、区域性或全国性合作社;按成员结构分为集中、联合或混合型合作社（Su & Cook,2020）。中国农业合作社的分类有很大不同,由于修订后的《中华人民共和国农民专业合作社法》允许商品供应链中的任何实体成为合作社的成员,如大农户、制造公司、中间商、非营利组织和政府机构（包括农业推广站、地方村级行政单元）,中国的农民合作社表现出传统模式和管理模式的综合性质,即一方面保留了全体社员的剩余控制权和收益权,另一方面核心社员掌握了大多数的决策权。

（2）所有权结构与治理特征

早期的农民合作社几乎都具有相同的所有权结构,其主要特点是成员开放、一人一票、股权可赎回等,然而,这使得传统合作社容易受到搭便车、期限、投资组合、代理等问题的影响（Cook,1995）。随着时间的推移,传统合作社的所有权结构已经进行了调整,以解决这种低效问题。然而,考察已有文献发现,并没有直接证据表明非传统所有权或治理结构显著提高了组织绩效,这是由于部分文献仅假设合作社所有权和治理特征会对异质性成员、非成员的目标和偏好产生影响,但并未考虑到绩效改善会影响成员投资股权、提高产品质量或承诺供应的意愿等,进而诱使组织所有权结构的调整（Grashuis & Su,2019）。随着合作社从传统治理模式向其他模式转变,专业管理者在合作社中所起的作用越来越大,尽管这有利于集体决策成本的降低,但是管理控制和监督成本将会增加。同时,合作社的治理特征在不同的生命周期阶段是存在差异的,也会随着具体的国家和地区的制度环境的不同而变化（Bretos et al.,2020）。

（3）治理的正式制度与非正式制度

合作社中正式制度和非正式制度协调治理的效用得到越来越多学者的认同。在正式制度方面,如订单农业,通过签署合同将分散的小农户集体带入市场和农业产业链中,以解决风险和不确定性、不完善的要素市场及不愿采用新技术而导致的市场失灵问题(Bellemare & Novak,2017)。在非正式制度方面,社会资本近年来受到学界关注。社会资本是协调行动和在组织成员之间建立联系的资源,能培育合作社成员间的行为的可预测性、相互的义务体系和信任基础来促进个人和群体之间的合作,进而追求共同的目标。尽管关于社会资本的衡量尚未有统一标准,但越来越多的文献承认合作社中社会资本的多维性,并主要通过结构、关系和认知维度来表达。社会资本增强了人们之间的联系,促进了组织内部的关系、合作和信任,从而降低信息不对称和委托代理成本,提高组织的绩效(Deng et al.,2021)。部分学者强调,正式制度和非正式制度之间存在互补或替代性,社会资本等非正式制度的作用离不开正式制度的治理。

（4）社员参与行为及态度

与合作社的定义相对应,社员既是组织的出资方,也是组织的所有者。然而,现实中合作社成员并不能保证完成这两项职能。作为出资方,社员可能经营其他业务;作为所有者,社员可能无法有效行使表决权或以其他方式控制共同资产。部分文献研究了社员参与交付行为的决定因素,如劳动力能力、供应合同、联营安排或价格折扣对社员交付行为表现出积极影响,而风险感知能力则影响社员对合作社的产品交付。Hakelius & Hansson(2016)根据1993年、2013年对瑞典有关合作社成员信任和承诺的调查结果,发现社员信任度在20年间下降了0.35个百分点,而承诺度上升了0.07个百分点,信任的降低意味着需要改变治理模式,以更好地适应组织成员的目标和偏好。Feng et al.(2016)基于讨论合作社规模对小农户态度的影响研究,发现合作社规模越小,成员在组织参与、信任、满意度和忠诚度等方面表现出的社会资本越高。

2.合作社功能与绩效

（1）合作社的增收效应

合作社在小农户减贫增收中所扮演的积极作用已经得到学界的充分关注和普遍共识。基于新制度经济学和交易成本经济学的框架,现有文献讨论了合作社成员资格对小农户的潜在影响,合作社可以通过提高社员的生产水平、投入品质量、技术专长甚至非农工作机会来影响社员的家庭收入（Kumar et al.，2018；Zheng et al.，2021）。在许多发展中国家，由于市场不完善，如市场缺失或薄弱、信息不对称和交易成本高，小农户的生产和市场参与受到严重限制。通过农业合作社，农民可以改善生产和市场准入，增加市场盈余。同时，通过农产品的合作营销和联合投入采购，农业合作社可以降低投入和产出的交易成本，并提高小生产者相对于大买家和投入供应商的议价能力，这将导致投入品价格下降，生产者价格上涨，农业收入和利润增加。一些合作社可能提供金融服务，这有助于提高对生产要素的投资，并带来更高的农业利润。

然而，由于小农户在受教育程度、性别、财富、地理条件、社会资本等方面的异质性，组织参与对其收入影响存在明显的差异。例如，部分学者认为小规模农户加入合作社获益更多，但其可能由于相对较小的入社概率而存在参与障碍，导致合作社产生一定"排他性"；还有一些学者认为受教育程度较低和偏远地区的农户加入合作社后，获得的收益更多（Ito et al.，2012；Verhofstadt & Maertens，2015）。

（2）合作社在供应链及产品质量和安全方面的作用

合作社在供应链管理和保障农产品质量及安全上的作用日益得到认可，例如Yu et al.（2023）发现合作社在生产者和下游企业之间扮演着中介的角色，当下游企业直接与生产商进行交易时，企业不能观察生产者的个体产品质量而只能观察平均质量，但当下游企业通过合作社向农户收购产品后，机会主义行为大大减少，使得产品的数量和质量水平均有所上升。合作社可以带领社员参与农业产业链上的生产、加工、销售、服务等多个环节，还可以促进小农户采用食品安全措施并开展食品质量认证、减量使用农药化肥等投入品并开展绿色认证、生产具有地域特色的农产品等（Snider et al.，2017）。也有不少学者在积极探寻提升合作社农产品质量的措施，如提高合作社服务的质量、保持最佳社员规模、对准超市及出口企业等目标市场、农产品进入市场前进行自检等。

（3）合作社在技术采纳与创新等多方面的角色

采用新的技术对于促进农业发展至关重要，然而熟练的技术人员和普通的农业生产者之间的脱节已经成为采用新技术的关键障碍，合作社则能够为农业生产者提供相关的技术服务和培训。现有研究普遍认为，加入农民合作社可以显著促进小农户对农业领域内新品种、新机械、新化肥、新农药、新病虫害防治技术、新生产方法和新管理方法的采用（Wu et al.，2023）。合作社通过农户的联合，为小农户提供农机、种苗、农资等购买服务或产品销售服务,在提高农业生产效率、减少耕地抛荒、节约市场交易费用等方面都具有重要作用;部分涉农企业还可以为农村劳动力提供就业岗位,并通过签署农业订单,确定农产品最低收购价,降低小农户的经营风险;合作社的功能还表现在促进土地流转、推动产业融合、延伸农产品价值链、鼓励环境友好型生产方式等方面。企业家精神、政府支持等多种因素推动了组织的创新,并通过嵌入乡土社会中的人缘、地缘、血缘等媒介传播开来,实现对自身获取信息能力有限、学习成本较高的小农户的知识与技术扩散,以帮助其取得较强的市场竞争地位(Luo et al.,2017)。

(4)影响合作社绩效的因素

近年来专门聚焦合作社绩效的影响因素研究有所减少,更多的是通过地区、行业、组织、社员等层面的异质性分析来讨论。人力资本、实物资本和财务资本是影响合作社绩效的关键因素,治理模式也是衡量绩效的一个重要维度。合作社经济绩效的提升还离不开社会资本的积累,且社会资本在完善的收入分配原则下对经济绩效的促进作用更明显。利用合作社开展合约农业、按惠顾额进行利益分配等也能提高合作社的经济绩效(Dubbert,2019)。此外,合作社绩效还表现在生产力增长方面,并受到周围涉农组织的溢出效应或挤出效应的影响。

合作社种类繁多,合作社成员资格对小农户绩效的影响可能取决于合作社的类型(Verhofstadt & Maertens,2014)。如种植高价值经济作物的合作社为农民创造的收益往往比种植主粮的合作社更高;规模较大的合作社并不一定能提高合作社绩效,而是合作社组织规模与绩效之间呈现倒"U"形曲线关系;由政府自上而下倡议所形成的合作社绩效可能低于农民通过自己的集体行动而成立的组织的绩效,由此人们普遍认为集体行动组织在为其成员创造利益方面更有效(Deininger,1995)。

四、研究评述与展望

(一)研究评述

国内外学者对于合作社研究的主题大体上趋于相同,主要可概括为合作社治理机制以及功能与绩效,但是在内容和深度上有所区别。国内关于合作社治理机制的研究主要围绕中国合作社的本质规定性、合作社异化的原因和后果以及合作社的正式治理和非正式治理,其中核心社员和普通社员的分层是国内学者最为关注的问题。国外文献中关于合作社治理机制的研究已经从寻求有关合作社存在合理性的解释,走向对合作社不同治理模式、治理特征以及社员参与行为和态度进行深入剖析,包括在新的经济社会技术环境下以及合作社不同生命周期下治理结构的调整和创新,比较多的是从所有权等权利设置上进行深入讨论,而股权和收益权很少再进入西方合作社学者们讨论的范畴。社员参与行为及态度也是西方学者所热衷的话题,主要涉及社员承诺、忠诚度、信任等问题。

合作社的功能和绩效也是国内外学者所关注的主要内容,但是在研究视角上既有共同点也存在一定差异。国内外文献关于合作社的功能都讨论其经济性作用,但国外文献往往将合作社置于供应链、农业产业或市场中进行考察,不仅剖析合作社本身的功能,还看重合作社与其他市场主体的竞争和协作,而国内研究大多将合作社作为单独的组织主体进行分析。当前国内研究中关于合作社在市场中的地位或合作社与其他市场主体的竞争方面的深入研究尚需加强。国内外文献关于合作社功能的研究中还经常会提到其对于农产品质量及安全控制的作用。其中,国外文献多关注于农户的农产品质量认证行为,而国内文献多关注于农户的绿色技术采纳行为。近几年来合作社在乡村治理功能上的研究在国内文献中明显增加,这与合作社所具有的特殊的兼具经济性和社会性双重功能的组织特点以及中国农业政策导向相关。在合作社绩效方面,国内外文献都关注合作社绩效的影响因素,但国内文献更加强调合作社绩效维度的划分。

尽管国内外合作社在发展程度和治理结构上的差异导致其研究和讨论的重点有所差异,但是国内外合作社在主要的实践功能上基本一致,都逐渐从合作社的增收效应、降低贫困延伸到合作社的多元功能上。

(二)研究展望

党的十八大报告提出"构建集约化、专业化、组织化、社会化相结合的新型农业经营体系",党的二十大报告再次强调"发展新型农业经营主体和社会化服务,发展农业适度规模经营",体现了农民合作与组织发展的重要性。经过对近十余年国内外文献的梳理和实践总结,学者普遍认为以合作社为代表的新型农业经营主体能够提高农业技术水平、发展农村产业、增加就业岗位,提高农民收入,是实现发展中国家共同富裕"扩中提低"目标的有效载体。因此,基于合作社的高质量发展及其在带动小农户包容性发展方面的重要作用,本章提出以下研究展望。

一是深化对合作社治理机制和质性的讨论。合作社治理机制涉及所有权结构、民主管理、盈余分配等多方面的内容，对组织的可持续发展影响深远，而当前有关合作社异化的讨论持续升级，亟须评判中国合作社"真假"标准、对"假"合作社的处置、合作社相关法律的完善和效果探讨等方面的研究。同时，小农户在人力、物质、社会资本等方面的差异会带来不同的合作社进入门槛，并使得合作社有"核心成员"和"普通成员"之分，进而导致组织内部成员间利益诉求的不同，产生显著的分配效应，这方面仍需更多的理论分析或实证检验。

二是考察合作社在公共事务和供应链等方面的作用。合作社作为一种有效的制度安排，越来越多地参与到乡村治理和产业发展之中，因此有必要进一步考察合作社在技术推广、减少农地抛荒、促进农村创业、农药化肥减量使用、环境治理、参与乡村治理等方面的作用。同时，合作社不仅可以带动小农户进行农业生产、加工、销售等，还可以通过建立二级企业、成立合作社联合社、开展农业订单等方式深入参与产品供应链的各个环节，因此要关注合作社及其社员在参与农业全产业链，以及农产品质量、绿色认证和采纳安全行为的意愿与实施效果评估等方面的研究。

三是持续关注合作社的绩效问题。西方国家的合作社大多数已经经历合作社生命周期中的转型和成熟期，但仍然面临着合作社组织模式的分化，因此要分别关注和总结不同类型合作社的发展规律，如土地合作社、社区合作社、金融合作社、合作社领办企业等。同时，以中国为代表的发展中国家的合作社发展正处于从数量增长向质量提升的转型阶段，组织新增数量趋于平缓、组织规模偏小、绩效水平仍有待提升，故要更多关注合作社竞争力与绩效提高方面的研究。其中，作为合作社可持续发展的关键，社员对组织的态度研究有待加强，例如成员参与组织后的信任度、满意度、忠诚度等。

第二十一章
乡村建设与乡村治理

一、总体介绍

  乡村建设与治理是深入推进乡村全面振兴的重点工作之一，也是加快推进中国式现代化、推动城乡协调发展和实现共同富裕的重要路径。当前，中国农村的社区建设和治理水平总体上滞后于城市社区建设和治理，从理论和实践的结合上深化对农村社区建设和治理的探索，对于加快我国农村社会的转型发展，提升中国农村建设与治理水平，加速城乡融合发展，都具有十分重要的理论和现实意义。党的十八大以来，国内学界对于乡村建设与治理的关注和研究不断增进，本章采用文献研究法，基于中国知网（CNKI）、Web of Science、Elsevier、Springer、Science Direct 全文电子期刊数据库，梳理分析了党的十八大以来国内外乡村建设与治理领域研究进展与研究重点，并展望 2023—2028 年乡村治理研究方向和重点问题。以"乡村"（rural area）、"乡村建设"（rural construction）、"乡村治理"（rural governance）、"乡村振兴"（rural revitalization）、"共同富裕"（common prosperity）等为关键词进行文献检索，根据文献的下载量、被引量、相关性和话题新颖度，最终筛选出 83 篇文献，其中中文文献 59 篇，主要发表于《中国农村经济》《中国农村观察》《农业经济问题》《农业技术经济》《经济研究》《社会学研究》《管理世界》《改革》；英文文献 24 篇，主要发表于 *American Journal of Agricultural Economics*、*Journal of Agricultural Economics*、*Agricultural Economics*、*American Economic Review*、*Journal of Political Economy*、*Quarterly Journal of Economics*、*Review of Economic Studies*、*Journal of Rural Studies*、*Governance* 等期刊。

二、主题分布与研究侧重

本章中文文献将以中国知网（CNKI）为核心，选择高级检索，在学术期刊数据库中选定北大核心期刊、CSSCI 及 CSCD，以"乡村治理"为主题进行检索，共得到 5088 条文献记录（检索日期：2023 年 8 月 29 日）。在对文献进行泛读的基础上进行数据统计，并以研究内容与研究主题进行分类，简要分析总结国内乡村治理相关文献的特征、规律和研究概貌。具体统计结果如表 21-1 与表 21-2 所示。

研究文献数量的年度变化是衡量某一个研究领域发展的重要指标。由表 21-1 可见，乡村治理研究主题发文量总体呈上升趋势。在党的十八大之后，乡村治理的相关研究存在两个不同的阶段：第一阶段（2013—2017 年）是一个逐步上升的阶段，说明这一问题逐渐受到关注，年度发文量稳步上升到 200 篇左右；第二阶段（2017 年之后），发文量快速增长，每年以百篇数量增长，2022 年年度发文量达到峰值 739 篇。这显示乡村治理研究已在各领域各层面得到不同程度的关注。

表 21-1　2012—2023 年乡村治理研究文献发文数量

年份	数量	年份	数量
2013	105	2019	527
2014	124	2020	622
2015	193	2021	702
2016	197	2022	739
2017	213	2023	486
2018	376		

通过 Citespace 软件对乡村治理研究的高频关键词进行分析，整理出排名前 10 的文献高频关键词，可将其视为研究主要内容的分布。表 21-2 显示，"乡村治理"以 1866 次居首，"乡村振兴""村民自治""基层治理""新乡贤""数字乡村"等也都是该领域的研究重点。

表 21-2　乡村治理研究文献的高频关键词

编号	关键词	频次	编号	关键词	频次
1	乡村治理	1866	6	治理	71
2	乡村振兴	1060	7	数字乡村	71
3	村民自治	251	8	精准扶贫	62
4	基层治理	118	9	社会治理	50
5	新乡贤	75	10	新时代	49

本章共遴选文献 83 篇,根据研究领域不同,我们对其进行如下划分,详见表 21-3:(1)乡村建设;(2)乡村治理;(3)数字乡村;(4)农民农村共同富裕。其中"农民农村共同富裕"研究领域主要集中在国内,共同富裕作为中国式现代化的重要特征和中国特色社会主义的本质要求,该领域研究也具有重要意义。

表 21-3　国内外乡村建设与乡村治理研究文献分布情况

区域	研究领域	研究主题	文献篇数/篇	所占比重/%
国内	乡村建设	农村社区建设困境与路径;农村社区建设模式	10	12.05
	乡村治理	治理内容 治理机制(制度、技术、人力资本、村级组织建设) 治理效果	25	30.12
	数字乡村	数字乡村建设;作用影响;现实困境	16	19.27
	农民农村共同富裕	理论意义;实现路径	8	9.63
国外	乡村建设	乡村社区建设模式;乡村社区建设困境与路径	10	12.05
	乡村治理	治理体系 治理模式	7	8.44
	数字乡村	数字乡村建设;作用影响;现实困境与建设路径	7	8.44

注:笔者自行整理;部分文献横跨多个研究领域和主题。

遴选文献研究关注程度和主要内容的比较情况详见表 21-4。

表 21-4　国内外乡村建设与治理研究侧重点比较

研究领域	研究主题	关注程度		主要内容	
		国内	国外	国内	国外
乡村建设	农村社区建设困境与路径;农村社区建设模式	☆☆☆	☆☆☆☆	乡村建设模式类型;乡村建设难点与对策	乡村社区的概念;社区价值;社区营造
乡村治理	治理内容治理机制治理效果	☆☆☆☆☆	☆☆☆☆	乡村治理内容(产业、人才、文化、生态、组织);治理机制(制度、技术、人才、组织);治理效果	组织、政策、文化等内外因素对乡村治理的影响
数字乡村	数字乡村建设;作用影响;现实困境	☆☆☆☆	☆☆	数字乡村建设的理论分析与作用影响;数字乡村建设困境与推进策略	数字技术对基础设施、产业、教育所带来的影响(正面与负面)
农民农村共同富裕	理论意义;实现路径	☆☆☆☆	—	乡村振兴与共同富裕;实现农民农村共同富裕的意义与实现路径	—

注:☆表示对该研究的关注程度。☆越多,关注度越高。—表示很少有学者关注。

三、国内外领域重点问题与研究进展

(一)国内研究进展

我国对社区建设和发展的理论研究起步相对较晚,这是由于改革开放前"组织化"的街居制度具有"附属性"和"行政性"的特点,使当时的社区治理显示出"权威中心"的特征,而改革开放后,以提供社区服务为先导,通过实施"议事分社""去行政化"等改革措施,所形成的"社区制"削弱了以往公共行政的权威地位。国内也有不少学者为社区自组织促进社区治理进行了研究。如梁舒(2022)从发展社区自治管理模式的必要性出发,探索农村社区协商治理的机制,强调社区建设发展要以居民为主体和核心,而谢煜(2023)则认为不可忽略政府治理在新农村建设中的重要性。总体而言,国内乡村建设与治理研究的重点问题与研究进展可归纳为以下几个方面。

1. 乡村建设

随着农村社区建设试点工作的逐步推行,国内学者从自然禀赋、产业基础、社区区位、社区定位、出资主体、村社关系等角度,对农村社区建设模式类型进行了梳理总结。任晓莉(2013)总结出城镇开发连建型、产业集聚园区带动型、以中心村为圆点多村联建型、村企共建型、移民易地搬迁型、旧村集聚型;海萌(2016)总结了河南新型农村社区建设的几种模式,即侧重行政村整合的中心村建设模式,引入民间资本参与的"产城联动"模式,以及依托城镇化建设的就地城镇化模式。有学者针对城乡基层社会结构转型背景下社区存在的"强他治""弱自治"特征(张翼,2020),提出了"紧密利益共同体自治"(卢宪英,2018)、"社会治理共同体"构建(何得桂和武雪雁,2022)等新思路,以期在实现社区良性自治基础上构建多元共治格局。

国内学者将乡村建设存在的问题归纳为五大方面:一是乡村公共服务供给不足、分布不均(骆永民等,2021);二是乡村建设中政府干预过度(顾昕等,2024);三是乡村产业融合发展推进受阻(胡海和庄天慧,2020);四是乡村治理体系和治理能力滞后(胡伟斌,2023);五是乡村建设人力资本不足,农村空心化与人口老龄化问题突出(魏后凯等,2024)。针对上述问题,相关研究提出了相应的乡村建设改进对策:一是在建设规划方面,应提高科学化且注重差异化(史晓浩,2016);二是在建设内容方面,应扩大乡村公共服务供给种类,提高公共服务供给水平;三是在建设资源方面,应创新财政制度。四要发挥民主的民生绩效,赋予农民更多的参与权和决策权(田孟,2019),才能有效提高农村公共产品供给绩效,以满足农民群众追求美好生活的需要。

2. 乡村治理体系

乡村建设与治理是实现乡村振兴的必由之路。党的二十大报告指出,全面推进乡村振兴,坚持农业农村优先发展,坚持城乡融合发展,畅通城乡要素流动,扎实推动乡村产业、人才、文化、生态、组织振兴。针对战略目标,国内乡村治理研究集中在以下几个方面。

(1)治理内容。农村产业发展是推进乡村全面振兴的主要途径和长久之策,在质量兴农上,2019年2月农业农村部等七个部门联合印发《国家质量兴农战略规划(2018—2022 年)》,为农业实现由增产导向转为提质导向指明路径。农村人才培养是乡村振兴的根基所在,2021 年 2 月,中共中央办公厅、国务院办公厅颁布《关于加快推进乡村人才振兴的意见》,为促进各类人才投身乡村建设提供了指南。生态保护是落实乡村"五位一体"总体布局的重要内容,2018 年 7 月农业农村部印发的《关于深入推进生态环境保护工作的意见》指出,农村生态环境保护工作的重点在于构建农业农村生态环境保护制度体系、着力改善农村人居环境。组织建设是乡村全面振兴的根本保障,2021 年 6 月 1 日正式施行的《中华人民共和国乡村振兴促进法》将乡村组织建设纳入国家法律体系,《中国共产党农村工作条例》从组织领导、主要任务、队伍建设、保障措施、考核监督等方面,对新时代党全面领导农村工作的能力和水平作出了明确规定(杨骞和祝辰辉,2024)。

(2)治理机制。制度路径融合会激活农村经济发展、治理与集体行动。农村集体产权制度改革,推动了农地市场化,通过提升经营者努力程度与发展产业经济,促进集体经济发展壮大(芦千文和杨义武,2022),也有效地增进村庄信任和民主(胡伟斌和黄祖辉,2022);"三权分置"的农村土地制度改革主要通过工商资本下乡促进农户增收(周力和沈坤荣,2022);新时代中国农村社会政策(养老、医疗、惠农补贴等)的大幅扩展使得农村居民的社会福利水平大幅提升(杨穗等,2021)。

加快形成以高质量发展为目标、以创新引领为基础、以科技赋能为内核的农业新质生产力。通过技术进步提升全要素生产率,着力提高粮食等重要农产品生产能力(龚斌磊和袁菱苒,2024);以新质生产力推动农业向绿色低碳、持续高效、智慧智能与业态创新的"大农业"方向发展,应对气候与灾害冲击、以先进种业科技应对生物安全、以产业链完整性应对地缘政治风险(罗必良,2024)。

加强乡村人才队伍建设。选优配强促进人才振兴,以及由此带来强村富民的累进性成效,其中,政府将村庄能人"引回来"是前提,能人在村庄经营中"有作为"是关键,村集体重视产业公地培育"能带动"是结果(罗建章和周立,2024)。办好农村教育不仅需要立足现在,还需要着眼未来。一方面,可利用现代信息技术等手段提高农村学前教育和基础教育服务质量;另一方面,在成人教育方面建立并完善农业职业教育与培训体系(罗仁福等,2022)。

村级组织建设。一是多元治理体系的发展。现代乡村治理体系以基层党组织、乡镇政府、各类组织、群众等多元主体以及自治、法治、德治相结合为基本特征,尤其是新时代乡贤、精英、政府驻村工作队等新型群体的作用日益显著(梅继霞等,2019;高静等,2021),村规民约对乡村治理的积极作用也为实证研究所验证。二是乡村治理权力结构的变化。国家(政府)权力与乡村社会自治力量之间的关系呈现出不均衡配置样态,影响乡村治理的主要行动者包括国家政府、正在慢慢退出农村的乡镇政府、村一级组织、逐渐失去参与感的村民组织等。随着党组织和政府对乡村治理的高度关注,这些行动者的行为发生了翻天覆地的变化,但不同行动者之间不均衡、不平等状态依然没有得到根本改变。行政性组织、半行政化组织和自治性组织的叠加导致乡村治理出现"权力过密化"趋势,进而产生乡村治理结构失衡的问题(周少来,2020)。但治理中的政府、市场和村民之间的交互也会催生出新的变化,如"资源下乡""项目下乡"等。中国式乡村治理现代化以实现乡村均衡充分发展、维持乡村秩序和谐稳定为本质要求(陆益龙和李光达,2023),以提升乡村公共服务、村民满意度为目标(黄祖辉等,2020),逐步实现乡村"善治"的理想状态。

(3)治理效果。实现农民增收。新农保可以显著降低自负医疗费用在收入中的比例,缓解农村居民医疗负担(马超等,2021);新型农业经营主体参与产业融合,能够提升其农业经营性收入和资产水平,且也能提升其转移性收入水平(赵雪等,2023);新型农村集体经济主要通过增加农民收入、加强农村基础设施和基本公共服务体系建设等具体路径,助力农民实现共同富裕(高鸣和江帆,2024)。

降低不平等。养老金能显著缓解老年人福利不平等状况,新农保政策则显著缓解了城乡户籍造成的老年健康机会不平等(张郁杨和陈东,2023),并有效减小农村低收入家庭之间的消费差距(周广肃等,2020);农地赋权显著降低家庭相对剥夺指数和村庄基尼系数,即抑制农村内部收入不平等(牛坤在和许恒周,2022);电商下乡通过提高低收入、中老年、低文化程度、低社会资本农村家庭的消费水平,提高农村家庭数字能力,减轻农村家庭消费不平等程度(尹志超和吴子硕,2024)。

提升公共品自给能力。农村税费改革减少了基层政府的财力,教育开支和行政成本下降,导致村庄公共物品供给水平显著下降(徐琰超等,2015);而集体产权制度改革对村庄公共品自给率的提升具有显著促进作用,能够有效提升村庄公共品自给能力(赵一夫等,2023)。

有效提升农业生产效率。土地流转不仅能直接提高农地配置效率,还通过影响农户就业选择和技术采用,间接提高农业全要素生产率(盖庆恩等,2023);而工商资本下乡会促使土地流转和土地适度规模经营,促使资本对劳动力要素进行替换,从而提高农业生产效率(刘魏等,2018)。

3.数字乡村

数字乡村是乡村振兴的重要内容,也是建设数字中国的应有之义。推动数字乡村建设和数字乡村治理成为学界研究的新兴热点领域。

(1)数字乡村建设方面。从理论层面来看,学界以协同理论、信息可视化理论、内源式发展理论、自主治理理论等为代表的经典理论的指导性非常强;从内容层面来看,乡村数字基础设施建设、数据资源开发与管理、数字产业化、产业数字化、治理数字化五大维度构成了数字乡村的整体架构;从机制层面来看,在技术治理和自主性治理之间建构平衡机制,是数字乡村建设需要把握的重要机制(曾亿武等,2021;沈费伟和袁欢,2020)。

(2)数字乡村治理的积极影响。学界重点关注了数字乡村赋能与农民收入增长(林海等,2023)、缩小农村家庭消费不平等(尹志超和吴子硕,2024)、促进村民的公共事务参与(苏岚岚和彭艳玲,2022)、缩小城乡差距(田野等,2022)等。已有研究表明,数字乡村可以为农业生产、流通、文化、治理等应用场景赋能(王胜等,2021),尤其是农村电商具有明显的直接减贫效应,通过乡村振兴产生间接减贫效应,缓解农户多维不平等(李志平和吴凡夫,2021;张琴等,2023)。

数字乡村建设也会直接影响农业生产、农民创业与农村产业融合。闫桂权等(2022)发现数字普惠金融发展可通过农机作业服务市场发展,吸引农户由传统耕种方式转向半机械化、机械化的方式,从而促进农业机械化发展;而数字普惠金融产品和服务的使用深度的增加,与数字化普惠信贷和保险形成协同效应,共同提高农业全要素生产率(唐建军等,2022)。张勋等(2019)研究发现数字金融的发展帮助改善了农村居民的创业行为,并带来了创业机会的均等化。数字普惠金融为农业经营主体提供了更多的融资渠道和融资方式,为农村产业融合提供资金支持,进而提升企业创新水平(唐松等,2020),助力构建"互联网+农业"的产业融合模式,推动农村产业融合进程(张岳和周应恒,2021)。

基于数字乡村建设行动的持续推进,乡村地区数字基础设施不断改进,由此带来的数字乡村治理效能得以释放,但也不可避免地产生了负面效应,亟待研究补充。

(3)数字乡村治理的推进困境。虽然通过数字技术赋能乡村治理已经在实践层面得到支持,但数字技术也会产生一定的治理负担。数字乡村治理存在限度,可能会出现数字化形式主义、"隐性工作"、关系疏离等情况,这易导致数字乡村治理方向受缚、行动受阻、整合受限、转型受挫等问题（沈费伟和杜芳，2022），如何能够从治理现代化的角度提出解决上述问题的策略也依旧是学界未来探索的重点方向。

4.农民农村共同富裕

扎实推进共同富裕的重点和难点仍然在农村。这不仅体现在相比于城市，农村在收入、财产和公共服务等方面处于弱势地位，而且农村内部的机会不平等和收入差距甚至超过了城市内部和城乡之间，成为中国收入差距逐年扩大的主要因素。近年来，农村居民的收入虽然实现了高速增长，但农村内部收入差距扩大问题日趋严峻（程名望和张家平，2019）。与此同时，农村弱势群体长期面临可行能力不平等的发展困境，获得经济资源的自由在不同程度上被剥夺，成为收入差距逐年扩大的根本诱因。农村内部收入不平等造成了经济发展停滞、阶层固化、社会秩序失衡等负面效应，与共同富裕的发展理念相背离（方师乐等，2024）。

（1）农民农村共同富裕的意义。孙长学和刘晓萍（2021）从城乡融合的角度认为，推动共同富裕需要在城乡融合发展问题上攻坚克难，总结了从五个维度协同推进共同富裕与城乡融合发展。王春光（2021）从农业农村现代化的角度认为，从农业现代化发展到农业农村现代化并重是迈向共同富裕的必然要求，只有同步实现农业和农村的现代化，才能实现共同富裕与乡村振兴。也有学者着重探讨了农民农村共同富裕的含义。叶兴庆（2022）认为，共同富裕是物质富裕和精神富足的统一体，在实施乡村振兴中要始终坚持实现广大农民群众物质生活与精神生活的双重富裕。

（2）农民农村共同富裕的实现途径。吕德文和雒珊（2022）从政策体系的视角出发，认为实现农民农村共同富裕的关键是协同推进脱贫攻坚、乡村振兴和城乡融合三大政策工具，促进三者有机衔接。王宾和杨霞（2021）从法制保障的角度出发，认为《中华人民共和国乡村振兴促进法》的出台对于促进农业农村繁荣稳定、农民群众持续增收具有重要意义。

（二）国外研究进展

1.乡村社区建设

社区的概念提出源于德国（Tonnies，1887），而系统研究则始于美国（Hendeson，1894；Copp，1972；Wilkinson，1984）。在此过程中，社区概念的内涵在不断演进：初始含义指共有权（Williams，1983），随后演变为具有共同背景、兴趣或身份的人群,20世纪60年代以后在西方又发展为公民社会的一种表现形式（Bray,2006）。

学界分别讨论了社区的积极意义与存在的问题。正面论述社区具有重要意义的主流逻辑是"社区可以解决本地公共品供给的市场失灵与政府失灵"（Bowles & Gintis,2002），因为社区可以有效降低社员之间行为、能力以及需求的信息不对称（Pencavel,2002）。另一类论证按照"社会福利—自身价值—自我实现"（Maslow,1954;Wilkinson,1986）的思路,揭示了社区帮助社员实现个人价值的各种路径,包括:与社会签订契约、搭建沟通与合作渠道、培育集体责任感等（Hillery,1968;Wilkinson,1978）。"资产为本"的社区发展理论以及同期出现的"社会资本"等社群主义理论,主要关注"社区能力""社区资产""由内及外建设社区"等社区关系,相对忽视了社区资源流入和流出的宏观体制因素或宏观权力关系（Maclure,2023）。

2. 乡村社区治理

乡村治理是一个多维度、多方面的问题,组织、政策、文化等任一因素的改变都会形成不同的治理效果。Yamasaki（2020）使用了17世纪日本的国家级数据,发现官员任期与转移领地的风险会促使领主或者领导人增加对农业发展方面的投资,这一发现也暗示了组织结构变动会影响农村地区的产业发展;而借助文化认同等意识形态的干预能够推动村民参与自治,凝聚农村社会的群体意识（Clist & Verschoor,2017）,进而更好地落实相关改革政策,提升个体对治理的满意程度（Garcia-Lacalle,2010）。在乡村治理发展的现代化进程中,很多外国学者赞同政府等正式机构能够平稳处理,并协调好在治理过程中出现的各种问题。他们提出政府在乡村治理过程中发挥积极带头作用的同时也会为当地农业的发展指明方向（Markuskroger et al.,2018）。除此之外,在乡村治理过程中,单单依靠政府发挥作用是不够的,还需与村镇企业创新、社区服务水平提升、村民公共事务参与等相结合,通过建立相应的服务平台,使人的主观能动性充分发挥,引入"人治"及"自治",才能更好地推进乡村治理的现代化进程（Madon,2018;Ceron,2019）。

3. 数字乡村

随着数字经济成为学术界关注的焦点,数字技术能否为农村地区带来经济效益的问题也备受关注。国外关于数字乡村建设的研究更加关注具体问题的实证性、理论性讨论,多集中探讨数字技术对经济社会所带来的影响。

已有研究结果表明数字技术在农村中的应用能够驱动农村的经济发展，且这一驱动作用是可持续的，但数字技术在农村经济中的应用程度因国家和地区而异（Wang & Shao，2023）。数字技术能够改善农村地区的通信基础设施，农民也认为数字化正在转变他们在农业领域的日常活动，包括与季节规划、种植、饲养、收获、收获后管理和销售相关的决策和活动，且线上网络成为知识传播平台，能够让农户接触并学习到对应的知识（Malecki，2003；Abdulai et al.，2023；Singh et al.，2023）。

但是也有研究表达了对数字技术使用后果的担忧。根据研究取向，大致可以把相关研究分为三类：第一类是关注信息与通信技术的使用引发的地域发展不平衡，包括但不限于乡村地区。Gladkov et al.（2022）研究发现俄罗斯人占多数的地区（如中部和西北部）往往在 ICT 技术发展方面处于领先地位，生活在大城市的人往往拥有更高水平的"数字资本"。第二类是关注数字技术应用引发的社会不平等。城乡之间的"数字鸿沟"造成了信息公平获取、大众传播和 ICT 方面的巨大差距，不仅是在发展中国家，发达国家也不可避免（Baird et al.，2012）。第三类是关注发展中国家乡村地区数字技术应用引发的复杂效应。与农村生产者和工人从电子商务中获得的收入增长相关的证据很少。相反，这些收益主要是由于少数年轻且富裕的农村家庭生活成本的下降，这部分是由于克服了电子商务的物流障碍，而不是由于电子商务适应农村人口而进行的额外投资（Li et al.，2020）。

四、研究述评与展望

（一）研究评述

结合研究文献的具体主题内容、研究方法等维度，可以发现国内乡村治理研究呈现内容强化与主题拓展的特征。

从时间分布结果可知，乡村治理研究在 2005 年以前处于初始阶段，年度发文量只有 10 篇左右；2005 年以后，随着党和国家对"三农"工作的日益重视，乡村治理研究领域的文献总量开始稳步上升，至 2015 年以后步入快速增长阶段，2022年的发文量更是达到了 739 篇。再来看不同时期的研究热点主题变迁，除了传统的村民自治、"乡政村治"、基层协商民主等主题之外，近年来出现的乡村精英流失、新乡贤群体、村规民约、乡村振兴、数字乡村、共同富裕等领域在乡村治理研究中不断得到拓展,呈现出逐年增多的趋势。

相关研究也已经认识到乡村建设机制与治理机制的完善对于促进乡村发展目标的重要性,也从产权、治权及二者匹配角度提出完善社区治理结构、提高社区发展能力的初步设想,但需进一步探究乡村治理体制机制,尤其是农村集体产权治理模式的创新完善与乡村建设发展、乡村有效治理之间的逻辑关联与实现路径。

数字乡村建设成为现在乡村建设研究的热潮。近年来关于数字乡村问题的相关文献主要集中在研究数字乡村建设现状、测度评价和影响因素等方面,鲜有直接讨论数字乡村与农业技术的创新关系的,其在研究视角与内容等方面尚存在一定缺漏。尽管数字乡村建设作为促进农业农村现代化的重要方式,已经成为政府和学界关注的重要问题,但是仅有极少数文献探讨数字乡村与农业高质量发展的关系,且研究尚未深入数字乡村影响农业高质量发展的门槛效应、调节效应,也暂未梳理与构建数字赋能乡村建设整体理论框架。

农民农村共同富裕与乡村振兴的研究互相融合,但难以厘清两者之间的内在关联。二者均为研究热点,已有研究提供了丰富的结论,但仍存在不足之处:一是对于乡村产业振兴的评价指标体系视角不完备并且指标参差不齐,在实证方面没有形成科学统一的评价体系;二是研究结果展示不全面,对乡村产业振兴的分布与发展规律未能全面展示,较多文献均认为应把共同富裕置于乡村产业振兴的分析框架之下,但仅限于把共同富裕作为研究背景,没有厘清其中的作用机理与实现路径。

(二)研究展望

基于对国内外乡村治理研究文献的分析与梳理,现有结果对未来中国乡村治理研究提供了以下几个更细致的方向。

一是在研究基础上,努力建构中国自主的乡村治理知识体系。乡村治理以治理理论为基础,而治理理论源自西方社会,当其被引进到国内后开始与中国实践相结合,但是总体上仍以西方理论范式为主。在推进中国式现代化进程中,乡村治理体系与治理能力现代化作为其中的一个重要组成部分,理应拥有中国自主的理论阐释、理论规范并指导于实践,亟须基于中国乡村实践而构建出自主的乡村治理知识体系。

二是在研究主题上,坚持挖掘和凝练中国乡村治理经验。党的十八大以来,国内乡村治理实践不断涌现出具有创新性的经验模式，有力促进了打赢脱贫攻坚战和全面建成小康社会，为乡村治理研究提供了丰富的素材。随着乡村振兴全面推进以及共同富裕扎实推进，乡村治理将会出现新问题、面临新挑战，需要扎实开展并及时跟进理论与实践研究，积极探索乡村治理新方案、新模式。

三是在研究方法上，重视质性研究与量化研究、规范研究与实证研究相结合。乡村治理是一个跨学科的综合性研究领域，涉及的研究方法也必然是多元化的。特别是随着大数据的广泛应用，数字乡村建设、数字乡村治理成为热点研究议题，需要在传统的研究方法基础上引入数据挖掘、模拟仿真等实证方法，进一步提升乡村治理研究的能力和水平。

第二十二章
城乡二元结构与城乡融合发展

一、总体介绍

　　城市和乡村是社会经济中的两个重要基本单元。作为社会生产力发展和社会大分工的产物,城乡关系的变化既是农业农村转型发展的重要结果和反映,也是影响农业农村现代化的关键因素,长期以来在农业经济学研究中得到广泛关注,具有独特的学术价值。当前,城乡收入差距是世界许多国家,尤其是发展中国家收入分配不平等的首要原因之一。解决城乡发展失衡问题不仅关系着实现包容性发展这一全球可持续发展目标的达成,也是中国为实现全面建成社会主义现代化强国必须完成的重大任务,具有重要的现实意义。通过实施乡村振兴战略,我国探索出了不单纯依靠城市化解决城乡问题的有效方式,构建了城乡融合发展的"双轮驱动"模式。作为解决城乡问题的根本出路,城乡融合发展将为乡村发展和国家经济增长带来新的活力,但必须加快破解城乡二元结构这一最大的制约障碍。与世界其他经济体相比,中国的城乡二元结构具有特殊的历史性和制度性原因。如何破除我国城乡二元结构、促进城乡融合发展成为现实和学术的焦点问题。本章旨在以城乡二元结构和城乡融合发展为主题,梳理和评述国内外的相关重要文献,厘清城乡二元结构为何产生、城乡融合发展有何规律、融合发展模式如何构建等核心问题,在揭示上述研究领域进展和重点的基础上,展望城乡融合发展研究方向和重点问题。

　　本章采用文献分析法,基于中国知网(CNKI)、Web of Science、Elsevier、Google Scholar、Science Direct 全文电子期刊数据库进行文献检索。具体方案分为两步,一是先限定领域内重要期刊,以"城乡二元结构"(urban-rural dual structure/urban-rural dualism)、"城乡分割"(urban-rural divide)、"城乡关系"

(urban-rural relationship/linkage/interaction)、"城乡融合/城乡一体化"(urban-rural integration)、"城乡协调"(urban-rural coordination)等为关键词进行文献检索,根据文献的被引量(不低于 100)、下载量(排名前 20)、发表时间、相关性和话题新颖度进行筛选,以确定经典文献、研究热点和研究前沿。二是在此基础上不限定期刊范围进行重要文献补充。其中中文文献主要发表于《经济研究》《管理世界》《经济研究》《中国农村经济》《农业经济问题》等;英文文献主要发表于 *Quarterly Journal of Economics*、*Journal of Development Economics*、*American Journal of Agricultural Economics*、*World Development*、*China Agricultural Economic Review*、*Journal of Rural Studies* 等期刊,兼顾了国内外学科高质量期刊。发表于 2012 年以前的文献和 2012 年之后的文献都占一定比例,兼顾了经典文献和新的研究进展。由此可见,筛选结果在期刊质量和发表时间上都具有合理性。

二、主题分布与研究侧重

遴选文献研究主题分布情况详见表 22-1。

表 22-1　城乡二元结构与融合发展领域国内外研究文献分布情况

区域	研究领域	研究主题	文献篇数/篇	所占比重/%
国内	城乡二元结构的成因与影响	理论刻画 根源分析 影响结果	9	13
	城乡融合发展的机理与评价	内涵指标 动力机制 演变规律	11	16
	城乡融合发展的政策与绩效	政策实践 绩效表现	13	18
国外	城乡二元结构的成因与影响	理论刻画 根源分析 影响结果	9	13
	城乡融合发展的机理与评价	内涵指标 动力机制 演变规律	15	21
	城乡融合发展的政策与绩效	政策实践 绩效表现	14	19

遴选文献的主要研究内容与侧重点情况详见表 22-2。

表 22-2　国内外城乡二元结构与融合发展领域研究侧重点比较

研究领域	研究主题	关注程度		主要内容	
		国内	国外	国内	国外
城乡二元结构的成因与影响	理论刻画	☆☆☆	☆☆☆☆☆	依据中国经验对传统二元结构理论的补充	一般性二元结构理论
	根源分析	☆☆☆☆	☆☆☆	户籍制度、城市倾向政策与我国发展战略	产业结构、城市倾向政策
	影响结果	☆☆☆☆☆	☆☆☆	二元结构对经济、社会发展的全面影响	二元结构对经济增长和不平等的影响
城乡融合发展的机理与评价	内涵指标	☆☆☆☆	☆☆☆	涉及经济、生态、社会等的多维内涵和指标	空间视角内涵和单维指标
	动力机制	☆☆☆☆	☆☆☆☆☆	地理经济、要素流动和城市化发展视角	空间经济视角
	演变规律	☆☆☆☆	☆☆	城市化演变、收入差距演变、产业结构变化	城市化演变
城乡融合发展的政策与绩效	政策实践	☆☆☆☆	☆☆☆	破除二元体制障碍与城乡融合案例研究	农业农村发展政策与实践经验总结
	绩效表现	☆☆☆☆☆	☆☆☆	多维度反映城乡融合发展政策成效	城市发展对农村发展的溢出效应

注:☆表示对该研究的关注程度。☆越多,关注度越高。

三、国内外领域重点问题研究进展

(一)国内研究进展

1. 城乡二元结构的成因与影响

国内关于城乡二元结构的研究从 2003 年起迅速增加,主要原因在于 2003 年 1 月党中央提出把解决好"三农"问题作为全党工作的重中之重,同年 10 月党的十六届三中全会明确提出了统筹城乡发展,学术领域更深刻地讨论城乡二元结构的内涵、成因与影响,以促进城乡统筹发展。伴随着农村税费改革、农业"四项补贴"、新农合、新农保和社会主义新农村建设相继出台,改革重心回归农业农村部门,城乡差距不断缩小,"三农"问题得到缓解,学术领域关于城乡二元结构的讨论也在 2015 年之后逐渐回落,更多地转向对反贫困、城乡一体化和城乡融合的研究。

目前来看,国内关于城乡结构的研究涵盖理论刻画、根源分析、影响结果等主题。

(1)理论刻画。研究主要关注我国城乡二元结构的多重内涵及依据我国发展经验对传统城乡二元结构理论的补充。不同于发展经济学家所界定的二元经济——把整个经济分为农村的传统经济部门和城市的现代经济部门,中国二元经济结构具有特殊性。这具体表现为两方面:一是"双层刚性二元经济结构",即总体上是城市和乡村的二元经济结构,而每一元中又分为两层,城市中现代工业和传统工业并存,农村中传统农业和现代农业并存,且各个层次之间关联性差,表现为刚性特征;二是中国的二元经济是转型二元经济,是原有的二元经济结构与制度的变迁结合所形成的,表现为工业化的二元结构、劳动力市场和就业的二元结构、城乡市场体系的二元结构和区域经济的二元结构(任保平,2004)。也有学者认为中国城乡二元结构伴随着其演进经历在内容上形成了特殊的四重城乡二元结构,即城乡二元经济结构、城乡二元政治结构、城乡二元社会结构和城乡二元文化结构(白永秀,2012)。关于城乡二元结构的理论,我国学者更侧重于总结中国经验以对国外传统二元理论进行补充和应用。陈钊和陆铭(2008)构造了一个由城市决定城乡分割政策的动态政治经济学模型来解释中国农村居民向城市迁移规模持续扩大、城市化水平滞后和城乡工资差距持续扩大等现象,在该模型中城市部门考虑了户籍管理制度、差别化的社会保障等限制农村到城市的劳动力流动规模的手段,在理论层面上刻画了城乡二元的经济政策和城乡经济发展是如何同时被内生决定的。蔡昉(2015)通过梳理经济增长历史发现,刘易斯二元经济发展并不是在当代发展中国家才能观察到的发展阶段,而是从早期工业化国家到当代发展中国家都经历的一般发展阶段,并指出二元经济发展的必要前提是进入人口转变轨道之后出现的劳动力剩余,而由马尔萨斯人口机制导致的劳动力过密化并不能形成二元经济结构。

(2)根源分析。国内关于城乡二元结构的成因分析主要分为两种,一是从近代以来对中国城乡二元结构成因的系统性梳理,二是归结为新中国成立后一系列城市倾向政策形成的二元体制。根据发展经济学一般性理论,伴随着生产力的发展,现代工业部门和传统农业部门的差距自然拉开,由此产生了城乡二元结构。但近代以来中国城乡二元结构的形成除此原因外,还有自己的异质性原因:近代国外工业文明和市场经济的冲击、中国计划经济体制的固化、前改革时代(1978—2003)"级差式"发展方式和"分离化"改革措施、后改革时代(2003年至今)国有企业战略重组的助推(白永秀,2012)。国内部分学者将城乡二元结构的成因归为国家优先发展重工业战略背景下包括户籍制度在内的一系列城市倾向政策。新中国成立后为实现赶超目标,我国集中资源推动工业化,以尽快建成现代化的工业体系。为服务这一战略意图,经济资源向城市重工业集中,而农业产品的价格则被有意压低,形成工农和城乡"剪刀差",同时实施城乡分割的户籍制度,城市采用限制外地劳动力的就业政策,大大限制了城乡间劳动力要素的流动,逐步建立起城乡分割的二元体制(陆铭和陈钊,2004;蔡昉等,2001;国务院发展研究中心农村部课题组,2014)。

(3)影响结果。城乡二元结构的长期存在对我国经济社会发展的多个方面产生深远影响。不可否认城乡二元结构对我国经济快速增长和城市发展的重要贡献,但其加剧了城乡不平等,造成了中国城乡人口、经济、环境、基础设施和公共服务五方面的不平衡发展。在人口方面,陈坤秋等(2018)指出城乡二元结构是农村人口空心化产生的根源,大量农村人口进行非农化迁移,农村人口衰减、人口质量下降,农村"空心化、老龄化、女性化"等现象日趋明显,农村平均的人口空心化率从2000年的6.84%上升到2010年的13.98%。在经济方面,城乡居民人均可支配收入比仍然较高,收入绝对差距持续扩大。截至2021年底,农村居民人均可支配收入水平较1978年增长139倍,达到1.89万元,但城乡居民人均收入比仍与

1978 年时几乎相当，也远高于经济合作与发展组织成员 1.1 的平均水平（郭燕等，2022）。在生态环境方面，污染的承载压力和治理压力同时从城市向农村转移，加剧了农村生态环境的脆弱性。污染企业"退城搬迁"，2008 年农村地域污染密集型企业数占全国的 66.37%，为农村生态环境保护带来巨大挑战（李玉红，2018）。在基础设施和公共服务方面，长期以来城乡偏向、城乡分治的管理体制造成城乡基础设施和公共服务在规模和质量两方面的差异显著。目前来说，环境卫生设施成为城乡基础设施建设差距最大的领域，两者污水处理率相差 76.74 个百分点，生活垃圾处理率相差 26.31 个百分点；教育和医疗服务水平则是农村公共服务领域中最为薄弱的两个方面，在现代化办学条件方面，乡村和城镇中小学差距较大，从医疗资源数量来看，每千人口卫生技术人员数、执业医师数、注册护士数以及每千人医疗卫生机构床位数，城乡差距均在 2 倍以上（盛广耀，2020）。

2. 城乡融合发展的机理与评价

国内关于城乡融合的学术文献在 2017 年之后持续增加，成为农业经济学科重点关注的研究课题。国内关于城乡融合发展的机理和评价主要涵盖内涵指标、动力机制和演变规律等主题。

（1）内涵指标。不同于统筹城乡发展和城乡发展一体化，城乡融合更加强调城乡双向融合互动和体制机制创新，是一个多层次、多领域、全方位的全面融合概念，强调"城乡生命共同体"，包括城乡要素融合、产业融合、居民融合、社会融合和生态融合等方面的内容（魏后凯，2020）。周德等（2021）通过回顾文献，总结城乡融合内涵至少包括三个方面，一是城乡地位平等和优势互补，二是城乡要素合理流动与优化配置，三是实现全体人民的共同富裕与人的全面发展。在把握城乡融合内涵的基础上，相关研究构建城乡融合的评价指标体系，以反映城乡融合发展水平。顾益康和许勇军（2004）提出能反映城乡一体化发展度、差异度和协调度的 42 个指标，涵盖经济发展、社会福利、基础设施等多个方面，为构建综合性评价体系奠定了重要基础。近年来部分学者突破评价指标的正负二分法，将有关指标归纳为对比类、动力类和状态类，完善了指标体系对城乡融合发展过程的适应性（周佳宁等，2020）。

（2）动力机制。从空间经济角度来说，城乡融合发展即表现为城市和农村区域的平衡发展。陆大道（1986）提出"点—轴系统"理论，点轴开发可以充分发挥各级中心城市的作用，有利于城市之间、城乡之间的联系，形成有机的地域经济网络,为多中心带动的农村发展战略提供了理论支撑。从资源配置角度来说,城乡二元结构下,生产要素配置的非农偏向导致农业部门配置了过多劳动力和过少资本,非农部门则配置了过多资本和过少劳动力,部分学者的实证研究表明这种城乡生产要素错配状态导致了中国城乡二元结构转化的滞后(张海朋等,2020),严重制约了城乡融合发展(刘明辉和卢飞,2019)。城乡融合发展必须破除城乡要素流动的制度障碍,促进城乡要素双向自由流动。从数理刻画角度来看,李后强等(2020)基于渗流数学模型,研究城乡融合过程中要素相互流动、相互交换的动态复杂机制,城乡要素渗流的核心就是通过政府这只"看得见的手"和市场这只"看不见的手"引导要素合理流动,为定量研究城乡融合发展提供了有效的数理方法和理论参考。

(3)演变规律。从城市化进程来看,方创琳(2022)从城乡人口融合的角度分析,认为城乡融合发展的规律性与城镇化高质量发展的四阶段规律性基本一致,城乡低度、中度、高度和深度发展阶段分别对应城镇化初期(城市化水平 1%～30%)、中期(城市化水平 30%～60%)、后期(城市化水平 60%～80%)和终期发展阶段(城市化水平在 80% 以上),并根据这一规律划分我国城乡融合发展的演进阶段,1952—1980 年属于城乡二元发展的零度融合阶段,1980—2000 年属于城乡协调发展阶段;2000—2010 年城镇化水平达到 50%,进入城镇化中期城乡各半的中度融合阶段;2010—2019 年属于城乡一体化发展的中度融合阶段,到 2019 年城镇化水平达到 60%,进入城乡高度融合阶段。从产业结构角度来说,周国富和陈菡彬(2021)研究发现,在城镇化初级阶段,产业结构合理化和高级化会扩大城乡差距;当城镇化进入中级阶段后,产业结构合理化对城乡差距的影响减弱,而高级化仍在拉大城乡收入差距;当城镇化进入高级阶段后,产业结构合理化和高级化都缩小了城乡差距。从收入不平等角度来看,我国城乡收入差距整体呈现倒"U"形演变规律。改革开放初期的 10 年间,改革的重心在农业农村,同期中国城市部门的改革进程缓慢,城乡关系协调,城乡收入差距缩小,1987 年城乡人均收入比达到低点 2.17;1988 年以来,伴随着城市极化效应的增强和二元结构的固化,城乡收入差距不断扩大,城乡人均收入比在 2009 年达到 3.33 的历史高点,随后缓慢回落至 3.1;党的十八大以来,随着城乡发展一体化和乡村振兴战略的提出,城乡二元体制不断被破除,城乡失衡发展的格局被打破,城乡收入差距再度缩小,城乡居民收入比从 2013 年的 2.81 降为 2021 年的 2.5,城乡关系和收入不平等呈现出相同演化进程(黄祖辉和茅锐,2023)。

3.城乡融合发展的政策和绩效

近 10 年来随着我国城乡融合发展政策的出台和实践,中国城乡融合发展取得显著成效,国内学者对城乡融合发展的政策和绩效研究逐渐增多,主要涵盖政策实践和绩效表现等主题。

(1)政策实践。城乡融合发展必须破除一系列城乡二元体制障碍,促进城乡劳动力、土地和资金等要素的自由流动。从劳动力要素角度来说,必须对二元户籍制度进行改革。1956—1978 年,我国处于二元户籍严格管制阶段,限制农民进城的二元户籍管理制度以立法的形式被确定下来;1978—1992 年,二元户籍制度在计划经济框架内进行局部调整和松动,政府对人口流动由"堵"转变为"疏";1992—2002 年,二元户籍制度有限突破,形成"民工潮"现象;2002—2012 年,户籍制度改革的政策重心也从促进农村劳动力的空间自由流动并构建城乡统一劳动力市场向构建基本公共服务均等化制度过渡,但农民实质上很难获得与城市居民同等的待遇;2012 年至今,户籍制度改革加快推进,全面放宽农业转移人口落户条件、进一步放宽特大城市外来人口积分落户指标控制,助推城乡劳动力自由流动(赵军洁和张晓旭,2021)。从土地要素角度来说,党的十八大以来,我国在农村土地承包经营制度、土地征收制度、集体经营性建设用地入市制度、宅基地制度等方面进行了一系列改革,激活农村土地要素,放活农村土地经营权,统筹使用农村建设用地要素,满足乡村发展第二、三产业的需要,也使农民获得更多的土地增值收益(严金明等,2022)。从资金要素角度来说,城乡融合发展需要解决"钱从哪里来"的问题,农村金融是资金的主要来源。改革开放以来,中国农村金融改革经历了市场化起步、市场体系构建、现代金融制度探索和市场化改革深化四个阶段,党的十八届三中全会提出普惠金融发展理念,在农村金融资源投放方面追求公平和效率的兼顾,鼓励社会资本参与设立新型农村金融机构,为乡村振兴提供资金支持,促进城乡融合发展(蒋远胜和徐光顺,2019)。此外,我国不断健全完善实现城乡基本公共服务均等化的体制机制,要求建立全国统一的城乡居民基本养老保险制度,要求城镇居民基本医疗保险和新型农村合作医疗保险整合为城乡居民基本医疗保险,要求建立城乡统一、重在农村的义务教育经费保障机制(张海鹏,2019)。

在城乡融合发展的实践方面,各地区因地制宜,依托产业、生态等,聚合城乡要素,激活市场主体,探索出不同的发展模式。海南万宁依托旅游资源,推出"共享农庄"模式,共享农庄通过政府支持引导、企业开发运营、农户提供资源三者共建方式,实现乡村与消费者之间的共享,与城市需求契合,实现四方共赢(路彤,2018)。崇州市在城乡融合发展实验区建设过程中,通过探索围绕农业的多功能和多元主题联动,将村社集体经济再造作为城乡融合资源和共同富裕载体进行体制机制创新,探索出村社集体经济共同促进农民农村共同富裕的实践路径(申云等,2022)。江苏省聚焦特色片区联动塑造,打造城乡融合发展先行示范区,对特色田园乡村数量较多、空间分布相对集中的县开展特色田园乡村示范区建设;其中苏州市突破行政区划、跨乡镇和行政村建立区域协同推进机制,形成特色田园乡村的精品示范片区,积累城乡融合发展的经验(张伟等,2021)。

(2)绩效表现。国内关于城乡融合绩效表现的研究主要包括城乡融合发展的现状、成效和问题三个方面。在城乡融合发展的现状方面,我国城乡融合发展水平整体处于中低区间,呈现异质性时空格局,区域差异明显,东部地区领先,中西部地区滞后,各省份的城乡融合发展水平也存在较大差异(Zeng & Chen,2023;郑瑜晗和龙花楼,2023)。从城乡融合发展政策实施的成效来看,伴随着城乡居民自由迁移的制度障碍逐渐缓解,户籍人口城镇化率从 2012 年的 35.3% 增加到 2016 年的 41.2%;伴随着"三权分置"的农村土地承包经营制度改革,农地要素市场化配置效率不断提高,家庭承包耕地流转总面积由 2012 年的 2.78 亿亩增长到 2020 年的 5.65 亿亩;随着农村普惠金融的发展,涉农贷款余额不断增加,从 2012 年的 17.63 万亿元增至 2020 年的 38.95 万亿元;城乡基础设施建设差距不断缩小,截至 2020 年底,中国农村集中供水率达到 88%;农村公共服务的标准和水平显著提升,城乡卫生技术人员数比由 2012 年的 2.50 下降至 2021 年的 1.57;农村居民收入持续增加,收入结构不断优化(王小华等,2021;张海鹏,2019;杨骞和金华丽,2023)。我国城乡融合发展还面临着许多困境和挑战,包括城乡差距依然较大、农业农村基础设施建设相对滞后、生态与资源环境面临双重压力、城乡自由流动面临制度性障碍、农村产业深度融合发展亟须增强、新型农业经营主体发展质量有待提高等(李爱民,2019;杜志雄,2021)。

(二)国外研究进展

1.城乡二元结构的成因与影响

(1)理论刻画。相较国内对二元结构内涵和理论的刻画,国外研究起步更早。Boeke(1953a)首次提出二元结构(社会二元结构)这一概念,认为社会二元结构是外来社会制度与另一种本土社会制度的冲突。刘易斯将二元结构描述为传统农业部门和现代工业部门的差距(Lewis,1954)。后续学者将这一概念扩展到国际经济,即世界经济中的二元论,描述为发达国家和发展中国家之间的差距(Singer,1970)。Fei 和 Ranis(1997)对二元结构的含义进行拓展,提出了农业部门和工业部门的二元经济划分方法,将二元结构的含义解释为结构二元性——"农业和非农业生产共存"的产业二元性和空间二元性——"集中于城市中心的城市人口,和较为分散的、专门从事农业生产或农村手工艺品制作的农村人口并存的状况"。关于城乡二元结构的理论解释,可以划分为结构主义视角和空间经济视角。基于结构主义视角,刘易斯构建二元模型,将经济增长在技术上刻画为生存部门劳动力转移导致的现代部门扩张;"哈里斯—托达罗"(Harris-Todaro)模型考虑城市就业不足问题,对刘易斯二元模型进行了扩展,并使模型专门针对移民问题;从托达罗模型出发,新迁移理论利用相对经济地位和工作搜寻成本风险,对城乡迁移的微观机制做了补充刻画,将迁移视为一种家庭决策;推拉理论用推拉框架来描述迁移,从迁移的供给方和需求方两方面来考虑,迁出地和迁入地的积极因素和消极因素共同对个体迁移决策产生影响(Hagen-Zanker,2008)。

(2)根源分析。对于二元结构的成因分析,国外研究主要包括两方面,一是将其归因为工业化发展,二是归因为城市化倾向。部分研究指出任何与工业化相关的变量都会影响个人的收入情况,并在人口中不均衡地扩散,这将产生工业部门自身的不平等和农业与工业部门之间的二元结构(Nielsen,1994)。也有研究认为,国内价格政策和国际贸易体制中的歧视,最不发达国家政府和援助方财政支持的减少,以及发展理论和经济研究中对农业的日益忽视等城市倾向是最不发达国家经济持续增长和减贫的一个持久和最重要的障碍,从而造成了国际经济的二元结构(Bezemer & Headey,2008)。

(3)影响结果。国外关于二元结构的影响更多集中在对经济增长和不平等问题上。有实证研究发现,在其他条件相同的情况下,农业和第三产业的增长比制造业的增长对减少收入不平等更重要,在许多国家,提高传统农业生产力可能已经成为减少收入不平等的最有效方式,相应地,城乡二元结构则会削弱农业发展,扩大收入不平等(Bourguignon & Morrisson,1998)。从国家经济增长角度来说,二元经济中一个重要表现就是分配给低生产率的农业工作的要素太多,从而降低了国家总生产率,资源在二元部门的扭曲配置阻碍了国家经济增长(Vollrath,2009)。

2.城乡融合发展的机理与评价

(1)内涵指标。相较城乡融合或城乡一体化,国外更多使用城乡互动、城乡联系。在对欧洲城乡关系的研究中,结构和功能两种类型的城乡关系得到了区分。结构性定义为既包括相对稳定的土地利用和聚落的物理结构,也包括人口的分布;相对于物理环境而言,城乡关系的功能方面包括生产和消费方式,这些方式引起的相互作用,如通勤和通信,随着时间的变化而变化(Zasada et al.,2013)。这对应着两层城乡融合的含义,一是空间上的融合,二是经济社会的互动,生产和消费以及各种企业之间的关系将农村和城市连接起来。戈丁和翁勒提出城乡梯度(Rural-Urban Gradient)概念,利用通勤率识别地区融合度,在人口密度的基础上细分出"大都市核心""大都市郊区""中型都市""小都市""远郊""毗邻都市的农村""微型城镇""偏远农村"八类地区(Golding & Winkler,2020)。在指标构建上,国外学者通过人力资本、生活标准、公共服务等单一指标衡量城乡融合发展水平(Young,2013;Zarifa et al.,2019;Rickardsson,2021)。

(2)动力机制。国外对城乡融合发展动力机制的探讨既包括一般性理论,也包括机制研究。在理论解释上,基于空间经济视角,米德拉尔提出了"扩散"效应的概念,即增长通过城市对农产品和原材料的需求扩散到农村腹地,使其成为"自我持续经济扩张的新中心"(Myrdal,1957);但与增长中心(城市)的相互依赖也可能是破坏性的,缪尔达尔称之为"回波效应",即城市增长吸引人口和资本远离农村腹地(Irwin et al.,2010)。藤田昌久和小川秀明则假设空间溢出效应是距离的非线性函数,尝试对多中心结构进行探讨(Fujita & Ogawa,1982)。卡思戴尔进一步提出"流空间理论",指出在全球信息网络中要素流动得以突破地域空间限制而呈现动态性和网络化特征,促进了非毗邻地区间的融合发展(Castells,1989)。在机制研究上,城乡之间的经济关联效应通过四种渠道来解释:消费关联、城乡汇款、相对要素禀赋的变化和非农就业。消费关联主要是指城市规模的扩大会带来农村商品需求的增加,这主要通过城市消费者的收入效应和替代效应来实现。城乡汇款主要是指城乡流动人口将其在城市的收入汇款到原籍农村家庭,这有利于缓解农村家庭的资源约束和抵御农业风险的能力。相对要素禀赋变化这一渠道是指城乡迁移减少了农村劳动力供给,提高了农业劳动生产率,从而促进农村工资水平的提高。非农就业主要是指城市化水平的提高有利于附近农村地区的经济活动从单一农业向第一、二、三产业多元化发展,增加非农就业机会,这主要有三种解释：一是城市附近部分农村人口会到城市工作，城乡通勤反过来又会促进郊区服务业的发展；二是城市提供密集的市场可以有效地进行商品和服务贸易，靠近城市的农村家庭可以从事特定经济活动，并依靠市场满足他们的其他消费需求和生产要素投入需求；三是城市化会增加附近农村地区与农业贸易相关的非农活动，如运输和营销等（Cali & Menon，2013）。从发展经济学角度来说，Chen et al.（2022）构造了"城乡经济学（rurbanomics）"的理论概念，提出了促进城乡融合的五种驱动力及其机制，包括经济驱动力、人口驱动力、生态经济驱动力、社会和制度驱动力以及基础设施与颠覆性技术驱动力，为城乡融合发展路径提供新的思考。

（3）演变规律。从城乡二元到城乡融合是全球经济增长过程中城乡关系表现出的普遍规律。Kuznets（1955）将经济分为农业和非农业两个部门，认为传统农业社会向现代工业社会演变的过程中，随着经济增长，收入不平等呈现倒"U"形演变。刘自强等（2008）使用 41 个国家的数据分析得出：大多数发展中国家在工业化的前期都会出现二元结构强度增加、城乡差距拉大的问题，但随着经济的发展，城乡差距逐渐缩小，农业相对发展指数呈"U"形变化，转折的临界点是在步入中等收入国家后。伴随着城市化演进，城乡关系也呈现出规律性变化。按照诺瑟姆曲线描述的城市化进程，城乡转型被划分为三个阶段：城市化起步阶段，城市化率低于 25%；城市化加速阶段，城市化率从 25% 增长到 50%～70%；城市化成熟阶段，城市化率超过 70%，并在达到 80% 左右时趋于稳定。在城市化成熟阶段，西方国家出现了郊区化、逆城市化和远郊化的现象。在城市化初期，农业发展仍较繁荣，对工业化城市化进程形成了有力支撑（Fogel，1999）。进入城市化第二阶段后，随着工业部门的规模经济效应显现，更多经济和政策资源被导向城市，工农城乡发展不均衡问题日益突出（綦好东，1989）。城市化第三阶段即郊区化、逆城市化和远郊化的阶段，实际上就是城乡融合的阶段，本质上是城市化达到一定水平以后，人口、资本等要素在城乡之间重新配置，逐步消除城乡差距（刘守英和龙婷玉，2022）。

3.城乡融合发展的政策和绩效

（1）政策实践。在美国，20 世纪 30 年代经济危机后开始了对农业农村发展的政府干预，此阶段的政策主要围绕农产品价格和农场主收入展开，缺少对农村社会发展的关注；20 世纪 60—70 年代，美国农村社会非农化问题突出，城乡发展结构失衡,为此美国进行了一系列旨在"支持农业农村发展"的政策改革,推进农村政策立法;20 世纪 90 年代以来,美国不断完善对农村发展的政策支持体系,加强对乡村基础设施的建设和投资(芦千文和姜长云,2018a)。韩国城乡融合发展的政策主要体现在三个方面,一是统筹农村剩余劳动力的有序转移,二是依托"新村运动"统筹城乡发展;三是实施城乡一体化的社会制度保障(张沛等,2014)。日本自 1961 年《农业基本法》施行以来,围绕解决城乡发展不均衡这一长期目标,采取了完善立法、体制、机制和政策工具,实施了拓宽农民增收渠道、改善农村生活环境和提升乡村福祉水平等措施,形成了符合小农生产结构特点的乡村振兴体系(曹斌,2018)。欧盟的农业农村政策广泛关注农村经济社会发展、资源环境保护等多元问题,推行的 2014—2020 年的共同农业政策改革(CAP)旨在促进更大的竞争力、公共产品的有效利用、粮食安全、保护环境和应对气候变化的具体行动、社会和区域平衡以及更具包容性的农村发展(Nazzaro & Marotta,2016)。在城乡融合发展实践上,更多关注了欠发达国家的具体行动。在智利,鼓励城乡接合部(urban-rural territories)的中等城市发展专业化服务,增加对农村地区的投资,以缩小农村地区与各自城市中心地区的差距;在哥伦比亚,加大对农村的公共投资,缩小城乡公共投资差距,积极改善农村地区贫困、城乡收入不平等问题;在墨西哥,侧重对研发和人力资本的投资,减少城乡公共投资差距(Berdegué et al.,2015)。

(2)绩效表现。城乡差距具有多维度表现,但这些表现最终将体现在收入上,即城乡收入差距(黄祖辉和茅锐,2023)。从整体来看,经济发达国家的城乡居民收入差距较小,得益于有效的农业农村政策,大部分发达国家的城乡居民收入比在 1.25 以下,部分发达国家的城乡收入比小于 1;而发展中国家城乡居民收入差距在一段时期内仍将处于较大的状态。具体来说,欧盟以共同农业政策为主体的农业农村政策在培育农业农村发展动能、促进城乡协调发展上发挥了重要作用(芦千文和姜长云,2018b),目前大部分 OECD 成员国城乡居民收入比小于或等于 1.25,比利时、英国、德国和荷兰 4 个国家的城乡居民收入比小于 1。美国的农业农村政策根据不同的时代背景和现实需求不断调整,从仅关注农业发展问题到农业农村政策相互融合,促进农业的国际化、专业化程度进一步深化,实现城乡融合发展、农村社会和谐稳定,20 世纪 90 年代以来美国城乡居民收入比围绕 1.3 上下波动,城乡差距较小。20 世纪 60—70 年代日韩分别开始实施以农业发展、产业振兴为核心的"造町运动"和以发展农业生产基础设施、改善农民生活质量为主要内容的"新村运动",推动两国基本实现了农业现代化。20 世纪 70 年代日韩农村居民收入一度超过城镇居民收入;20 世纪 80 年代至 21 世纪初,日本实施人才、文化、生态多方面的"乡村振兴运动",韩国制定更加系统化的农村发展政策,促进农业农村发展进一步融合,日韩城乡居民收入比围绕 1 上下波动;进入 21 世纪,尽管日韩两国政府采取了多种措施推进乡村振兴,但粮食自给率低、乡村过疏化、农村人口老龄化等问题仍难以得到实质性的改善,人口的大量流失成为很多地区衰退乃至趋于解体的重要原因,日本城乡居民收入比小幅度回升至 1.2 左右,韩国城乡居民收入比小幅度回升至 1.4 左右。印度经济发展目前仍集中于工业化和城市化,城乡居民人均消费比基本保持在 1.6 以上,呈现不断扩大趋势,城乡发展失衡(郭燕等,2022)。

从农村人口占比来说,南方国家的农村人口比重普遍较高,城乡融合发展程度较低(Liu & Li,2017)。从全球整体乡村人口数量变化来看,1960—2015 年间,世界乡村人口由 20.08 亿增至 33.83 亿,增长了 68.48%;而乡村人口占世界总人口的比例却由 66.44% 下降到 46.16%,降幅达 30.5%,这也从侧面反映出整体城乡融合发展水平不断提升(李玉恒等,2018)。在城乡融合发展成效方面,更多地考虑了城市经济发展对农村发展的积极溢出效应,认为应加强城乡联系(Pribadi & Pauleit,2015;Berdegué & Soloaga,2018)。在城乡融合发展面临的问题和挑战上,除了共同面对的全球化挑战,更多面临着乡村衰减问题——人口外流与老龄化以及城乡数字信息技术发展鸿沟问题(Salemink et al.,2017;Jaye et al.,2023)。

四、研究评述与展望

(一)研究评述

在城乡二元结构的成因与影响研究领域,国内研究更注重中国社会经济发展的特殊历史背景和对中国发展经验的总结,但整体缺乏系统性论述,而国外研究则更注重对一般性理论的论述,整体来说缺少实证研究和微观研究。

在城乡融合发展的机理与评价研究领域,总体来说国内研究相较国外研究在内容上更为丰富,在内涵指标上,国内研究关注多维内涵和评价,而国外往往是单维指标;在动力机制上,国内研究更注重机制研究,而国外研究更多是理论叙述;

在演变规律上,国内研究对产业结构变化、城市化演进、收入差距阶段都进行了探讨,国外研究更多从城市化规律着手来解释城乡关系的演进过程。

在城乡融合发展的政策实践和绩效表现研究领域,国内外研究的差异性较为显著。在政策实践上,国内研究更侧重二元体制障碍的破除,国外研究更注重农业农村发展政策的梳理;在绩效表现上,国内研究多维度反映城乡融合发展政策成效,国外研究更强调城市发展对农村发展的溢出效应,总体来说国内定量研究较少。

(二)研究展望

(1)推进中国城乡融合理论体系的构建。理论创新源于实践探索,构建中国特色的城乡融合理论体系要立足于中国城乡关系发展的实践历程,从中国现象和中国实践中提炼中国特色的概念和理论。首先,要系统梳理我国城乡融合发展进程中的创新思想与实践智慧。随着经济社会发展,城乡融合的政策、实践、发展水平呈现各种与发展阶段相适应的新内容,从党的十六大明确提出要把解决"三农"问题作为全党工作的重中之重到十六届五中全会提出社会主义新农村建设,再到党的十八大提出乡村振兴战略,再到党的二十届三中全会提出完善城乡融合体制机制。城乡融合的创新思想也与政策演变和实践创新交织演进,这是构建中国特色城乡融合发展理论体系的重要基础。其次,要基于创新思想和实践智慧进一步强化标志性概念研究,提炼我国城乡融合发展中的原创性理论主张。一方面要充分吸收城乡关系理论、人地关系地域系统理论等基础理论,另一方面要融合中国城乡融合发展的实践智慧,在总结城乡土地制度改革、户籍制度改革、乡村振兴、脱贫攻坚等实践经验的基础上提炼标志性概念,以城乡关系的实践、政策、纲领性文件为依托开展对中国式城乡融合发展的特点、规律、机制、模式的理论总结,系统集成中国特色城乡融合理论体系。

(2)深化城乡发展差距的理论研究。已有文献从二元结构、空间经济等视角对城乡差距变化规律做出了理论解释,但随着21世纪城乡收入差距的变化,尤其是现代化进程中以中国为代表的发展中国家城乡差距问题的不断凸显,城乡发展差距的理论研究需要总结实践经验,进一步深化。首先,要深入考虑城乡间的资源误置问题。二元模型假设在经济发展差距的推动下,要素将不计成本地从农村流向城市,但在现实中,资源再配置存在成本,因此尽管可以通过二元结构模型等理论框架说明要素和资源在农村存在低效利用,但政策制定者考虑加快推进城乡要素和资源再配置以缩小城乡发展差距时,应纳入纠正资源误置所要付出的制度成本。其次,要充分认识城乡间存在的异质性。就城乡收入差距而言,一些文献根据边际报酬均等化原理简单地认为,城乡收入差距是二元结构转型或空间集聚过程中的阶段性现象,最终应回归于城乡均衡。但近年来一些研究认为,城乡收入差距是生产要素和经济环境异质性所产生的自然结果,反映了人们在城乡间自发形成的分类选择。农村比城市提供更多的家庭生产机会,而家庭产出往往无法计入经济回报,同时农村统计中容易出现低报收入的统计误差,此外,城乡间的人力资本存在异质性,影响职业选择,往往导致非农部门的平均人力资本存量高于农业部门,这些都会产生城乡收入差距,因此要准确理解城乡收入差距的产生和变化,就必须充分考虑这些异质性因素。最后,兼顾城乡类型的多种形态。已有理论大多是在城乡二分系统中讨论城乡差距问题,但随着发达国家和发展中国家陆续步入城乡融合发展阶段,城乡连续体理论已代替城乡二分法,成为刻画城乡关系的新范式。但目前关于城乡发展差距的主流理论还没有与城乡连续体理论充分衔接,普遍缺乏对城乡中间状态和不同形态的解释(黄祖辉和茅锐,2023)。

(3)优化多维评价指标体系,科学评价城乡融合发展水平。城乡融合评价难点在于指标体系的构建以及融合标准的划定。目前来说还没有统一的评价指标体系,部分学者从生产要素角度、"五位一体"角度来构建指标体系,也有学者从城乡融合的驱动力和目标准则角度来构建,总的来说,大多文献在选取评价指标时缺乏理论框架指导。此外,目前关于城乡融合发展水平的测度大多使用省级或地级市的统计数据,但伴随着数字信息技术的发展,夜间灯光数据、不透水面数据、手机信令数据、GPS定位数据等在衡量城乡协调发展水平方面具备可行性和细颗粒度、时间连续等优势,因此应在多源异构数据融合的原则下构建统一的城乡融合评价指标体系。关于城乡融合标准的划定,已有文献大多参考发达国家数据和中国历史数据对具体评价指标设定目标值,但考虑各个区域社会经济发展水平和人文环境的异质性,应针对不同的城乡融合发展模式,因地制宜制定科学的城乡融合标准。

(4)加强对关键议题的研究,探索城乡融合实现路径。首先,深化对县域城乡融合发展的研究,进一步针对县域城乡融合发展的关键议题开展问题识别与策略研究。一是要强化县域城乡融合发展的理论逻辑框架研究,基于城乡地域系统整体性视角与国家城镇体系综合性维度从要素、权能、空间探索县域城乡融合的实践逻辑;二是要加强县域城乡产业分工格局与功能提升研究,产业是县域城乡融合发展的重要支撑,如何在建立价值链分工基础上促进城乡产业功能专业化,探索县域城乡产业链融合的驱动机制、优化策略是未来研究的重点,应厘清目前城乡利益链融合的障碍因素,为制定消除城乡利益联结阻碍因素的政策提供科学参考(龙花楼等,2023)。

其次,加强城乡之间"人""地""钱"自由流动和城乡基本公共服务普惠共享的研究。探究城乡间人口流动的理论机理,识别劳动力在城乡间自由流动的障碍,为深化户籍制度改革提供决策参考;加强农村土地市场化配置的研究,基于试点地区数据和发展经验来评估农村集体经营性建设用地入市制度,总结制度瓶颈,同时识别现有征地制度在利益分配中的弊端,探索被征地农民多元化的利益补偿机制;加快探索城乡融合发展视角下的农村金融发展理论创新,探索促进农村储蓄资源转化为农村投资的有效机制,促进农村普惠金融发展(魏后凯等,2022)。党的十九大报告提出到2035年基本实现基本公共服务均等化目标,当前要对照2035年目标对城乡基本公共服务均等化进程进行全面评估,明确短板、差距和难点所在,总结成果经验和模式,提出推进城乡各项基本公共服务接轨和均等化的时间表、路线图和具体措施(魏后凯,2019)。

最后,归纳国外经验,总结国内模式。要积极总结国外城乡融合发展的成功经验,为我国特色的城乡融合发展提供助力。2019年国家发改委等18个部门联合发布《国家城乡融合发展试验区改革方案》,确定了11个国家城乡融合发展试验区,在未来更要重点关注试验区的实践和成效,加强类型学方法的导入,科学总结和推广不同类型推进城乡融合发展的经验与模式,为差异化的政策措施制定和体制机制设计提供支持。

参考文献

Abadie A，Athey S，Imbens G W，et al. When should you adjust standard errors for clustering? [J]. The Quarterly Journal of Economics，2023，138(1)：1-35.

Abdulai A R，Gibson R，Fraser E D G. Beyond transformations：Zooming in on agricultural digitalization and the changing social practices of rural farming in Northern Ghana，West Africa [J]. Journal of Rural Studies，2023 (100)：103019.

Adamopoulos T，Brandt L，Leight J，et al. Misallocation，selection and productivity：A quantitative analysis with panel data from China [J]. Econometrica，2022，90(3)：1261-1282.

Adamopoulos T，Restuccia D. The size distribution of farms and international productivity differences[J]. American Economic Review，2014，104(6)：1667-1697.

Adams R M，Hurd B H，Lenhart S，et al. Effects of global climate change on agriculture：An interpretative review[J]. Climate research，1998，11(1)：19-30.

Adams R M，Rosenzweig C，Peart R M，et al. Global climate change and US agriculture[J]. Nature，1990，345(6272)：219-224.

Adetutu M O，Ajayi V. The Sub-Saharan Africa[J]. World Development，2020，125：104690.

Ahmed J O. The effect of biofuel crops cultivation on food prices stability and food security-A review[J]. Eurasian Journal of Biosciences，2020，14(1)：613-621.

Alchian A A. Some economics of property rights[J]. Il Politico，1965，30 (4)：816-829.

Alene A D. Productivity Growth and the Effects of R&D in African Agriculture[J]. Agricultural Economics，2010，41(3-4)：223-238.

Ali A，Abdulai A，Goetz R，et al. Impacts of tenancy arrangements on investment and efficiency：Evidence from Pakistan[J]. Agricultural Economics，2012，43：85-97.

Allcott H，Lockwood B B，Taubinsky D. Regressive sin taxes，with an application to the optimal soda tax[J]. Quarterly Journal of Economics，2019，134(3)：1557-1626.

Almond D，Li H，Zhang S. Land reform and sex selection in China[J]. Journal of Political Economy，2019，127(2)：560-585.

An L，Qin Y，Wu J，et al. The local labor market effect of relaxing internal-migration restrictions：Evidence from China [J]. Journal of Labor Economics，2024，42(1)：161-200.

Ang J B，Fredriksson P G. Wheat agriculture and family ties[J]. European Economic Review，2017，100：236-256.

Ang J B，Madsen J B，Wang W. Rice farming，culture and democracy[J]. European Economic Review，2021，136：103778.

Ang J B. Agricultural legacy and individualistic culture[J]. Journal of Economic Growth，2019，24：397-425.

Aragón F M，Oteiza F，Rud J P. Climate change and agriculture：Subsistence farmers' response to extreme heat[J]. American Economic Journal：Economic Policy，2021，13(1)：1-35.

Arrieta E M，Gonzalez A D. Impact of current，national dietary guidelines and alternative diets on greenhouse gas emissions in Argentina[J]. Food Policy，2018，79：58-66.

Arrow K J. The organization of economic activity：Issues pertinent to the choice of market versus nonmarket allocation[J]. The Analysis and Evaluation of Public Expenditure：the PPB System，1969，1：59-73.

Asmild M，Balezentis T，Hougaard J L，et al. Multi-directional

Productivity Change: MEA-Malmquist[J]. Journal of Productivity Analysis, 2016, 46: 109-119.

Asseng S, Martre P, Maiorano A, et al. Climate change impact and adaptation for wheat protein[J]. Global change biology, 2018, 25(1): 155-173.

Athey S, Blei D, Donnelly R, et al. Estimating heterogeneous consumer preferences for restaurants and travel time using mobile location data[J]. AEA Papers and Proceedings, 2018, 108: 64-67.

Athey S, Imbens G W. Machine learning methods that economists should know about[J]. Annual Review of Economics, 2019, 11: 685-725.

Auffhammer M, Schlenker W. Empirical studies on agricultural impacts and adaptation[J]. Energy Economics, 2014, 46: 555-561.

Auffhammer M. Climate adaptive response estimation: Short and long run impacts of climate change on residential electricity and natural gas consumption [J]. Journal of Environmental Economics and Management, 2022, 114: 102669.

Bachewe F N, Berhane G, Minten B, et al. Agricultural transformation in Africa? Assessing the evidence in Ethiopia[J]. World Development, 2018, 105: 286-298.

Bai J, McCluskey J J, Wang H, et al. Dietary globalization in Chinese breakfasts[J]. Canadian Journal of Agricultural Economics, 2014, 62 (3): 325-341.

Baird J E, Zelin R C, Booker Q E. Is there a "digital divide" in the provision of e-government services at the county level in the United States? [J]. Journal of Legal, Ethical and Regulatory Issues, 2012, 15(1): 93-104.

Baker G, Gibbons R, Murphy K J. Relational contracts and the theory of the firm[J]. The Quarterly Journal of Economics, 2002, 117(1): 39-84.

Banerjee A, Duflo E, Goldberg N, et al. A multifaceted program causes lasting progress for the very poor: Evidence from six countries[J]. Science, 2015, 348(6236): 1260799.

Barath L, Ferto I. Productivity and convergence in European agriculture [J]. Journal of Agricultural Economics, 2017, 68(1): 228-248.

Barreca A, Deschenes O, Guldi M. Maybe next month? Temperature shocks and dynamic adjustments in birth rates[J]. Demography, 2018, 55(4): 1269-1293.

Becker G S. Human capital and the personal distribution of income: An analytical approach[M]. Ann Arbor: Institute of Public Administration, 1967.

Beckmann M J. Optimal consumption plans—a dynamic programming approach [M]//Szegö G P. New Quantitative Techniques for Economic Analysis. New York: Academic Press, 1982: 183-198.

Bell C. Development economics[J]. The New Palgrave: A Dictionary of Economics, 1987(1): 818.

Bellemare M F, Novak L. Contract farming and food security [J]. American Journal of Agricultural Economics, 2017, 99(2): 357-378.

Bellemare M F. The productivity impacts of formal and informal land rights: Evidence from Madagascar[J]. Land Economics. 2013,89(2): 272-290.

Ben C, Gounder N. Property rights: Principles of customary land and urban development in Fiji[J]. Land Economics, 2019, 87: 104089.

Berdegue J A, Carriazo F, Jara B, et al. Cities, territories, and inclusive growth: Unraveling urban-rural linkages in Chile, Colombia, and Mexico[J]. World Development, 2015, 73: 56-71.

Berdegue J A, Soloaga I. Small and medium cities and development of Mexican rural areas[J]. World Development, 2018, 107: 277-288.

Bevis L E M, Barrett C B. Close to the edge: High productivity at plot peripheries and the inverse size-productivity relationship [J]. Journal of Development Economics, 2020, 143: 102377.

Bezemer D, Headey D. Agriculture, development, and urban bias[J]. World Development, 2008, 36(8): 1342-1364.

Biermacher J T, Brorsen B W, Epplin F M, et al. The Economic potential of precision nitrogen application with wheat based on plant sensing [J]. Agricultural Economics, 2009, 40(4): 397-407.

Binswanger H. Cost function approach to measurement of elasticities of factor demand and elasticities of substitution [J]. American Journal of

Agricultural Economics, 1974, 56(2): 377-387.

Boeke J H. Economics and economic policy of dual societies, as exemplified by Indonesia[M]. New York: AMS Press, 1953a.

Boeke J. H. Economics policy of dual societies as exemplified by Indonesia [M]. New York: Institute of Pacific Relation, 1953b: 324.

Bohnes F A, Rodriguez U P, Nielsen M, et al. are aquaculture growth policies in high-income countries due diligence or illusionary dreams? Foreseeing policy implications on seafood production in Singapore[J]. Food Policy, 2020, 93: 101885.

Borusyak K, Jaravel X, Spiess J. Revisiting event-study designs: Robust and efficient estimation [J]. Review of Economic Studies, 2024, 91 (6): 3253-3285.

Bourguignon F, Morrisson C. Inequality and development: The role of dualism[J]. Journal of Development Economics, 1998, 57(2): 233-257.

Bowles S, Gintis H. Social capital and community governance[J]. The Economic Journal, 2010, 112(483): F419-F436.

Bray D. Building "Community": New strategies of governance in Urban China[J]. Economy and Society, 2006, 35(4): 530-549.

Bretos I, Errasti A, Marcuello C. Is there life after degeneration? The organizational life cycle of cooperatives under a "grow-or-die" dichotomy[J]. Annals of Public and Cooperative Economics, 2020, 91(3): 435-458.

Briggs A, Chowdhury S. Economic development, food demand and the consequences for agricultural resource requirements: An application to Indonesia [J]. Australian Journal of Agricultural and Resource Economics, 2018, 62(3): 420-437.

Bryan G, Morten M. The aggregate productivity effects of internal migration: Evidence from Indonesia[J]. Journal of Political Economy, 2019, 127(5): 2229-2268.

Buggle J C, Durante R. Climate risk, cooperation and the co-evolution of culture and institutions [J]. The Economic Journal, 2021, 131 (637): 1947-1987.

Buggle J C. Growing collectivism: Irrigation, group conformity and technological divergence [J]. Journal of Economic Growth, 2020, 25 (2): 147-193.

Burke M, Emerick K. Adaptation to climate change: Evidence from US agriculture [J]. American Economic Journal: Economic Policy, 2016 (3): 106-140.

Bustos P, Caprettini B, Ponticelli J. Agricultural productivity and structural transformation: Evidence from Brazil [J]. The American Economic Review, 2016, 106(6): 1320-1365.

Cai R, Feng S, Oppenheimer M, et al. Climate variability and international migration: The importance of the agricultural linkage [J]. Journal of Environmental Economics and Management, 2016, 79: 135-151.

Cali M, Menon C. Does urbanization affect rural poverty? Evidence from Indian districts[J]. The World Bank Economic Review, 2013, 27(2): 171-201.

Callaway B, Sant'Anna P H C. Difference-in-Differences with multiple time periods [J]. Journal of Econometrics, 2021, 225(2): 200-230.

Calzadilla A, Rehdanz K, Betts R, et al. Climate change impacts on global agriculture[J]. Climatic Change, 2013, 120: 357-374.

Cameron A C, Miller D L. A practitioner's guide to cluster-robust inference [J]. The Journal of Human Resources, 2015(2): 317-372.

Carletto C, Corral P, Guelfi A. Agricultural commercialization and nutrition revisited: Empirical evidence from three African countries[J]. Food Policy, 2017, 67: 106-118.

Carstensen V. An historian looks at the past fifty years of the agricultural economics profession[J]. Journal of Farm Economics, 1960, 42(5): 994-1006.

Castells M. The Informational City, Information Technology, Economic Restructuring, and the Urban-Regional Process [M]. Oxford: Oxford University Press, 1989.

Caswell M, Lichtenberg E, Zilberman D. The effects of pricing policies on water conservation and drainage [J]. American Journal of Agricultural Economics, 1990, 72(4): 883-890.

Chaddad F, Iliopoulos C. Control rights, governance, and the costs of ownership in agricultural cooperatives[J]. Agribusiness, 2013, 29(1): 3-22.

Chamberlin J, Jayne S T, Sitko J N. Rural in-migration and agricultural development: Evidence from Zambia[J]. Agricultural Economics, 2020, 51(4): 491-504.

Chambers R G, Quiggin J. Non-point-source pollution regulation as a multi-task principal-agent problem[J]. Journal of Public Economics, 1996, 59(1): 95-116.

Chari A, Liu E M, Wang S Y, et al. Property rights, land misallocation, and agricultural efficiency in China[J]. The Review of Economic Studies, 2021, 88(4): 1831-1862.

Chavas J P. Direct payments, safety nets and supply response: Discussion [J]. American Journal of Agricultural Economics, 2001, 83(5): 1215-1216.

Chen K Z, Mao R, Zhou Y. Rurbanomics for common prosperity: New approach to integrated urban-rural development [J]. China Agricultural Economic Review, 2022, 15(1): 1-16.

Chen S, Chen X, Xu J. Assessing the impacts of temperature variations on rice yield in China[J]. Climatic Change, 2016, 138: 191-205.

Chen S, Chen X, Xu J. Impacts of climate change on agriculture: Evidence from China[J]. Journal of Environmental Economics & Management, 2016, 76: 105-124.

Chen S, Chen Y, Lei Z, et al. Chasing clean air: Pollution-induced travels in China [J]. Journal of the Association of Environmental and Resource Economists, 2021(1): 59-89.

Chen S, Gong B. Response and adaptation of agriculture to climate change: Evidence from China [J]. Journal of Development Economics, 2021, 148: 102557.

Chen X, Chen S. China feels the heat: Negative impacts of high temperatures on China's rice sector[J]. Australian Journal of Agricultural and Resource Economics, 2018, 62(4): 576-588.

Chen X, Cui X, Gao J. Differentiated agricultural sensitivity and adaptability to rising temperatures across regions and sectors in China[J]. Journal of Environmental Economics and Management，2023a，119：102801.

Chen X，Hu X，Huang X，et al. From cultivation to culture：Wheat farming and sex selection in China[J]. Review of Development Economics，2023b，27(4)：2383-2400.

Chen X，Liu Y，Jaenicke E C，et al. New concerns on caffeine consumption and the impact of potential regulations：The case of energy drinks[J]. Food Policy，2019，87：101746.

Chen Y，Wu Z，Okamoto K，et al. The impacts of climate change on crops in China：A Ricardian analysis[J]. Global and Planetary Change，2013，104：61-74.

Cheng L，Yin C，Chien H. Demand for milk quantity and safety in urban China：Evidence from Beijing and Harbin[J]. Australian Journal of Agricultural and Resource Economics，2015，59(2)：275-287.

Cheung S N S. The contractual nature of the firm[J]. The Journal of Law and Economics，1983，26(1)：1-21.

Cheung S N S. The Theory of Share Tenancy[M]. Hong Kong：Arcadia Press Ltd. ，2000.

Chew S H，Ebstein R P，Lu Y. Rice culture and the cushion hypothesis：Experimental evidence from incentivized risk taking tasks[J]. Economics Letters，2023，223：110967.

Chimhowu A. The "new" African customary land tenure：Characteristic，features and policy implications of a new paradigm[J]. Land Use Policy，2019，81：897-903.

Chowdhary R B，Moore G A，Weatherley A J，et al. Key sustainability challenges for the global phosphorus resource，their implications for global food security，and options for mitigation[J]. Journal of Cleaner Production，2017，140：945-963.

Cinelli C，Forney A，Pearl J. A crash course in good and bad controls [J]. Sociological Methods & Research，2024，453(3)：1071-1104.

Clist P，Verschoor A. Multilingualism and public goods provision：An experiment in two languages in Uganda[J]. Journal of Development Economics, 2017, 129: 47-57.

Coase R H. The nature of the firm[J]. Economica, 1937(16): 386-405.

Coase R H. The problem of social cost[J]. Journal of Law and Economics, 1960, 3: 1-44.

Cochrane W W, Runge C F. Reforming Farm Policy: Toward A National Agenda[M]. IA: Iowa State University Press, 1992.

Coelli T J, Rao D S P. Total factor productivity growth in agriculture: A malmquist index analysis of 93 countries, 1980-2000 [J]. Agricultural Economics, 2005, 32: 115-134.

Cohn A S, VanWey L K, Spera S A, et al. Cropping frequency and area response to climate variability can exceed yield response[J]. Nature Climate Change, 2016(6): 601-604.

Colin J P, Daoudi A, Léonard E. From formal rules to local practices: A comparative perspective between Algerian and Mexican land reforms[J]. Land Use Policy, 2021, 101: 105120.

Colmer J. Temperature, labor reallocation, and industrial production: Evidence from India [J]. American Economic Journal: Applied Economics, 2021, 13(4): 101-124.

Combes P, Démurger S, Li S, et al. Unequal migration and urbanisation gains in China[J]. Journal of Development Economics, 2020, 142: 102328.

Cook M L. The future of US agricultural cooperatives: A neo-institutional approach[J]. American Journal of Agricultural Economics, 1995, 77 (5): 1153-1159.

Cooter R, Ulen T. Law and Economics [M]. Massachusetts: Addison-Wesley, 2011.

Copp, J H. Rural Sociology and rural development. [J]. Rural Sociology, 1972, 37: N/A.

Costinot A, Donaldson D, Smith C. Evolving comparative advantage and the impact of climate change in agricultural markets: Evidence from 1. 7 million fields around the world [J]. Journal of Political Economy, 2016, 124 (1):

205-248.

Cui J，Zhang X，Reis S，et al. Nitrogen cycles in global croplands altered by elevated CO_2[J]. Nature Sustainability，2023(10)：1166-1176.

Cui X，Xie W. Adapting agriculture to climate change through growing season adjustments：Evidence from corn in China[J]. American Journal of Agricultural Economics，2022，104(1)：249-272.

Cui X. Climate change and adaptation in agriculture：Evidence from US cropping patterns[J]. Journal of Environmental Economics and Management，2020，101：102306.

Davis J H. Policy implications of vertical integration in United States agriculture[J]. Journal of Farm Economics，1957，39(2)：300-312.

Davis K F，Downs S，Gephart J A. Towards food supply chain resilience to environmental shocks[J]. Nature Food，2021，2：54-65.

De Brauw A，Giles J. Migrant opportunity and the educational attainment of youth in rural China[J]. Journal of Human Resources，2017，52(1)：272-311.

De Chaisemartin C，d'Haultfoeuille X. Difference-in-differences estimators of intertemporal treatment effects [J]. Review of Economics and Statistics，2024：1-45.

De Chaisemartin C，d'Haultfoeuille X. Two-way fixed effects estimators with heterogeneous treatment effects [J]. American Economic Review，2020，110(9)：2964-2996.

De Janvry A，Emerick K，Gonzalez-Navarro M，et al. Delinking land rights from land use：Certification and migration in Mexico[J]. American Economic Review，2015，105(10)：3125-3149.

Deininger K. Collective agricultural production：A solution for transition economies? [J]. World Development，1995，23(8)：1317-1334.

Demsetz H. Some aspects of property rights[J]. The Journal of Law and Economics，1966，9：61-70.

Deng W，Hendrikse G，Liang Q. Internal social capital and the life cycle of agricultural cooperatives[J]. Journal of Evolutionary Economics，2021，31(1)：

301-323.

Denzin N K, Lincoln Y S. The Sage Handbook of Qualitative Research (3rd ed.). Thousand Oaks: Sage Publications Ltd, 2005.

Deschênes O, Greenstone M. The economic impacts of climate change: Evidence from agricultural output and random fluctuations in weather [J]. American Economic Review, 2007, 97(1): 354-385.

Di Falco S, Veronesi M, Yesuf M. Does adaptation to climate change provide food security? A micro-perspective from Ethiopia[J]. American Journal of Agricultural Economics, 2011, 93(3): 829-846.

Diamond J. Guns, Germs, and Steel: The Fates of Human Societies[M]. New York and London: Norton, 1997.

Diao P, Zhang Z, Jin Z. Dynamic and static analysis of agricultural productivity in China[J]. China Agricultural Economic Review, 2018, 10(2): 293-312.

Dickens A, Lagerlöf N P. The long - run agglomeration effects of early agriculture in Europe[J]. Economic Inquiry, 2023, 61(3): 629-651.

Diffenbaugh N S, Burke M. Global warming has increased global economic inequality[J]. Proceedings of the National Academy of Sciences, 2019, 116(20): 9808-9813.

Dinar A. Measuring the Impact of Climate Change on Indian Agriculture [M]. Washington, DC: World Bank Publications, 1998.

Dithmer J, Abdulai A. Does trade openness contribute to food security? A dynamic panel analysis[J]. Food Policy, 2017, 69: 218-230.

Domar E D. Capital expansion, rate of growth, and employment [J]. Econometrica, Journal of the Econometric Society, 1946, 14(2): 137-147.

Donaldson D, Storeygard A. The view from above: Applications of satellite data in economics[J]. Journal of Economic Perspectives, 2016, 30(4): 171-198.

Doss C, Kovarik C, Peterman A, et al. Gender inequalities in ownership and control of land in Africa: Myth and reality[J]. Agricultural Economics, 2015, 46(3): 403-434.

Dubbert C. Participation in Contract Farming and Farm Performance:

Insights from cashew farmers in Ghana[J]. Agricultural Economics, 2019, 50 (6): 749-763.

Evenson R, Pingali P. Handbook of Agricultural Economics [M]. Amsterdam: Elsevier, 2007.

Fan S, Cho E E, Meng T, et al. How to prevent and cope with coincidence of risks to the global food system[J]. Annual Review of Environment and Resources, 2021, 46(1): 601-623.

Fan S. Effects of technological change and institutional reform on production growth in Chinese agriculture[J]. American Journal of Agricultural Economics, 1991, 73(2): 266-275.

Fankhauser S. Adaptation to climate change [J]. Annual Review of Resource Economics, 2017(1): 209-230.

Fei J C H, Ranis G. Growth and Development from An Evolutionary Perspective[M]. Malden: Blackwell Publishers, 1997.

Feng L, Friis A, Nilsson J. Social capital among members in grain marketing cooperatives of different sizes [J]. Agribusiness, 2016, 32 (1): 113-126.

Feng S, Oppenheimer M. Applying statistical models to the climate-migration relationship[J]. Proceedings of the National Academy of Sciences, 2012, 109(43): E2915.

Fisher A C, Hanemann W M, Roberts M J, et al. The economic impacts of climate change: Evidence from agricultural output and random fluctuations in weather: Comment[J]. American Economic Review, 2012, 102(7): 3749-3760.

Fishman R. Groundwater depletion limits the scope for adaptation to increased rainfall variability in India[J]. Climatic Change, 2018, 147: 195-209.

Fitawok M B, Derudder A S, Minale S, et al. Stakeholder perspectives on farmers' resistance towards urban land-use changes in Bahir Dar, Ethiopia[J]. Journal of Land Use Science, 2023, 18(1): 25-38.

Fogel R W. Catching up with the economy [J]. American Economic Review, 1999, 89(1): 1-21.

Foldvary F E, Minola L A. The taxation of land value as the means towards optimal urban development and the extirpation of excessive economic inequality[J]. Land Use Policy，2017，69：331-337.

Forzieri G，Girardello M，Ceccherini G，et al. Emergent vulnerability to climate-driven disturbances in European forests[J]. Nature Communications，2021，12(1)：1081.

Fouka V，Schläpfer A. Agricultural returns to labour and the origins of work ethics[J]. The Economic Journal，2020，130(628)：1081-1113.

Friedman M. Studies in the Quantity Theory of Money[M]. Chicago：University of Chicago Press，1956.

Fujita M，Ogawa H. Multiple equilibria and structural transition of non-monocentric urban configurations[J]. Regional Science and Urban Economics，1982，12(2)：161-196.

Galor O，Özak Ö. The agricultural origins of time preference[J]. American Economic Review，2016，106(10)：3064-3103.

Galster G. An economic efficiency analysis of deconcentrating poverty populations[J]. Journal of Housing Economics，2002，11(4)：303-329.

Gammans M，Mérel P，Ortiz-Bobea A. Negative impacts of climate change on cereal yields：Statistical evidence from France[J]. Environmental Research Letters，2017，12(5)：054007.

Gao J，Liu Y，Chen J. China's initiatives towards rural land system reform [J]. Land Use Policy，2020，94：104567.

Gao L，Huang J，Rozelle S. Rental markets for cultivated land and agricultural investments in China[J]. Agricultural Economics，2012，43(4)：391-403.

Gao S，Grebitus C，DeLong K. Consumer preferences for beef quality grades on imported and domestic beef[J]. European Review of Agricultural Economics，2023，50(3)：1064-1102.

Garcia P，Leuthold R M. A selected review of agricultural commodity futures and options markets[J]. European Review of Agricultural Economics，2004，31(3)：235-272.

Garcia-Lacalle J，Martin E. Rural vs urban hospital performance in a "competitive"public health service[J]. Social Science & Medicine, 2010, 71(6): 1131-1140.

Gardner B L, Rausser G C. Agricultural Production[M]. Amsterdam: Elsevier, 2001.

Gardner B L, Rausser G C. Handbook of Agricultural Economics[M]. Amsterdam: Elsevier, 2002.

Garrone M, Emmers D, Lee H, et al. Subsidies and agricultural productivity in the EU[J]. Agricultural Economics, 2019, 50(6): 803-817.

Ge S, He Q, Sarangi S. Reaping what you sow: Historical rice farming and contemporary cooperative behavior in China[J]. Journal of Economic Behavior & Organization, 2024, 217: 581-613.

Gezahegn T W, Van Passel S, Berhanu T, et al. Big is efficient: Evidence from agricultural cooperatives in Ethiopia[J]. Agricultural Economics, 2019, 50(5): 555-566.

Giles J, Meng X, Xue S, et al. Can information influence the social insurance participation decision of China's rural migrants? [J]. Journal of Development Economics, 2021, 150: 102645.

Giles J, Mu R. Village political economy, land tenure insecurity, and the rural to urban migration decision: Evidence from China[J]. American Journal of Agricultural Economics, 2018, 100(2): 521-544.

Gladkova A, Argylov N, Shkurnikov M. The interplay between digital and social inclusion in multiethnic Russian society: An empirical investigation[J]. European Journal of Communication, 2022, 37(6): 606-628.

Golding S A, Winkler R L. Tracking urbanization and exurbs: Migration across the rural-urban continuum, 1990—2016[J]. Population Research and Policy Review, 2020, 39(5): 835-859.

Gollin D, Lagakos D, Waugh M. Agricultural productivity differences across countries[J]. American Economic Review, 2014, 104(5): 165-170.

Gong B. Agricultural productivity convergence in China [J]. China Economic Review, 2020, 60: 101423.

Gong B. Agricultural reforms and production in China: Changes in provincial production function and productivity in 1978—2015[J]. Journal of Development Economics, 2018, 132: 18-31.

Gong B. New growth accounting[J]. American Journal of Agricultural Economics, 2020, 102(2): 641-661.

Goodman-Bacon A. Difference-in-differences with variation in treatment timing [J]. Journal of Econometrics, 2021,225(2):254-277.

Gottlieb C, Grobovšek J. Communal land and agricultural productivity[J]. Journal of Development Economics, 2018, 138: 135-152.

Grashuis J, Su Y. A review of the empirical literature on farmer cooperatives: Performance, ownership and governance, finance, and member attitude[J]. Annals of Public and Cooperative Economics, 2019, 90 (1): 77-102.

Grassia M, Mangioni G, Schiavo S, et al. Insights into countries' exposure and vulnerability to food trade shocks from network-based simulations[J]. Scientific Reports, 2022, 12(1): 4644.

Grimm M, Klasen S. Migration pressure, tenure security, and agricultural intensification: Evidence from Indonesia[J]. Land Economics, 2015, 91(3): 411-434.

Grossman S J, Hart O D. The costs and benefits of ownership: A theory of vertical and lateral integration[J]. Journal of Political Economy, 1986, 94(4): 691-719.

Grundke R, Moser C. Hidden protectionism? Evidence from non-tariff barriers to trade in the United States[J]. Journal of International Economics, 2019, 117: 143-157.

Guo Y, Liu Y. Poverty alleviation through land assetization and its implications for rural revitalization in China [J]. Land Use Policy, 2021, 105: 105418.

Hagen-Zanker J. Why Do People Migrate? A review of the theoretical literature[J/OL]. SSRN Electronic Journal. [2023-08-26]. http://www.ssrn.com/abstract=1105657.

Hakelius K, Hansson H. Measuring changes in farmers' attitudes to agricultural cooperatives: Evidence from Swedish agriculture 1993—2013[J]. Agribusiness, 2016, 32(4): 531-546.

Halvorson L C. A quarter century of agricultural economics in retrospect and in prospect[J]. Southern Journal of Agricultural Economics, 1975(1): 17-24.

Hamilton S F, Richards T J, Shafran A P, et al. Farm labor productivity and the impact of mechanization [J]. American Journal of Agricultural Economics, 2021, 104(4): 1435-1459.

Hamilton S F, Richards T J. Food policy and household food waste[J]. American Journal of Agricultural Economics, 2019, 101(2): 600-614.

Han W, Zhang X, Zheng X. Land use regulation and urban land value: Evidence from China[J]. Land Use Policy, 2020, 92: 104432.

Hanewinkel M, Cullmann D A, Schelhaas M J, et al. Climate change may cause severe loss in the economic value of European forest land[J]. Nature Climate Change, 2013(3): 203-207.

Hansen C W, Jensen P S, Skovsgaard C V. Modern gender roles and agricultural history: The neolithic inheritance[J]. Journal of Economic Growth, 2015, 20: 365-404.

Hao L, Houser D, Mao L, et al. Migrations, Risks, and Uncertainty: A field experiment in China[J]. Journal of Economic Behavior & Organization, 2016, 131: 126-140.

Harrod R F. An essay in dynamic theory[J]. The Economic Journal, 1939, 49(193): 14-33.

Hart O, Moore J. Property rights and the nature of the firm[J]. Journal of Political Economy, 1990, 98(6): 1119-1158.

Hart O. Firms, Contracts, and Financial Structure[M]. Oxford: Oxford University Press, 1995.

Hasegawa T, Sakurai G, Fujimori S, et al. Extreme climate events increase risk of global food insecurity and adaptation needs[J]. Nature Food, 2021(8): 587-595.

Hassan R M, Nhemachena C. Determinants of African farmers' strategies for adapting to climate change: Multinomial choice analysis[J]. African Journal of Agricultural and Resource Economics, 2008(1): 83-104.

Hayek F A. Individualism and Economic Order[M]. Chicago: University of Chicago Press, 1948.

Hayek F A. The Constitution of Liberty[M]. Chicago: University of Chicago Press, 1960.

Headey D, Hirvonen K, Hoddinott J. Animal sourced foods and child stunting[J]. American Journal of Agricultural Economics, 2018, 100(5): 1302-1319.

Henderson E F. A History of Germany in the Middle Ages[M]. London: Bell & Sons, 1894.

Hertel T W, Burke M B, Lobell D B. The poverty implications of climate-induced crop yield changes by 2030[J]. Global Environmental Change, 2010, 20(4): 577-585.

Hertel T W. Global Trade Analysis: Modeling and Applications[M]. Cambridge: Cambridge University Press, 1997.

Heutel G, Miller N H, Molitor D. Adaptation and the mortality effects of temperature across US climate regions[J]. Review of Economics and Statistics, 2021, 103(4): 740-753.

Hibbs Jr D A, Olsson O. Geography, biogeography, and why some countries are rich and others are poor[J]. Proceedings of the National Academy of Sciences, 2004, 101(10): 3715-3720.

Hillery G A. Communal Organizations: A Study of Local Societies[M]. Chicago: University of Chicago Press, 1968.

Hinkley D V. Jackknifing in unbalanced situations [J]. Technometrics, 1977(3): 285-292.

Hirvonen K. Temperature changes, household consumption and internal migration: Evidence from Tanzania [J]. American Journal of Agricultural Economics, 2016, 98(4): 1230-1249.

Ho H A, Martinsson P, Olsson O. The origins of cultural divergence: Evidence from Vietnam[J]. Journal of Economic Growth, 2022, 27(1): 45-89.

Huang J，Hu R，van Meijl H，et al. Biotechnology boosts to crop productivity in China：Trade and welfare implications［J］. Journal of Development Economics，2004，75(1)：27-54.

Huang J，Rozelle S. Technological change：Rediscovering the engine of productivity growth in China's rural economy［J］. Journal of Development Economics，1996，49(2)：27-54.

Huang J，Wang Y，Wang J. Farmers' adaptation to extreme weather events through farm management and its impacts on the mean and risk of rice yield in China［J］. American Journal of Agricultural Economics，2015，97(2)：602-617.

Huang K，Zhao H，Huang J，et al. The impact of climate change on the labor allocation：Empirical evidence from China［J］. Journal of Environmental Economics and Management，2020，104：102376.

Hughes C，Sayce S，Shepherd E，et al. Implementing a land value tax：Considerations on moving from theory to practice［J］. Land Use Policy，2020，94：104494.

Hui E C M，Bao H. The logic behind conflicts in land acquisitions in contemporary China：A framework based upon game theory［J］. Land Use Policy，2013，30(1)：373-380.

Huttunen K，Møen J，Salvanes G K. Job loss and regional mobility［J］. Journal of Labor Economics，2018，36(2)：479-509.

Imbert C，Papp J. Costs and benefits of rural-urban migration：Evidence from India［J］. Journal of Development Economics，2020，146：102473.

Irwin E G，Isserman A M，Kilkenny M，et al. A century of research on rural development and regional issues［J］. American Journal of Agricultural Economics，2010，92(2)：522-553.

Ito J，Bao Z，Su Q. Distributional effects of agricultural cooperatives in China：Exclusion of smallholders and potential gains on participation［J］. Food Policy，2012，37(6)：700-709.

Jayasekara D N. Can traditional farming practices explain attitudes towards scientific progress？［J］. Economic Modelling，2021，94：320-339.

Jaye C, Mchugh J, Doolan-Noble F, et al. Rurality and latent precarity: Growing Older in a small rural New Zealand town[J]. Journal of Rural Studies, 2023, 99: 144-152.

Jensen R T, Miller N H. Giffen behavior and subsistence consumption[J]. American Economic Review, 2008, 98(4): 1553-1577.

Jiao M, Xu H. How do collective operating construction land(C)OCL transactions affect rural residents' property Income? Evidence from rural Deqing county, China[J]. Land Use Policy, 2022, 113: 105897.

Johnson P R. Elasticity of foreign demand for United-States agricultural products[J]. American Journal of Agricultural Economics, 1977, 59 (4): 735-736.

Jorgenson D W. The development of a dual economy[J]. The Economic Journal, 1961(282): 309-334.

Jürgenson E. Land reform, land fragmentation and perspectives for future land consolidation in Estonia[J]. Land Use Policy, 2016, 57: 34-43.

Kalirajan K P, Obwona M B, Zhao S. A decomposition of total factor productivity growth: The case of Chinese agricultural growth before and after reforms[J]. American Journal of Agricultural Economics, 1996, 78 (2): 331-338.

Kamilaris A, Kartakoullis A, Prenafeta-Boldú F X. A review on the practice of big data analysis in agriculture[J]. Computers and Electronics in Agriculture, 2017, 143: 23-37.

Karp L S, Perloff J M. A dynamic-model of oligopoly in the coffee export market [J]. American Journal of Agricultural Economics, 1993, 75 (2): 448-457.

Kawasaki K, Uchida S. Quality matters more than quantity: A symmetric temperature effects on crop yield and quality grade[J]. American Journal of Agricultural Economics, 2016, 98(4): 1195-1209.

Khanna M, Atallah S S, Kar S, et al. Digital transformation for a sustainable agriculture in The United States: Opportunities and challenges[J]. Agricultural Economics, 2022, 53(6): 924-937.

Kieran C, Sproule K, Doss C A, et al. Examining gender inequalities in land rights indicators in Asia[J]. Agricultural Economics, 2015, 46(S1): 119-138.

Kinnan C, Wang S, Wang Y. Access to migration for rural households[J]. American Economic Journal: Applied Economics, 2018, 10(4): 79-119.

Kishore A, Chakrabarti S. Is more inclusive more effective? The "new style" public distribution system in India[J]. Food Policy, 2015, 55: 117-130.

Klein B, Crawford R G, Alchian A A. Vertical integration, appropriable rents, and the competitive contracting process[J]. The Journal of Law and Economics, 1978, 21(2): 297-326.

Kumar A, Saroj S, Joshi P K, et al. Does cooperative membership improve household welfare? Evidence from a panel data analysis of smallholder dairy farmers in Bihar, India[J]. Food Policy, 2018, 75: 24-36.

Kummu M, Kinnunen P, Lehikoinen E, et al. Interplay of trade and food system resilience: Gains on supply diversity over time at the cost of trade independency[J]. Global Food Security, 2020, 24: 100360.

Kurukulasuriya P, Mendelsohn R O. Crop selection: Adapting to climage change in Africa[J]. World Bank Policy Research Working Paper, 2007(4307).

Kuznets S. Economic growth and income inequality[J]. The American Economic Review, 1955, 45(1): 1-28.

Lachaud M A, Bravo-Ureta B E. Agricultural productivity growth in Latin America and the Caribbean: An analysis of climatic effects, catch-up and convergence[J]. Australian Journal of Agricultural and Resource Economics, 2021, 65(1): 143-170.

Laffont J J, Martimort D. The Theory of Incentives: The Principal-Agent Model. Princeton: Princeton University Press, 2009.

Law C, Fraser I, Piracha M. Nutrition transition and changing food preferences in India[J]. Journal of Agricultural Economics, 2020, 71(1): 118-143.

Lee C-S, Talhelm T, Dong X. People in historically rice-farming areas are less happy and socially compare more than people in wheat-farming areas[J].

Journal of Personality and Social Psychology，2023，124(5)：935-957.

Lee H，Sumner D A. Economics of downscaled climate-induced changes in cropland，with projections to 2050：Evidence from Yolo County California[J]. Climatic Change，2015，132：723-737.

Lee S，Moschini G. On the value of innovation and extension information：SCN-resistant soybean varieties [J]. American Journal of Agricultural Economics，2022，104(4)：1177-1202.

Letta M，Tol R S J. Weather，climate and total factor productivity[J]. Environmental and Resource Economics，2019，73(1)：283-305.

Lewis W A. Economic development with unlimited supplies of labour[J]. The Manchester School，1954，22(2)：139-191.

Li L，Lin J，Turel O，et al. The impact of e-commerce capabilities on agricultural firms' performance gains：The mediating role of organizational agility[J]. Industrial Management & Data Systems. 2020，120(7)：1265-1286.

Li Q，Wang J. Agricultural origins of corporate pro-environmental behavior [J]. Journal of Cleaner Production，2023，412：137456.

Li X，Liu J，Huo X. Impacts of tenure security and market-oriented allocation of farmland on agricultural productivity：Evidence from China's Apple Growers[J]. Land Use Policy，2021，102：105233.

Li Y，Wu W，Liu Y. Land consolidation for rural sustainability in China：Practical reflections and policy implications[J]. Land Use Policy，2018，74：137-141.

Liang S，Wu W，Sun J，et al. Climate-mediated dynamics of the northern limit of paddy rice in China[J]. Environmental Research Letters，2021，16(6)：064008.

Liang X Z，Wu Y，Chambers R G，et al. Determining climate effects on US total agricultural productivity [J]. Proceedings of the National Academy of Sciences，2017，114(12)：E2285-E2292.

Lin J Y. Collectivization and China's agricultural crisis in 1959-1961[J]. Journal of Political Economy，1990，98(6)：1228-1252.

Lin J Y. Rural reforms and agricultural growth in China[J]. The American

Economic Review, 1992, 82(1): 34-51.

Lin Q, Tan S, Zhang L, et al. Conflicts of land expropriation in China during 2006—2016: An overview and its spatio-temporal characteristics[J]. Land Use Policy, 2018, 76: 246-251.

Litina A. Natural land productivity, cooperation and comparative development[J]. Journal of Economic Growth, 2016, 21: 351-408.

Liu H, Li X, Fischer G, et al. Study on the impacts of climate change on China's agriculture[J]. Climatic Change, 2004, 65(1): 125-148.

Liu J, Shively G E, Binkley J K. Access to variety contributes to dietary diversity in China[J]. Food Policy, 2014, 49: 323-331.

Liu L, Wang Y, Xu Y. A practical guide to counterfactual estimators for causal inference with time-series cross-sectional data [J]. American Journal of Political Science, 2024(1): 160-176.

Liu M, Shamdasani Y, Taraz V. Climate change and labor reallocation: Evidence from six decades of the Indian Census [J]. American Economic Journal: Economic Policy, 2023, 15(2): 395-423.

Liu S, Ma S, Yin L, et al. Land titling, human capital misallocation, and agricultural productivity in China[J]. Journal of Development Economics, 2023, 165: 103165.

Liu Y, Li Y. Revitalize the world's countryside[J]. Nature, 2017, 548 (7667): 275-277.

Liu Y, Zong Q. Agricultural roots in intergenerational transfers in China [J]. Frontiers of Economics in China, 2018, 13(2): 249-280.

Lobell D B, Bänziger M, Magorokosho C, et al. Nonlinear heat effects on African maize as evidenced by historical yield trials[J]. Nature Climate Change, 2011(1): 42-45.

Luo J, Guo H, Jia F. Technological innovation in agricultural co-operatives in China: Implications for agro-food innovation policies[J]. Food Policy, 2017, 73: 19-33.

Lybbert T J, Beatty T K, Hurley T M, et al. A century of publishing the frontiers of the profession[J]. American Journal of Agricultural Economics,

2018，100(5)：1253-1274.

Machlup F. Equilibrium and disequilibrium：Misplaced concreteness and disguised politics[J]. The Economic Journal，1958，269(68)：1-24.

MacKinnon J G，White H. Some heteroskedasticity-consistent covariance matrix estimators with improved finite sample properties [J]. Journal of Econometrics，1985(3)：305-325.

Maclure L. Augmentations to the asset-based community development model to target power systems[J]. Community Development，2023，54(1)：4-17.

Madon S，Jussim L，Guyll M，et al. The accumulation of stereotype-based self-fulfilling prophecies[J]. Journal of Personality and Social Psychology，2018，115(5)：825-844.

Majiwa E，Lee B L，Wilson C. Increasing agricultural productivity while reducing greenhouse gas emissions in Sub-Saharan Africa：Myth or reality? [J]. Agricultural Economics，2018，49(2)：183-192.

Makkar H P S. Review：Feed demand landscape and implications of food-not feed strategy for food security and climate change[J]. Animal，2018，12(8)：1744-1754.

Malcomson J M. Relational incentive contracts[J]. The Handbook of Organizational Economics，2013：1014-1065.

Malecki E J. Digital development in rural areas：Potentials and pitfalls[J]. Journal of Rural Studies，2003，19(2)：201-214.

Malik A，Li M，Lenzen M，et al. Impacts of climate change and extreme weather on food supply chains cascade across sectors and regions in Australia [J]. Nature Food，2022，3：631-643.

Malla S，Klein K K，Presseau T. Have health claims affected demand for fats and meats in Canada? [J]. Canadian Journal of Agricultural Economics，2020，68(3)：271-287.

Mano Y，Takahashi K，Otsuka K. Mechanization in land preparation and agricultural intensification：The case of rice farming in the Cote d'Ivoire[J]. Agricultural Economics，2020，51(6)：899-908.

Marette S, Messean A, Millet G. Consumers' willingness to pay for eco-friendly apples under different labels: Evidences from a lab experiment[J]. Food Policy, 2012, 37(2): 151-161.

Marion B W. The structural and performance effects of retail mergers[J]. Journal of Food Distribution Research, 1985, 16(1): 79-98.

Maslow, A. Motivation and Personality[M]. New York: Harper and Row, 1954.

Massetti E, Mendelsohn R. Estimating Ricardian models with panel data [J]. Climate Change Economics, 2011(4): 301-319.

Matthews R C O. The economics of institutions and the sources of growth [J]. The Economic Journal, 1986, 96(384): 903-918.

McArthur J W, McCord G C. Fertilizing growth: Agricultural inputs and their effects in economic development[J]. Journal of Development Economics, 2017, 127(1): 133-152.

Melesse M B, Bulte E. Does land registration and certification boost farm productivity? Evidence from Ethiopia[J]. Agricultural Economics, 2016, 46 (6): 757-768.

Mendelsohn R, Neumann J E. The impact of climate change on the United States economy[M]. Cambridge: Cambridge University Press, 2004.

Mendelsohn R, Nordhaus W D, Shaw D. The impact of global warming on agriculture: A Ricardian analysis[J]. The American Economic Review, 1994: 753-771.

Mendelsohn R, Nordhaus W, Shaw D. Climate impacts on aggregate farm value: Accounting for adaptation[J]. Agricultural and Forest Meteorology, 1996, 80(1): 55-66.

Merton R K, Kendall P L. The focused interview[J]. American Journal of Sociology, 1946, 51(6): 541-557.

Miao R, Khanna M, Huang H. Responsiveness of crop yield and acreage to prices and climate[J]. American Journal of Agricultural Economics, 2016, 98 (1): 191-211.

Minoli S, Jägermeyr J, Asseng S, et al. Global crop yields can be lifted by timely adaptation of growing periods to climate change [J]. Nature Communications, 2022, 13(1): 7079.

Mo D, Bai Y, Shi Y, et al. Institutions, implementation, and program effectiveness: Evidence from a randomized evaluation of computer-assisted learning in rural China[J]. Journal of Development Economics, 2020, 146: 1-10.

Monteforte F. Structural change, the push-pull hypothesis and the Spanish labour market[J]. Economic Modelling, 2020, 86: 148-169.

Moore F C, Lobell D B. Adaptation potential of European agriculture in response to climate change[J]. Nature Climate Change, 2014(7): 610-614.

Moore F C, Obradovich N, Lehner F, et al. Rapidly declining remarkability of temperature anomalies may obscure public perception of climate change[J]. Proceedings of the National Academy of Sciences, 2019, 116(11): 4905-4910.

Moroni S. Property as a human right and property as a special title: Rediscussing private ownership of land[J]. Land Use Policy, 2018, 70: 273-280.

Myers W H, Womack A W, Johnson S R, et al. Impacts of alternative programs indicated by the FAPRI analysis[J]. American Journal of Agricultural Economics, 1987, 69(5): 972-979.

Nazzaro C, Marotta G. The common agricultural policy 2014—2020: Scenarios for the European agricultural and rural systems[J]. Agricultural and Food Economics, 2016,4(16):1-5.

Neimark B, Toulmin C, Batterbury S. Peri-urban land grabbing? Dilemmas of formalising tenure and land acquisitions around the cities of Bamako and Ségou, Mali[J]. Journal of Land Use Science, 2018, 13(3): 319-324.

Nelson G C, Valin H, Sands R D, et al. Climate change effects on agriculture: Economic responses to biophysical shocks[J]. Proceedings of the National Academy of Sciences, 2014, 111(9): 3274-3279.

Newey W K, West K D. A simple, positive semi-definite, heteroskedasticity and autocorrelation consistent covariance matrix [J].

Econometrica, 1987(3): 703-708.

Newman C, Tarp F, Broeck K V D. Property Rights and productivity: The case of joint land titling in Vietnam[J]. Land Economics, 2015, 91(1): 91-105.

Nielsen F. Income inequality and industrial development: Dualism revisited [J]. American Sociological Review, 1994, 59(5): 654-677.

Nin A, Arndt C, Preckel P V. Is Agricultural productivity in developing countries really shrinking? New evidence using a modified nonparametric approach[J]. Journal of Development Economics, 2003, 71(2): 395-415.

Nisbett R E, Peng K, Choi I, et al. Culture and systems of thought: Holistic versus analytic cognition[J]. Psychological review, 2001, 108(2): 291-310.

North D C. Institutions, Institutional Change and Economic Performance [M]. Cambridge: Cambridge University Press, 1990.

North D C. Structure and Change in Economic History[M]. New York and London: W. W. Norton & Company, 1981.

Okonkwo J U. Welfare effects of carbon taxation on South African households[J]. Energy Economics, 2021, 96: 104903.

Olsson O, Hibbs Jr D A. Biogeography and long-run economic development [J]. European Economic Review, 2005, 49(4): 909-938.

Olsson O, Paik C. A Western reversal since the Neolithic? The long-run impact of early agriculture[J]. The Journal of Economic History, 2020, 80(1): 100-135.

Olsson O, Paik C. Long-run cultural divergence: Evidence from the Neolithic revolution [J]. Journal of Development Economics, 2016, 122: 197-213.

Ortega D L, Wang H H, Olynk N J, et al. Chinese consumers' demand for food safety attributes: A push for government and industry regulations[J]. American Journal of Agricultural Economics, 2012, 94(2): 489-495.

Ortiz-Bobea A, Ault T R, Carrillo C M, et al. Anthropogenic climate change has slowed global agricultural productivity growth[J]. Nature Climate Change, 2021, 11(4): 306-312.

Ortiz-Bobea A, Just R E. Modeling the structure of adaptation in climate change impact assessment[J]. American Journal of Agricultural Economics, 2013, 95(2): 244-251.

Ortiz-Bobea A, Knippenberg E, Chambers R G. Growing climatic sensitivity of US agriculture linked to technological change and regional specialization[J]. Science Advances, 2018(12): eaat4343.

Patton M Q. Qualitative Research & Evaluation Methods[M]. Thousand Oaks, California: SAGE, 2002.

Peigang Zhang. Agriculture and Industrialization. Cambridge, MA: Harvard University Press, 1949.

Pencavel. The Regulation of collective bargaining in developed economies: Lessons for developing economies[J]. Kekkaku: Tuberculosis, 2002, 77(12): 795-8.

Perry E D, Yu J, Tack J. Using insurance data to quantify the multidimensional impacts of warming temperatures on yield risk[J]. Nature Communications, 2020, 11(1): 4542.

Peterson W L. The allocation of research, teaching, and extension personnel in US colleges of agriculture[J]. American Journal of Agricultural Economics, 1969, 51(1): 41-56.

Pils E. Assessing Evictions and expropriations in China: Efficiency, credibility and rights[J]. Land Use Policy, 2016, 58: 437-444.

Pingali P, Evenson R. Handbook of Agricultural Economics [M]. Amsterdam: Elsevier, 2010.

Pribadi D O, Pauleit S. The dynamics of peri-urban agriculture during rapid urbanization of Jabodetabek metropolitan area[J]. Land Use Policy, 2015, 48: 13-24.

Pritchard M. Land, Power and peace: Tenure formalization, agricultural reform and livelihood insecurity in rural Rwanda[J]. Land Use Policy, 2013, 30: 186-196.

Qian Z. Land acquisition compensation in post-reform China: Evolution, structure and challenges in Hangzhou[J]. Land Use Policy, 2015, 46: 250-257.

Qu Y, Jiang G, Li Z, et al. Understanding rural land use transition and regional consolidation implications in China[J]. Land Use Policy, 2019, 82: 742-753.

Rahman S, Salim R. Six Decades of total factor productivity change and sources of growth in Bangladesh agriculture (1948—2008) [J]. Journal of Agricultural Economics, 2013, 64(2): 275-294.

Ranis G, Fei J C H. A theory of economic development[J]. The American Economic Review, 1961, 51(4): 533-565.

Reilly J, Tubiello F, McCarl B, et al. US agriculture and climate change: New results[J]. Climatic Change, 2003, 57: 43-67.

Renner S, Lay J, Hannes G. Household welfare and CO_2 emission impacts of energy and carbon taxes in Mexico [J]. Energy Economics, 2018, 72: 222-235.

Rezek J P, Campbell R C, Rogers K E. Assessing total factor productivity growth in Sub-Saharan African agriculture [J]. Journal of Agricultural Economics, 2011, 62(2): 357-374.

Rickardsson J. The Urban-rural divide in radical right populist support: The role of resident's characteristics, urbanization trends and public service supply[J]. The Annals of Regional Science, 2021, 67(1): 211-242.

Ricker-Gilbert J, Chamberlin J, Kanyamuka J, et al. How do informal farmland rental markets affect smallholders' well-being? Evidence from a matched tenant-landlord survey in Malawi[J]. Agricultural Economics, 2019, 50(5): 595-613.

Rochaix J D. The pyrenoid: An overlooked organelle comes out of age[J]. Cell, 2017, 171(1): 28-29.

Rode A, Carleton T, Delgado M, et al. Estimating a social cost of carbon for global energy consumption[J]. Nature, 2021, 598(7880): 308-314.

Rosenbaum P R, Rubin D B. The central role of the propensity score in observational studies for causal effects [J]. Biometrika, 1983(1): 41-55.

Rosenstein-Rodan P. N. Problems of industrialisation of Eastern and South-Eastern Europe [J]. The Economic Journal, 1943, 53 (210/211):

202-211.

Rozelle S, Taylor J E, DeBrauw A. Migration, remittances, and agricultural productivity in China[J]. American Economic Review, 1999, 89 (2): 287-291.

Ruan J, Cai Q, Jin S. Impact of COVID - 19 and nationwide lockdowns on vegetable prices: Evidence from wholesale markets in China[J]. American Journal Of Agricultural Economics, 2021, 103(5): 1574-1594.

Ruan J, Xie Z, Zhang X. Does rice farming shape individualism and innovation? [J]. Food Policy, 2015, 56: 51-58.

Runge C F. Agricultural Economics: A Brief Intellectual History[M]. Minnesota: University of Minnesota Press, 2006.

Sacks W J, Deryng D, Foley J A, et al. Crop planting dates: An analysis of global patterns [J]. Global Ecology and Biogeography, 2010, 19 (5): 607-620.

Salemink K, Strijker D, Bosworth G. Rural development in the digital age: A systematic literature review on unequal ICT availability, adoption, and use in rural areas[J]. Journal of Rural Studies, 2017, 54: 360-371.

Sall S, Gren I. Effects of an environmental tax on meat and dairy consumption in Sweden[J]. Food Policy, 2015, 55: 41-53.

Savchenko O M, Kecinski M, Li T, et al. Fresh foods irrigated with recycled water: A framed field experiment on consumer responses[J]. Food Policy, 2018, 80: 103-112.

Schlenker W, Hanemann W M, Fisher A C. The impact of global warming on US agriculture: An econometric analysis of optimal growing conditions[J]. Review of Economics and Statistics, 2006, 88(1): 113-125.

Schlenker W, Lobell D B. Robust negative impacts of climate change on African agriculture[J]. Environmental Research Letters, 2010(1): 014010.

Schlenker W, Michael H W, Fisher A C. Will US agriculture really benefit from global warming? Accounting for irrigation in the hedonic approach[J]. American Economic Review, 2005, 95(1): 395-406.

Schlenker W, Roberts M J. Nonlinear temperature effects indicate severe damages to US crop yields under climate change[J]. Proceedings of the National Academy of Sciences, 2009, 106(37): 15594-15598.

Schmitt J, Offermann F, Söder M, et al. Extreme weather events cause significant crop yield losses at the farm level in German agriculture[J]. Food Policy, 2022, 112: 102359.

Schmitz A, Seckler D. Mechanized agriculture and social welfare: The case of tomato harvester [J]. American Journal of Agricultural Economics, Agricultural and Applied Economics Association, 1970,52(4):569-577.

Schroeter J, Azzam A. Marketing margins, market power, and price uncertainty[J]. American Journal of Agricultural Economics, 1991, 73(4): 990-999.

Schultz T W. Agricultural Economics: Transforming Traditional Agriculture[M]. New Haven, Connecticut: Yale University Press, 1964.

Seo S N, Mendelsohn R. An analysis of crop choice: Adapting to climate change in South American farms[J]. Ecological Economics, 2008, 67(1): 109-116.

Shao Y, Xiong T, Li M, et al. China's missing pigs: Correcting China's hog inventory data using a machine learning approach[J]. American Journal of Agricultural Economics, 2021, 103(3): 1082-1098.

Shee A, Stefanou S E. Endogeneity corrected stochastic production frontier and technical efficiency[J]. American Journal of Agricultural Economics, 2015, 97(3): 939-952.

Sheng Y, Ball V E, Erickson K, et al. Cross-country agricultural TFP convergence and capital deepening: Evidence for induced innovation from 17 OECD countries[J]. Journal of Productivity Analysis,2022,58(2):185-202.

Sheng Y, Tian X, Qiao W, et al. Measuring agricultural total factor productivity in China: Pattern and drivers over the period of 1978—2016[J]. Australian Journal of Agricultural and Resource Economics, 2020, 64(1): 82-103.

Shi X. Heterogeneous effects of rural-urban migration on agricultural productivity: Evidence from China[J]. China Agricultural Economic Review,

2018，10(3)：482-497.

Sidhoum A A. Measuring farm productivity under production uncertainty [J]. Australian Journal of Agricultural and Resource Economics，2023,67(4)：672-687.

Simon H A. Theories of decision making in economics and behavioral science[J]. American Economic Review，1959,49：1-28.

Singer H W. Dualism revisited：A new approach to the problems of the dual society in developing countries[J]. The Journal of Development Studies，1970(1)：60-75.

Singh N，Kumar A，Dey K. Unlocking the potential of knowledge economy for rural resilience：The role of digital platforms[J]. Journal of Rural Studies，2023(104)：103164.

Sloat L L，Davis S J，Gerber J S，et al. Climate adaptation by crop migration[J]. Nature Communications，2020，11(1)：1243.

Snider A，Gutiérrez I，Sibelet N，et al. Small farmer cooperatives and voluntary coffee certifications：Rewarding progressive farmers of engendering widespread change in Costa Rica? [J]. Food Policy，2017，69：231-242.

Solow R M. A contribution to the theory of economic growth[J]. The Quarterly Journal of Economics，1956，70(1)：65-94.

Soon B M，Thompson W. Nontariff measures and product differentiation：Hormone - treated beef trade from the United States and Canada to the European Union [J]. Canadian Journal of Agricultural Economics/Revue Canadienne d'agroeconomie，2019，67(4)：363-377.

Squicciarini M P. Devotion and development：Religiosity，education，and economic progress in nineteenth-century France [J]. American Economic Review，2020，110(11)：3454-3491.

Storm H，Heckelei T，Baylis K，et al. Identifying farmers' response to changes in marginal and average subsidies using deep learning[J]. American Journal of Agricultural Economics，2024,106(4)：1544-1567.

Su Y，Cook M L. Advances in agricultural cooperative research since 2007：A review of Chinese agricultural economics literature[J]. Annals of Public and

Cooperative Economics, 2020, 91(4): 519-543.

Suhariyanto K, Thirtle C. Asian agricultural productivity and convergence [J]. Journal of Agricultural Economics, 2001, 52(3):96-110.

Sun L, Abraham S. Estimating dynamic treatment effects in event studies with heterogeneous treatment effects [J]. Journal of Econometrics, 2021, 225 (2): 175-199.

Tack J, Barkley A, Nalley L L. Effect of warming temperatures on US wheat yields[J]. Proceedings of the National Academy of Sciences, 2015, 112 (22): 6931-6936.

Takeshima H. Custom-Hired tractor services and returns to scale in smallholder agriculture: A Production function approach [J]. Agricultural Economics, 2016, 48(3):363-372.

Talhelm T, English A S. Historically rice-farming societies have tighter social norms in China and worldwide[J]. Proceedings of the National Academy of Sciences, 2020, 117(33): 19816-19824.

Talhelm T, Zhang X, Oishi S, et al. Large-scale psychological differences within China explained by rice versus wheat agriculture[J]. Science, 2014, 344 (6184): 603-608.

Thirtle C, Lin L, Piesse J. The impact of research-led agricultural productivity growth on poverty reduction in Africa, Asia and Latin America[J]. World Development, 2003, 31(12): 1959-1975.

Thirtle C, Piesse J, Lusigi A, et al. Multi-factor agricultural productivity, efficiency and convergence in Botswana, 1981-1996[J]. Journal of Development Economics, 2003, 71(2): 605-624.

Thomas T S, Robertson R D, Boote K J. Evaluating the risk of climate change-induced aflatoxin contamination in groundnuts and maize: Result of modeling analyses in six countries[R]. International Food Policy Research Institute(IFPRI), 2019.

Thornton P K. Livestock production: Recent trends, future prospects[J]. Philosophical Transactions of the Royal Society B: Biological Sciences, 2010, 365(1554): 2853-2867.

Tonnies F. Community and Society(Gemeinschaft und Gesellschaft)[M]. East Lansing: Michigan State University Press, 1957.

Ulubasoglu M, Mallick D, Wadud M, et al. Food demand elasticities for Australia[J]. Australian Journal of Agricultural and Resource Economics, 2016, 60(2): 177-195.

Van Wezemael L, Caputo V, Nayga Jr R M, et al. European consumer preferences for beef with nutrition and health claims: A multi-country investigation using discrete choice experiments[J]. Food Policy, 2014, 44: 167-176.

Vejchodska E, Barreira A P, Auzins A, et al. Bridging land value capture with land rent narratives[J]. Land Use Policy, 2022, 114: 105956.

Verhofstadt E, Maertens M. Can agricultural cooperatives reduce poverty? Heterogeneous impact of cooperative membership on farmers' welfare in Rwanda [J]. Applied Economic Perspectives and Policy, 2015, 37(1): 86-106.

Verhofstadt E, Maertens M. Smallholder cooperatives and agricultural performance in Rwanda: Do organizational differences matter? [J]. Agricultural economics, 2014, 45(S1): 39-52.

Villavicencio X, McCarl B A, Wu X, et al. Climate change influences on agricultural research productivity[J]. Climatic Change, 2013, 119: 815-824.

Vollrath D. How important are dual economy effects for aggregate productivity? [J]. Journal of Development Economics, 2009, 88(2): 325-334.

Von Carnap T. Irrigation as a historical determinant of social capital in India? A large-scale survey analysis [J]. World Development, 2017, 95: 316-333.

Waldinger M. The economic effects of long-term climate change: Evidence from the Little Ice Age[J]. Journal of Political Economy, 2022, 130(9): 2275-2314.

Wang G, Li X Q, Gao Y, et al. How does land consolidation drive rural industrial development? Qualitative and quantitative analysis of 32 land consolidation cases in China[J]. Land Use Policy, 2023, 130: 106664.

Wang J X. Climate change impacts on crop yield: Evidence from econometric estimation[J]. China Center for Agricultural Policy, 2016: 1-44.

Wang J, Mendelsohn R, Dinar A, et al. How Chinese farmers change crop choice to adapt to climate change[J]. Climate Change Economics, 2010(3): 167-185.

Wang J, Mendelsohn R, Dinar A, et al. The impact of climate change on China's agriculture[J]. Agricultural Economics, 2009, 40(3): 323-337.

Wang W, Noorloos V F, Spit T. Stakeholder power relations in land value capture: Comparing public(C)hina and private(US) dominant regimes[J]. Land Use Policy, 2020, 91: 104357.

Ward P S, Florax R J G M, Flores-Lagunes A. Climate change and agricultural productivity in Sub-Saharan Africa: A spatial sample selection model[J]. European Review of Agricultural Economics, 2014, 41(2): 199-226.

Wei H K, Liu C Q. China's rural reform: Journey, experience and outlook [J]. China Economist, 2019, 14(5): 2-10.

Welch J R, Vincent J R, Auffhammer M, et al. Rice yields in tropical/subtropical Asia exhibit large but opposing sensitivities to minimum and maximum temperatures[J]. Proceedings of the National Academy of Sciences, 2010, 107(33): 14562-14567.

White R R, Brady M. Can consumers' willingness to pay incentivize adoption of environmental impact reducing technologies in meat animal production? [J]. Food Policy, 2014, 49: 41-49.

Wilkinson K P. In search of the community in the changing countryside[J]. Rural Sociology, 1986, 51(1): 1-17.

Wilkinson K P. Rural community change// Ford T R, Rural U. S. A.: Persistence and Change [M]. Ames: Iowa State University Press, 1978: 115-125.

Wilkinson, K P. Rurality and patterns of social disruption [J]. Rural Sociology, 1984, 49(1): 23-36.

Williams R. Culture and Society 1780—1950 [M]. New York: Columbia University Press, 1983.

Williamson O E. The theory of the firm as governance structure: From choice to contract[J]. Journal of Economic Perspectives, 2002, 16(3): 171-195.

Williamson O E. Transaction-cost economics: The governance of contractual relations[J]. The Journal of Law and Economics, 1979, 22(2): 233-261.

Wong K K G, Park H. Consumption Dynamics in Inverse Demand Systems: An application to meat and fish demand in Korea[J]. Agricultural Economics, 2018, 49(6): 777-786.

Wongprawmas R, Canavari M. Consumers' willingness-to-pay for food safety labels in an Emerging Market: The case of fresh produce in Thailand[J]. Food Policy, 2017, 69: 25-34.

Wu F, Guo X, Guo X. Cooperative membership and new technology adoption of family farms: Evidence from China[J]. Annals of Public and Cooperative Economics, 2023, 94(3): 719-739.

Wubie A M, Walter T, Vries D, et al. Synthesizing the dilemmas and prospects for a peri-urban land use management framework: Evidence from Ethiopia[J]. Land Use Policy, 2021, 100: 105122.

Wubneh M. Policies and praxis of land acquisition, use, and development in Ethiopia[J]. Land Use Policy, 2018, 73: 170-183.

Xiang C, Huang J. The role of exotic wheat germplasms in wheat breeding and their impact on wheat yield and production in China[J]. China Economic Review, 2020, 62: 101239.

Xie W, Huang J, Wang J, et al. Climate change impacts on China's agriculture: The responses from market and trade[J]. China Economic Review, 2020, 62: 101256.

Xie X, Zhang A, Wen L, et al. How horizontal integration affects transaction costs of rural collective construction land market? An empirical analysis in Nanhai District, Guangdong Province, China[J]. Land Use Policy, 2019, 82: 138-146.

Xiong B, Sumner D, Matthews W. A new market for an old food: The US demand for olive oil[J]. Agricultural Economics, 2014, 45: 107-118.

Yamasaki J. Time horizon of government and public goods investment:

Evidence from Japan [J]. Journal of Development Economics, 2020, 146: 102518.

Yang J, Huang Z, Zhang X, et al. The rapid rise of cross-regional agricultural mechanization services in China [J]. American Journal of Agricultural Economics, 2013, 95(5): 1245-1251.

Yang S, Shumway C R. Dynamic adjustment in US agriculture under climate change[J]. American Journal of Agricultural Economics, 2016, 98(3): 910-924.

Yao Y. Rural industry and labor market integration in eastern China[J]. Journal of Development Economics, 1999, 59(2): 463-496.

Yates D N, Strzepek K M. An assessment of integrated climate change impacts on the agricultural economy of Egypt[J]. Climatic Change, 1998, 38(3): 261-287.

You L, Rosegrant M W, Wood S, et al. Impact of growing season temperature on wheat productivity in China [J]. Agricultural and Forest Meteorology, 2009, 149(6-7): 1009-1014.

Young A. Inequality, the urban-rural gap, and migration [J]. The Quarterly Journal of Economics, 2013, 128(4): 1727-1785.

Yu J, Bonroy O, Bouamra-Mechemache Z. Quality and quantity incentives under downstream contracts: A role for agricultural cooperatives? [J]. American Journal of Agricultural Economics, 2023, 105(4): 1176-1196.

Yu X, Gao Z, Zeng Y. Willingness to pay for the green food in China[J]. Food Policy, 2014, 45: 80-87.

Yuan L, Zhang S, Wang S, et al. World agricultural convergence[J]. Journal of Productivity Analysis, 2021, 55(2): 135-153.

Zarifa D, Seward B, Milian R P. Location, location, location: examining the rural-urban skills gap in Canada[J]. Journal of Rural Studies, 2019, 72: 252-263.

Zasada I, Loibl W, Berges R, et al. Rural-urban regions: A spatial approach to define urban-rural relationships in Europe[M]//Nilsson K, Pauleit S, Bell S, et al. Peri-Urban Futures: Scenarios and Models for Land Use

Change in Europe. Berlin, Heidelberg: Springer, 2013: 45-68.

Zeng Q, Chen X. Identification of urban-rural integration types in China-an unsupervised machine learning approach [J]. China Agricultural Economic Review, 2023, 15(2): 400-415.

Zeng S, Yu F. Does farming culture shape household financial decisions? [J]. Journal of Corporate Finance, 2024, 84: 102533.

Zhai F, Lin T, Byambadorj E. A general equilibrium analysis of the impact of climate change on agriculture in the People's Republic of China [J]. Asian Development Review, 2009, 26(1): 206-225.

Zhan Y K, Chen Z. Building resilient food system amidst COVID-19: Responses and lessons from China [J]. Agricultural Systems, 2021, 190: 103102.

Zhang H L, Zhao X, Yin X G, et al. Challenges and adaptations of farming to climate change in the North China Plain [J]. Climatic Change, 2015, 129: 213-224.

Zhang L, Xie L, Zheng X. Across a few prohibitive miles: The impact of the anti-poverty relocation program in China [J]. Journal of Development Economics, 2023, 160: 102945.

Zhang P, Zhang J, Chen M. Economic impacts of climate change on agriculture: The importance of additional climatic variables other than temperature and precipitation [J]. Journal of Environmental Economics and Management, 2017a, 83: 8-31.

Zhang X, Yang J, Thomas R. Mechanization outsourcing clusters and division of labor in Chinese agriculture [J]. China Economic Review, 2017b, 43: 184-195.

Zhao X, Xie Y. The effect of land expropriation on local political trust in China [J]. Land Use Policy, 2022, 114: 105966.

Zhao Y, Zong Q. Understanding the inventor team size: A view from "The Rice Theory" [J]. International Studies of Economics, 2022, 17(2): 156-182.

Zhen C, Chen Y, Lin B H, et al. Do obese and nonobese consumers respond differently to price changes? Implications of preference heterogeneity for obesity-oriented food taxes and subsidies[J]. American Journal of Agricultural Economics. 2023, 106(3): 1058-1088.

Zhen C, Finkelstein E A, Nonnemaker J M, et al. Predicting the effects of sugar-sweetened beverage taxes on food and beverage demand in a large demand system[J]. American Journal of Agricultural Economics, 2014, 96(1): 1-25.

Zheng H, Ma W, Li G. Adoption of organic soil amendments and its impact on farm performance: Evidence from wheat farmers in China[J]. Australian Journal of Agricultural and Resource Economics, 2021, 65(2): 367-390.

Zhou X, Alysandratos T, Naef M. Rice farming and the origins of cooperative behaviour[J]. The Economic Journal, 2023, 133(654): 2504-2532.

Zhou Y, Li X, Liu Y. Rural land system reforms in China: History, issues, measures and prospects[J]. Land Use Policy, 2020a, 91: 104330.

Zhou Y, Li Y, Xu C. Land consolidation and rural revitalization in China: Mechanisms and paths[J]. Land Use Policy, 2020b, 91: 104379.

Zhu J, Ang J B, Fredriksson P G. The agricultural roots of Chinese innovation performance[J]. European Economic Review, 2019, 118: 126-147.

埃格特森. 经济行为与制度[M]. 吴经邦,李耀,朱寒松,等,译,北京:商务印书馆,2004.

奥尔森. 国家兴衰探源——经济增长、滞胀与社会僵化[M]. 吕应中,陈槐庆,吴栋,等,译,北京:商务印书馆,1993.

奥尔森. 集体行动的逻辑[M]. 陈郁,郭宇峰,李崇新,等,译. 上海:上海人民出版社,1995.

巴泽尔. 产权的经济分析[M]. 费方域,段毅才,译. 上海:上海人民出版社,1997.

白秀广,陈晓楠,霍学喜. 气候变化对苹果主产区单产及全要素生产率增长的影响研究[J]. 农业技术经济,2015(8):98-111.

白永秀. 城乡二元结构的中国视角:形成、拓展、路径[J]. 学术月刊,2012(5):67-76.

白重恩,李宏彬,吴斌珍. 医疗保险与消费:来自新型农村合作医疗的证据[J]. 经济研究,2012(2):41-53.

包宗顺,伊藤顺一,倪镜. 土地股份合作制能否降低农地流转交易成本? ——来自江苏 300 个村的样本调查[J]. 中国农村观察,2015(1):59-70,95.

蔡昉,都阳,王美艳. 户籍制度与劳动力市场保护[J]. 经济研究,2001(12):41-49,91.

蔡昉. 二元经济作为一个发展阶段的形成过程[J]. 经济研究,2015(7):4-15.

蔡昉. 农业劳动力转移潜力耗尽了吗?[J]. 中国农村经济,2018(9):2-13.

蔡昉,王德文. 比较优势差异、变化及其对地区差距的影响[J]. 中国社会科学,2002(5):41-54.

蔡立东,姜楠. 农地三权分置的法实现[J]. 中国社会科学,2017(5):102-122,207.

蔡荣,郭晓东,马旺林. 合作社社员信任行为实证分析——基于鲁陕两省 672 名苹果专业合作社社员的调查[J]. 农业技术经济,2015(10):69-80.

蔡荣,易小兰. 合作社治理的成员态度与参与行为——以鲁陕 2 省 672 位果农调查为例[J].农业技术经济,2017(1):98-108.

曹斌. 乡村振兴的日本实践:背景、措施与启示[J]. 中国农村经济,2018(8):117-129.

陈标平,胡传明. 建国 60 年中国农村反贫困模式演进与基本经验[J]. 求实,2009(7):82-86.

陈风波. 美国 Agribusiness 学科发展及对中国农经学科的借鉴[J]. 农业经济管理学报,2014(4):454-460.

陈风波. 美国农业经济学科变迁及对中国的启示[J]. 南方农村,2013(6):51-56.

陈浮,曾思燕,张志宏,等. 农村土地综合整治对乡村转型的影响研究——以江苏省万顷良田工程为例[J]. 中国土地科学,2018(12):50-58.

陈翰笙. 广东农村生产关系与生产力[M]. 上海:中山文化教育馆,1934.

陈翰笙. 解放前的地主与农民[M]. 冯峰,译.北京:中国社会科学出版社,1984.

陈煌. 农业经济学学科介绍及国内外前沿问题[J]. 经济资料译丛,2020(1):96-101.

陈吉平,任大鹏. 合作社绿色生产何以可能——来自四川案例的过程追踪

[J]. 农业经济问题，2023(3)：100-110.

陈劲松. 2012 年中国农村经济形势分析与 2013 年展望 [J]. 中国农村经济，2013(2)：4-11.

陈坤秋，龙花楼. 土地整治与乡村发展转型：互馈机理与区域调控[J]. 中国土地科学，2020(6)：1-9.

陈坤秋，王良健，李宁慧. 中国县域农村人口空心化——内涵、格局与机理 [J]. 人口与经济，2018(1)：28-37.

陈乐宾，姜海，田双清，等. 主动改革还是被动调整？——征地制度变迁的社会共识与交易成本逻辑[J]. 中国农村观察，2022(3)：94-111.

陈萌山. 把加快发展节水农业作为建设现代农业的重大战略举措 [J]. 农业经济问题，2011(2)：4-7.

陈萌山，秦朗，程广燕. 践行大食物观：中国食物系统转型的挑战、目标与路径 [J]. 农业经济问题，2023(5)：4-10.

陈明. 农村集体经营性建设用地入市改革的评估与展望[J]. 农业经济问题，2018(4)：71-81.

陈强. 高级计量经济学及 Stata 应用[M]. 北京：高等教育出版社，2010.

陈秋红，朱侃. 国内农业经济研究 40 年：热点主题与研究前沿——基于高被引论文关键词大数据的分析 [J]. 河南师范大学学报（哲学社会科学版），2019(1)：65-72.

陈锐，张社梅. 示范抑或挤出？——农民合作社示范社的空间溢出效应 [J]. 中国农村经济，2022(11)：122-144.

陈守合. 薛暮桥与农业农村经济研究——为新中国成立 70 周年、薛暮桥诞辰 115 周年而作 [J]. 农业经济问题，2019(11)：122-134.

陈帅. 气候变化对中国小麦生产力的影响——基于黄淮海平原的实证分析 [J]. 中国农村经济，2015(7)：4-16.

陈帅，徐晋涛，张海鹏. 气候变化对中国粮食生产的影响——基于县级面板数据的实证分析 [J]. 中国农村经济，2016(5)：2-15.

陈随军. 农业经济管理学科前沿与发展战略学术研讨会综述 [J]. 农业经济问题，2004(6)：75-76,78.

陈卫洪，王莹. 数字化赋能新型农业经营体系构建研究——"智农通"的实践与启示 [J]. 农业经济问题，2022(9)：86-99.

陈锡文. 关于农村土地制度改革的两点思考[J]. 经济研究,2014(1):4-6.

陈锡文. 切实保障国家食物供给安全[J]. 农业经济问题,2021(6):4-7.

陈向明. 社会科学中的定性研究方法[J]. 中国社会科学,1996(6):93-102.

陈新建,谭砚文. 基于食品安全的农民专业合作社服务功能及其影响因素——以广东省水果生产合作社为例[J]. 农业技术经济,2013(1):120-128.

陈奕山,钟甫宁,纪月清. 为什么土地流转中存在零租金?——人情租视角的实证分析[J]. 中国农村观察,2017(4):43-56.

陈永福,刘春成. 中国杂粮供求:基于局部均衡模型的结构与模拟分析[J]. 中国农村经济,2008(7):53-62,80.

陈媛媛,傅伟. 特大城市人口调控政策、入学门槛与儿童留守[J]. 经济学(季刊),2023(1):91-107.

陈媛媛,傅伟. 土地承包经营权流转、劳动力流动与农业生产[J]. 管理世界,2017(11):79-93.

陈云松,张翼. 城镇化的不平等效应与社会融合[J]. 中国社会科学,2015(6):78-95.

陈钊,陆铭. 从分割到融合:城乡经济增长与社会和谐的政治经济学[J]. 经济研究,2008(1):21-32.

陈志钢,徐孟. 大食物观引领下低碳减排与粮食安全的协同发展:现状、挑战与对策[J]. 农业经济问题,2023(6):77-85.

程国强. 大食物观:结构变化、政策涵义与实践逻辑[J]. 农业经济问题,2023(5):49-60.

程令国,张晔,刘志彪. 农地确权促进了中国农村土地的流转吗?[J]. 管理世界,2016(1):88-98.

程名望,贾晓佳,俞宁. 农村劳动力转移对中国经济增长的贡献(1978—2015年):模型与实证[J]. 管理世界,2018(10):161-172.

程名望,张家平. ICT服务业资本存量及其产出弹性估算研究[J]. 中国管理科学,2019(11):189-199.

程漱兰,李爽. 新中国农村集体土地制度形成和演进的历史逻辑以及若干热点问题探究[J]. 中国农村观察,2022(3):19-31.

仇焕广,陈晓光,吕新业. 农业经济研究的前沿问题与方法探讨[J]. 农业技术经济,2018(1):17-23.

仇焕广,雷馨圆,冷淦潇,等. 新时期中国粮食安全的理论辨析 [J]. 中国农村经济,2022a(7):2-17.

仇焕广,张祎彤,苏柳方,等. 打好种业翻身仗:中国种业发展的困境与选择 [J]. 农业经济问题,2022b(8):67-78.

仇叶. 土地开发权配置与农民市民化困境——对珠三角地区农民反城市化行为的分析 [J]. 农业经济问题,2020(11):42-54.

崔宝玉,刘丽珍. 交易类型与农民专业合作社治理机制 [J]. 中国农村观察,2017(4):17-31.

崔宝玉,马康伟. 合作社能成为中国乡村治理的有效载体吗?——兼论合作社的意外功能 [J]. 中国农村经济,2022(10):41-58.

崔宝玉,徐英婷,简鹏. 农民专业合作社效率测度与改进"悖论"[J]. 中国农村经济,2016(1):69-82.

崔静,王秀清,辛贤,等. 生长期气候变化对中国主要粮食作物单产的影响 [J]. 中国农村经济,2011(9):13-22.

崔晓黎. 家庭·市场·社区——无锡清苑农村社会经济变迁的比较研究 (1929—1949) [J]. 中国经济史研究,1990(1):42-66.

崔晓琳. 美国、加拿大农业经济管理学科发展现状及趋势分析 [J]. 世界农业,2016(8):162-165.

德姆塞茨. 所有权、控制与企业——论经济活动的组织 [M]. 段毅才,等,译,北京:经济科学出版社,1999.

邓衡山,孔丽萍,廖小静. 合作社的本质规定与政策反思 [J]. 中国农村观察,2022(3):32-48.

邓衡山,王文烂. 合作社的本质规定与现实检视——中国到底有没有真正的农民合作社?[J]. 中国农村经济,2014(7):15-26,38.

邓宏图,赵燕,杨芸. 从合作社转向合作联社:市场扩展下龙头企业和农户契约选择的经济逻辑——以山西省太谷县某龙头企业和土地合作社为例 [J]. 管理世界,2020(9):111-128.

邓金钱,张娜. 数字普惠金融缓解城乡收入不平等了吗 [J]. 农业技术经济,2022(6):77-93.

丁从明,董诗涵,杨悦瑶. 南稻北麦、家庭分工与女性社会地位 [J]. 世界经济，2020(7)：3-25.

丁从明，周颖，梁甄桥. 南稻北麦、协作与信任的经验研究 [J]. 经济学（季刊），2018(2)：579-608.

丁志国，朱欣乐，赵晶. 农户融资路径偏好及影响因素分析——基于吉林省样本 [J]. 中国农村经济，2011(8)：54-62，71.

董新辉. 新中国 70 年宅基地使用权流转：制度变迁、现实困境、改革方向 [J]. 中国农村经济，2019(6)：2-27.

杜江，王锐，王新华. 环境全要素生产率与农业增长：基于 DEA-GML 指数与面板 Tobit 模型的两阶段分析[J]. 中国农村经济，2016(3)：65-81.

杜志雄，韩磊. 供给侧生产端变化对中国粮食安全的影响研究 [J]. 中国农村经济，2020(4)，2-14.

杜志雄. 农业农村现代化：内涵辨析、问题挑战与实现路径 [J]. 南京农业大学学报（社会科学版），2021(5)：1-10.

樊胜根，高海秀. 新冠肺炎疫情下全球农业食物系统的重新思考 [J]. 华中农业大学学报（社会科学版），2020(5)：1-8，168.

樊胜根，龙文进，冯晓龙，等. 联合国食物系统峰会的中国方案 [J]. 农业经济问题，2022(3)：4-16.

樊胜根，张玉梅. 践行大食物观促进全民营养健康和可持续发展的战略选择 [J]. 农业经济问题，2023(5)：11-21.

范世涛. 陈翰笙与国立中央研究院无锡农村经济调查 [J]. 中国经济史研究，2020(5)：165-192.

范世涛. 中国社会性质论战与改革的有机发展战略 [J]. 管理世界，2013(1)：2-8.

方创琳. 城乡融合发展机理与演进规律的理论解析 [J]. 地理学报，2022(4)：759-776.

方平，李彦岩，周立. 国际视野和权利视角下的大食物观 [J]. 农业经济问题，2023(5)：86-99.

方师乐，黄祖辉，徐欣南. 数字金融发展的包容性增长效应——农户非农创业的视角 [J/OL]. 农业技术经济，1-20 [2024-11-14]. https://doi.org/10.13246/j.cnki.jae.20240705.001.

方师乐，卫龙宝，伍骏骞. 农业机械化的空间溢出效应及其分布规律——农机跨区服务的视角[J]. 管理世界，2017(11)：65-78,187-188.

丰雷,蒋妍,叶剑平. 诱致性制度变迁还是强制性制度变迁？——中国农村土地调整的制度演进及地区差异研究[J]. 经济研究，2013(6)：4-18,57.

丰雷,郑文博,张明辉. 中国农地制度变迁 70 年:中央—地方—个体的互动与共演 [J]. 管理世界，2019(9)：30-48.

冯开文等. 期刊论文视角的当代中国农业经济学发展研究[M]. 北京：中国农业出版社，2016.

冯开文,陶冶. 农业经济管理专业实践教学改革——以中国农业大学经济管理学院为例[J].教育现代化，2017(23)：54-56,63.

弗鲁博顿,芮切特. 新制度经济学：一个交易费用分析范式[M]. 姜建强,罗长远,等译,上海：上海人民出版社，2006.

盖庆恩,李承政,张无坷,等. 从小农户经营到规模经营:土地流转与农业生产效率 [J]. 经济研究，2023(5)：135-152.

盖庆恩,朱喜,程名望,等. 土地资源配置不当与劳动生产率[J]. 经济研究，2017(5)：117-130.

盖庆恩,朱喜,史清华. 劳动力转移对中国农业生产的影响 [J]. 经济学（季刊），2014(3)：1147-1170.

高帆. 我国区域农业全要素生产率的演变趋势与影响因素——基于省际面板数据的实证分析[J]. 数量经济技术经济研究，2015(5)：3-19,53.

高晶晶,史清华. 中国农业生产方式的变迁探究——基于微观农户要素投入视角 [J]. 管理世界，2021(12)：124-134.

高静,龚燕玲,武彤. 新时代乡贤治村的嵌入逻辑与现实检验:双案例对照[J]. 农业经济问题，2021(4)：110-120.

高鸣,江帆. 新型农村集体经济促进农民共同富裕:理论机理、实践成效与政策构想 [J]. 改革，2024(3)：142-155.

高鸣,宋洪远,Michael Carter. 粮食直接补贴对不同经营规模农户小麦生产率的影响——基于全国农村固定观察点农户数据 [J]. 中国农村经济，2016(8)：56-69.

高鸣,宋洪远. 粮食生产技术效率的空间收敛及功能区差异——兼论技术扩散的空间涟漪效应 [J]. 管理世界，2014(7):83-92.

高鸣,魏佳朔. 加快建设国家粮食安全产业带：发展定位与战略构想 [J]. 中国农村经济，2021(11)：16-34.

高启杰，姚云浩，董杲. 合作农业推广模式选择的影响因素分析——基于组织邻近性的视角[J]. 农业经济问题，2015(3)：47-53,111.

高圣平，刘守英. 集体建设用地进入市场：现实与法律困境[J]. 管理世界，2007(3)：62-72，88.

高圣平. 农村宅基地制度：从管制、赋权到盘活[J]. 农业经济问题，2019(1)：60-72.

高叙文，方师乐，史新杰，等. 农地产权稳定性与农地生产率——基于新一轮农地确权的研究[J]. 中国农村经济，2021(10)：24-43.

郜亮亮，纪月清. 中国城乡转型中的农村土地集体产权与流转配置效率[J]. 中国农村经济，2022(10)：24-40.

格雷夫. 大裂变——中世纪贸易制度比较和西方的兴起[M]. 郑江淮，等译，北京：中信出版社，2008.

葛永波，陈虹宇. 劳动力转移如何影响农户风险金融资产配置？——基于金融排斥的视角[J]. 中国农村观察，2022(3)：128-146.

耿鹏鹏，罗必良. 农地确权是否推进了乡村治理的现代化？[J]. 管理世界，2022(12)：59-76.

耿献辉，陈蓉蓉，严斌剑，等. 中国农林经济管理研究70年变迁——基于文献计量学的可视化分析[J]. 农业经济问题，2020(2)：40-53.

龚斌磊. 投入要素与生产率对中国农业增长的贡献研究[J]. 农业技术经济，2018(6)：4-18.

龚斌磊，王硕，代首寒，等. 大食物观下强化农业科技创新支撑的战略思考与研究展望[J]. 农业经济问题，2023(5)：74-85.

龚斌磊，袁菱苒. 新质生产力视角下的农业全要素生产率：理论、测度与实证[J]. 农业经济问题，2024(4)：68-80.

龚斌磊，张书睿，王硕，等. 新中国成立70年农业技术进步研究综述[J]. 农业经济问题，2020(6)：11-29.

龚斌磊. 中国农业技术扩散与生产率区域差距[J]. 经济研究，2022(11)：102-120.

龚强，雷丽衡，袁燕. 政策性负担、规制俘获与食品安全[J]. 经济研究，2015(8)：4-15.

顾焕章. 农业技术经济学[M]. 北京:中国农业出版社,2003.

顾昕,柳鲲鹏,沈宇辉,等. 政府绩效考核体系转型与城乡协调发展 [J]. 经济研究,2024(5):170-189.

顾益康,许勇军. 城乡一体化评估指标体系研究 [J]. 浙江社会科学,2004(6):95-99,8.

郭海红. 改革开放四十年的农业科技体制改革 [J]. 农业经济问题,2019(1):86-98.

郭君平,仲鹭勍,曲颂,等. 抑减还是诱致:宅基地确权对农村违法占地建房的影响[J]. 中国农村经济,2022(5):72-88.

郭铁民,林善浪. 中国合作经济发展史(下)[M]. 北京:当代中国出版社,1998.

郭熙保,冯玲玲. 家庭农场规模的决定因素分析:理论与实证 [J]. 中国农村经济,2015(5):82-95.

郭燕,李家家,杜志雄. 城乡居民收入差距的演变趋势:国际经验及其对中国的启示 [J]. 世界农业,2022(6):5-17.

郭云南,姚洋. 宗族网络与农村劳动力流动 [J]. 管理世界,2013(3):69-81.

国务院发展研究中心农村部课题组,叶兴庆,徐小青. 从城乡二元到城乡一体——我国城乡二元体制的突出矛盾与未来走向 [J]. 管理世界,2014(9):1-12.

海萌. 城乡一体化背景下的河南省新型农村社区模式研究 [J]. 赤峰学院学报(汉文哲学社会科学版). 2016(2):84-87.

韩文龙,谢璐. 宅基地"三权分置"的权能困境与实现[J]. 农业经济问题,2018(5):50-69.

韩旭东,李德阳,王若男,等. 盈余分配制度对合作社经营绩效影响的实证分析:基于新制度经济学视角 [J]. 中国农村经济,2020(4):56-77.

韩杨. 中国耕地保护利用政策演进、愿景目标与实现路径[J]. 管理世界,2022(11):121-131.

韩占兵. 农业劳动力流出最优点、农民荒与粮食安全 [J]. 华南农业大学学报(社会科学版),2014(2):32-40.

杭斌,申春兰. 中国农户预防性储蓄行为的实证研究 [J]. 中国农村经济,

2005(3)：44-52.

何爱民，谭家银. 数字乡村建设对我国粮食体系韧性的影响 [J]. 华南农业大学学报(社会科学版)，2022(3)：10-24.

何得桂，武雪雁. 赋能型治理：基层社会治理共同体构建的有效实现方式——以陕西省石泉县社会治理创新实践为例 [J]. 农业经济问题，2022(6)：134-144.

何鹏飞. 农村集体经营性建设用地入市增值收益分配研究——基于马克思地租理论视角 [J]. 湖南广播电视大学学报，2020(2)：36-41.

何硕研，方相，杨钢桥. 土地综合整治能促进乡村产业转型吗？——来自湖北省部分乡村的证据[J]. 中国土地科学，2022(4)：107-117.

何宛昱. 陈翰笙与托尼的中国农村经济问题研究 [J]. 史学理论研究，2020(1)：24-38,158.

何秀荣. 改革40年的农村反贫困认识与后脱贫战略前瞻[J]. 农村经济，2018(11)：1-8.

何永林，曹均学. 小农户与现代农业的有机衔接是中国农业现代化道路的必然选择 [J]. 湖北经济学院学报(人文社会科学版)，2018(7)：22-25.

何增科. 马克思、恩格斯关于农业和农民问题的基本观点述要 [J]. 马克思主义与现实，2005(5)：49-59.

贺辉，王耀中. 城市规模、城市建设与生产性服务业集聚——基于中国城市面板数据的空间计量研究 [J]. 求索，2015(8)：24-29.

贺卫，伍山林. 制度经济学[M]. 北京：机械工业出版社，2003.

贺雪峰. 三项土地制度改革试点中的土地利用问题[J]. 中南大学学报(社会科学版)，2018(3)：1-9.

贺雪峰. 退出权、合作社与集体行动的逻辑 [J]. 甘肃社会科学，2006(1)：213-217.

洪名勇. 城镇化与工业化协调发展研究 [J]. 贵州大学学报(社会科学版)，2011(6)：64-71.

洪名勇. 农地制度的创新与继承 [J]. 农业经济，1998(6)：24-25.

洪名勇. 制度经济学[M]. 北京：中国经济出版社，2012.

洪名勇. 中国农地产权制度变迁：一个马克思的分析模型[J]. 经济学家，2012(7)：71-77.

洪炜杰,罗必良. 种出来的制度:水稻种植、集体行动与地权稳定性 [J]. 南方经济. 2023(7):1-20.

洪银兴,葛扬. 马克思地租、地价理论研究 [J]. 当代经济研究,2005(8):3-6,73.

洪永淼,汪寿阳. 大数据如何改变经济学研究范式? [J]. 管理世界,2021(10):40-55,72,56.

侯建新. 二十世纪二三十年代中国农村经济调查与研究评述 [J]. 史学月刊,2000(4):125-131.

侯建新. 民国年间冀中村民的消费:究竟吃什么 [J]. 历史教学(上半月刊),2013(10):72.

侯建新. 民国年间冀中农民生活及消费水平研究 [J]. 天津师大学报(社会科学版),2000(3):36-44.

侯立军. 基于粮食安全视角的粮食行业结构优化研究 [J]. 农业经济问题,2013(4):81-88,112.

侯麟科,仇焕广,汪阳洁,等. 气候变化对我国农业生产的影响——基于多投入多产出生产函数的分析 [J]. 农业技术经济,2015(3):4-14.

呼倩,夏晓华,黄桂田. 中国产业发展的流动劳动力工资增长效应——来自流动人口动态监测的微观证据 [J]. 管理世界,2021(10):86-100.

胡鞍钢,吴群刚. 农业企业化:中国农村现代化的重要途径 [J]. 农业经济问题,2001(1):9-21.

胡川,韦院英,胡威. 农业政策、技术创新与农业碳排放的关系研究 [J]. 农业经济问题,2018(9):66-75.

胡海,庄天慧. 共生理论视域下农村产业融合发展:共生机制、现实困境与推进策略 [J]. 农业经济问题,2020(8):68-76.

胡晗,司亚飞,王立剑. 产业扶贫政策对贫困户生计策略和收入的影响——来自陕西省的经验证据 [J]. 中国农村经济,2018(1):78-89.

胡平波. 支持合作社生态化建设的区域生态农业创新体系构建研究 [J]. 农业经济问题,2018(12):94-106.

胡如梅,胡鸿伟 周天肖. 重点任务驱动、财政增收激励与集体经营性建设用地入市改革[J]. 中国土地科学,2023(10):40-48.

胡伟斌,黄祖辉. 集体产权改革与村庄信任增进:一个实证研究 [J]. 浙江大学学报（人文社会科学版），2022(8)：28-46.

胡伟斌．加强农村集体资产管理促进新型农村集体经济发展［J］．中国农民合作社，2023(3)：35-37.

胡雯,陈昭玖,滕玉华．农民工市民化程度：基于制度供求视角的实证分析［J］．农业技术经济，2016(11)：66-75.

胡雪枝,钟甫宁．农村人口老龄化对粮食生产的影响——基于农村固定观察点数据的分析［J］．中国农村经济，2012(7)：29-39.

胡雅淇,林海．"互联网,"赋能小农户对接大市场的作用机制及效果［J］．现代经济探讨，2020(12)：110-117.

黄长义,孙楠．土地征收领域腐败的经济学分析［J］．管理世界，2013(12)：174-175.

黄承伟．巩固拓展脱贫攻坚成果同乡村振兴有效衔接的战略演进逻辑［J］．农业经济问题，2022(6)：4-11.

黄枫,孙世龙．让市场配置农地资源：劳动力转移与农地使用权市场发育［J］．管理世界，2015(7)：71-81.

黄海燕,李景刚,孙传谆．"冲击"还是"补充"：集体建设用地入市对地方政府土地财政的影响——基于双重差分模型的实证分析［J］．农业技术经济，2024(9)：68-85.

黄季焜,胡瑞法,智华勇．基层农业技术推广体系30年发展与改革：政策评估和建议［J］．农业技术经济，2009(1)：4-11.

黄季焜,冀县卿．农地使用权确权与农户对农地的长期投资［J］．管理世界，2012(9)：76-81,99,187-188.

黄季焜．践行大食物观和创新政策支持体系［J］．农业经济问题，2023(5)：22-35.

黄季焜,靳少泽．未来谁来种地：基于我国农户劳动力就业代际差异视角［J］．农业技术经济，2015(1)：4-10.

黄季焜．四十年中国农业发展改革和未来政策选择［J］．农业技术经济，2018(3)：4-15.

黄茂兴,叶琪．100年来中国共产党"国强民富"思想的理论嬗变与实践探索［J］．管理世界，2021(11)：15-25,55,2.

黄文彬,马银坡,史清华．劳动力配置效率与中国经济增长——户籍改革视角[J]. 经济学(季刊), 2023(4): 1373-1391.

黄先明, 王奇, 肖挺. 疫情冲击下的粮食贸易政策不确定性与全球治理[J]. 国际贸易, 2021(6): 47-55.

黄晓雯, 张萌娜, 张林秀, 等. 土地征用的外溢效应——基于农村劳动力创业的视角[J]. 农业技术经济, 2023(5): 4-21.

黄宇虹, 樊纲治. 土地确权对农民非农就业的影响——基于农村土地制度与农村金融环境的分析[J]. 农业技术经济, 2020(5): 93-106.

黄忠华, 杜雪君. 集体建设用地入市是否影响城乡统一建设用地市场？——基于浙江德清微观土地交易数据实证研究[J]. 中国土地科学, 2020(2): 18-26.

黄卓, 王萍萍. 数字普惠金融在数字农业发展中的作用[J]. 农业经济问题, 2022(5): 27-36.

黄祖辉, 刘西川, 程恩江. 中国农户的信贷需求:生产性抑或消费性——方法比较与实证分析[J]. 管理世界, 2007(3): 73-80.

黄祖辉, 茅锐. 重新认识城乡收入差距[J]. 中国社会科学评价, 2023(2): 113-120, 159-160.

黄祖辉, 朋文欢. 农民合作社的生产技术效率评析及其相关讨论——来自安徽砀山县5镇(乡)果农的证据[J]. 农业技术经济, 2016(8): 4-14.

黄祖辉, 王雨祥, 刘炎周, 等. 消费替代还是信任补偿？——转移支付收入对农民公共品供给意愿的影响研究[J]. 管理世界. 2020(9): 97-111.

纪月清, 杨宗耀, 方晨亮, 等. 从预期到落地:承包地确权如何影响农户土地转出决策？[J]. 中国农村经济, 2021(7): 24-43.

冀县卿, 钱忠好, 李友艺. 土地经营规模扩张有助于提升水稻生产效率吗？——基于上海市松江区家庭农场的分析[J]. 中国农村经济, 2019(7): 71-88.

贾俊雪, 秦聪. 农村基层治理、专业协会与农户增收[J]. 经济研究, 2019(9): 123-140.

贾男, 马俊龙. 非携带式医保对农村劳动力流动的锁定效应研究[J]. 管理世界, 2015(9): 82-91.

贾小玫. 新制度经济学[M]. 西安:西安交通大学出版社, 2020.

姜长云. 论农业生产托管服务发展的四大关系[J]. 农业经济问题, 2020(9): 55-63.

姜君辰. 正确地充分地发展农业的多种经济 [J]. 经济研究，1958(1)：1-7.

姜君辰，周朝阳，沈军. 论生产和生活的关系问题 [J]. 经济研究，1980(9)：53-58.

姜开宏，陈江龙，陈雯. 比较优势理论与区域土地资源配置——以江苏省为例 [J]. 中国农村经济，2004(12)：16-21.

姜楠，方天堃，聂凤英. 开放经济体系下汇率变动对农产品价格的影响 [J]. 农业技术经济，2006(5)：50-53.

姜松，王钊，曹峥林. 不同土地流转模式经济效应及位序——来自重庆市的经验证据[J]. 中国土地科学，2013(8)：10-18.

蒋庭松，梁希震，王晓霞，等. 加入 WTO 与中国粮食安全 [J]. 管理世界，2004(3)：82-94.

蒋远胜，徐光顺. 乡村振兴战略下的中国农村金融改革——制度变迁、现实需求与未来方向 [J]. 西南民族大学学报(人文社科版)，2019(8)：47-56.

蒋中一，温赖特. 数理经济学的基本方法(第 4 版)[M]. 刘学，顾佳峰，译. 北京：北京大学出版社，2006.

金龙勋，赵兰婷，金成哲，等. 美国农业经济学研究特点及对我国的启示 [J]. 延边大学农学学报，2014(1)：88-93.

金晓彤，韩成，聂盼盼. 新生代农民工缘何进行地位消费？——基于城市认同视角的分析 [J]. 中国农村经济，2017(3)：18-30.

康芒斯. 制度经济学[M]. 于树生，译. 北京：商务印书馆，1997.

科斯，阿尔钦，诺斯. 财产权利与制度变迁——产权学派与新制度学派译文集[M]. 上海：上海三联书店，2004.

科斯. 论生产的制度结构[M]. 盛洪，陈郁，译校，上海：上海三联书店，1994.

寇光涛，卢凤君. 我国粮食产业链增值的路径模式研究？——基于产业链的演化发展角度 [J]. 农业经济问题，2016(8)：25-32,110.

拉坦. 诱致性制度变迁理论[M]//科斯，阿尔钦，诺斯，等. 财产权利与制度变迁[M]. 上海：上海人民出版社，1994.

雷钦礼. 财富积累、习惯、偏好改变、不确定性与家庭消费决策 [J]. 经济学(季刊)，2009(3)：1029-1046.

李爱民. 我国城乡融合发展的进程、问题与路径 [J]. 宏观经济管理，2019

（2）：35-42.

李宝宁. 局部均衡模型的另一种形式 [J]. 当代经济科学，1996（2）：118-119.

李博，张全红，周强，等. 中国收入贫困和多维贫困的静态与动态比较分析 [J]. 数量经济技术经济研究，2018（8）：39-55.

李成瑞，孙冶方，王积业，等. 首都经济理论界座谈生产劳动与非生产劳动问题 [J]. 经济学动态，1981（8）：6-11.

李程丽. 习近平农民增收致富思想的建构逻辑 [J]. 农村经济与科技，2018（13）：133-135.

李谷成，范丽霞，成刚，等. 农业全要素生产率增长：基于一种新的窗式 DEA 生产率指数的再估计[J]. 农业技术经济，2013（5）：4-17.

李谷成，罗必良. 直面现实推进中国农业经济学研究——第三届中国农业经济理论前沿论坛综述 [J]. 经济研究，2019（6）：204-208.

李谷成. 中国农业的绿色生产率革命：1978—2008 年[J]. 经济学（季刊），2014（2）：537-558.

李光泗，曹宝明，马学琳. 中国粮食市场开放与国际粮食价格波动——基于粮食价格波动溢出效应的分析 [J]. 中国农村经济，2015（8）：44-52，66.

李海艳. 数字农业创新生态系统的形成机理与实施路径 [J]. 农业经济问题，2022（5）：49-59.

李后强，张永祥，卢加强. 基于"渗流模型"的城乡融合发展机理与路径选择 [J]. 农村经济，2020（9）：10-18.

李江一，秦范. 如何破解农地流转的需求困境？——以发展新型农业经营主体为例[J]. 管理世界，2022（2）：84-99，6.

李杰，张光宏. 农村土地制度与城镇化进程:制度变迁下的历史分析[J]. 农业技术经济，2013（2）：104-111.

李丽莉，俞剑，张忠根. 中国农村人力资本投资：政策回顾与展望——基于中央"一号文件"的内容分析 [J]. 浙江大学学报（人文社会科学版），2021（1）：36-50.

李练军. 新生代农民工融入中小城镇的市民化能力研究——基于人力资本、社会资本与制度因素的考察 [J]. 农业经济问题，2015（9）：46-53.

李明贤，周蓉. 社会信任、关系网络与合作社社员资金互助行为——基于一个典型案例研究[J]. 农业经济问题，2018(5)：103-113.

李强，罗仁福，刘承芳，等. 新农村建设中农民最需要什么样的公共服务——农民对农村公共物品投资的意愿分析 [J]. 农业经济问题，2006(10)：15-20,79.

李世刚，尹恒. 县级基础教育财政支出的外部性分析——兼论"以县为主"体制的有效性 [J]. 中国社会科学，2012(11)：81-97,205.

李小云，毛绵逵，徐秀丽，等. 中国面向小农的农业科技政策 [J]. 中国软科学，2008(10)：1-6.

李学文，张蔚文，陈帅. 耕地非农化严格管控下的地方合作、共谋与制度创新——源自浙江省土地发展权折抵指标交易政策的证据[J]. 经济学（季刊），2020(3)：797-824.

李以学，彭超，孔祥智. 农村土地承包经营权流转现状及模式分析 [J]. 价格理论与实践，2009(3)：42-43,56.

李玉恒，阎佳玉，武文豪，等. 世界乡村转型历程与可持续发展展望 [J]. 地理科学进展，2018(5)：627-635.

李玉红. 中国工业污染的空间分布与治理研究 [J]. 经济学家，2018(9)：59-65.

李志平，吴凡夫. 农村电商对减贫与乡村振兴影响的实证研究 [J]. 统计与决策，2021(6)：15-19.

梁超，王素素. 教育公共品配置调整对人力资本的影响——基于撤点并校的研究 [J]. 经济研究，2020(9)：138-154.

梁舒. 乡村振兴视域下农村社区协商治理机制探索 [J]. 农业技术经济，2022(3)：146.

梁志会，张露，张俊飚. 土地整治与化肥减量——来自中国高标准基本农田建设政策的准自然实验证据[J]. 中国农村经济，2021(4)：123-144.

林大燕，徐磊，朱晶，等. 贸易自由化对中国食物消费不平等的影响与路径研究——基于多元多重中介效应模型的检验 [J]. 农业经济问题，2021(3)：114-125.

林海，赵路犇，胡雅淇. 数字乡村建设是否能够推动革命老区共同富裕 [J]. 中国农村经济，2023(5)：81-102.

林文声，王志刚，王美阳. 农地确权、要素配置与农业生产效率——基于中国劳动力动态调查的实证分析[J]. 中国农村经济，2018(8)：64-82.

林毅夫,陈斌开. 发展战略、产业结构与收入分配 [J]. 经济学(季刊),2013 (4):1109-1140.

林毅夫. 关于制度变迁的经济学理论:诱致性变迁与强制性变迁[M]//科斯,阿尔钦,诺斯. 财产权利与制度变迁[M]. 上海:上海人民出版社,1994.

林毅夫,李永军. 比较优势、竞争优势与发展中国家的经济发展 [J]. 管理世界,2003(7):21-28.

林毅夫. 新结构经济学[M]. 北京:北京大学出版社,2012.

林毅夫. 新结构经济学:反思经济发展与政策的理论框架[M]. 北京:北京大学出版社,2019:9-13.

林毅夫. 新结构经济学——重构发展经济学的框架 [J]. 经济学(季刊),2011(1):1-32.

刘贝贝,青平,肖述莹,等. 食物消费视角下祖辈隔代溺爱对农村留守儿童身体健康的影响——以湖北省为例 [J]. 中国农村经济,2019(1):32-46.

刘彬彬,林滨,冯博,等. 劳动力流动与农村社会治安:模型与实证 [J]. 管理世界,2017(9):73-84.

刘冲,沙学康,张妍. 交错双重差分:处理效应异质性与估计方法选择 [J]. 数量经济技术经济研究,2022(9):177-204.

刘丹,巩前文,杨文杰. 改革开放 40 年来中国耕地保护政策演变及优化路径 [J]. 中国农村经济,2018(12):37-51.

刘刚,崔鹏. 经济发展新动能与农村继续工业化——基于山东省庆云县农村工业化发展的调查 [J]. 南开学报(哲学社会科学版),2017(2):131-140.

刘欢. 工业智能化如何影响城乡收入差距——来自农业转移劳动力就业视角的解释 [J]. 中国农村经济,2020(5):55-75.

刘金凤,魏后凯. 方言距离如何影响农民工的永久迁移意愿——基于社会融入的视角 [J]. 中国农村观察,2022(1):34-52.

刘金海. 从理论方位到历史定位——20 世纪 30 年代中国农村调查三大理论派别之争 [J]. 探索与争鸣,2021(9):121-130,179.

刘骏,张颖,艾靓,等. 利润追逐:合作社盈余分配制度的选择动力 [J]. 农业经济问题,2018(4):49-60.

刘灵芝,马小辉. 农村居民收入分配结构对总消费的影响分析 [J]. 中国农村经济,2010(11):26-31.

刘嶺,欧璟华,洪涛,等. 理事长利他精神与农民专业合作社发展——基于重庆市开州区田野调查案例的分析[J]. 中国农村经济,2022(1):76-92.

刘明辉,卢飞. 城乡要素错配与城乡融合发展——基于中国省级面板数据的实证研究[J]. 农业技术经济,2019(2):33-46.

刘勤. 海洋空间资源性资产生态效率流失分析——负外部性视角[J]. 农业经济问题,2011(2):104-108.

刘荣材. 关于我国农村土地产权制度改革与创新的探讨[J]. 经济体制改革,2007(1):85-89.

刘守英. 建设农业强国的土地制度基础[J]. 中国农村经济,2022(12):24-29,2.

刘守英,龙婷玉. 城乡融合理论:阶段、特征与启示[J]. 经济学动态,2022(3):21-34.

刘守英. 土地制度变革与经济结构转型——对中国40年发展经验的一个经济解释[J]. 中国土地科学,2018(1):1-10.

刘守英,熊雪锋. 经济结构变革、村庄转型与宅基地制度变迁——四川省泸县宅基地制度改革案例研究[J]. 中国农村经济,2018(6):2-20.

刘书楷. 论比较利益原则及其在农业区域开发与资源利用上的应用[J]. 中国农村经济,1994(8):35-37.

刘帅,钟甫宁. 实际价格、粮食可获性与农业生产决策——基于农户模型的分析框架和实证检验[J]. 农业经济问题,2011(6):15-20,110.

刘崧生,顾焕章,王荣. 中国农业的技术改造[J]. 中国农村经济,1987(10):39-43.

刘崧生,刘葆金. 中国农业经济教育史[M]. 北京:中国农业科技出版社,1997.

刘崧生,陆一香,刘葆金. 试论社会主义初级阶段农村经济发展的规律[J]. 农业经济问题,1988(5):43-46,24-2.

刘崧生,汪荫元. 论我国解决粮食问题的若干经验[J]. 南京农业大学学报,1982(1):95-99.

刘魏,张应良,李国珍,等. 工商资本下乡、要素配置与农业生产效率[J]. 农业技术经济,2018(9):4-19.

刘西川,徐建奎. 再论"中国到底有没有真正的农民合作社"——对《合作社的本质规定与现实检视》一文的评论［J］. 中国农村经济，2017(7)：72-84.

刘馨月,周力,应瑞瑶. 耕地重金属污染治理生态补偿政策选择与组合研究［J］. 中国土地科学，2021(1)：88-97.

刘义圣,李建建. 发展经济学与中国经济发展策论[M]. 北京：社会科学文献出版社，2008。

刘永强,戴琳,龙花楼,等. 乡村振兴背景下土地整治模式与生态导向转型——以浙江省为例[J]. 中国土地科学，2021(11)：71-79.

刘自强,李静,鲁奇. 41 个国家城乡发展演变规律总结与变革的临界点分析［J］. 世界地理研究，2008(3)：1-7,42.

龙花楼,徐雨利,郑瑜晗,等. 中国式现代化下的县域城乡融合发展［J］. 经济地理，2023(7)：12-19.

卢圣华,姚妤婷,汪晖. 土地征收中的农民诉求:基于"地方领导留言板"的大数据分析[J]. 农业经济问题，2020(7)：58-68.

卢现祥. 新制度经济学[M]. 武汉：武汉大学出版社，2004.

卢现祥,朱巧玲. 交易费用测量的两个层次及其相互关系研究述评［J］. 数量经济技术经济研究，2006(7)：97-108.

卢宪英. 紧密利益共同体自治:基层社区治理的另一种思路——来自 H 省移民新村社会治理机制创新效果的启示［J］. 中国农村观察. 2018(6)：62-72.

芦千文,姜长云. 欧盟农业农村政策的演变及其对中国实施乡村振兴战略的启示［J］. 中国农村经济，2018b(10)：119-135.

芦千文,姜长云. 乡村振兴的他山之石:美国农业农村政策的演变历程和趋势［J］. 农村经济，2018a(9)：1-8.

芦千文,杨义武. 农村集体产权制度改革是否壮大了农村集体经济——基于中国乡村振兴调查数据的实证检验［J］. 中国农村经济，2022(3)：84-103.

陆大道. 二〇〇〇年我国工业生产力布局总图的科学基础［J］. 地理科学，1986(2)：110-118.

陆剑,陈振涛.集体经营性建设用地入市改革试点的困境与出路[J].南京农业大学学报(社会科学版)，2019(2)：112-122,159.

陆铭,陈钊. 城市化、城市倾向的经济政策与城乡收入差距［J］. 经济研究，2004(6)：50-58.

陆益龙,李光达. 中国式乡村治理现代化的本质要求与路径选择［J］. 江苏社会科学，2023(2)：78-86,242.

路彤. 海南创新发展共享农庄 乡村旅游经营模式进入全新领域 [N]. 中国产经新闻，2018-07-13(3).

吕彼克. 农业国家的工业化:一个科学的问题 [J]. 国际经济评论，1938.

吕德文,雒珊. 促进农民农村共同富裕的政策体系及其实现路径 [J]. 中州学刊，2022(1)：83-91.

罗必良,耿鹏鹏. "稻米理论":集体主义及其经济解理 [J]. 华南农业大学学报(社会科学版). 2022(4)：1-12.

罗必良,耿鹏鹏. 农业新质生产力:理论脉络、基本内核与提升路径 [J]. 农业经济问题，2024(4)：13-26.

罗必良,何一鸣. 博弈均衡、要素品质与契约选择——关于佃农理论的进一步思考 [J]. 经济研究，2015(8)：162-174.

罗必良,洪炜杰,耿鹏鹏,等. 赋权、强能、包容:在相对贫困治理中增进农民幸福感 [J]. 管理世界，2021(10)：166-181,240,182.

罗必良. 交易费用的测量:难点、进展与方向 [J]. 学术研究，2006(9)：32-37.

罗必良. 科斯定理:反思与拓展——兼论中国农地流转制度改革与选择 [J]. 经济研究，2017(11)：178-193.

罗必良,李尚蒲. 集体经营性建设用地入市改革的政策效应——基于准自然实验的证据[J]. 农业经济问题，2023(9)：19-36.

罗必良. 农地确权、交易含义与农业经营方式转型——科斯定理拓展与案例研究[J]. 中国农村经济，2016(11)：2-16.

罗必良. 新质生产力:颠覆性创新与基要性变革——兼论农业高质量发展的本质规定和努力方向 [J]. 中国农村经济，2024(8)：2-26.

罗丹,严瑞珍,陈洁. 不同农村土地非农化模式的利益分配机制比较研究 [J]. 管理世界，2004(9)：87-96,116-156.

罗建章,周立. 强人强村:选优配强促进强村富民的实践逻辑——来自浙江"千万工程"乡村人才队伍建设的案例分析 [J]. 中国农村经济，2024(6)：94-116,189-190.

罗仁福,刘承芳,唐雅琳,等. 乡村振兴背景下农村教育和人力资本发展路径 [J]. 农业经济问题，2022(7)：41-51.

罗斯炫,何可,张俊飚. 修路能否促进农业增长? ——基于农机跨区作业视角的分析[J]. 中国农村经济,2018(6):67-83.

骆永民,樊丽明. 中国农村人力资本增收效应的空间特征 [J]. 管理世界,2014(9):58-76.

骆永民,骆熙,汪卢俊. 农村基础设施、工农业劳动生产率差距与非农就业[J]. 管理世界,2020(12):91-121.

骆永民,王晓彤,王红领. 农村公共服务:患寡、患停滞还是患不均 [J]. 农业技术经济,2021(10):134-144.

马超,李植乐,孙转兰,等. 养老金对缓解农村居民医疗负担的作用——为何补贴收入的效果好于补贴医保 [J]. 中国工业经济,2021(4):43-61.

马翠萍. 集体经营性建设用地制度探索与效果评价——以全国首批农村集体经营性建设用地入市试点为例[J]. 中国农村经济,2021(11):35-54.

马洪涛. 入世 20 年中国农产品贸易发展及趋势展望 [J]. 农业经济问题,2021(12):50-54.

马克思,恩格斯. 马克思恩格斯全集(第 20 卷)[M]. 北京:人民出版社,1971.

马克思,恩格斯. 马克思恩格斯全集(第 25 卷)[M]. 北京:人民出版社,1974.

马克思,恩格斯. 马克思恩格斯全集(第 3 卷)[M]. 北京:人民出版社,1960.

马克思,恩格斯. 马克思恩格斯全集(第 46 卷)[M]. 北京:人民出版社,1979.

马克思,恩格斯. 马克思恩格斯全集(第 18 卷)[M]. 北京:人民出版社,1964.

马克思,恩格斯. 马克思恩格斯全集(第 17 卷)[M]. 北京:人民出版社,1963.

马克思,恩格斯. 马克思恩格斯全集(第 23 卷)[M]. 北京:人民出版社,1972a.

马克思,恩格斯. 马克思恩格斯全集(第 26 卷)[M]. 北京:人民出版社,1972b.

马克思,恩格斯. 马克思恩格斯全集(第 38 卷)[M]. 北京:人民出版社，1972c.

马述忠,胡增玺. 数字金融是否影响劳动力流动？——基于中国流动人口的微观视角［J］. 经济学(季刊)，2022(1)：303-322.

马太超,邓宏图. 从资本雇佣劳动到劳动雇佣资本——农民专业合作社的剩余权分配［J］. 中国农村经济，2022(5)：20-35.

马颖. 论发展经济学的结构主义思路［J］. 世界经济，2002(4)：24-37,80.

毛泽东. 关于农业合作化问题［M］. 北京：人民出版社，1955.

毛泽东. 论十大关系［J］. 文史哲，1976(4)：8-25.

毛泽东. 毛泽东选集(第四卷)［M］. 北京：人民出版社，1977.

冒佩华,徐骥,贺小丹,等. 农地经营权流转与农民劳动生产率提高:理论与实证［J］. 经济研究，2015(11)：161-176.

冒佩华,徐骥. 农地制度、土地经营权流转与农民收入增长［J］. 管理世界，2015(5)：63-74,88.

梅继霞,彭茜,李伟. 经济精英参与对乡村治理绩效的影响机制及条件——一个多案例分析［J］. 农业经济问题，2019(8)：39-48.

梅旭荣,张琳,袁龙江,等. 基于全产业链视角的粮食安全风险识别与管控策略［J］. 中国工程科学，2023(4)：39-49.

孟令彤. 国外农民教育模式对我国新型农民培养的启示借鉴［J］. 农业经济，2014(12)：86-87.

孟庆延. 中共党史论文论点摘编——"口述史研究传统"视野下的历史"事件"之意涵［J］. 中共党史研究，2018(9)：128.

奈特. 风险、不确定性和利润［M］. 王宇，王文玉译，北京：中国人民大学出版社，2005.

倪国华,郑风田. 媒体监管的交易成本对食品安全监管效率的影响——一个制度体系模型及其均衡分析［J］. 经济学(季刊)，2014(2)：559-582.

聂辉华. 交易费用经济学:过去、现在和未来［J］. 管理世界，2004(12)：146-153.

聂辉华. 新制度经济学中不完全契约理论的分歧与融合——以威廉姆森和哈特为代表的两种进路［J］. 中国人民大学学报，2005(1)：81-87.

聂英,聂鑫宇. 农村土地流转增值收益分配的博弈分析［J］. 农业技术经济，2018(3)：122-132.

宁静,殷浩栋,汪三贵. 土地确权是否具有益贫性?——基于贫困地区调查数据的实证分析[J]. 农业经济问题,2018(9):118-127.

牛坤在,许恒周. 农地赋权与农村内部收入不平等——基于农地流转与劳动力转移的中介作用[J]. 中国土地科学,2022(3):51-61.

牛善栋,方斌. 中国耕地保护制度70年:历史嬗变、现实探源及路径优化[J]. 中国土地科学,2019(10):1-12.

潘传快,祁春节. 农业合作社生产控制权让渡分析——以赣南柑橘为例[J]. 农业技术经济,2015(11):90-98.

潘健平,潘越,马奕涵. 以"合"为贵?合作文化与企业创新[J]. 金融研究.2019(1):148-167.

裴长洪. 中国特色开放型经济理论研究纲要[J]. 经济研究,2016(4):14-29.

朋文欢,傅琳琳. 贫困地区农户参与合作社的行为机理分析——来自广西富川县的经验[J]. 农业经济问题,2018(11):134-144.

彭长生. 农民宅基地产权认知状况对其宅基地退出意愿的影响——基于安徽省6个县1413户农户问卷调查的实证分析[J]. 中国农村观察,2013(1):21-33,90-91.

彭代彦,文乐. 农村劳动力老龄化、女性化降低了粮食生产效率吗——基于随机前沿的南北方比较分析[J]. 农业技术经济,2016(2):32-44.

彭柳林,池泽新,付江凡,等. 劳动力老龄化背景下农机作业服务与农业科技培训对粮食生产的调节效应研究——基于江西省的微观调查数据[J]. 农业技术经济,2019(9):91-104.

彭新宇. 农业服务规模经营的利益机制——基于产业组织视角的分析[J]. 农业经济问题,2019(9):74-84.

戚渊,李瑶瑶,朱道林. 农地资本化视角下的耕地非粮化研究[J]. 中国土地科学,2021(8):47-56.

漆信贤,张志宏,黄贤金. 面向新时代的耕地保护矛盾与创新应对[J]. 中国土地科学,2018(8):9-15.

齐秀琳,江求川. 数字经济与农民工就业:促进还是挤出?——来自"宽带中国"政策试点的证据[J]. 中国农村观察,2023(1):59-77.

齐秀琳,汪心如. 基于机器学习方法的农业转移人口市民化水平影响因素研究［J］. 中国农村经济，2024(5)：128-150.

祁春节，李崇光. 农业经济管理学科研究方法的演进与创新研究［J］. 华中农业大学学报(社会科学版)，2010(2)：1-11.

綦好东. 发达国家城乡关系的变化规律［J］. 农村经济与社会，1989(2)：10-17，65.

钱俊瑞. 钱俊瑞文集［M］. 北京：中国社会科学出版社，1998.

钱龙，冯永辉，钱文荣. 农地确权、调整经历与农户耕地质量保护行为——来自广西的经验证据［J］. 农业技术经济，2021(1)：61-76.

钱文荣，洪甘霖，郑淋议. 社会养老保障水平与农地流转市场发育——基于数量和质量的双重视角［J］. 农业经济问题，2022(8)：4-18.

钱文荣，李宝值. 初衷达成度、公平感知度对农民工留城意愿的影响及其代际差异——基于长江三角洲 16 城市的调研数据［J］. 管理世界，2013(9)：89-101.

钱文荣，郑淋议. 中国农村土地制度的合理性探微：一个组织的制度分析范式［J］. 浙江大学学报(人文社会科学版)，2019(3)：148-159.

钱文荣，朱嘉晔，钱龙，等. 中国农村土地要素市场化改革探源［J］. 农业经济问题，2021(2)：4-14.

钱忠好，牟燕. 征地制度、土地财政与中国土地市场化改革［J］. 农业经济问题，2015(8)：8-12，110.

钱忠好，牟燕. 中国土地市场化改革：制度变迁及其特征分析［J］. 农业经济问题，2013(5)：20-26，110.

钱忠好. 农村土地承包经营权产权残缺与市场流转困境：理论与政策分析［J］. 管理世界，2002(6)：35-45，154-155.

秦芳，王剑程，胥芹. 数字经济如何促进农户增收？——来自农村电商发展的证据［J］. 经济学(季刊)，2022(2)：591-612.

秦立建，陈波. 医疗保险对农民工城市融入的影响分析［J］. 管理世界，2014(10)：91-99.

青平，王玉泽，李剑，等. 大食物观与国民营养健康［J］. 农业经济问题，2023(5)：61-73.

邱嘉平. 因果推断实用计量方法［M］. 上海：上海财经大学出版社，2020.

曲承乐，任大鹏. 合作社理事长的商业冒险精神与社员的风险规避诉求——

以北京市门头沟区 AF 种植专业合作社为例［J］．中国农村观察，2018(1)：28-39.

曲兆鹏，赵忠．老龄化对我国农村消费和收入不平等的影响［J］．经济研究，2008(12)：85-99.

全世文，张慧云．中国食物消费结构的收敛性研究［J］．中国农村经济，2023(7)：57-80.

任保平．论中国的二元经济结构［J］．经济与管理研究，2004(5)：3-9.

任晓莉．新型农村社区建设中出现的问题与对策探讨［J］．中州学刊．2013(4)：51-54.

阮荣平，曹冰雪，周佩，等．新型农业经营主体辐射带动能力及影响因素分析——基于全国 2615 家新型农业经营主体的调查数据［J］．中国农村经济，2017(11)：17-32.

邵景润，郑淋议．中国农地确权研究：一个学术史回顾［J］．土地经济研究，2023(1)：168-198.

申云，景艳茜，李京蓉．村社集体经济共同体与农民农村共同富裕——基于成都崇州市的实践考察［J］．农业经济问题，2023(8)：1-17.

沈费伟，杜芳．数字乡村治理的限度与优化策略——基于治理现代化视角的考察［J］．南京农业大学学报(社会科学版)，2022(4)：134-144.

沈费伟，袁欢．大数据时代的数字乡村治理:实践逻辑与优化策略［J］．农业经济问题，2020(10)：80-88.

沈艳，陈赟，黄卓．文本大数据分析在经济学和金融学中的应用:一个文献综述［J］．经济学(季刊)，2019(4)：1153-1186.

盛广耀．中国城乡基础设施与公共服务的差异和提升［J］．区域经济评论，2020(4)：52-59.

盛来运，方晓丹，冯怡琳，等．家庭人口结构变动对居民消费的影响研究——基于微观家庭面板数据的分析［J］．统计研究，2021(11)：35-46.

史晓浩，雷刚．新型城镇化背景下农村社区建设探究［J］．农村经济与科技．2016(6)：164,167.

舒帮荣，李永乐，陈利洪，等．农村集体经营性建设用地流转模式再审视:基于产权让渡与市场化的视角［J］．中国土地科学，2018(7)：22-28.

舒尔茨．人力资本投资——教育和研究的作用［M］．蒋斌，张蘅，译，北京：

商务印书馆,1990.

宋长鸣.非线性非均衡蛛网模型框架下猪肉价格循环波动研究——基于可变参数模型的实证[J].华中农业大学学报(社会科学版),2016(6):1-7,142.

宋常迎,郑少锋.农村电商产业集群对区域经济发展的协同效应及机制研究[J].农业经济问题,2021(5):2.

宋扬.户籍制度改革的成本收益研究——基于劳动力市场模型的模拟分析[J].经济学(季刊),2019(3):813-832.

苏会,曹冉,刘华,等.农业转型时期劳动力农内配置的内在逻辑与社会效应——基于中西部传统农村的实践[J].农业经济问题,2025(1):107-118.

苏岚岚,彭艳玲.农民数字素养、乡村精英身份与乡村数字治理参与[J].农业技术经济,2022(1):34-50.

苏昕,刘昊龙.农村劳动力转移背景下农业合作经营对农业生产效率的影响[J].中国农村经济,2017(5):58-72.

苏昕,周升师,张辉.农民专业合作社"双网络"治理研究——基于案例的比较分析[J].农业经济问题,2018(3):67-77.

苏星.土地改革以后,我国农村社会主义和资本主义两条道路的斗争[J].经济研究,1965(7):12-26.

孙长学,刘晓萍.坚持共同富裕导向推进城乡融合发展[J].宏观经济管理,2021(11):23-26.

孙芳,丁玎.农业经济管理学科发展百年:政策演进、制度变迁与学术脉络[M].北京:经济管理出版社,2021.

孙琳琳,杨浩,郑海涛.土地确权对中国农户资本投资的影响——基于异质性农户模型的微观分析[J].经济研究,2020(11):156-173.

孙文凯,路江涌,白重恩.中国农村收入流动分析[J].经济研究,2007(8):43-57.

孙宪忠.推进农地三权分置经营模式的立法研究[J].中国社会科学,2016(7):145-163,208-209.

孙冶方.把计划和统计放在价值规律的基础上[J].经济研究,1956(6):30-38.

孙冶方.论价值——并试论"价值"在社会主义以至于共产主义政治经济学体系中的地位[J].经济研究,1959(9):42-69.

孙冶方. 社会主义经济的若干理论问题[M]. 北京：人民出版社，1983.

孙冶方. 什么是生产力以及关于生产力定义问题的几个争论[J]. 经济研究，1980(1)：28-37.

谭崇台. 发展经济学词典[M]. 太原：山西经济出版社，2002.

谭崇台. 发展经济学的新发展[M]. 武汉：武汉大学出版社，1999.

谭淑豪. 牧业制度变迁对草地退化的影响及其路径[J]. 农业经济问题，2020(2)：115-125.

谭术魁，齐睿. 中国征地冲突博弈模型的构建与分析[J]. 中国土地科学，2010(3)：25-29,59.

谭晓艳，张晓恒，游良志. 自然因素和政策干预对中国棉花生产布局变迁的影响[J]. 农业技术经济，2020(4)：79-93.

唐华俊. 新形势下中国粮食自给战略[J]. 农业经济问题，2014(2)：4-10,11C.

唐建军，龚教伟，宋清华. 数字普惠金融与农业全要素生产率——基于要素流动与技术扩散的视角[J]. 中国农村经济，2022(7)：81-102.

唐松，伍旭川，祝佳. 数字金融与企业技术创新——结构特征、机制识别与金融监管下的效应差异[J]. 管理世界，2020(5)：52-66,9.

田莉，罗长海. 土地股份制与农村工业化进程中的土地利用——以顺德为例的研究[J]. 城市规划，2012(4)：25-31.

田孟. 发挥民主的民生绩效——村级公共品供给的制度选择[J]. 中国农村经济. 2019(7)：109-124.

田先红，陈玲. 地租怎样确定？——土地流转价格形成机制的社会学分析[J]. 中国农村观察，2013(6)：2-12,92.

田野，叶依婷，黄进等. 数字经济驱动乡村产业振兴的内在机理及实证检验——基于城乡融合发展的中介效应[J]. 农业经济问题，2022(10)：84-96.

田云，陈池波. 市场与政府结合视角下的中国农业碳减排补偿机制研究[J]. 农业经济问题，2021(5)：120-136.

田云，尹忞昊. 中国农业碳排放再测算：基本现状、动态演进及空间溢出效应[J]. 中国农村经济，2022(3)：104-127.

汪阳洁，黄浩通，强宏杰，等. 交易成本、销售渠道选择与农产品电子商务发展[J]. 经济研究，2022(8)：116-136.

王宾,杨霞. 如何理解贯彻《乡村振兴促进法》对农村集体经济组织的要求 [J]. 中国农业会计,2021(8):88-89.

王灿,王德,朱玮,等. 离散选择模型研究进展 [J]. 地理科学进展,2015 (10):1275-1287.

王晨,王济民. 预期利润、农业政策调整对中国农产品供给的影响 [J]. 中国 农村经济,2018(6):101-117.

王春光. 迈向共同富裕——农业农村现代化实践行动和路径的社会学思考 [J]. 社会学研究,2021(2):29-45,226.

王国运,陈波. 新一轮农地确权与中国农业增长——基于面板工具变量法的 实证研究 [J]. 中国农村经济,2022(12):54-72.

王辉,金子健. 新型农村集体经济组织的自主治理和社会连带机制——浙江 何斯路村草根休闲合作社案例分析 [J]. 中国农村经济,2022(7):18-37.

王姣,肖海峰. 中国粮食直接补贴政策效果评价 [J]. 中国农村经济,2006 (12):4-12.

王金霞,黄季焜,Scott Rozelle. 激励机制、农民参与和节水效应:黄河流域 灌区水管理制度改革的实证研究 [J]. 中国软科学,2004(11):8-14.

王景新. 中国农村发展新阶段:村域城镇化 [J]. 中国农村经济,2015(10): 4-14.

王敬尧,魏来. 当代中国农地制度的存续与变迁[J]. 中国社会科学,2016 (2):73-92,206.

王克强,杨亚炫,刘红梅,等. 集体经营性建设用地入市影响城乡融合发展研 究[J]. 农业技术经济,2023(2):45-63.

王良健,陈小文,刘畅,等. 基于农户调查的当前农村土地征收易引发的社会 稳定风险评估研究[J]. 中国土地科学,2014(11):19-29.

王明利. 有效破解粮食安全问题的新思路:着力发展牧草产业 [J]. 中国农 村经济,2015(12):63-74.

王欧,杨进. 农业补贴对中国农户粮食生产的影响 [J]. 中国农村经济,2014 (5):20-28.

王荣,刘崧生,刘葆金. 促进城乡生产要素合理组合 推动城乡商品经济快速 发展 [J]. 农业经济问题,1987(2):47-51.

王胜,余娜,付锐. 数字乡村建设:作用机理、现实挑战与实施策略 [J]. 改革，2021(4)：45-59.

王世军. 综合比较优势理论与实证研究[M]. 北京：中国社会科学出版社，2007.

王书明,刘元胜,郭沛. 不同用途农村集体土地征收中的收益分配研究——以辽宁省辽阳市为例[J]. 农业经济问题，2012(10)：57-62,111.

王树进,陈宇峰. 我国休闲农业发展的空间相关性及影响因素研究[J]. 农业经济问题. 2013(9)：38-45.

王思华. 关于我国过渡时期国家工业化与农业合作化的相互适应问题[J]. 经济研究，1956(1)：5-18.

王图展. 农民合作社议价权、自生能力与成员经济绩效——基于381份农民专业合作社调查问卷的实证分析[J].中国农村经济，2016(1)：53-68,82.

王图展. 自生能力、外部支持与农民合作社服务功能[J]. 农业经济问题，2017(5)：14-27,110.

王向东. 制度经济学[M]. 北京：社会科学文献出版社，2021.

王向楠. 农业贷款、农业保险对农业产出的影响——来自2004～2009年中国地级单位的证据[J]. 中国农村经济，2011(10)：44-51.

王小虎,程广燕,周琳,等. 未来农产品供求调控重点与思路途径[J]. 农业经济问题，2018(8)：107-115.

王小华,杨玉琪,程露. 新发展阶段农村金融服务乡村振兴战略:问题与解决方案[J]. 西南大学学报(社会科学版)，2021(6)：41-50,257-258.

王小鲁,万广华. 对中国城乡就业和城市化率的再估计[J]. 劳动经济研究，2013(1)：69-83.

王孝松,谢申祥. 国际农产品价格如何影响了中国农产品价格？[J]. 经济研究，2012(3)：141-153.

王学君. 日本农业经济学科本科教育的发展及启示[J]. 中国农业教育，2017(2)：46-50.

王亚华,舒全峰. 中国精准扶贫的政策过程与实践经验[J]. 清华大学学报(哲学社会科学版)，2021(1)：141-155,205.

王亚楠,向晶,钟甫宁. 劳动力回流、老龄化与"刘易斯转折点"[J]. 农业经济问题，2020(12)：4-16.

王玉莹,金晓斌,范业婷,等. 农村土地整治对促进农业现代化水平的影响分析[J]. 中国土地科学，2017(8)：69-76,97.

王跃梅,姚先国,周明海. 农村劳动力外流、区域差异与粮食生产 [J]. 管理世界，2013(11)：67-76.

王真. 合作社治理机制对社员增收效果的影响分析 [J]. 中国农村经济，2016(6)：39-50.

威廉姆森,温特. 企业的性质:起源,演变和发展[M]. 姚海鑫,邢源源译,北京：商务印书馆，2007.

魏后凯. 当前"三农"研究的十大前沿课题 [J]. 中国农村经济，2019(4)：2-6.

魏后凯,刘长全. 中国农村改革的基本脉络、经验与展望[J]. 中国农村经济，2019(2)：2-18.

魏后凯. 深刻把握城乡融合发展的本质内涵 [J]. 中国农村经济，2020,6：5-8.

魏后凯,叶兴庆,杜志雄,等. 加快构建新发展格局,着力推动农业农村高质量发展——权威专家深度解读党的二十大精神 [J]. 中国农村经济，2022(12)：2-34.

魏后凯,苑鹏,芦千文. 中国农业农村发展研究的历史演变与理论创新 [J]. 改革，2020(10)：5-18.

魏佳朔,高鸣. 农业劳动力老龄化如何影响小麦全要素生产率增长[J]. 中国农村经济，2023(2)：109-128.

魏士强,洪银兴,彭实,等. 中国高校领导者胜任特征模型研究 [J]. 管理世界，2010(6)：74-82,187-188.

魏艳骄,张慧艳,朱晶. 新发展格局下中国大豆进口依赖性风险及市场布局优化分析[J]. 中国农村经济，2021(12)：66-86.

温铁军,计晗,高俊. 粮食金融化与粮食安全 [J]. 理论探讨，2014(5)：82-87.

翁鸣. 中国粮食市场挤压效应的成因分析 [J]. 中国农村经济，2015(11)：29-39.

吴海霞,郝含涛,史恒通,等. 农业机械化对小麦全要素生产率的影响及其空间溢出效应[J]. 农业技术经济，2022(8)：50-68.

吴林海,王淑娴,Wuyang Hu. 消费者对可追溯食品属性的偏好和支付意愿：

猪肉的案例 [J]. 中国农村经济，2014(8)：58-75.

吴清华，李谷成，周晓时，等. 基础设施、农业区位与种植业结构调整——基于1995—2013年省际面板数据的实证 [J]. 农业技术经济，2015(3)：25-32.

吴晓婷，杨锦秀，廖开妍. 传统小农户融入大市场：电子商务采纳的收入效应——基于四川省柑橘种植户微观实证 [J]. 农村经济，2021(10)：110-118.

吴亚玲，杨汝岱，吴比，等. 中国农业全要素生产率演进与要素错配——基于2003—2020年农村固定观察点数据的分析 [J]. 中国农村经济，2022(12)：35-53.

吴郁玲，石汇，王梅，等. 农村异质性资源禀赋、宅基地使用权确权与农户宅基地流转：理论与来自湖北省的经验[J]. 中国农村经济，2018(5)：52-67.

伍骏骞，方师乐，李谷成，等. 中国农业机械化发展水平对粮食产量的空间溢出效应分析——基于跨区作业的视角 [J]. 中国农村经济，2017(6)：44-57.

席莹，吴春梅. 农民专业合作社的双元能力建设及其治理效应 [J]. 农业经济问题，2017(8)：35-44,110-111.

夏益国，宫春生. 粮食安全视阈下农业适度规模经营与新型职业农民——耦合机制、国际经验与启示 [J]. 农业经济问题，2015(5)：56-64,111.

夏柱智，贺雪峰. 半工半耕与中国渐进城镇化模式 [J]. 中国社会科学，2017(12)：117-137,207-208.

萧政. 面板数据分析[M]. 李杰，译. 北京：中国人民大学出版社，2021.

肖端. 土地流转中的双重委托—代理模式研究——基于成都市土地股份合作社的调查[J]. 农业技术经济，2015(2)：33-41.

肖琴，李建平，李俊杰，等. 财政扶持农民专业合作社的瞄准机制研究——基于东部某市农业综合开发产业化经营项目的思考 [J]. 农业经济问题，2015(5)：98-103,112.

肖卫东，梁春梅. 农村土地"三权分置"的内涵、基本要义及权利关系 [J]. 中国农村经济，2016(11)：17-29.

谢煜. 政府治理在新农村建设中的重要性研究 [J]. 农业技术经济，2023(10)：146.

徐彩玲. 中国共产党百年农村反贫困：历程、经验与展望[J]. 当代经济研究，2021(11)：29-37.

徐桂华，魏倩. 制度经济学三大流派的比较与评析 [J]. 经济经纬，2004(6)：

13-17.

徐辉. 新常态下新型职业农民培育机理：一个理论分析框架［J］. 农业经济问题. 2016(8)：9-15,110.

徐建国,张勋. 农业生产率进步、劳动力转移与工农业联动发展［J］. 管理世界,2016(7)：76-87,97.

徐进才,徐艳红,庞欣超,等. 基于"贡献—风险"的农地征收转用土地增值收益分配研究——以内蒙古和林格尔县为例［J］. 中国土地科学,2017(3)：28-35.

徐攀. 农业经营主体融资担保协同机制与效应——浙江省农担体系建设的探索与实践［J］. 农业经济问题,2021(10)：113-126.

徐晓鹏,刘燕丽,时允昌,等. 新型现代农业技术推广困境的话语分析——以水稻强化栽培体系(SRI)在四川省 Y 村的推广为例［J］. 中国农业大学学报(社会科学版),2013(1)：141-149.

徐琰超,杨龙见,尹恒. 农村税费改革与村庄公共物品供给［J］. 中国农村经济,2015(1)：58-72.

徐志刚,宁可,钟甫宁,等. 新农保与农地转出:制度性养老能替代土地养老吗？——基于家庭人口结构和流动性约束的视角［J］. 管理世界,2018(5)：86-97,180.

徐志刚,朱哲毅,邓衡山,等. 产品溢价、产业风险与合作社统一销售——基于大小户的合作博弈分析［J］. 中国农村观察,2017(5)：102-115.

许彬,马庆旋,袁月美. 水稻文化对农村居民增收的影响——来自中国劳动力动态调查的经验证据［J］. 浙江大学学报(人文社会科学版). 2022(10)：47-60.

许恒周. 基于农户受偿意愿的宅基地退出补偿及影响因素分析——以山东省临清市为例［J］. 中国土地科学,2012(10)：75-81.

许恒周,刘源. 农地确权、差序格局与新型城镇化［J］. 农业技术经济,2021(2)：30-39.

许庆,陆钰凤,张恒春. 农业支持保护补贴促进规模农户种粮了吗？——基于全国农村固定观察点调查数据的分析［J］. 中国农村经济,2020(4)：15-33.

许玉韫,张龙耀. 农业供应链金融的数字化转型:理论与中国案例［J］. 农业经济问题. 2020(4)：72-81.

薛超,史雪阳,周宏. 农业机械化对种植业全要素生产率提升的影响路径研究[J]. 农业技术经济，2020(10)：87-102.

薛暮桥. 封建、半封建和资本主义[M]. 上海：黑白丛书社，1937.

焉香玲. 基于马克思地租理论的我国农民收益分配问题研究 [J]. 经济纵横，2010(7)：13-16.

闫桂权，何玉成，张晓恒. 数字普惠金融发展能否促进农业机械化——基于农机作业服务市场发展的视角 [J]. 农业技术经济，2022(1)：51-64.

严金明，蔡大伟，夏方舟. 党的十八大以来农村土地制度改革的进展、成效与展望 [J]. 改革，2022(8)：1-15.

严瑞珍. 产业化是农村经济的又一次伟大变革 [J]. 学习与探索，1999(3)：22-31.

严瑞珍. 当前反贫困的紧迫任务是向市场机制转换 [J]. 改革，1998(4)：95-98.

严瑞珍. 坚持正确扶贫战略 加大农村扶贫力度 [J]. 农业经济问题，1997(2)：2-8.

严瑞珍，刘福合，程漱兰，等. 级差土地收入与扶贫力度——对山西中阳县段家村、岔沟庄的实证研究 [J]. 管理世界，1996(4)：166-174.

严瑞珍. 认清农业生产趋势 协调工农业生产的发展 [J]. 中国计划管理，1990(4)：20-23.

燕连福，李晓利. 从"饥寒交迫"到"全面小康"——中国共产党百年贫困治理的历程与经验 [J]. 南京大学学报（哲学·人文科学·社会科学），2021(3)：16-24.

杨灿明. 中国战胜农村贫困的百年实践探索与理论创新 [J]. 管理世界，2021(11)：1-14.

杨丹，刘自敏. 农户专用性投资、农社关系与合作社增收效应 [J]. 中国农村经济，2017(5)：45-57.

杨广亮，王军辉. 新一轮农地确权、农地流转与规模经营——来自 CHFS 的证据 [J]. 经济学（季刊），2022(1)：129-152.

杨久栋，马彪，彭超. 新型农业经营主体从事融合型产业的影响因素分析——基于全国农村固定观察点的调查数据 [J]. 农业技术经济，2019(9)：105-113.

杨骞，金华丽. 新时代十年中国的城乡融合发展之路 [J]. 华南农业大学学报(社会科学版)，2023(3)：127-140.

杨骞，祝辰辉. 乡村振兴的中国道路：特征、历程与展望[J]. 农业经济问题，2024(2)：4-17.

杨庆媛，杨人豪，曾黎，等. 农村集体经营性建设用地入市促进农民土地财产性收入增长研究——以成都市郫都区为例[J]. 经济地理，2017(8)：155-161.

杨穗，赵小漫，高琴. 新时代中国农村社会政策与收入差距[J]. 中国农村经济，2021(9)：80-94.

杨曦. 城市规模与城镇化、农民工市民化的经济效应——基于城市生产率与宜居度差异的定量分析[J]. 经济学(季刊)，2017(4)：1601-1620.

杨一介. 我们需要什么样的农村集体经济组织？[J]. 中国农村观察，2015(5)：11-18,30.

杨义武，林万龙，张莉琴. 农业技术进步、技术效率与粮食生产——来自中国省级面板数据的经验分析[J]. 农业技术经济，2017(5)：46-56.

杨照东，任义科，杜海峰. 确权、多种补偿与农民工退出农村意愿[J]. 中国农村观察，2019(2)：93-109.

杨志明. 中国特色农民工发展研究[J]. 中国农村经济，2017(10)：38-48.

杨子砚，文峰. 从务工到创业——农地流转与农村劳动力转移形式升级[J]. 管理世界，2020(7)：171-185.

姚柳杨，赵敏娟，徐涛. 耕地保护政策的社会福利分析：基于选择实验的非市场价值评估[J]. 农业经济问题，2017(2)：32-40,1.

姚树荣，龙婷玉. 市场化土地整治助推了乡村振兴吗——基于成都1187户上楼农民的调查[J]. 中国土地科学，2020(1)：70-78.

姚树荣，熊雪锋. 宅基地权利分置的制度结构与农户福利[J]. 中国土地科学，2018(4)：16-23.

叶恒. 改革开放以来国内陈翰笙研究综述[J]. 中国社会经济史研究，2013(3)：95-101.

叶明华，庹国柱. 要素投入、气候变化与粮食生产——基于双函数模型[J]. 农业技术经济，2015(11)：4-13.

叶兴庆. 以提高乡村振兴的包容性促进农民农村共同富裕[J]. 中国农村经济，2022(2)：2-14.

叶兴庆. 准确把握赋予农民更多财产权利的政策含义与实现路径[J]. 农村

经济，2014(2)：3-6.

易小燕，陈印军，刘时东. 土地整理政策下集中居住对农户生活负担的影响——基于双重倍差模型的实证分析[J]. 农业技术经济，2013(10)：100-105.

易行健，王俊海，易君健. 预防性储蓄动机强度的时序变化与地区差异——基于中国农村居民的实证研究[J]. 经济研究，2008(2)：119-131.

殷晓岚. 卜凯与中国近代农业经济学的发展[J]. 南京农业大学学报（社会科学版），2002(4)：69-76.

尹朝静，李谷成，范丽霞，等. 气候变化、科技存量与农业生产率增长[J]. 中国农村经济，2016(5)：16-28.

尹志超，吴子硕. 电商下乡能缩小农村家庭消费不平等吗——基于“电子商务进农村综合示范”政策的准自然实验[J]. 中国农村经济，2024(3)：61-85.

应瑞瑶，朱哲毅，徐志刚. 中国农民专业合作社为什么选择“不规范”[J]. 农业经济问题，2017(11)：4-13，110.

于晓华，郭沛. 农业经济学科危机及未来发展之路[J]. 中国农村经济，2015(8)：89-96.

于晓华，刘畅，曾起艳. 百年农民营养与福利变化：测度与政策[J]. 农业经济问题，2023(5)：100-113.

于晓华，唐忠，包特. 机器学习和农业政策研究范式的革新[J]. 农业技术经济，2019(2)：4-9.

余航，周泽宇，吴比. 城乡差距、农业生产率演进与农业补贴——基于新结构经济学视角的分析[J]. 中国农村经济，2019(10)：40-59.

余丽燕，Jerker Nilsson. 农民合作社资本约束：基于社会资本理论视角[J]. 中国农村观察，2017(5)：87-101.

俞振宁，谭永忠，茅铭芝，等. 重金属污染耕地治理式休耕补偿政策：农户选择实验及影响因素分析[J]. 中国农村经济，2018(2)：109-125.

袁红英. 中国共产党减贫实践的百年历程与经验[J]. 马克思主义研究，2021(10)：22-29，163.

袁益. 文化差异与中国农村人口流动意愿——基于“稻米理论”的视角[J]. 中国农村经济，2020(10)：17-32.

苑鹏，杜志雄. 乡镇企业产权改革综述：经理持大股的所有权安排形成的原因[J]. 中国农村观察，2003(6)：16-23，81.

苑鹏. 对马克思恩格斯有关合作制与集体所有制关系的再认识［J］. 中国农村观察，2015(5)：2-10.

苑鹏. 农民合作社：引导小农生产进入现代农业轨道［J］. 中国农民合作社，2017(7)：16-17.

郧文聚，田玉福. 探索土地整理新机制保障和促进科学发展［J］. 资源与产业，2008(5)：12-15.

臧旭恒，张欣. 中国家庭资产配置与异质性消费者行为分析［J］. 经济研究，2018(3)：21-34.

曾俊霞，邵亮亮，王宾，等. 中国职业农民是一支什么样的队伍——基于国内外农业劳动力人口特征的比较分析［J］. 农业经济问题，2020(7)：130-142.

曾亿武，宋逸香，林夏珍，等. 中国数字乡村建设若干问题刍议［J］. 中国农村经济，2021(4)：21-35.

展进涛，黄宏伟. 农村劳动力外出务工及其工资水平的决定：正规教育还是技能培训？——基于江苏金湖农户微观数据的实证分析［J］. 中国农村观察，2016(2)：55-67.

张博，范辰辰. 稻作与创业：中国企业家精神南北差异的文化起源［J］. 财贸经济. 2021(6)：71-86.

张超正，陈丹玲，张旭鹏，等. 土地整治对农户"福祉—生态"耦合关系的影响——基于整治模式与地貌类型的异质分析［J］. 中国土地科学，2021(3)：88-96.

张车伟，赵文，李冰冰. 农民工现象及其经济学逻辑［J］. 经济研究，2022，57(3)：9-20.

张德化. 马克思恩格斯反哺农业思想及当代价值［J］. 经济问题探索，2012(6)：1-4.

张光宏，杨明杏. 中国农村土地制度的创新［J］. 管理世界，2001(4)：207-208.

张海朋，何仁伟，李光勤，等. 大都市区城乡融合系统耦合协调度时空演化及其影响因素——以环首都地区为例［J］. 经济地理，2020(11)：56-67.

张海鹏. 中国城乡关系演变70年：从分割到融合［J］. 中国农村经济，2019(3)：2-18.

张浩，冯淑怡，曲福田. "权释"农村集体产权制度改革：理论逻辑和案例证据

[J]. 管理世界，2021(2)：81-94,106,7.

张吉鹏,黄金,王军辉,等. 城市落户门槛与劳动力回流 [J]. 经济研究，2020
(7)：175-190.

张景娜,张雪凯. 互联网使用对农地转出决策的影响及机制研究——来自
CFPS 的微观证据 [J]. 中国农村经济，2020(3)：57-77.

张军,李睿,于鸿宝. 交通设施改善、农业劳动力转移与结构转型 [J]. 中国
农村经济，2021(6)：28-43.

张俊飚,颜廷武. 中国农业经济管理学科发展 70 年：回顾与展望 [J]. 华中
农业大学学报（社会科学版），2019(5)：1-11,164.

张力,郑志峰. 推进农村土地承包权与经营权再分离的法制构造研究 [J].
农业经济问题，2015(1)：79-92,111-112.

张林秀,白云丽,孙明星,等. 从系统科学视角探讨农业生产绿色转型 [J].
农业经济问题，2021(10)：42-50.

张林秀,罗仁福,刘承芳,等. 中国农村社区公共物品投资的决定因素分析
[J]. 经济研究，2005(11)：76-86.

张明杨,程志强,范玉兵. 气候变化下转基因抗虫棉技术推广对农业全要素
生产率的影响机制 [J]. 农业技术经济，2023(6)：17-34.

张明月,薛兴利,郑军. 合作社参与"农超对接"满意度及其影响因素分
析——基于 15 省 580 家合作社的问卷调查 [J]. 中国农村观察，2017(3)：
87-101.

张楠,寇璇,刘蓉. 财政工具的农村减贫效应与效率——基于三条相对贫困
线的分析 [J]. 中国农村经济，2021(1)：49-71.

张宁宁,李雪,吕新业,等. 百年变局、世纪疫情背景下世界及中国粮食安全
面临的风险挑战及应对策略 [J]. 农业经济问题，2022(12)：136-141.

张培刚. 发展经济学教程[M]. 北京：经济科学出版社，2001.

张培刚. 发展经济学往何处去——建立新型发展经济学刍议 [J]. 经济研
究，1989(6)：14-27.

张沛,张中华,孙海军. 城乡一体化研究的国际进展及典型国家发展经验
[J]. 国际城市规划，2014(1)：42-49.

张启正,袁菱苒,胡沛楠,等. 革命老区振兴规划对农业增长的影响及其作用
机理 [J]. 中国农村经济，2022(7)：38-58.

张琴,王艺容,余新平,等. 普惠金融缓解农户多维不平等的效应研究——基于 CFPS 数据的分析 [J]. 农业技术经济,2023(10):111-128.

张维迎,柯荣住. 信任及其解释:来自中国的跨省调查分析 [J]. 经济研究,2002(10):59-70,96.

张伟,闫海,胡剑双,等. 新时代省域尺度城乡融合发展路径思考——基于江苏实践案例分析 [J]. 城市规划,2021(12):17-26.

张晓山. 农民专业合作社的发展趋势探析 [J]. 管理世界,2009(5):89-96.

张晓雯. 农户对专业合作社依存性影响因素分析——基于山东等四省 408 户农户调查数据的分析 [J]. 中央财经大学学报,2011(1):44-49.

张兴华. 中国农村剩余劳动力的重新估算 [J]. 中国农村经济,2013(8):49-54.

张秀生,单娇. 加快推进农业现代化背景下新型农业经营主体培育研究 [J]. 湘潭大学学报(哲学社会科学版),2014(3):17-24.

张雪英. 试论陈翰笙有关中国农村研究的思想与方法 [J]. 中国经济史研究,2008(2):88-92.

张雪英. 新农村建设史上的特殊篇章——傅柏翠新村建设的实践及其启示 [J]. 龙岩学院学报,2008(4):10-13,22.

张勋,刘晓,樊纲. 农业劳动力转移与家户储蓄率上升 [J]. 经济研究,2014(4):130-142.

张勋,万广华,张佳佳,等. 数字经济、普惠金融与包容性增长 [J]. 经济研究,2019(8):71-86.

张益,孙小龙,韩一军. 社会网络、节水意识对小麦生产节水技术采用的影响——基于冀鲁豫的农户调查数据 [J]. 农业技术经济,2019(11):127-136.

张毅,张红,毕宝德. 农地的"三权分置"及改革问题:政策轨迹、文本分析与产权重构[J]. 中国软科学,2016(3):13-23.

张翼. 全面建成小康社会视野下的社区转型与社区治理效能改进 [J]. 社会学研究. 2020(6):1-19,241.

张玉梅,樊胜根,陈志钢,等. 转型农业食物系统助力实现中国 2060 碳中和目标[R]//2021 中国与全球食物政策报告. 北京:中国农业大学全球食物经济与政策研究院,浙江大学中国农村发展研究院,南京农业大学国际食品与农业经济研究中心等,2021.

张郁杨,陈东. 新农保政策会缓解城乡老年健康机会不平等吗——来自 CHARLS 数据的证据 [J]. 农业技术经济,2023(8):82-99.

张岳,周应恒. 数字普惠金融、传统金融竞争与农村产业融合 [J]. 农业技术经济,2021(9):68-82.

张占耕. 马克思主义农民问题的中国化——兼论上海市郊农民百年奋斗历程与新征程 [J]. 中国农村经济,2021(11):2-15.

张征宇,林丽花,曹思力,等. 双重差分设计下固定效应估计量何时可信?——若干有用的建议 [J]. 管理世界,2024(1):196-222.

张宗利,徐志刚. 中国居民家庭食物浪费的收入弹性、效应解析及模拟分析 [J]. 农业经济问题,2022(5):110-123.

赵昶,董翀. 民主增进与社会信任提升:对农民合作社"意外性"作用的实证分析 [J]. 中国农村观察,2019(6):45-58.

赵大伟,景爱萍,陈建梅. 中国农产品流通渠道变革动力机制与政策导向 [J]. 农业经济问题,2019(1):104-113.

赵鼎新. 社会与政治运动讲义[M]. 北京:社会科学文献出版社,2006.

赵华甫,张凤荣,姜广辉,等. 基于农户调查的北京郊区耕地保护困境分析 [J]. 中国土地科学,2008(3):28-33.

赵晶晶,李放,李力. 被征地农民的经济获得感提升了吗? [J]. 中国农村观察,2020(5):93-107.

赵军洁,张晓旭. 中国户籍制度改革:历程回顾、改革估价和趋势判断 [J]. 宏观经济研究,2021(9):125-132,160.

赵黎. 集体回归何以可能? 村社合一型合作社发展集体经济的逻辑 [J]. 中国农村经济,2022(12):90-105.

赵敏娟,石锐,姚柳杨. 中国农业碳中和目标分析与实现路径 [J]. 农业经济问题,2022(9):24-34.

赵晓峰. 农民专业合作社制度演变中的"会员制"困境及其超越 [J]. 农业经济问题,2015(2):27-33,110.

赵雪,石宝峰,盖庆恩,等. 以融合促振兴:新型农业经营主体参与产业融合的增收效应 [J]. 管理世界,2023(6):86-100.

赵一夫,易裕元,牛磊. 农村集体产权制度改革提升了村庄公共品自给能力吗?——基于 8 省(自治区)171 村数据的实证分析 [J]. 湖南农业大学学报(社会科学版），2022(2)：52-62.

甄小鹏，凌晨. 农村劳动力流动对农村收入及收入差距的影响——基于劳动异质性的视角[J]. 经济学(季刊)，2017(3)：1073-1096.

郑京辉. 中国近代农业经济学兴起述论——以卜凯与陈翰笙代表的农业经济学为侧重[J]. 中国农史，2013(4)：71-79.

郑淋议，李烨阳，钱文荣. 土地确权促进了中国的农业规模经营吗？——基于 CRHPS 的实证分析[J]. 经济学(季刊)，2023(2)：447-463.

郑淋议. 农村土地制度的"公""私"分野：一个产权比较分析——以中国大陆和中国台湾为例[J]. 台湾研究，2020(2)：80-89.

郑淋议，钱文荣，刘琦，等. 新一轮农地确权对耕地生态保护的影响——以化肥、农药施用为例[J]. 中国农村经济，2021(6)：76-93.

郑淋议，钱文荣. 农民农村共同富裕的制度供给研究[J]. 经济社会体制比较，2024(1)：84-93.

郑淋议，张应良. 新中国农地产权制度变迁：历程、动因及启示[J]. 西南大学学报(社会科学版)，2019(1)：46-54,193-194.

郑适，陈茜苗，王志刚. 土地规模、合作社加入与植保无人机技术认知及采纳——以吉林省为例[J]. 农业技术经济，2018(6)：92-105.

郑有贵. 城乡"两条腿"工业化中的农村工业和乡镇企业发展——中国共产党基于国家现代化在农村发展工业的构想及实践[J]. 中南财经政法大学学报，2021(4)：14-25.

郑瑜晗，龙花楼. 中国城乡融合发展测度评价及其时空格局[J]. 地理学报，2023(8)：1869-1887.

郑志浩，高颖，赵殷钰. 收入增长对城镇居民食物消费模式的影响[J]. 经济学(季刊)，2015(1)：263-288.

中国社会科学院农村发展研究所课题组，魏后凯，崔凯，等. 农业农村现代化：重点、难点与推进路径[J]. 中国农村经济，2024(5)：2-20.

钟甫宁. 正确认识粮食安全和农业劳动力成本问题[J]. 农业经济问题. 2016(1)：4-9,110.

钟甫宁. 中国农业经济管理学科的发展历程及未来展望——基于南京农业大学的视角[J]. 中国农业教育，2017(5)：5-8,91.

钟甫宁，周应恒，朱晶. 农业经济学学科前沿研究报告[M]. 北京：经济管理出版社，2013.

　　钟真，穆娜娜，齐介礼. 内部信任对农民合作社农产品质量安全控制效果的影响——基于三家奶农合作社的案例分析 [J]. 中国农村经济，2016（1）：40-52.

　　周柏春，娄淑华. 新型城镇化进程中的分配正义：来自农民能力与政策保障的双重视角 [J]. 农业经济问题，2016（9）：25-32.

　　周德，戚佳玲，钟文钰. 城乡融合评价研究综述：内涵辨识、理论认知与体系重构 [J]. 自然资源学报，2021（10）：2634-2651.

　　周广肃，张玄逸，贾珅，等. 新型农村社会养老保险对消费不平等的影响 [J]. 经济学（季刊），2020（4）：1467-1490.

　　周国富，陈菡彬. 产业结构升级对城乡收入差距的门槛效应分析 [J]. 统计研究，2021（2）：15-28.

　　周宏，夏秋，朱晓莉. 农业技术推广到位水平对超级稻产量及技术效率贡献研究 [J]. 农业技术经济，2014（9）：14-21.

　　周佳宁，邹伟，秦富仓. 等值化理念下中国城乡融合多维审视及影响因素 [J]. 地理研究，2020（8）：1836-1851.

　　周建，艾春荣，王丹枫，等. 中国农村消费与收入的结构效应 [J]. 经济研究，2013（2）：122-133.

　　周建波，孙淮宁. 建国后薛暮桥的物价思想探析 [J]. 经济学家，2011（1）：15-22.

　　周洁红，刘青，李凯，等. 社会共治视角下猪肉质量安全治理问题研究——基于10160个猪肉质量安全新闻的实证分析 [J]. 农业经济问题，2016（12）：6-15，110.

　　周兰英. 孔子农业教育思想对高等农业职业教育的启示 [J]. 江西农业大学学报（社会科学版），2010（4）：123-126.

　　周力，沈坤荣. 中国农村土地制度改革的农户增收效应——来自"三权分置"的经验证据 [J]. 经济研究，2022（5）：141-157.

　　周少来. "权力过密化"：乡村治理结构性问题及其转型 [J]. 探索，2020（3）：118-126，2.

　　周晓时，李谷成. 对农村居民"食物消费之谜"的一个解释——基于农业机械化进程的研究视角 [J]. 农业技术经济，2017（6）：4-13.

周应恒,陈希. 中国农业经济学研究生教育 70 周年庆典暨农业和农村发展国际学术研讨会在南京举办 [J].中国农村经济,2006(8):79-80.

周应恒,卢凌霄. 北美农业经济管理学科发展现状及启示 [J]. 高等农业教育,2009(6):86-88.

周应恒,王善高,严斌剑. 中国食物系统的结构、演化与展望 [J]. 农业经济问题,2022(1):100-113.

周莹,谢清心,张林秀,等. 新冠肺炎疫情对农村居民食物消费的影响——基于江苏省调查数据的实证分析 [J]. 农业技术经济,2022(7):34-47.

周振,孔祥智. 农业机械化对我国粮食产出的效果评价与政策方向 [J]. 中国软科学,2019(4):20-32.

周竹君. 当前我国谷物消费需求分析[J]. 农业技术经济,2015(5):68-75.

朱炳元,等. 中国特色社会主义经济理论热点问题研究[M]. 北京:中央编译出版社,2008.

朱道华. 论我国农业中的商品经济 [J]. 农业经济问题,1981(4):3-8.

朱道华. 农业现代化讲座(六)——立足当前,为逐步实现农业现代化而奋斗 [J]. 辽宁农业科学,1982(2):50-52.

朱道华. 21 世纪世界与中国农业发展趋势及其对高等农业教育的影响(提纲)[J]. 高等农业教育,1995(3):5-7.

朱道华. 试论我国农业发展战略目标步骤和措施 [J]. 农业经济问题,1983(3):18-23,41.

朱竑,陈晓亮,尹铎. 从"绿水青山"到"金山银山":欠发达地区乡村生态产品价值实现的阶段、路径与制度研究 [J]. 管理世界,2023(8):74-91.

朱晶,李天祥,林大燕. 开放进程中的中国农产品贸易:发展历程、问题挑战与政策选择[J]. 农业经济问题,2018(12):19-32.

朱晶,王容博,徐亮,等. 大食物观下的农产品贸易与中国粮食安全 [J]. 农业经济问题,2023(5):36-48.

朱晶,张瑞华,谢超平. 全球农业贸易治理与中国粮食安全 [J]. 农业经济问题,2022(11):4-17.

朱文清,张莉琴. 集体林地确权到户对农户林业长期投入的影响——从造林意愿和行动角度研究[J]. 农业经济问题,2019(11):32-44.

朱希刚. 我国农业技术进步作用测定方法的研究和实践[J]. 农业技术经济,

1984(6)：37-40.

朱晓哲,刘瑞峰,马恒运. 中国农村土地制度的历史演变、动因及效果：一个文献综述视角[J]. 农业经济问题,2021(8)：90-103.

朱王春. 农村居民收入与消费结构的灰色关联分析 [J]. 统计研究,2013(1)：76-78.

祝福恩. 农业经济管理学的新发展——评郭翔宇教授主编的《农业经济管理学》[J]. 理论探讨,2006(3)：177.

祝仲坤. 公共卫生服务如何影响农民工留城意愿——基于中国流动人口动态监测调查的分析 [J]. 中国农村经济,2021(10)：125-144.

卓乐,曾福生. 农村基础设施对粮食全要素生产率的影响 [J]. 农业技术经济,2018(11)：92-101.

后　记

作为一门具有典型中国特色的学科,农业经济管理学的起源是什么,其发展脉络怎样,其理论基础、理论框架和研究方法是什么,当前的学术前沿和趋势特征有哪些? 我们编写本书的初衷,就是希望通过编写一本兼具常识性与学术性的通识类学术读物,为广大学者提供一个快速查阅相关知识的通道和平台。

今天呈现在读者面前的这部书稿,是浙江大学"中国式农业农村现代化"研究创新团队全体成员分工协作的结晶。书稿由钱文荣、郑淋议负责整体框架设计,各章的具体分工如下:第一章,郑淋议、李慧奇;第二章,郑淋议、郝含涛;第三章,钱文荣、李慧奇、郝含涛;第四章,钱文荣、李慧奇、钟璐;第五章,郑淋议、付亦丹、邹开源;第六章,郑淋议、郝含涛、窦潇笑;第七章,钱文荣、李丹丹、邵美婷;第八章,钱文荣、罗尔呷、贾秀楠;第九章,申小亮、郑淋议;第十章,郑淋议、李烨阳;第十一章,郑淋议、赵宗胤;第十二章,钱文荣、洪甘霖、王钥入;第十三章,阮建青、王凌;第十四章,陈帅、陈泽、涂冰倩、闫茹;第十五章,龚斌磊、袁菱苒、肖雅韵;第十六章,林雯、尚晟平;第十七章,鄢贞、冯浩、林雨仙、罗诚;第十八章,史新杰、迟舒桐;第十九章,郑淋议、李烨阳、付亦丹、刘卓然;第二十章,梁巧、韩子名、马康伟;第二十一章,胡伟斌、郑粟文、宋文豪;第二十二章,茅锐、董静文、阮茂琦、俞冰。最后,由钱文荣、郑淋议对全书进行了统稿。

本书研究得到了教育部重大专项"构建中国农林经济管理学自主知识体系研究"(2024JZDZ063、2024JZDZ064、2024JZDZ059、2024JZDZ061、2024JZDZ065、2024JZDZ062、2024JZDZ060)的支持。在研究和写作过程中,南京农业大学钟甫宁教授、浙江大学黄祖辉教授、西北农林科技大学霍学喜教授、中国社会科学院魏后凯教授、中国农业科学院胡向东研究员、中国农业大学司伟教授、南京农业大学徐志刚教授、华中农业大学罗小锋教授、中国农业大学白军飞教授、南京农业大学纪月清教授、华中农业大学熊涛教授、南京农业大学严斌剑教授、中国人民大学高原副教授、华中农业大学杨志海副教授等专家学者提供了宝贵建议。本书的研究也得到了浙江大学副校长周江洪教授、浙江大学社会科学研究院院长张彦教授、浙江大学公共管理学院院长赵志荣教授、浙江大学公共管理学院党委书记沈黎勇博士的大力支持！在本书的写作过程中，我们还引用和参阅了大量国内外学者的研究成果（详见注释和参考文献），在此，我们一并致谢！

钱文荣于启真湖畔

2024 年夏